江苏高校哲学社会科学研究重点项目"新
转换和新增长点培育研究"（编号：201（

U0677728

高质发展的动力解构

——以江苏为例

◎李子联　崔苧心　著

南京大学出版社

作者简介

　　李子联，江苏师范大学商学院教授，江苏省中国特色社会主义理论体系研究中心特聘研究员。荣获江苏省青年社科英才、江苏省"333工程"高层次培养人才、江苏省青蓝工程中青年学术带头人、江苏省青年文化人才等称号。曾获教育部博士研究生学术新人奖、江苏省优秀博士学位论文奖以及其他省部级、省厅级哲学社会科学研究优秀成果奖。出版专著3部，参著专著和教材3部；在《马克思主义研究》、《世界经济与政治》、《经济学》(季刊)、《金融研究》和《经济学动态》等多个学科的权威核心杂志发表论文90余篇，多篇论文被《新华文摘》、《光明日报》(理论版)、《中国社会科学文摘》和人大复印资料二次引用和转载；主持国家社会科学基金2项，省部级、省厅级项目共7项。

献礼改革开放四十周年！

聚力创新引领高质量发展

（代序言）

黄瑞玲[*]

党的十九大报告指出，创新是引领发展的第一动力，是建设现代化经济体系的战略支撑。江苏作为东部发达省份，经济已由高速增长阶段转向高质量发展阶段，正处在转变发展方式、优化经济结构、转换增长动力的攻关期。能否冲出转型关口、实现凤凰涅槃，根本取决于发展动力转换的速度，取决于创新这个驱动发展的新引擎能不能成为主动力。要坚定不移把创新作为引领发展的第一动力，把发展经济的着力点放在实体经济上，在加强科技供给、突出企业主体、用好科教人才、加大金融支持、深化科技改革等五个维度聚力，加快塑造更多依靠创新驱动、更多发挥先发优势的引领性发展，努力在高质量发展上走在全国前列。

第一，在加强科技供给、引领产业升级上聚力

科技创新只有与市场需求相结合，才能真正转化为生产力。江苏制造业规模近 16 万亿元，在全国 40 个工业大类中，有 18 个行业产值占全国的 10% 以上。聚力创新引领高质量发展，重点在制造业，难点在制造业，出路也在制造业。要紧扣高质量发展，面向科技前沿、面向经济主战场、面向重大需求，把产业科技创新作为主攻方向，加快建设具有全球影响力的产业科技创新中心和具有国际竞争力的先进制造业基地，构建结构合理、先进管用、开放兼容、自主可控、具有国际竞争力的现代产业技术体系，以科技创新推动产业加快迈向中高端。

突破产业关键核心技术。把数字化、网络化、智能化、绿色化作为提升产业竞争力的技术基点，推进各领域技术跨界融合创新，在战略必争领域和供给侧短板突破重大关键核心技术。实施前瞻性产业技术创新专项，聚焦江苏省创新发展的主攻方向，在引领产业变革的颠覆性技术等方面加强攻关，形成若

---

* 系中共江苏省委党校世界经济与政治教研部教授、主任。

干全球领先的重大原创成果。强化原始创新,大力支持自由探索的基础研究,加强对关系全局的科学问题的研究部署,集成跨学科、跨领域的优势力量,为产业技术进步提供源头供给。

提升创新型产业集群。依托高新区、开发区和各类创新载体,大力吸引海内外科技人才和高水平研发机构落户,进一步引导金融资源和社会资本向关键创新领域聚集,推动区域内创新组织集成联动,培育有竞争力的创新集群。发挥苏南国家自主创新示范区示范引领作用,在新型科研机构建设、资源开放共享、区域协同创新、高层次人才引进、科技成果转化、科研管理等方面积极探索,着力打造创新驱动发展引领区、深化科技体制改革试验区和区域创新一体化先行区,引领支撑具有全球影响力的产业科技创新中心建设。

构建新型制造体系。锁定建设具有国际竞争力的先进制造业基地目标,坚持调高调轻调优调强调绿导向,以智能制造为主攻方向,加快构建新型制造体系。积极发展共享经济、数字经济、生物经济、现代供应链等新业态新模式,做大做强战略性新兴产业,形成一批具有爆发力和引领力的新增长点。加快大数据、云计算、物联网应用,推进传统产业生产、管理和营销模式变革,打造制造业升级版。对标先进标准体系,实施品牌提升工程,弘扬工匠精神,增加高质量、高水平产品和服务供给,推动江苏制造进入质量时代。

第二,在突出企业主体、加强协同创新上聚力

企业是科技和经济紧密结合的重要力量,应该成为技术创新决策、研发投入、科研组织、成果转化的主体。健全技术创新的市场导向机制和政府引导机制,加强产学研协同创新,引导各类创新要素向企业集聚,增强企业创新能力,才能加快科技成果转化和产业化,使创新转化为实实在在的产业活动,培育新的增长点,促进经济提质增效升级。

培育壮大创新型企业。完善企业研发费用加计扣除政策,扩大固定资产加速折旧实施范围,引导企业加大研发投入。鼓励领军企业联合中小企业和科研单位系统布局创新链,提供产业技术创新整体解决方案。实施创新型企业培育行动计划、创新示范企业百强工程,培育一批核心技术能力突出、集成创新能力强、引领重要产业发展的创新型企业。推动"小升规""小升高",培育提升制造业单项冠军和"科技小巨人",使"铺天盖地"的科技型中小企业实现"裂变式"发展。

提升高校院所科研实力。建立创新能力评估基础上的绩效拨款制度,引导高校系统提升人才培养、学科建设、科技研发三位一体创新水平。明晰科研院所功能定位,增强其在基础前沿和行业共性关键技术研发中的骨干引领作用。支持面向市场的新型研发机构发展,实行多元化投资、多样化模式和市场化运作。鼓励科技工作者把"求真"与"求用"有机结合起来,从立项起就瞄准应用需求,改变大量成果长期停留在实验室里、"养在深闺人未识"的弊端。

健全协同创新机制。动员大学和科研机构科技人员积极参与企业的创新活动,推动技术、人才等创新要素向企业聚集,发挥企业在科技成果转化和产业化、上下游衔接中的主导作用。市场导向明确的科技项目由企业牵头、政府引导,联合高等学校和科研院所实施。采取企业主导、院校协作、多元投资、成果分享的模式,整合形成若干产业创新中心。运用财政后补助、间接投入等方式,支持企业自主决策、先行投入,开展重大产业关键共性技术、装备和标准的研发攻关。

第三,在用好第一资源、集聚创新人才上聚力

人才是第一资源,创新驱动实质上是人才驱动。我省发展最突出的优势、最可依赖的支撑,就是科教人才。全省有 167 所大学,在校学生近 190 万人,高校数量和学生人数均居全国前列。各类独立研发机构 750 多家,研发人员 70 多万人。两院院士中,原籍江苏的就有 270 多人,居全国第一。坚持把科教与人才强省作为基础战略,牢固确立"创新发展人才优先"的理念,突出抓好人才培养、引进、使用,才能切实把科教人才的优势转化为创新发展的优势。

培养创新创业人才。实施百千科技企业家培育工程、千名青年企业家接力计划,促进企业家能力提升。支持企业科技人才到高校兼职,推进产业教授在高校开设学分课程、联合指导研究生,强化大学生创新创业意识和能力培养。完善职业教育和培训体系,深化产教融合、校企合作,推进中职、高职、应用型本科教育分段培养或联合培养,贯通技能人才与专业技术人才职业发展通道,推行企业新型学徒制及"双导师制""双元制"职业教育,培养大批技艺精湛的技能人才。

整合外部人才资源。实施顶尖人才顶级支持计划、"凤还巢"计划,深化实施"双创计划",大力引进产业发展最前沿、科技创新最核心的领军型人才。企业引进高层次人才,支付的一次性住房补贴、安家费、科研启动经费等费用,按照规定在计算企业所得税前扣除。打造开发区产业和人才融合新高地,坚持以产引才、以才促产,坚持招才引智与招商引资并举,支持"招院引所",鼓励开发区与高校、科研院所共建研究院所和产业技术创新联盟,共同引才育才,共享科研设备设施。

完善人才使用机制。强化人才分类评价,扭转唯论文、唯学历的评价导向。对主要从事应用研究、技术开发、成果转化工作的科研人员,加大成果转化、技术推广、技术服务等评价指标的权重,不将论文作为评价的限制性条件,引导广大科技工作者把论文写在江苏这片发展热土上。支持科研人员投身创业,鼓励高校、科研院所等事业单位科研人员依法依规适度兼职兼薪、创新创业。改进"333工程"等人才培养支持方式,推行以奖代补、跟奖跟补,实现奖励与贡献实绩挂钩,更好发挥本土人才作用。

第四,在加大金融支持、服务创新创业上聚力

科技创新始于技术、成于资本。创新创业企业早期往往是轻资产型,具有高风险、高投入的特点,这使得大量社会资本不愿意投资。只有形成比较完备的资本投资机制以及相配套的中介服务体系,围绕产业链部署创新链、围绕创新链完善资金链,拓宽新兴产业企业对接资本渠道,才能加速科技成果向现实生产力转化,推动科技创新创业企业从无到有、从小到大,使创新驱动发展战略真正落实落地。

加快建设多层次资本市场。积极发展包括天使投资在内的各类创业投资,推进直接融资关口前移,解决创业企业"起步一公里"的资金来源问题,加快形成"创业、创新+创投"的协同互动发展格局。积极推进区域性股权市场发展,有序扩大和更加便利中小微企业融资。支持科技创新企业通过发行债券融资,支持担保机构为中小科技创新企业发债提供担保。对接国家股票发行制度改革,推动符合条件的互联网企业和科技型企业到创业板发行上市,支持科技型中小企业到新三板挂牌。

提升银行服务创新质效。积极开展投贷联动试点,鼓励符合条件的银行业金融机构在依法合规、风险可控前提下,基于科创企业成长周期前移金融服务,股权投资和银行信贷相结合,为种子期、初创期、成长期的科创企业提供资金支持,有效增加科创企业金融供给总量。鼓励银行业金融机构设立科技金融专营机构,支持银行业金融机构在苏南国家自主创新示范区设立分支机构。加快发展科技保险,试点科技保险奖补机制,加快推进各类知识产权保险,推动科技型中小微企业利用科技保险融资增信和分担创新风险。

完善基础研究支持机制。加大对基础前沿类科学研究持续稳定的财政支持力度,关注影响长远发展和产业变革的重大原创性科学问题,强化对非共识、变革性、颠覆性创新研究的扶持,抢占科学制高点。继续加大省自然科学基金对青年科技人员的支持力度,更多资助处于起步阶段、35周岁以下未承担过省级课题,并在科研院所、高等院校、企业工作的博士,支持其自主选题、自由申报、自由探索,发挥科研"第一桶金"作用。优化完善优秀青年科学基金、杰出青年科学基金评审和管理机制,为重要科技领域实现跨越发展奠定坚实基础。

第五,在深化科技改革、激发创新活力上聚力

以改革驱动创新、以创新驱动发展,释放各类主体参与创新的动力活力,强化科技同经济对接、创新成果同产业对接、创新项目同现实生产力对接、研发人员创新劳动同其利益收入对接,才能最大限度激发科技第一生产力、创新第一动力的巨大潜能。

减少对创新活动的干预。对能够由各类创新主体做主的事项,政府尽可能做到少管、不管,最大限度向高校院所放权,给科技人员松绑。下放成果处置、岗位设置、职称评审、薪酬分配等权利,赋予高校院所开展科研更大自主权。改进科研项目经费管理,大幅提高间接费比例,赋予创新人才和团队更大人财物支配权、技术路线决策权。改进新技术新产品新商业模式准入管理,进一步放开市场、放宽政策、放活主体,引导、激励和带动更多人投身到大众创业、万众创新中来。

打通成果转移转化通道。构建符合科技创新规律、技术转移规律和产业发展规律的技术转移体系,促进科技成果持续产生,推动科技成果扩散、流动、共享、应用,通过成果应用体现创新价值,通过成果转化创造财富。下放科研院所和高等院校科技成果使用权、处置权和收益权,完善科技成果转化个人奖励约定政策,实施股权激励递延纳税试点政策,提高科技人员科技成果转化收益。加快建设省技术产权交易市场等技术资源交易平台,引导技术转移机构市场化、规范化发展。建立科技成果项目库和信息发布系统,及时动态发布符合产业升级方向、投资规模与产业带动作用大的科技成果包,加速科技成果产业化。

培育创新友好的市场环境。深化知识产权领域改革,全面提升知识产权保护和运用水平,更好发挥知识产权制度对于激励创新的基本保障作用。强化需求侧创新政策的引导作用,建立符合国际规则的政府采购制度,利用用户补贴、普惠性财税和保险等政策手段,降低企业创新成本,扩大创新产品和服务的市场空间。实行以增加知识价值为导向的分配政策,在全社会形成知识创造价值、价值创造者得到合理回报的良性循环。重视科研试错的探索价值,建立鼓励创新、宽容失败的容错纠错机制,使创新成为一种价值导向、一种生活方式、一种时代气息,成为江苏发展最鲜明的时代特征。

　　李子联教授所著的《高质发展的动力解构——以江苏为例》一书即是聚焦于江苏高质量发展的内在动力,从供给侧和需求侧等维度考察了这些动力在发展过程中所发挥的作用。全书不仅侧重分析了创新驱动战略的积极影响,还分析了要素配置、需求扩大、产业升级和城镇化推进所带来的经济效应。既重点突出,又面面俱到;既有理论分析,又有现实调研。可以说,该书是一部献礼中国、同时也是江苏改革开放四十周年的喋血之作。作为其导师,很欣慰地看到学生能在现实问题把握和解决能力上的加强,同时也希望李子联教授能够在以后的学术生涯中勇于攀登,争取取得更大的进步!

前　言

　　改革开放四十年来,江苏的经济发展取得了巨大的成就。总量上,江苏的地区生产总值从 1978 年的 249.2 亿元急剧扩张到了 2017 年的 85 900.9 亿元,占全国生产总值的比重从相应年份的 6.8% 逐步上升到了 10.4%,一直处于全国生产总值排行榜的前三甲。速度上,江苏在 1978—2017 年的平均经济增长率高达 12.4%,高于全国 9.6% 的平均增长率 2.8 个百分点,且一直处于高速增长的态势。经济总量的高速增长,不仅极大地提升了江苏在全国各省市中的综合地位,更为重要的是,还有效地提高了江苏居民的收入水平和生活质量,因此对全面小康社会的率先建成以及现代化社会的率先实现,都具有十分重要的促进作用。但是,与全国在高速增长中面临着发展约束一样,江苏亦不可避免地受到了来自于土地供应紧张、人口增长放缓、能源消耗严重、治污成本内化等内在制约因素的负面影响,且这一影响在国际经济增长乏力、贸易摩擦频发以及竞争越发激烈的情形下,尤为严重。因此,如何突破这些发展约束以构建江苏经济增长的内在动力和长效机制,并最终实现经济的平稳、健康和可持续发展,是新形势和新常态下不可不关注的重要话题。

　　实现经济平稳、健康和可持续发展的关键在于促进经济增长动力的转换和经济发展模式的转变,在于实现经济由粗放式的高速增长向集约式的高质发展转变,应以创新驱动为引领、以要素优化配置为支撑,逐步发挥“人口红利”弱化下的“制度红利”的经济效应。基于此,此书以构建江苏高质量发展的内在动力为目标,遵循“动力是什么—有何效应—怎么转换”这一主线,侧重考察了江苏经济增长动力的绩效,并以此提出了经济增长动力转换和新经济增长点培育的思路。就动力而言,此书从理论上挖掘了供给侧、需求侧、产业层面和空间层面(文中体现为县市空间和城乡空间)的相关因素,并在梳理其发展脉络的基础上分析了其所带来的经济绩效;在现实中则主要考察了江苏企业的劳动要素配置和创新行为现状,通过揭示优势与不足提出提升企业竞争力的相关建议。主要研究内容包括:第一章是总论,从总体上把握江苏经济增长动力重构的大背景和新形势,并基于此探讨供给侧结构性改革背景下江苏经济增长动力的转换。第二章是供给侧增长动力的绩效,主要从供给层面探讨创新战略、土地要素和劳动要素对江苏经济增长和居民收入的影响。第三章是需求侧增长动力的绩效,主要从需求层面探讨消费结构、对外贸易和对外投资对江苏经济增长的影响。第四章是产业及相关行业的结构演变及其绩效,主要考察产业结构和行业结构对江苏经济增长的影响,并在此基础上对江苏的新增长点进行挖掘。第五章是新型城镇化与协调发展,主要从新型城镇化的角度考察其对区域协调发展的影响。值得一提的是,本书所拟分析的区域结构对江苏经济增长的影响,已经通过面板数据的挖掘及分析,内含在了各章节的研究中。

此书侧重于考察供给侧、需求侧、产业结构和新型城镇化等维度下的各主要变量对江苏经济增长或居民收入的影响,因此,所得出的结论点多面广,难以一一呈现。尽管如此,我们在分析推动江苏高速经济增长的供给侧因素时,发现物质资本积累所带来的投资扩张以及人力资本积累所带来的创新增强相对于劳动要素而言发挥着更为重要的促进作用。但在经济新常态下,江苏供给侧的各种动力受制约因素的影响而均面临着增长下滑的趋势。而从供给侧角度突破制约经济可持续增长的瓶颈以促进江苏经济增长动力转换,应以深化分配制度改革为主导,有效激发经济主体潜能;以增强自主创新能力为关键,有效转变经济增长方式;以新型城镇化建设为契机,有效拉动短期经济增长。如以发挥新型城镇化促进江苏高质量发展的机理为例:第一,人口城镇化可以通过提高转移人口的消费能力,促进经济的总量增长;可以通过促进劳动力要素的自由流动,优化产业结构;可以通过提高社会福利待遇与人均资源占有量,提升人均可支配收入水平。第二,土地城镇化可以促进投资与产业结构的调整,但由于增速失调与土地实际利用率低,使得其影响经济总量与结构的净效益为负;不过土地城镇化仍然可以通过促进农民工资性收入、财产租赁性收入与转移性收入来提高社会人均可支配收入。第三,产业城镇化可以通过要素集聚与扩散效应,推动社会经济总量的增长、结构的优化以及个人可支配收入的增加。因此,此书坚持认为尽管新型城镇化对于高质量发展而言,只是发挥着短期的增长效应,但就目前而言仍然是有效的路径。

此书的形成,应感谢江苏高校哲学社会科学研究重点项目"新常态下江苏经济增长动力转换和新增长点培育研究"(项目编号:2016ZDIXM036)的资助,感谢《经济学家》《经济评论》《经济地理》和《中共中央党校学报》等权威核心杂志的发表认可,更应感谢课题组成员的研究支持,他们既提供了大量的研究资料,又参与了部分章节的撰写。归功于他们的工作,此书才看起来那么丰富而充实。参与撰写的课题组成员及其主要工作包括:第二章第二节,王肖曼、李子联;第三章第一节,魏畅、李子联;第三章第三节,崔莘心、王肖曼;第四章第一节,刘文洁、李子联;第四章第二节,魏畅、李子联;第五章第一节,孙杰、华桂宏;第五章第二节,孙杰、李子联;第五章第三节,刘文洁、华桂宏;第五章第四节,崔莘心、李子联;此外的其他章节内容均由李子联独立或第一署名完成。值得一提的是,国家统计局昆山城调队的周锋同志提供了丰富的调研资料,江苏省徐州财校的倪亚芬老师提供了部分资料的更新,江苏师范大学科文学院的崔莘心老师负责了全书的统稿编辑和资料更新工作,一并表示感谢。囿于水平所限,此书难免存在这样或那样的不足,欢迎广大读者批评指正。

目　录

第一章 总 论

第一节　从新常态下的中国经济增长谈起 *

　　导读：中国式新常态虽然形成于经济的"结构性"减速，但却不是也不应是低速增长状态，而是一种速度上从高速增长向中高速增长转变、结构上从失衡增长向优化增长转变、方式上从要素投入向创新驱动转变的长期稳定状态。在新常态下，促进经济结构的优化和实现增长方式的转变，应突破发展过程中的分配结构不合理、人力资本积累慢、企业融资成本高、资源紧张和环境恶化等约束，以切实提升自主创新和促进技术进步。应以国际多边合作为契机，促进对外贸易和对外投资的稳健发展；以新型城镇化为载体，促进投资和消费需求的进一步良性扩大；以深化制度改革为重点，进一步完善制度的有效激励机制，以释放制度改革的巨大红利；以战略新兴产业为支撑，有效培育创新增长点和扩大就业吸纳空间。

一、"结构性"减速与新常态形成

　　客观地说，中国式新常态虽然不只包含经济增速的放缓，但其形成却是以增速放缓为背景的。从数据所反映的现实来看，自 2010 年第一季度以来，中国季度增长速度呈现出了逐期下滑的趋势，由初期的 12.1‰下降到了 2017

---

　　* 此节主要内容摘自作者的前期研究成果"李子联，华桂宏：'新常态下的中国经济增长'，《经济学家》，2015 年第 6 期，第 14～21 页"，有较大修改。

年第四季度的 6.8%；特别是，自 2012 年至今的增长速度均持续低于 8%的增长值，与两次金融危机冲击后的 1998 年和 2009 年的"较低"增长水平大体相当，如图 1－1 所示。就这一经济增速放缓的现象，学者们就形成原因和演化趋势给出了不同的解释。概括而言，主要有两种代表性观点：一种观点可以总结为经济减速是"周期性"的，因此，减速只是暂时而非持续稳定的现象。从横向来看，中国经济开始出现增速放缓的同时，发达国家和其他发展中国家也出现了下滑，而且幅度更大，如新加坡 2010 年经济增长 14.8%，2011 年却只有 5%，2012 年则仅为 1.3%，2013 年也只有 3.7%；同样，巴西 2010 年增长率为 7.5%，2011 年则只有 2.7%，2012 年则只剩下 0.9%，2013 年也仅为 2.2%，因此，中国目前的连续下滑，主要不是内部结构问题，而是外部问题（林毅夫，2014）。这一观点意味着，在世界经济形势好转的情况下，中国经济必将"周期性"复苏，因此减速只是暂时的。从纵向来看，中国农村还存在着数量极其可观的潜在劳动力、中国的城市发展远未结束、中国从简单加工制造向重化工工业发展空间依然巨大的有利因素，使得目前中国不仅没有进入所谓的"新常态"，而且也无法接受低速的经济增长，因此，高速的经济增长还将在中国长期持续（华民，2014）。

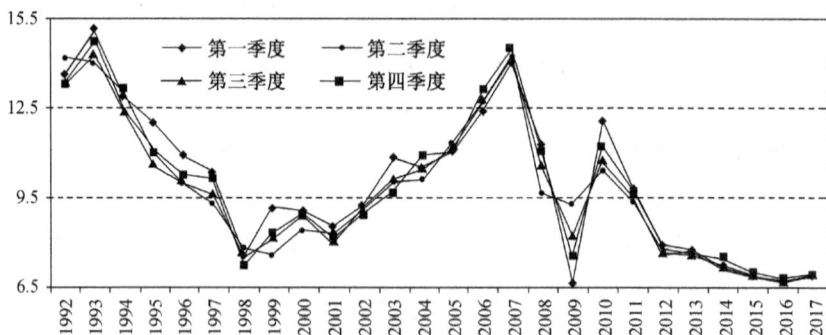

数据来源：根据国家统计局官方网站公布的季度数据计算整理而得。

图 1－1　1992—2017 年中国季度国内生产总值的累计增长率(%)

另一种观点则认为目前出现的增速放缓是"结构性"而非"周期性"的，且其形成的次高速增长将成为一种"新常态"，因此是持续且稳定的。所谓"结构性"减速，主要是指结构调整过程中带来的增速放缓。就产业结构而言，由于中国制造业就业率已达峰值，因此经济增长开始越来越多地依赖于服务业部门的发展，但目前中国服务业的劳动生产率却普遍低于制造业，经济增速将因此而放缓；就生产要素结构而言，中国经济增长已开始越来越多地依赖资本和技术进步而非劳动投入,但资本回报低和技术进步慢却长期制约着经济的增长(李扬,2013)。除此之外,中国经济增速的下降还有其自身独特的原因,即当前中国经济面临着"人口红利"即将消失、出口下降以及外需不振的增长约束,这些都表明此次经济增速下降是"结构性"而非"周期性"的(沈坤荣,2013)。由于结构调整过程中出现了增长动力的"断层",因此,中国经济自"十二五"期间即已开始进入减速发展阶段,且"十三五"期间将进一步减速;在预计的未来十年甚至更长的时间里,经济将基本处于一个减速通道,可理解为是由"结构性"引起的中长期经济减速(张平,2012)。

实际上,上述两种观点对经济减速的原因所进行的解释是一致而非矛盾的。首先,林毅夫(2014)所指的是外部需求而非内部结构所带来的经济减速,从本质上来说,还是由于中国需求结构失衡所造成的。这是因为从需求角度来看,外需拉动是中国经济取得高速增长的重要原因。在世界经济普遍下滑的形势下,世界主要贸易伙伴国必将减少对中国产品的进口需求,使得中国在投资需求降温和消费需求不足的情况下,经济增长速度逐渐放缓。从这一层面来说,中国目前的经济减速也是由于需求结构调整过程中出现的动力"断层"所造成的,因而也具有"结构性"特征。其次,从概念的语义来看,华民(2014)所指的"新常态"和"经济减速"仅指低速增长,而中国仍然具备强劲的增长动力,因此并不会也不应进入低速增长的"新常态"。在此逻辑前提下,这一观点当然是正确无疑的。但是,经济减速并不必然指向低速增长,它只是在现有增速的基础上适当放缓以进入中高速而非低速的"新常态"。从这一理解来看,两者是一致的。此外,华民(2014)也认为中国经济增长的瓶颈主要来自于投资回报率下降遏制了投资的增长、出口下降导致了总需求的下降、劳动成本持续提高严重挤压了企业利润这些"结构性"因素。可见,中国目前的经济减速是由"结构性"因素所造成的,并由于结构调整过程中出现了增长动力的"断层",而将使经济增长进入一个减速的"新常态"。

二、新常态下的增长特征

以"结构性"减速为背景,中国经济增长进入了非高速的"新常态"。但是,经济减速本身并不只是"新常态"的唯一特征,它还为中国经济发展提供了重要的转变机遇,因而带来了其他有益于经济可持续发展的推动力。从其内涵和所衍生的外延来看,中国式的新常态除了表现为经济增长率下降和"滞胀"隐患出现这些不利因素外,也表现为就业压力减小、消费占比提高、产业结构从劳动密集型向资金密集型和知识密集型转换,以及对自主研发的需求增加等有利因素(刘伟和苏剑,2014)。更为精炼地,这些特征可以被高度概括为几个动态式的转变,即"从高速增长转为中高速增长,经济结构不断优化升级,从要素驱动、投资驱动转向创新驱动"①。具体而言,主要表现在如下三个方面:

第一,增长速度从高速增长向中高速增长转变。从经济发展简史来看,大多数国家的经济增长都不可能总是处于高速的"亢奋状态",而更有可能呈规律性地下降,并最终达至某一稳态水平。如日本在经历 1950—1972 年年均 9.7% 的增长后,于 1973—1990 年期间回落至 4.26%,1991—2012 年期间更是降至 0.86%;同样地,韩国在 1961—1996 年期间,年均增速达到了 8.02%,但在 1997—2012 年期间仅为 4.07%②。对于"新常态"下的中国而言,由于经济结构调整过程中新的增长动力正在逐渐培育和构建,因此其所发挥的效应尚未完全形成,经济增长已不可能再达到以前的高速水平。如以国际货币基金组织(2014)的预测数据为依据,中国 2014 年的增长率为 7.38%,低于 2013 年的 7.7%,2015 年更是进一步下降为 7.09%。从均值来看,2011—2015 年的增长率为 7.82%,低于改革开放以来任意一个五年计划的平均增长值,如表 1-1 所示。但即便如此,中国的经济增长依然处于中高速的增长区间,且在世界经济格局中依然处于最快增长国家的行列。不仅快于新兴市场和发展中国家,也快于"金砖五国"的其他四个国家。因此,中国经济在原有高速增长的基础上进行适当地减速,并以此实现经济结构的调整和增长方式的转变,不仅不会降低其国际竞争力,反而将进一步有利于经济增长质量的提升。从这一层面来说,与其将"新常态"理解为是"换挡期""阵痛期"和"消化期"的三期叠加,不如将其理解为是实现经济增长方式转变的重要战略。

表 1-1　中国与世界其他经济体的增速比较　　　单位:%

时间	世界	发达国家	发展中国家	金砖五国				
				巴西	俄罗斯	中国	印度	南非
1981—1985	2.94	2.83	3.13	1.20	—	10.78	5.42	1.40
1986—1990	3.84	3.84	3.83	2.09	—	7.92	5.97	1.68
1991—1995	2.75	2.33	3.40	3.00	−8.50	12.29	5.10	0.89

---

① 参阅习近平(2014)。
② 转引自若英(2014)。

时间	世界	发达国家	发展中国家	金砖五国				
				巴西	俄罗斯	中国	印度	南非
1996—2000	3.81	3.38	4.38	2.02	1.77	8.62	6.09	2.80
2001—2005	3.97	2.25	6.02	2.80	6.13	9.76	6.74	3.84
2006—2010	3.94	1.12	6.64	4.49	3.73	11.23	8.34	3.28
2011—2015	3.59	1.69	5.08	1.59	1.95	7.82	5.67	2.33

注:表中数据取各年经济增长率(按不变价格计算)的算术平均数,1981—1992年苏联数据缺省,2014年和2015年的数据为预测值,数据来源于国际货币基金组织"世界经济展望数据库",http://www.imf.org。

第二,增长结构从失衡增长向优化增长转变。客观地说,经济增长速度的放缓不仅为经济结构的调整释放了压力,还为经济结构的优化提供了动力。这是因为,"调结构"和"促增长"长期以来是中国经济发展过程中的两难,以结构失衡来换取经济的高速增长是过去中国经济增长过程中的惯有模式,而打破这一模式、以适当地减速来换取质量则明显有利于经济结构的调整。事实证明,这一发展思路所带来的成效因经济结构的不断优化而极其显著。首先,从产业结构来看,中国第一和第二产业增加值在国内生产总值中的比重不断下降,而第三产业增加值的比重则不断上升,并于2013年首次超越第二产业成为最大产业,如表1-2所示。其次,从需求结构来看,在拉动经济增长的"三驾马车"中,消费需求不足的失衡格局逐渐改观,体现为其对经济增长的贡献率不断上升,并于2011年达到了61.9%,使得消费超越资本投资成为最强有力地拉动因素成了常态;除2013年外,2012—2016年这一状态仍得以维持,预计消费需求发挥更大贡献的趋势仍将得以有效延续。与此同时,净出口所发挥的作用则不断减弱,近几年甚至出现了负向的贡献率,表明中国经济增长长期依赖于外需而非内需的格局正在或已经发生了改变。这一调整,与中国劳动和土地要素价格优势的丧失所带来的出口竞争力下降是紧密相连的(刘世锦,2014)。最后,从分配结构来看,虽然初次收入分配中应上交给政府的生产税净额逐年攀升并有扩大的趋势,但劳动者报酬占比不断降低的趋势则在近几年得到了有效地扭转,如2010—2012年这一数值从48.99%逐渐上升到了50.65%,表明收入分配结构也得到了有效地调整和优化,这对于缩小收入分配差距意义重大。

表 1-2　中国国内生产总值构成(%)

年份	产业占比			需求贡献率			初次分配收入占比		
	第一产业	第二产业	第三产业	最终消费	资本形成	货物与服务净出口	劳动者报酬	资本收入	生产税净额
2006	10.6	47.6	41.8	42.0	42.9	15.1	44.33	47.49	15.39
2007	10.3	46.9	42.9	45.3	44.1	10.6	42.26	46.41	15.69
2008	10.3	46.9	42.8	44.2	53.2	2.6	46.44	42.18	15.73
2009	9.8	45.9	44.3	56.1	86.5	−42.6	49.96	40.91	16.29
2010	9.5	46.4	44.2	44.9	66.3	−11.2	48.99	43.26	16.59
2011	9.4	46.4	43.4	61.9	46.2	−8.1	49.53	43.49	17.21
2012	9.4	45.3	45.3	54.9	43.4	1.7	50.65	42.79	17.66
2013	9.3	44.0	46.7	47.0	55.3	−2.3	—	—	—
2014	9.1	43.1	47.8	48.8	46.9	4.3	—	—	—
2015	8.8	40.9	50.2	59.7	41.6	−1.3	—	—	—
2016	8.6	39.8	51.6	64.6	42.2	−6.8	—	—	—

注:初次收入分配占比根据地区生产总值收入法构成项目的数据汇总计算而得,所有原始数据均来源于 2017 年的《中国统计年鉴》。

　　第三,增长方式从要素投入向创新驱动转变。中国经济所取得的高速增长得益于生产要素的丰裕及其大量投入,但这一模式由于其粗放型特征也带来了资源紧张、环境恶化和生产率低下等发展困境。有别于这一传统模式的"新常态",就是要适应要素贡献逐渐降低和技术创新逐渐提升的新形势,以实现经济增长方式从要素投入向创新驱动的转变。从中国经济增长的要素结构来看,中国近几年来工作年龄人口开始不断下降,2012 年工作年龄人口甚至减少了 345 万人(朱剑红,2013),表明劳动要素增长率呈现出了逐渐下降的趋势,且这一趋势仍将进一步延续,如表 1-3 所示。以国家统计局人口专家的预测数据为依据,从 2013 年以后中国适龄劳动人口将会逐步下降,其中,2013—2020 年下降较为缓慢,但至 2020 年以后则会快速下降[①]。与此同时,中国的物质资本要素增长率近几年来也呈现出了下降的趋势,如 2008 年以来,这一数值由当初的 24.68% 下降到了 2015 年的 3.34%。劳动要素和资本

―――――――――――

　① 转引自沈坤荣和滕永乐(2013)。

要素增速的放缓均表明,继续依靠生产要素的大量投入来实现经济的高速增长从客观条件上已不再具有可持续性,而依靠技术创新来推动经济增长则变得尤为迫切。值得"庆幸"的是,中国以专利授权量所衡量的技术创新[①]在这一过程中正在不断地加强和提升,如在 2001—2016 年间,中国的专利授权量增长率虽出现了"忽高忽低"的变动特征,但总体而言则呈不断上升的趋势,表明中国的创新能力正在不断加强,因此其对经济增长的贡献力度也将不断得以提升。

表 1-3 中国经济增长的要素结构(%)

年份	劳动要素增长率	物质资本要素增长率	技术创新程度	人力资本要素增长率
2001	0.99	14.14	8.45	9.11
2002	0.66	14.57	15.88	29.05
2003	0.62	22.82	37.63	40.36
2004	0.72	23.60	4.40	27.38
2005	0.52	12.56	12.49	28.31
2006	0.44	19.39	25.23	23.05
2007	0.46	19.35	31.26	18.62
2008	0.32	24.68	17.11	14.33
2009	0.35	18.90	41.27	3.74
2010	0.37	17.72	40.01	8.35
2011	0.41	17.94	17.88	5.69
2012	0.37	10.70	30.67	2.73
2013	0.36	8.47	2.24	4.61
2014	0.36	10.41	3.24	−0.79
2015	0.26	3.34	3.26	31.90
2016	0.20	—	3.42	2.07

注:劳动要素为全社会从业人员数,物质资本要素为资本形成总额,人力资本要素为高校毕业生数,技术进步为专利授权数,所有原始数据均来源于《中国统计年鉴》。

总之,新常态的形成虽然以经济的适当减速为背景,但其并不也不应等于经济减速和低速增长,它还应在此基础上更加注重经济减速所带来的发展机遇,既注重经济结构的调整和优化,又注重技术创新的培育和提升。从这一角

---

① 以专利授权量来衡量技术创新的文献可以参阅 Griliches et. al.(1986)和范红忠(2007)等。

度来说,新常态更应被理解为是一致更加注重经济增长"质量"而非"数量"的发展状态。实际上,从长远来看,这一注重增长质量的新常态,并不必然带来数量上的低增长。只是,在现阶段从粗放型向集约型增长过渡的过程中,旧的要素红利正在消失,而新的发展动力尚在构建,使得经济增长出现了结构性的断层;一旦形成新的发展动力,这一"裂痕"必将得以"焊接",而经济的高速增长也依然可以实现。

三、新常态下的增长约束

应当看到,虽然提升中国经济增长质量的有利因素正在不断形成,但是制约经济可持续发展的不利因素却依然存在,且后者往往相伴前者而生。这些具体表现如下:

第一,收入差距依然较大,分配结构仍需优化。从居民收入分配来看,在1990—2012年间,中国城乡居民收入比和基尼系数总体而言均呈"波浪式"扩大的趋势。其中,城乡居民收入比由 2.2 上升到了 3.1,最高时为 2009 年的3.33;与此对应,基尼系数[①]则由 0.355 5 上升到了 0.473 0,同时在 2010 年达到了最高点,其值为 0.475 1。此后,这些指标虽然自 2010 年以来开始有所好转,但其数值依然较大。从收入分配格局来看,在 1990—2012 年的居民、企业和政府三个经济主体之间,居民收入总额在国民收入中的占比由 55.21% 下降到了 43.72%;企业收入占比虽然经历了 1990—1994 年的上升阶段,但自1994 年后则开始不断下降,其在国民收入中的比重由 1994 年的 42.58% 下降到了 2012 年的 33.57%;与此不同的是,政府收入则不仅在绝对规模上由2 937.10 亿元急剧扩张到了 117 253.52 亿元,还在相对规模上由 15.69% 快速上升到了 22.71%,两者均呈大幅上涨的趋势。这些数据所表明的收入差距依然较大和分配结构仍然不合理将对经济增长带来负面效应,主要是因为它不仅从微观上抑制了经济个体的生产积极性和强化了生产者之间的经济社会矛盾,还从宏观上阻碍了居民消费需求的扩大和自主创新能力的提升,因而不利于经济的可持续发展。

---

① 基尼系数的测算:以程永宏(2007)所测算的 1978—2005 年农村居民基尼系数和1981—2004 年城市居民基尼系数为基础数据,并利用其分解公式计算全国基尼系数。其中,2006—2012 年的农村居民基尼系数及 2005—2012 年的城市居民基尼系数依据等分法公式计算并调整而得。

第二,资金成本逐步攀高,融资渠道依然有限。从金融体制改革和经济发展趋势来看,中国企业将面临越来越高的资金成本,主要是因为:一方面,利率市场化改革特别是贷款利率市场化改革的推进,将使长期处于金融抑制的资金价格从低利率水平向均衡或是正常利率水平回归,而从数值上来看后者无疑将高于前者;另一方面,中国劳动要素和土地要素价格的上升将减弱其对国际资本的吸引力,使得进入中国境内的外商投资规模在原有基础上增长缓慢甚或急剧减少,不仅如此,随着国内资本对外投资步伐的加快,原来滞留投资于国内的本国资金也将因此而减少,这都将使得国内的资金供给趋于紧张,资金成本逐步攀高。可以预见的是,资金成本攀高的状况将使得企业的融资来源变得更为有限。在旧有的融资模式下,企业主要依赖于银行贷款来获取必要的生产性资金,但是,新形势下贷款利率的上升和信贷资金供给的短缺将不仅使得企业从银行中所能获取的可贷资金规模大为减少,还将使其获得信贷资金的难度进一步加大。从这一角度来说,资金成本的攀高及其所带来的融资渠道的缩窄,极有可能将对中国企业的正常生产和新增投资都带来抑制作用。特别是,对于大部分中小企业而言,这一负面冲击效应将变得尤为明显。由于这一制约因素的存在,中国新常态下的经济增长不管是在投资规模还是劳动就业方面,都将受到程度不等的抑制。

第三,人力资本积累放缓,创新动力有待加强。以高校毕业生数的增长率来衡量人力资本积累程度的缓慢,所测算的数据结果显示:在所考察的2001—2012年间,人力资本增长率从2001年的9.11%上升到了2003年的最大值40.36%,之后则不断下降,2016年增长率仅为2.07%[①],如表1-3所示。人力资本增长放缓将使中国自主创新能力提升的后劲不足,因而将对创新驱动战略的有效实施影响甚微。实际上,人力资本积累放缓极有可能是中国自主创新能力提升缓慢的主要原因。这是因为:从创新支撑机制来看,中国对提升自主创新的扶持力度不断加大,直接表现为历年研发投入的逐年增加,因此从资金供给上来说,中国的技术创新并不缺乏研究与发展经费的支持。但从人才供给上来看,人力资本积累的放缓使得中国所申请和所授权的专利

---

① 受杜传忠和曹艳乔(2010)使用每万人口在校大学生数作为衡量人力资本存量的方法启发,李子联和朱江丽(2013)以普通高等学校的毕业生数作为代理指标,这是因为高校毕业生即将参与社会就业,可以立即转化为社会人力资本;而在校生实现这一过程的转换仍需要一定时间,只能认为是潜在的人力资本。

数、技术市场合同转让金额虽然呈快速增长的态势,但却并没有真正转化为市场的生产力和提高劳动生产率,因此,中国的自主创新从人才供给上来说依然存在不足,也就是说,人才而非资金才是影响自主创新的关键变量。进一步地,我们认为形成这一机制的根本原因在于中国收入分配上长期存在的不平等。按照 Barro(2000)的观点,收入分配不平等增加了高收入阶层的储蓄从而带来了物质资本的积累,但却也造成了低收入阶层的教育投资从而放缓了人力资本的积累速度。中国的发展历程正与此大致相同:收入分配不平等确实增加了中国的物质资本积累,从而为技术创新提供了强有力的资金支持;但同时也抑制了人力资本积累,因而阻碍了自主创新能力的提升。

第四,土地资源越发紧张,环境污染依然恶化。从中国经济发展经验来看,土地要素对经济增长的贡献至少来源于土地用途三个转变所带来的巨大"红利":一是农地使用权从集体向家庭的转变,这一转变既直接带来了农业产出的巨大增长,又间接为工业生产提供了丰裕的劳动要素和原材料;二是大量农业用地向工业用地的转变,这一转变促进了中国的工业化进程,并以此带来了工业产出的巨大增长;三是农业用地、工业用地向城镇住宅用地的转变,这一转变所带来的房地产业的蓬勃发展,既带来了政府财政收入的增加进而促进了公共投资的增长,又带来了中国城市化率的提高进而间接带动了消费需求的扩大。但是,中国土地资源紧张所带来的制约作用正在不断地显现。从总量来看,中国虽然国土辽阔,但作为工厂、城市和道路的最佳用地的平原只占12%,而平原又是中国最宝贵的农业资源,因此,在面对农业和工业发展的共同需求上,我国土地资源显然极为稀缺。

就环境整治而言,应当说自"十一五"规划提出主要污染物排放总量减少10%的约束性指标以来,中国的环境保护在某些方面取得了一定的成绩。如2007年工业废水中化学需氧量排放量同比下降了5.61%,工业废气中二氧化硫同比下降了4.24%,首次实现了双下降;2008年上半年与2005年同期相比,中央重点类和关注类企业二氧化硫排放量减少了35.2%,化学需氧排放量减少了21.4%。但是,若考虑到废物排放的规模总量,则环境被污染的形势依然很严峻。特别是,对于工业废弃物的排放总量,在环境保护的呼声日益高涨的情况下,不仅没有减少,反而又增加了。在各种废弃物排放总量中,工业废水排放总量在2012年达到了684.8亿吨,比2011年增加25.6亿吨;工业固体废物产生量与排放量年年递增,如产生量从2006年的15.15亿吨增加到了2012年的32.90亿吨,增加了17.75亿吨。可见,环境污染及其恶化的形势依然严峻,而其对经济可持续发展所带来的制约作用也将长期存在。

四、新常态下的增长动力

新常态下促进经济结构的优化升级和实现经济增长方式的转变,就是要突破发展过程中的制度、人才、资金和环境约束,以国际多边合作为契机,促进对外贸易和对外投资的稳健发展;以新型城镇化为载体,促进投资和消费需求的进一步良性扩大;以深化制度改革为重点,进一步完善制度的有效激励机制,释放制度改革的巨大红利;以战略新兴产业为支撑,有效培育创新增长点和扩大就业吸纳空间;以提升自主创新为关键,实现经济增长的创新驱动战略。具体而言,这些动力机制主要表现如下:

第一,以国际多边合作为契机。加强国际多边合作,不仅是因为当今世界各国的联系愈发紧密,更重要的是因为多边合作能够减少国际贸易和投资中的信息搜寻成本,进而加深双方的理解和信任。于中国而言,促进国际多边合作至少可以从以下两方面来促进经济的平稳增长:一方面,从国际贸易的角度,合作可以通过减少贸易摩擦来降低交易成本。由于缺乏有效的认知和对话机制,国际上特别是欧美国家针对中国企业的"反倾销"案例越来越多,这既带来了贸易乃至政治上的误解和摩擦,又带来了经济效率的下降和漏损。建立广泛而有效的国际合作,则能在增进彼此了解与信任的基础上,促进双方贸易额的增长。另一方面,从国际投资的角度,合作可以使双方的剩余资金互通有无,这既拓宽了其中一方面的投资渠道,又增加了另一方的资金来源,从而为资金配置提供了有效的优化机制。因此,新常态下调整中国的需求结构,仍应注重和加强国际多边合作,以促进货物和服务净出口的平稳增长。

第二,以新型城镇建设为载体。从内涵来看,新型城镇化更加注重劳动要素的优化配置,更加注重人口城镇化和土地城镇化的协调发展,更加注重城镇化、工业化和现代化的同步演进。因此,新型城镇化将为中国经济增长提供"新亮点"和"新动力",主要表现在:首先,新型城镇化的推进将带来投资需求的增加,既包括公共基础设施投资的增加,又包括产业投资空间的扩大,因此,投资需求在经济增长中的拉动作用仍将"强势"发挥。其次,新型城镇化的推进将带来消费需求的扩大。由于人口城镇化促进了农村人口向城镇的转移和集聚,而城镇相对于农村而言具有更浓郁的消费氛围,因此这一过程既带来了消费规模的扩大,又带来了消费结构的升级,两者都将带来消费水平的提高。最后,新型城镇化的推进将促进制度改革红利的释放。新型城镇化的推进必须以户籍制度、土地制度和保障制度的改革和完善为前提,而后者则将分别从要素优化、产权激励和消费保障三个方面带来显著的经济增长绩效。

第三,以深化制度改革为重点。改革是最大的红利,深化各项制度改革将对经济结构的优化和经济增长质量的提升带来显著的提升作用。就目前的形势而言,应继续推进和深化的改革主要包括收入分配制度和农地制度这两项较为重要且全面的经济制度。之所以重要且全面,是因为所常见的社会保障制度、工资分配制度以及财政税收制度等均与此关联颇多。首先,应深化收入分配制度改革。收入分配结构的合理化、收入分配秩序的有序化以及居民收入差距的缩小,既能有效地促进人力资本积累从而提升自主创新能力,又能缓解主体之间矛盾从而促进经济社会的和谐发展。其次,应深化农地制度改革。一项旨在扩大农民土地产权自由、增加农民土地交易收益的农地制度改革及其深化,不仅能够促进土地要素的合理流转,进而提高了土地经营的产出效率,还能够激励农村剩余劳动要素的有效转移,进而推进了新型城镇化和带来了新的增长点,因此,深化农地制度改革促进了生产要素的优化配置。

第四,以战略新兴产业为支撑。构建新常态下经济增长的新动力,应以产业发展为先行,而战略性新兴产业的培育和壮大则是关键。这是因为:不同于传统产业,战略性新兴产业具有知识技术密集度高、物质资源消耗少、成长潜力空间大以及经济社会效益好的特征。它既能满足人类对良好生存和生产环境的诉求,又能引领产业结构调整和优化的方向,更能支撑经济发展方式的创新性转变。因此,发展战略性新兴产业是促进经济长效发展的重要支撑。这就应以理论研究为先行,从资金上重点资助有利于促进技术创新和成果转化的科技项目;应建立有效的产学研"互助、互通、互利"平台,以合作的形式共同推进理论成果向实体生产的有效转化;应完善知识产权保护和转化制度,使新技术、新知识和新专利的发现发明者能够得到有效的社会激励;应进一步对涉及节能环保、新一代信息技术、生物、高端装备制造、新能源、新材料和新能源汽车七个产业在内的企业和个人提供土地、资金和税收上的优惠。

第五,以提升自主创新为关键。从本质上来说,新常态下的经济增长即是一种创新驱动或者创新导向的增长,既注重生产技术的创新,又注重经济结构的优化,更注重经济制度的革新,因此,提升创新能力和促进技术进步是构建经济增长动力的关键。从供给上来说,提升社会的创新水平,就是要在资金上重点资助科学技术研究项目,既包括基础性研究,又包括应用性研究;就是要在人力上进一步加大力度引进和培养创新性人才,既包括研究型人才,又包括生产型人才。从需求上来说,提升社会的创新水平,就是要扩大社会对创新性产品的消费需求,而提高居民的收入水平和增强居民的消费意识则是扩大消费需求的关键。综合来看,提高自主创新的供给水平和需求能力,应以有效的激励机制为基础,而深化收入分配制度改革则是重要的制度保障。这是因为形成合理有序的收入分配格局,不仅能在供给上促进社会的人力资本积累,还能在需求上提高低收入者的收入水平,这对于创新的提升极为重要。

第二节 供给侧结构性改革下 江苏增长动力的转换

导读:在推动江苏高速经济增长的供给侧因素中,物质资本积累所带来的投资扩张以及人力资本积累所带来的创新增强相对于劳动要素而言发挥着更为重要的促进作用。但在国际金融危机以来所形成的经济新常态下,江苏供给侧的各种动力受制约因素的影响而均面临着增长下滑的趋势。这些制约因素主要包括:收入差距依然较大,生产潜能仍需激发;人口数量增长放缓,人口红利逐渐消失;资金成本逐步攀高,投资水平逐渐下降;资源能源消耗较大,环境污染仍需治理。从供给侧角度突破制约经济可持续增长的瓶颈以促进江苏经济增长动力转换,应以深化分配制度改革为主导,有效激发经济主体潜能;以增强自主创新能力为关键,有效转变经济增长方式;以新型城镇化建设为契机,有效拉动短期经济增长。

在适度扩大总需求的同时,着力加强供给侧结构性改革,是增强我国经济持续增长动力、推动社会生产力水平实现整体跃升的重要手段,同时也是适应和引领经济发展新常态的必然要求和重大创新。尽管已有研究就供给侧结构性改革的背景、内涵和价值进行了较为丰富的研究,但却对于区域层面供给侧经济增长的动态演变以及供给侧结构性改革的路径极少涉及。本书即以江苏省为例,在新古典经济学和新制度经济学的供给框架下就江苏经济增长的动力与约束展开分析,并进而揭示供给侧结构性改革下江苏经济增长动力转换的路径。

一、文献考察

在适应经济新常态过程中培育增长新动力,积极打造江苏经济升级版,努力实现更有质量、更高效益、更可持续的发展,是江苏全面建成小康社会的必由选择。如何在新常态下实现江苏经济增长动力的转换? 此前的诸多研究就江苏经济增长的约束、动力以及亮点进行了较为丰富的探讨。从经济增长约束的角度,诸多观点认为:与全国发展情形一样,资源和环境约束日益趋紧、投资与消费关系不协调、产业结构层次不高、人口红利和市场化改革的利好减弱、对外部市场的依赖度较大以及自主创新能力不强等是制约江苏经济可持续增长的主要因素(张远征,2013)。较新的研究,如李宝会(2015)则指出江苏经济新增长点培育面临的新困难表现在:包括光伏行业在内的新增长点支撑经济增长能力仍然较弱;经济新增长点有宽泛的迹象,难以形成集聚优势;产业发展扶持政策不够聚焦。

就突破江苏经济增长过程中所面临的约束,学者们对推动江苏经济增长的动力与因素做出了富有创见的分析和解释。例如,简晓彬和沈正平(2006)的实证研究表明江苏经济增长的主要动力源于消费、第三产业、工业、投资等因素,但与科技、全员劳动生产率等因素关联性偏小。与此不同的是,一些观点则指出应通过技术进步、内向外向兼顾来推动江苏的经济增长(张二震和阎鸿飞,2005;米传民等,2004)。更为全面地,江苏省哲学社会科学联合会课题组(2006)从体制创新、经济拉动、增长契机、产业结构和区域经济等角度进行了分析,指出科技型民营企业、富民优先和扩大消费、新农村建设、服务业发展以及苏北崛起是新一轮经济增长的动力源。相类似地,张远征(2013)认为从需求层面看,投资是经济高速增长的主要动力,消费是增长稳定器,净流出贡献下降是增长趋缓的主要原因;从生产层面看,资本投入、就业结构优化和劳动者素质提高是经济增长的主要动力,市场化、城市化、国际化带来的动力渐次更替,科技创新逐渐增强但实效有待提高。

基于上述发现,一些学者对江苏经济增长动力转换的方向及思路表达了独到的观点,且普遍认为继续转变经济发展方式必然包括三项基本内容:一是促进经济增长由主要依赖投资、出口拉动向依靠投资、消费和出口协同拉动转变;二是促进经济增长由主要依靠第二产业拉动向依靠第一、二、三产业协同拉动转变;三是促进经济增长由主要依靠物资资源消耗向主要依靠科技进步、劳动者素质提升和管理创新转变(徐从才,2012)。因此,实现经济增长动力的转换,江苏应根据自身状况研制特定的战略。比较有代表性的,洪银兴(2009)指出江苏经济发展需要转型升级,寻求新的发展动力,创造新的竞争优势,目标就是发展创新型经济。因此,创新型经济是江苏继民营经济、开放型经济之后的又一重大战略。毋庸置疑,包括创新驱动战略等在内的六大战略的实施,使江苏经济取得了丰硕的成果。但同时,吴先满和骆祖春(2015)也指出,"十三五"时期有必要对上述六大战略做出保持、调整与增补:继续保持经济国际化战略、区域协调发展战略和可持续发展战略;将城乡发展一体化战略调整为新型城镇化战略,将创新驱动战略和科教与人才强省战略合并为新的创新驱动战略;增加民生驱动战略。

如果说增长动力的转换从宏观上构建了未来江苏经济发展的长效机制,那么新增长点的培育则从微观上挖掘了经济增长的现实潜力。对于新增长点的培育,沈坤荣等(2011)指出江苏应率先在战略性新兴产业上实现突破,并以此为契机,实现产业升级,加快实现内在动力的转变;黄伟(2015)也认为省级新增长点的遴选应紧扣转型升级的要求,应围绕战略性新兴产业、先进制造业以及传统产业升级改造培育一批新增长点项目;李宝会(2015)则认为服务业尤其是以互联网经济、服务外包为代表的现代服务业将逐步成为新经济增长点,具有良好市场前景且保持稳定增长的新兴产业如海洋工程和新能源汽车等行业是新经济增长点的培育方向,部分优势高新技术产业如高端装备和新材料等行业将逐步成为经济增长新动力,符合产业结构优化调整方向的绿色低碳、节能环保产业将逐步成为新经济增长点。此外,刘兴远(2015)认为新常态下经济发展动力正从传统增长点转向新的增长点,城镇化将释放出消费和投资增长的巨大潜力,网络经济将成为经济增长的新引擎,绿色环保产业将具有前景广阔的市场。因此,未来经济发展的支撑力将呈现多元化。

综合而言,已有研究从不同角度对江苏经济增长动力转换和新增长点培育所展开的分析,对此项研究的深化具有十分重要的启示意义。在此基础上,我们将在进一步考虑供给侧结构性改革这一新经济形势的背景下,对供给框架下各项制度因素和经济因素影响江苏经济增长的机理展开理论分析,以此揭示江苏未来经济增长的优势与不足,并提出增长动力转换和新增长点培育的对策建议。我们认为,这一研究的理论价值和现实意义在于:从区域层面分析供给侧结构性改革所带来的机遇,是对新古典经济学和新制度经济学方法在区域层面得以现实应用的拓展;从供给角度揭示江苏经济增长的动力与约束,能够为促进江苏经济增长动力的转换和供给体系质量的提高提供富有针对性的理论分析。

二、供给侧经济增长的动力特征

尽管在经济思想史中,可以对供给学说的根源进行近乎无穷尽地追溯,但就广泛性和全面性而言,新古典经济学常常被认为是从供给或是生产视角分析现实问题和制定经济政策的主流学说,这与凯恩斯主义经济学从消费、投资、政府购买和净出口这些需求角度所进行的分析是完全不一样的。按照新古典宏观经济学供给体系的分析框架,一国或地区的产出增长是由劳动要素(L)、资本要素(K)以及剩余项(A)共同推动的。其中,在大部分研究中,资本要素既包括物质资本,又包括人力资本,甚至还可包括道德资本(王小锡,2011);而剩余项的具体指向,则依据分析问题的视角不同而各有所指,通常包括除劳动和资本要素之外的土地和资源要素、技术创新和政策制度等。因此,综合来看,劳动力、土地和自然资源、资本、科技创新和制度是供给侧经济增长的主要动力源(贾康,2015),而供给侧改革的核心内涵则应是通过进一步深化改革来解放生产力,以有效的制度供给来支持结构优化和激活全要素生产率(贾康,2016),在制度、机制和技术三个层面来推进结构性改革(冯志峰,2016)。可见,在供给侧结构性改革所形成的经济增长的动力源中,生产要素是基础,技术创新是关键,政策制度则是核心。以此为框架,江苏供给侧的增长动力特征及其与经济增长的关系体现在如下几个方面:

首先,从劳动要素的变化趋势及其经济绩效来看,江苏劳动要素在经济增长中发挥了重要的推动作用后,其"自身"增长趋势的逐渐放缓将对未来经济增长带来抑制作用。以从业人员增长率来反映劳动要素的变化,数据显示:在1953—2014年间,劳动要素增长率尽管经历了部分年份的急降急升时期,如1957—1961年、1970—1971年以及1989—1990年的三个特殊时期,但总体而言变动相对平稳,且呈放缓的趋势,其值由1953年的2.38%下降到了2014年的0.02%,如图1-2所示。尤其是,自2008年以来,这一下降的趋势尤为明显,其中2008—2010年从业人数年均增长率为0.54%,而2011—2014年的年均增长率则只有0.03%。

毫无疑问,江苏劳动要素增长率正呈逐渐放缓的趋势,且这一趋势将随着人口老龄化程度的加重以及产业结构的转移和升级而得以强化。从劳动要素与经济增长的动态互变关系来看,两者之间除了部分年份表现出反向变动关系以外,大部分年份都具有同步或滞后的正向变化特征,表明劳动要素的增长在当期或滞后期带来了地区生产总值的增长,这与经典经济理论中所阐释的观点是一致的。不过,劳动要素所带来的经济绩效经历了两个强弱对比较为明显的时期:一个是改革开放前的弱绩效时期,表现在更高的劳动要素增长与较低的地区经济增长相并存,更多的劳动要素投入并未带来较高的经济增长;另一个则是改革开放后的强绩效时期,相对较少的劳动要素投入反而带来了更高的地区经济增长。劳动要素在改革开放前后所发挥的不同影响,既在于说明劳动者的生产积极性因制度的激励而带来了不同的经济表现,更在于说明劳动要素协同其外的其他因素,诸如资本积累和技术创新,共同更好地促进了经济增长。从这一机制看来,当前且将来出现的劳动人数的增长放缓甚至下降,必将对资本和技术等要素带来抑制作用,而这无疑会对未来经济增长形成制约。

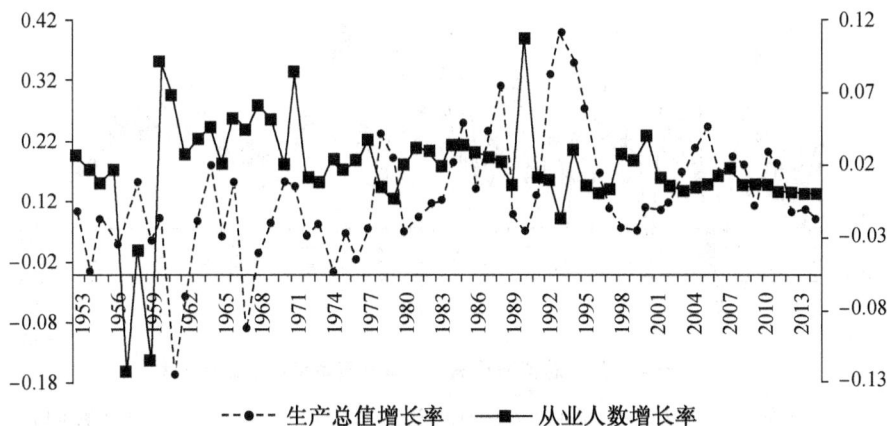

注:左侧纵坐标轴对应生产总值增长率,右侧纵坐标轴对应从业人数增长率;资料根据《数据见证辉煌江苏60年》和2015年《江苏统计年鉴》的相关数据整理计算而得。

图1-2 1953—2014年江苏劳动要素与经济增长的动态变化

其次,从物质资本要素的变化趋势及其经济绩效来看,江苏高速积累的物质资本有效地促进了经济增长,但其效应也将随着资本增速的放缓而逐渐减弱。以资本形成总额增长率来反映物质资本的变化,江苏在1953—2014年间快速地积累了大量的物质资本,其年均增长率达到了16.12%,高于年均12.75%的名义生产总值增长率3.37个百分点;特别是在1958年、1964年和1993年等年份,其增长率甚至超过了40%;而在1963年、1970年和1992年,其值更是超过了50%,如图1-3所示。但是,物质资本这一高速积累的现象,自2008年以来则开始出现了逆转。特别是自2010年以来,资本形成总额增长率由20.5%逐年下降到了2014年的3.04%,年均增长率为11.35%,大幅度低于新中国成立以来的年均增长水平。因此,可以认为,江苏的物质资本在经历了高速的增长之后,在经济新常态下也出现了积累放慢的趋势。从物质资本积累与经济增长的互变关系来看,两者自新中国成立以来一直表现出高度一致的同向变化关系,表明在江苏的供给侧经济增长中,相对于其他动力源而言,物质资本发挥着极为重要的促进作用。由于两者之间存在高度吻合的同向变化关系,因此物质资本的高速积累能够为江苏资本密集型产业的发展提供雄厚的资金支持和资本保障,而其积累速度的放缓则将反过来带来经济增长的下滑。因此,在转变经济增长方式和实现可持续增长的过程中,仍应发挥资本对社会总投资所带来的重要作用。

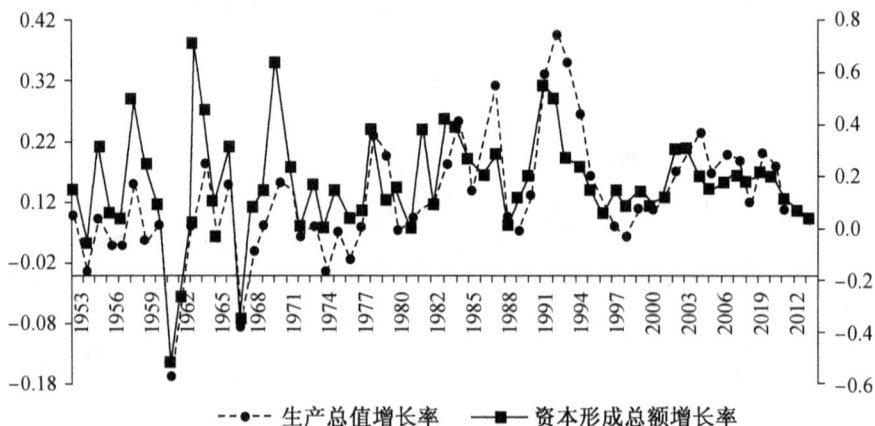

注:左侧纵坐标轴对应生产总值增长率,右侧纵坐标轴对应资本形成总额增长率;资料根据《数据见证辉煌江苏 60 年》和 2015 年《江苏统计年鉴》的相关数据整理计算而得。

图 1-3　1953—2014 年江苏资本要素与经济增长的动态变化

再次,从人力资本要素的变化趋势及其经济绩效来看,江苏高速积累的人力资本有效地促进了地区经济增长,但其效应则具有先弱后强的时间差异性。以普通高等教育毕业生数增长率来反映人力资本的变化(李子联和朱江丽,2013),我们同样查阅了新中国成立以来的人力资本变化状况,发现在 1960 年、1972 年、1974 年、1975 年、1977 年和 1980 年这 6 个特殊的历史年份,江苏高校毕业生数增长率出现了异常值,其值分别为 251.72%、400%、200%、276.19%、244.44%和 1 237.5%,远远高于其他正常年份的平均值。为此,我们拟排除这些异常值的影响,而截取 1981 年以后人力资本增长符合正常趋势的相关数据来考察其与经济增长的关系。尽管如此,在 1981—2014 年间,江苏普通高校毕业生数的增长幅度依然波动较大,但总体而言在"高低反复"震

荡中呈增速放缓的趋势,其值从 1981 年的 60.75％波动下降到了 2014 年的
1.23％,年均增长率为 14.22％,仍高于地区生产总值的年均增长率。从人力
资本要素与经济增长的互变关系来看,人力资本要素对经济增长所带来的影
响以 1995 年为界经历了强弱不同的两个时期。其中,在 1981—1994 年间,地
区生产总值增长率与普通高校毕业生数增长率的变化趋势出现了较大的偏
离,且总体而言两者之间并不存在同向变化的特征,这一统计现象表明人力资
本要素在这一时期内对经济增长所带来的影响较弱,且不明显;与此不同的
是,自 1995 年以后,地区生产总值增长率则与普通高校毕业生数增长率出现
了极为一致的同向变化特征,这一统计现象能够表明人力资本要素只是在
1995 年以后才显著有效地促进了地区经济增长,且发挥的作用较强,如图 1 - 4
所示。因此可以推测,在人力资本积累速度放缓的情形下,江苏的未来经济增
长也将因此而受到制约。

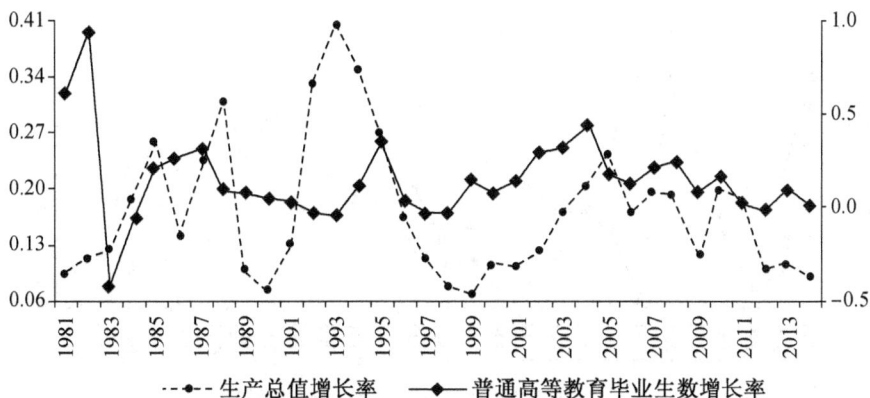

注:左侧纵坐标轴对应生产总值增长率,右侧纵坐标轴对应普通高等教育毕业生数增长率;
资料根据 1981—2015 年《江苏统计年鉴》的相关数据整理计算而得。

图 1 - 4 1953—2014 年江苏人力资本与经济增长的动态变化

最后,从自主创新的变化趋势及其经济绩效来看,江苏较强的自主创新能
力有效地提高了经济增长的效率,因而在经济增长中发挥着重要的促进作用。
以专利授权量增长率作为自主创新能力变化的替代变量(范红忠,2007;
Nemet & Johnson,2012),江苏在 1988—2014 年间具有较高的增长速度,年
均增长率达到了 28.95％,远高于地区生产总值的增长水平。从其变化周期
来看,自主创新水平经历了 1988—1993 年、1993—1999 年和 1999—2009 年
三个较为明显的变化周期。2009 年以来则开启了一个新的变化周期,但一直
处于增长水平下降的阶段,其增长率从 2009 年的 95.73％下降到了 2014 年

的—16.53%,如图1-5所示。与上述动力因素的变化趋势进行比较后发现,专利授权量增长率自2009年以来呈下降趋势的现象与劳动要素和资本要素的变化特征较为一致,表明国际金融危机后江苏经济增长的各项供给侧指标均受到了不同程度的负面冲击,且这一冲击进一步对经济增长带来了抑制作用。自主创新变动对经济增长的影响较好地反映在了图1-5所示的两者之间的互变关系中。除了1995—2000年、2006年和2009年两者之间具有反向变动特征外,其他时期均具有同向变动关系;也就是说,随着自主创新能力的提升,江苏经济增长速度出现了同步加快的现象。从根本上来说,江苏自主创新能力较强以及提升速度较快,与其在全国各省市中高等教育发展水平相对较高因而提供了丰实的人力资本有关。因此,这一统计现象也能够表明,相对而言,江苏的高等教育和科研实力转化为现实生产力的能力较强。但也应看到,近年自主创新能力提速的下滑,也将对未来经济增长带来不同程度的制约。

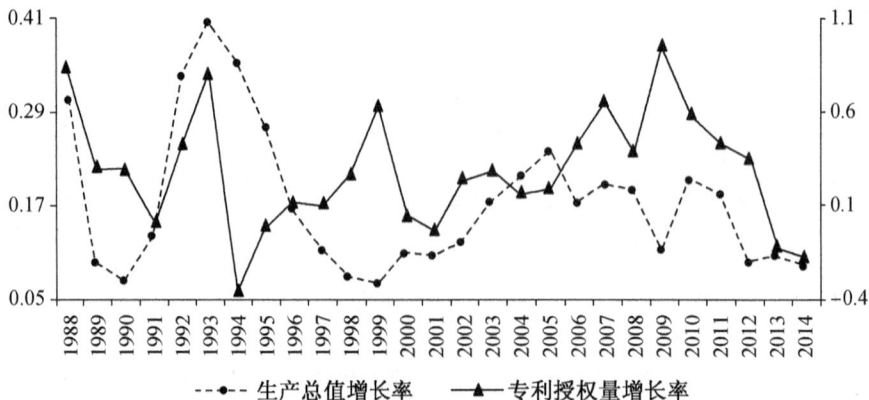

注:左侧纵坐标轴对应生产总值增长率,右侧纵坐标轴对应专利授权量增长率;资料根据1988—2015年《江苏统计年鉴》的相关数据整理计算而得。

图1-5 1988—2014年江苏专利授权量与经济增长的动态变化

综合而言,在推动江苏高速经济增长的供给侧因素中,物质资本长期以来一直发挥着极为重要的促进作用,而劳动要素、人力资本和自主创新三个变量则只是分别在1978年、1995年和1988年(严格说来,应该是2000年)以后才开始发挥其积极的影响并逐渐加强,且人力资本在其中所发挥的作用相对而言更为显著和有效。因此可以认为,至少从发展经验来看,物质资本积累所带来的投资扩张以及人力资本积累所带来的创新增强是江苏高速经济增长的主要推动力。不应忽视,在国际金融危机以来所形成的经济新常态下,江苏供给侧的各种动力因素均面临着增长下滑的趋势,这无疑会对未来经济增长带来制约。实现经济的可持续增长,应通过深化制度改革来突破经济发展中所面临的约束。

三、供给侧经济增长的制约因素

从供给层面来理解江苏经济增长所面临的约束,就是应分析影响生产能力或供给能力的相关因素。在所有可能的因素中,我们主要选取了收入分配不平等、人口红利消失、资金成本攀高、资源消耗走高以及环境污染严重等几方面来探讨制约江苏经济增长的制度、社会和经济因素。这些因素"本身"及其所带来的增长约束主要表现在以下几个方面:

首先,收入差距依然较大,生产潜能仍需激发。收入分配制度是众多制度因素中影响经济增长更为根本因而也是更为关键的变量,这是因为收入分配制度所带来的激励将对主体行为产生或正或负的效应,而这将从宏观上影响经济增长的数量和质量。就江苏的现实而言,若以城乡居民收入差距来度量收入分配的不平等(Wei & Yi,2001;陆铭等,2005),则自 1978 年以来,江苏城乡居民收入比总体而言呈不断扩大的趋势,其比值从 1978 年的 1.86 上升到了 2014 年的 2.29,最高年份 2009 年甚至达到了 2.57;与此同时,江苏的经济增长率尽管波动周期较为明显,但总体而言则呈下降的趋势,其值由 1978 年的 23.14% 下降到了 2014 年的 8.93%,与城乡居民收入比表现出了方向不同的变化趋势,如图 1-6 所示。

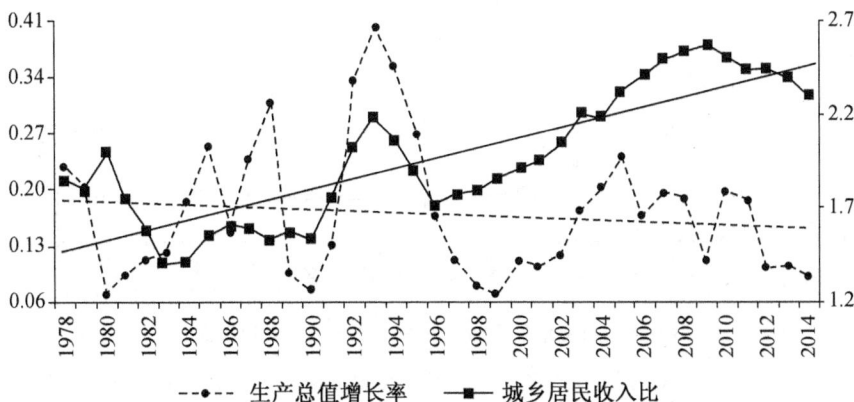

注:左侧纵坐标轴对应生产总值增长率,右侧纵坐标轴对应城乡居民收入比;资料根据 1978—2015 年《江苏统计年鉴》的相关数据整理计算而得。

图 1-6 1978—2014 年江苏城乡居民收入比与经济增长的动态变化

经济增长率与城乡居民收入比之间的反向变化关系表明,收入差距的扩大带来了经济增长速度的放缓。出现这一现象的原因在于:收入不平等所引致的收入差距的过度扩大不仅对人力资本积累、需求结构平衡进而长期经济增长带来了抑制作用,还对包括人际关系协调、司法执法公正和治安环境优化等社会稳定产生了负面影响,因而不断扩大的收入差距将激化社会矛盾,并对经济主体生产潜能的发挥带来抑制作用,而这无疑会降低江苏经济的可持续增长。值得一提的是,自 2009 年以来,江苏城乡居民收入差距正在逐渐缩小,且将随着收入分配制度改革的深化而呈现出进一步缩小的趋势。这一"可喜"的趋势尽管并未立即带来增速的提升,但却会对未来经济增长数量的提高和质量的提升都带来积极的促进作用。因此,突破收入不平等对江苏经济所带来的发展约束,应进一步深化收入分配制度改革。

其次,人口数量增长放缓,人口红利逐渐消失。人是经济发展的主体,人口数量的扩张不仅为经济增长提供了丰裕的劳动要素,还为商品劳务带来了旺盛的消费需求,因此人口数量的多寡直接决定了其"红利"释放的强弱。与全国情形相似,江苏的人口红利也正在逐渐消失,其原因主要来自于两个方面:一方面是人口增长率逐渐下降。以出生率与死亡率相抵后的自然增长率为依据,江苏 1990 年以来的人口自然增长率正呈不断下降的趋势,其值从 1990 年的 14.01‰急剧下降到了 2015 年的 2.02‰,且有进一步下降的趋势,如图 1-7 所示。

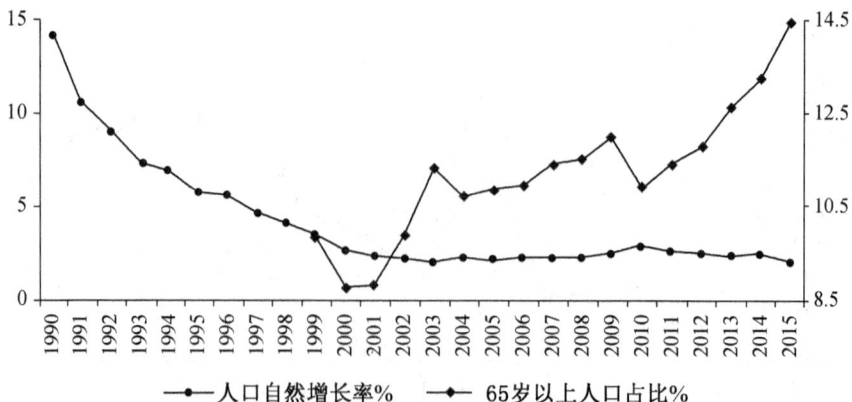

注:左纵坐标轴对应人口自然增长率,右纵坐标轴对应 65 岁以上人口占比;资料根据 2000—2015 年《江苏统计年鉴》以及 2015 年统计公报的相关数据整理计算而得。

图 1-7　江苏人口增长率和老龄化程度的变化趋势

　　人口自然增长率的下降使得劳动要素的形成后劲越发不足,从而为劳动要素的投入和消费需求的形成带来制约,不利于未来经济的可持续增长。另一方面则是老龄化现象越来越严重。以国际上通用的 65 岁以上人口占总人口的比重这一指标为参考依据,江苏在 1999—2015 年间,65 岁以上人口占比从 9.82% 逐渐上升到了 14.45%,尽管在个别年份由于调查取样不同而出现了指标值下降的现象,但总体而言则呈不断上升的趋势,如图 1-7 所示。如果按照国际上常用的标准,即 65 岁以上人口占比超过 7% 的国家即已进入了老龄化社会的行列,那么江苏则在很久以来,即已领先全国进入了老龄化社会,且其老龄化程度正在不断加重。老龄化严重带来的负面影响在于,它不仅减少了整个社会的劳动存量,还为劳动人口带来了更重的税负和抚养负担,不利于劳动要素生产活力的释放和生活质量的提高,因而也将对经济增长带来制约。综合来看,人口自然增长率的下降和老龄化现象越来越严重,使得江苏经济增长过程中的人口红利逐渐减少甚至消失。突破这一约束,应在稳住和促进人口数量增长的同时,进一步促进人口质量的提升,以发挥有效劳动对生产率提升的促进作用。

　　再次,资金成本逐步攀高,投资水平逐渐下降。资金成本逐步攀高将对企业投资带来负面影响,因而是供给侧经济增长的主要制约因素之一。从金融体制改革和经济发展趋势来看,中国企业之所以将面临越来越高的资金成本,主要是因为:第一,贷款利率市场化改革的推进将使长期处于金融抑制的资金价格从低利率水平向均衡或是正常利率水平回归,从而带来资金成本的上升(李子联和华桂宏,2015)。第二,江苏乃至全国生产要素价格的上升将使其吸引国际资本的优势逐渐消失,这将导致外商投资规模在原有基础上增长缓慢甚或急剧减少,此外,随着国内资本对外投资步伐的加快,原来滞留投资于国内的本国资金也将因此而减少,这都将使得国内的资金供给趋于紧张,资金成本逐步攀高。第三,融资渠道单一以及信贷资源分配不均使得中小企业面临的资金困境越来越严峻。在传统融资模式下,企业主要依赖于银行贷款来获取必要的生产性资金,但是,新形势下贷款利率的上升和信贷资金供给的短缺将不仅使得企业从银行中所能获取的可贷资金规模大为减少,还将使其获得信贷资金的难度进一步加大。由于中小企业相对而言缺乏必要的抵押资产和放贷信誉,因此这一约束在中小企业中体现尤为明显。

　　数据显示:自 1992 年以来,江苏固定资产投资的增长水平尽管出现了个别年份的加快,但总体而言均呈不断放缓的趋势,其值从 1992 年的 61.76%

下降到了 2014 年的 15.48%,如图 1-8 所示。与此变化相同,在固定资产投资额中占比较大的国有经济和私营经济的投资增长水平也呈现出了不断下降的趋势,尤其以私营经济投资的变化特征为明显。江苏固定资产投资增长放缓的趋势表明,在资金成本逐步攀高的形势下,江苏企业的投资意愿受到了较大程度的负面冲击,因而是制约未来经济可持续增长的主要因素之一。

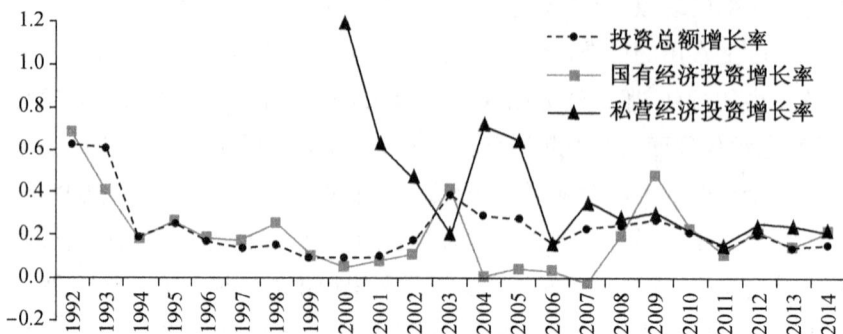

资料来源:根据 1991—2015 年《江苏统计年鉴》相关数据整理计算而得。

图 1-8 1992—2014 年江苏固定资产投资增长水平

最后,资源能源消耗较大,环境污染仍需治理。从资源、能源与环境的经济效应来看,资源能源是工业化和现代化社会中一切经济活动的基础要素,而自然环境则不仅影响社会的投资规模,更影响居民的生存质量,因此,资源能源存量的多寡以及生存投资环境的好坏,将直接影响着经济社会的发展态势。就江苏的现实而言,经济活动中资源能源的消耗依然较大,废弃物排放所带来的环境污染也依然较为严重,因此资源能源存量的不断减少和环境污染的恶化必将制约未来经济的可持续增长。从资源能源的消耗来看,自 1991 年以来,江苏各项指标的消耗量均呈逐年增加的趋势,其中原油消费量从"八五"时期的年均 917.13 万吨增加到了"十二五"时期的年均 2 931.45 万吨,尽管 2011 年以来消费量开始逐年下降,但依然具有较高的消耗值;能源消费总量和用电量则分别从"八五"时期的年均 6 821.6 万吨标准煤和 698.59 亿千瓦时上升到了"十二五"时期的 29 148.96 万吨标准煤和 4 708.02 亿千瓦时,且两者均呈现出进一步上升的趋势,如表 1-4 所示。

表1-4 江苏省资源、能源和环境的主要发展指标

年份	二氧化硫排放量(万吨)	废水排放量(亿吨)	耕地面积(万公顷)	原油消费量(万吨)	能源消费总量(万吨标准煤)	用电量(亿千瓦时)
八五	115.86	28.16	449.60	917.13	6 821.60	698.59**
九五	96.75	—	504.80	1 167.99	8 199.35	770.54
十五	122.45	49.28*	488.43	1 716.00	12 074.10	1 540.96
十一五	115.54	52.17	476.48	2 545.96	22 340.91	3 163.74
十二五	97.31	59.66	462.71	2 931.45	29 148.96	4 708.02
2011	105.38	59.28	476.38	2 981.07	27 589.00	4 282.00
2012	99.20	59.82	458.47	2 947.99	28 849.84	4 580.90
2013	94.17	59.44	458.16	2 914.91	30 293.98	4 956.62
2014	90.47	60.12	457.85	2 881.83	29 863.03	5 012.54

注:受数据来源的限制,*标示处的数值为2004年和2005年的平均值,**标示处的数值则为1995年的平均值;数据来源于1990—2015年的《江苏统计年鉴》。

与此相类似,耕地资源的消耗也在不断扩大,因而其存量呈不断下降的趋势。从1996年"九五"时期开始,江苏耕地面积的存量从年均504.8万公顷急剧下降到了"十二五"时期的年均462.71万公顷,而2014年则更是下降到了457.85万公顷的低值。从废弃物排放来看,江苏废气中的二氧化硫排放量自1991年以来一直呈现出高低循环的变化特征,自"十五"时期以来则开始出现了下降的"可喜"趋势;但是,废水排放量则一直呈不断上升的趋势,其值从"八五"时期的28.16亿吨上升到了"十二五"时期的59.66亿吨。因此,从资源能源消耗和环境污染程度来看,江苏资源能源存量和投资生产环境的恶化将对未来经济的可持续增长带来制约。

除此之外,居民消费需求不足、产业结构失衡以及地区差距较大也是制约江苏经济可持续增长中不可忽视的重要因素。但我们认为,产生这些现象的原因从根本上来说也都可以追溯到收入分配不平等这一因素中。这是因为收入分配不平等降低了具有较高边际消费倾向的低收入者的消费水平,而较低收入者由于占总人口的较大部分,因而进一步导致了整个社会的消费需求不足。毫无疑问,消费需求的总量和结构将对产品和产业形态的形成具有重要的引导作用,因而也就决定了产业结构的层次及其演变。进一步地,产业发展是促进地区经济增长的重要因素,收入分配结果所形成的产业结构,也将相应地带来地区经济的发展态势。从这一逻辑来说,收入分配不平等是制约江苏

经济可持续增长更为重要的因素。

四、供给侧经济增长动力的转换路径

从供给侧角度促进江苏经济增长动力的转换,就是要在继续夯实现有增长动力的基础上,进一步突破制约经济可持续增长的瓶颈。就目前而言,应以深化分配制度改革为主导,有效激发经济主体的生产潜能,使制度改革的"红利"得到进一步延续并强化;应以增强经济主体的创新能力为关键,有效突破要素成本上升和资源能源环境所带来的发展约束,以实现经济增长方式的有效转变;应以新型城镇化建设为契机,在发挥城乡建设投资拉动作用的同时,进一步扩大人口集聚所带来的消费扩张效应,以有效地实现经济的短期增长。具体而言,这些路径的转换机制表现如下:

第一,以深化分配制度改革为主导,有效激发经济主体潜能。突破收入不平等对江苏经济发展所带来的约束,应进一步深化收入分配制度改革。就省级层面继续深化收入分配制度改革的措施而言,我们认为应在已有改革成果的基础上,继续坚定"壮士断腕"的改革魄力和秉承"统一战线"的改革智慧,以使改革政策能够得到最有力和最广泛的支持和实施,并进而最大限度地激发经济主体的生产潜能。主要有两方面的建议:一方面,应更加重视机会平等的制度建设和公平分配的机制完善,让省内所有公众都能够不论其地域、身份和职业,更加平等地参与经济活动、享受医疗保障和获取教育培训等活动。这就要求应进一步破除劳动要素市场的垄断壁垒,坚持人才选拔的唯贤理念;应进一步取消城乡分割的传统障碍,实现要素自由流动的优化配置;应进一步约束特殊社会群体的特殊权利,推进阶层社会资本的良性发展(李子联,2015)。另一方面,则应在继续加大对低收入者特别是最低收入者补助力度的同时,创造对口的就业机会以使这部分人群能够从工作中获得更有尊严的生活。比较典型地,应特别关注农村居民特别是苏北农村居民的增收问题,应通过完善土地流转、加大支农力度和发展现代农业来更有效地整合和调度农业资源,以使农民在这一过程中获得更大幅度的增收。更为广泛和重要的是,各级政府应将所增长的税收更大比例地投入于公共服务支出项目中,特别应加大惠民项目的支出,以使收入分配制度改革得到最广大人民群众的支持。

第二,以增强自主创新能力为关键,有效转变经济增长方式。增强自主创新能力,不仅能够有效突破劳动和资本要素成本上升所带来的困境,还能够有效降低资源能源消耗和减少废物排放所带来的环境污染,因而是供给侧结构

性改革下转变江苏经济增长方式的关键。我们认为,应通过两个渠道来提升江苏的自主创新水平:一是应提升教育质量。促进人力资本的快速积累以实现自主创新能力的形成,应从提升教育质量的角度来不断提高受教育者的创新素养。在这一过程中,教育经费进一步加大力度的投入是重要的资金支撑,应以经费投入来吸引更多的优秀人才,以经费投入来改善教育环境,以经费投入来提高教学与科研水平;教育资源进一步公正平等地配置是重要的机制保障,应有倾斜地扶持苏北地区的教育特别是高等教育以改变教育的地区差距,应更加"高瞻远瞩"地扶持基础研究以为自主创新提供必要的理论保障;教育环境进一步自由独立的营造是重要的环境保障,应进一步推进高校的"去行政化"以培养高校的独立精神,应进一步提高教师的薪资水平以使其能够更加自由专注地从事教学和科研活动。二是应完善产权保障。一方面,应制定更为严厉的打击违法侵权的法律条款和管理规定。以高校学术抄袭的侵权行为为例,尽管这一行为长期以来为师德建设所坚决禁止,但是这一现象不仅未有式微,相反却是愈演愈烈。如果能够在日常考核和职称评定这些"节点"上做到无死角地彻底排查,并对侵权行为进行严厉地惩罚,那么这一行为将能够被有效地制止,而科研和创新氛围也将因此而朝着良性方向发展。另一方面,则应以专利的形式对创新行为给予更高额度的支持和奖励。与严惩在于打击侵权行为不同,重奖在于激励创新动机。仍以高校学术创新为例,鼓励研究者从事更有价值的创新性研究,应在现有基础上给予其创新成果以更大额度的奖励,以排解其研究之外的生活和工作上的担忧。因此,配套财政经费的额外投入与大力支持,是产权保护与激励的重要支撑。

第三,以新型城镇化建设为契机,有效拉动短期经济增长。新型城镇化是新形势下经济增长的新亮点,之所以能够有效地拉动短期经济增长,是因为新型城镇化更加注重劳动要素的优化配置,更加注重人口城镇化和土地城镇化的协调发展,更加注重城镇化、工业化和现代化的同步演进。因此,新型城镇化能够从空间、人口和产业三个层面来促进经济增长。主要的建议包括:首先,突出有效规划,推进空间城镇化。发挥新型城镇化推进过程中投资需求的拉动作用,应在空间上扩大城镇规模的同时,进一步加强旧农村的整治与新农村的建设;应以土地整理为前提,以土地流转为保障,以土地建设为手段,促进新农村生存环境的改造。其次,破除城乡分割,推进人口城镇化。人口城镇化的推进,有利于实现人口集聚和观念转变,从而发挥消费需求对经济增长的拉动作用。在这一过程中,应进一步破除城乡分割的人为因素。这就要求应继续深化户籍制度改革,从制度和观念上彻底消除城乡对峙的不合理现象,使农村转移居民和流动人口能够在就业、教育和医疗等公共服务上享受与城镇居民同样的待遇;应在尊重居民迁移意愿和要求的前提下,促进人口的集中居住,以更大程度地发挥人口集聚所带来的需求扩张效应。最后,坚持招商引资,推进产业城镇化。产业城镇化的推进,有利于吸纳和转移城乡过剩的劳动人口,并促进其收入水平的提高,既能带来投资需求的增加,又能实现消费需求的扩大。推进产业城镇化,应坚持"走"招商引资的"老路"。这就要求在这一过程中,应遵循市场化运作模式,减少政府官员的人为干预,以使所有工作能够在法治框架下良性运作;应营造良好的投资环境,既要注重交通、设施和绿化等"硬件"的建设,又要注重法治、人文和管理等"软件"的建设,通过"筑好巢"来"多引凤"和"引好凤"。

第三节　研究范式

从新常态下中国经济增长的动力与约束谈起,此书主旨在于在此新形势下探讨江苏经济增长的动力并考察其绩效。在此过程中,本书遵循如下研究范式。

一、研究目标

此书最终目标在于考察以往江苏经济增长动力的经济绩效,并以此提出江苏经济增长动力转换和新经济增长点培育的思路与对策,以最终构建未来江苏经济增长的新动力。拟主要解决的问题包括:"江苏以往的经济增长动力是什么""江苏未来经济增长应依托什么动力基础""江苏经济应如何实现增长动力的根本性转换""江苏经济的新增长点是什么""如何培育江苏的新经济增长点"等等。

为解决如上问题,此书拟在研究过程中从理论上理清江苏经济增长中供给结构、需求结构、区域结构以及产业(行业)结构的演变趋势及其绩效,从现实中把握江苏企业的用工状况和创新行为,以及挖掘江苏新兴行业的发展潜力。

二、研究内容

此项研究拟综合运用理论分析和实践调查,从供给结构、需求结构、区域结构和产业（行业）结构四个层面来研究江苏经济增长的动力与潜力，以为转换增长动力和培育新增长点提供可行的思路和对策。主要包括如下几个方面的内容：

第一章是总论，从总体上把握江苏经济增长动力重构的大背景和新形势，并基于此探讨供给侧结构性改革背景下江苏经济增长动力的转换。主要内容包括：新常态下的中国经济增长、供给侧结构性改革下江苏经济增长动力的转换。

第二章是供给侧增长动力的绩效，主要从供给层面探讨创新战略、土地要素和劳动要素对江苏经济增长和居民收入的影响。主要内容包括：创新驱动战略的实施绩效、土地要素配置与农民增收、劳动要素配置与创新行为、货币信贷政策与自主创新。

第三章是需求侧增长动力的绩效，主要从需求层面探讨消费结构、对外贸易和对外投资对江苏经济增长的影响。主要内容包括：消费结构的演变及其绩效、外贸出口与经济增长、对外投资的经济绩效。

第四章是产业及相关行业的结构演变及其绩效，主要考察产业结构和行业结构对江苏经济增长的影响，并在此基础上对江苏的新增长点进行挖掘。主要内容包括：产业结构演变及其绩效、行业结构演变及新增长点分析、以信息服务业为例的行业竞争力分析、金融业竞争力及其经济绩效。

第五章是新型城镇化与协调发展，主要从新型城镇化的角度考察其对区域协调发展的影响。主要内容包括：新型城镇化的增长绩效、新型城镇化与区域协调发展、新型城镇化与城乡协同发展、新型城镇化影响协调发展的路径与对策、新型城镇化与农民增收。

值得一提的是，本书所拟分析的区域结构对江苏经济增长的影响，已经通过面板数据的挖掘及分析，内含在了各章节的研究中。

三、思路方法

此项研究拟采用"总—分"的思路分析江苏经济增长动力的转换及新增长点的培育。首先，从总体上分析新常态的增长特征及其对江苏经济的影响，以分清江苏经济增长的宏观形势和现实背景，并在此基础上揭示江苏经济增长的动力与约束；其次，从供给结构、需求结构、区域结构和产业（行业）结构四个维度分别分析其结构的演变及增长绩效。研究思路与技术路线见图 1-9。

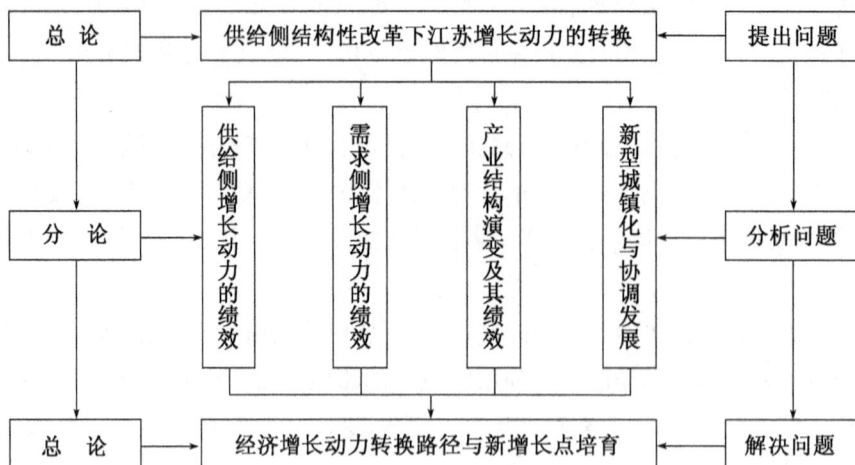

图1-9 研究框架与技术路线

所采用的研究方法主要包括：第一，规范分析与实证研究的结合。规范分析提出转换经济增长动力和培育新增长点的方向和标准，并探讨理论和政策如何运用和实施才能符合这些标准；实证研究则通过现象描述，回答江苏省现阶段有关供给结构、需求结构、区域结构和产业（行业）结构及其与经济增长的关系"是什么"或"怎么样"的问题。

第二，数理统计方法和计量经济方法的结合。本书采用数理统计方法分析制度变量与经济增长的关系，并进而揭示这一影响过程的内在传导机制；运用计量经济方法分析制度变量和经济变量对经济增长的影响程度进而揭示其内在的影响机理。

第三，历史方法与逻辑方法的结合。在对相关文献、经济增长动力进行回顾时将运用历史方法进行分析；在分析各制度变量和经济因素对经济增长的影响机理时将运用逻辑方法。

第四，理论分析与实践调查的结合。对江苏经济增长的动力与约束、经济增长结构的演变及其绩效进行分析时拟采用理论分析法，对江苏企业用工状况和创新行为以及新型城镇化进程中新兴行业的潜力进行分析时拟采用调查研究法。

四、创新尝试

此书可能的创新在于：第一，探索江苏的供给侧结构性改革及其增长动力,是自此项改革提出以来在区域层面得以研究的较新尝试;第二,分别考察供给结构、需求结构、区域结构以及产业(行业)结构的演变及其绩效,是经济增长动力这一主题研究的较为全面的综合;第三,结合新型城镇化的现实背景挖掘新兴行业的发展潜力及新经济增长点的形成,可能是一个较为新颖的视角。

第一节　土地要素配置与农民增收[*]

导读:居民点土地整理是土地集约利用和转变增长方式的客观要求,也是提高农民收入和缩小城乡差距的有效途径。以此为视角,我们以江苏省徐州市下辖各县市的相关数据为分析样本,对土地整理所带来的耕地面积、从业人员和城镇化程度的变化与农民收入水平的关系进行了机理和实证分析,结论显示:第一,耕地面积增加对农民收入水平的影响很大程度上取决于土地的经营方式和种植作物的品种,规模化经营和经济作物的种植能够显著地增加农民的收入;第二,从业人员的增加能够有效地提高农民的收入水平,但其作用力度取决于地区的产业优化程度和经济发展水平;第三,城镇化进程的加快能够带来农民收入的增长,但幅度的提高应进一步建立灵活的流转机制和促进产业结构优化。

一、引言

中国以工业化为产业主导和以城市化为空间载体的发展模式促进了经济的高速增长,但同时也使得可持续发展面临土地资源"用地紧张"和"闲置浪费"的两难局面。出现这一困境,是因为工业化和城市化进程一方面使得为满

---

　　* 此节主要内容摘自作者的前期研究成果"李子联:'江苏省土地整理与农民增收实证研究',《经济地理》,2012年第11期,第120~125页",有较大修改。

足工业用地和城镇建设需求的农村耕地不断减少,另一方面也使得大量农村剩余劳动力不断涌向城市,从而使农村人口急剧减少、大量宅基地闲置以致出现"空心村"的现象。不仅如此,在耕地面积狭小因而无法实现农业机械化的情况下,大量农村劳动力的外流使得农业耕种的劳动需求不能得到有效满足,从而使农业生产效率不断降低,留居农民的经营性收入相对减少,进一步导致城乡收入差距逐年扩大。因此,突破可持续发展中的土地约束和提高农民的相对收入水平,都对农村土地的进一步整理和规划提出了客观的要求。极有可能的是,以居民点整理为时代特征的土地整理不仅是经济发展过程中对土地利用由粗放型向集约型转变的必然选择,更是提高农民收入和缩小城乡收入差距的有效途径。以此为视角,我们关注的话题在于:农村居民点土地整理是否能够有效增加农民收入?两者之间关系的内在机理是什么?对这一话题进行回答,目的在于尝试为实现收入分配结构的调整和经济增长方式的转变提供值得思考的理论探讨。

从概念上来说,农村居民点土地整理主要是运用工程技术及调整土地产权,通过村庄改造、归并和再利用,使农村建设逐步集中和集约,提高农村居民点土地利用强度,促进土地利用的有序化、合理化及科学化,并改善农民生产、生活条件和农村生态环境的一项土地工程(陈百明,1999)。因此,农村居民点土地整理针对的是农村居民点用地零散和无序的状态,对其空间结构和布局实施重新整治和改造等的土地工程,以使土地利用结构进一步优化,土地利用效率进一步提高,农村生产和生活环境进一步改善(陈美球和吴次芳,1999;张正峰和赵伟,2007)。从这一点来说,增加耕地面积是农村居民点土地整理的主要目的与意义之一,而农村居民点土地整理则自然而然成为增加耕地数量和保障粮食安全的有效途径之一,其实现的前提则在于通过政策制定农村居民点建设用地单位占地标准及土地集约利用措施实施以实现农村居民点土地利用的空间扩展,节约出更多的耕地(何英彬等,2009)。

以此为基础,已有文献针对农村居民点土地整理的研究主要侧重于以下三个方面:第一,大部分学者倾向于对农村居民点整理增加耕地的潜力进行测算,比如赵哲远等(1998)、李宪文等(2004)、宋伟等(2006)、石诗源等(2009)、姜广辉等(2009)以及樊芳等(2012)。比较具体地,张正峰和赵伟(2007)在分析农村居民点整理潜力内涵及其来源的基础上,将其分为自然和现实转化两类潜力。其中,自然潜力评价指标从农村居民点整理扩展可利用空间、改善农村生存条件两方面选取;现实转化潜力评价指标则从区位、社会经济发展状况、农村建房周期、后备资源状况等方面选取。客观而言,不管文献中采用何种指标测算土地整理增加耕地的潜力,其前提都在于土地整理能够有效增加耕地面积。第二,也有的学者对不同区域农村居民点整理的内容及模式进行了探讨,比如叶艳妹和吴次芳(1998)、黄富国(1998)、杨庆媛和张占录(2003)以及谷晓坤等(2007)。比较具体地,杨庆媛和张占录(2003)在以北京顺义区为例研究大城市郊区农村居民点整理的目标和模式时,指出在经济发达的平原型大城市郊区,市场运作模式是农村居民点整理的可行模式,也是农村居民点整理的创新模式。上述文献指出土地整理存在区域差异,也就是说,土地整理可能只适用于北方平原城市郊区,对于南方农村而言可能并不有效,这为我们研究的区域样本提供了一个定位。第三,部分学者通过实地调研的形式对土地整理中居民的搬迁意愿进行了研究,比如杜文星和黄贤金(2005)和包宗顺(2009)等,这类研究指出农村非农产业发展水平、劳动力文化素质、人均纯收入水平、社会保障水平和农业生产结构等因素均对农村土地流转起着决定性的作用。以此可见,居民点土地整理是否能够带来相应的经济效应,很重要地取决于这一过程中居民的流转意愿,而后者与居民的禀赋及特质都具有十分重要的关系。

综合而言,已有文献对于土地整理的研究主要侧重于其潜力测算、模式及影响因素的分析,而对于其可能带来的经济效应、特别是对于目标达成的有效性的分析则相对较少。仅有的分析也只是对其实施效果进行测算,或对其经济影响做简单分析,比如:谷晓坤等(2010)对土地整理的效果进行分析后得出农民居住条件在土地整理后均得到明显改善,社会保障也有所增加,但生活成本也相应普遍提高,收入和就业影响并不明显;金其铭(1998)认为农村居民点土地整理不仅将影响城乡土地资源格局,更重要的是将营造新型的农村聚落,改变农村居民点的自然环境、人工环境和社会环境(陈百明,2000);White et al.(2009)则认为农村居民点土地整理能够直接或间接地影响农户的居住条件、土地权益及收入消费等方面(Coelho et al.,2001;Miranda et al.,2006)。客观地说,上述文献从实施效果的角度分析农村土地整理为该研究的进一步分析提供了理论基础和研究视角,但是,与上述文献不同的是,我们更加倾向于从一个经济学的视角探讨农村土地整理对经济目标达成的影响,因此,揭示其影响经济目标变量的传导机理是研究的重点所在,也是可能的创新所在。以此为前提,我们先验地假定:农村土地整理所带来的耕地面积的增加,一方面在于为留居农民增加更多的经营性收入,另一方面则通过转移更多的剩余劳动力以获取更多的工资性收入。也就是说,农村土地整理能够提高农民的收入水平。后续工作即在于对这一假设进行验证。

二、土地整理影响农民收入的传导机制:几个有待验证的命题

农村居民点土地整理对于农民收入的影响首先在于其一方面增加了耕地面积和从业人员,另一方面也促进了城镇化进程,如图2-1所示,具体表现在:第一,土地整理增加了耕地面积。土地整理增加耕地面积的逻辑在于通过土地流转的形式,将部分闲置和浪费的住宅地和空地转换为农业耕地,即通过对居民点进行重新规划和整治,农村居民的人均住宅面积将相对下降;通过对居民住宅进行楼房改造,故有住宅土地能够得到更为集约的利用,这两种途径都能够有效地增加耕地面积。大致而言,这一过程可使农村建设用地节余58%~82%,人均建设用地下降31%~84%,新增耕地超过30%。① 可见,土地整理带来耕地面积的增加是无可争议的事实。第二,土地整理增加了从业人员。所谓从业人员,是指从事一定社会劳动并取得劳动报酬或经营收入的全部劳动力,包括全部职工、城镇私营企业从业人员、城镇个体劳动者、农村社会劳动者和其他社会劳动者,②因此,任何从事社会劳动并取得相应收入的劳动力都应被统计为从业人员。土地整理之所以能够增加从业人员,是因为其在将所流转集聚的大片土地承包给生产大户的过程中,一方面维持甚至增加了农业劳动力需求,另一方面则也可能为单个家庭节约了劳动力,这为其往城市转移提供了契机。可以说,这两方面都为农村劳动力提供了从业平台,因而也就增加了从业人员。因此,土地整理增加从业人员的逻辑在于将潜在的农村劳动力转化为实际的从业人员。第三,土地整理促进了城镇化。一方面,对于留居农民而言,居民点土地整理通过对其住宅地由单家独户的庭院改造为单元楼楼房,其居住方式因此将发生根本性的变化;不仅如此,这一过程还将带来生活方式、思想观念以及公共环境的变化,即越来越向城市居民的特质和城市环境的属性趋同,这对于城镇化进程的加快是极为重要的。另一方面,土地整理通过规模化和机械化经营为农村节约了劳动力,这必将加快剩余劳动力由农村向城市的转移,因此,这一过程也将不同程度地促进城镇化进程。综

---

① 谷晓坤、卢新海、陈百明:"大城市郊区农村居民点整理效果分析——基于典型案例的比较研究",《自然资源学报》,2010年第10期,第1649~1657页。

② 赵军主编:《徐州统计年鉴》,中国统计出版社,2011年版。

上，土地整理不仅有效地增加了耕地面积和从业人员，还促进了城镇化进程。

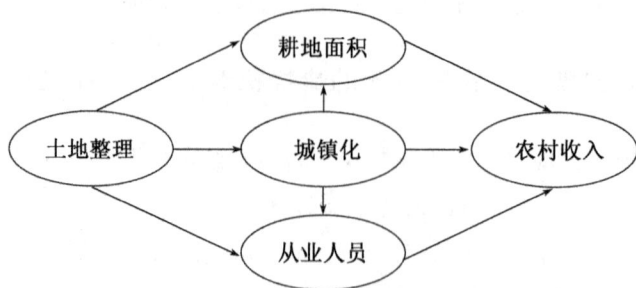

图 2-1　土地整理影响农民收入的传导机制

通过耕地面积、从业人员和城镇化的变化，居民点土地整理极有可能通过以下途径进一步影响农民收入：首先，耕地面积增加将有可能提高农民的收入水平。一般而言，在劳动要素充足和技术水平不变的前提下，土地要素投入的增加必将带来产出的增加，劳动者的收入水平也将相应提高。但同时也应看到，对于农业生产而言，耕地增加对于农民收入的影响还取决于耕作品种、生产模式以及机械化程度。从耕作品种的角度，土地种植水稻还是栽种西瓜具有明显的效益差别，因此，迎合市场需求、适时种植价值较高的农产品才能有效提高农民的收入水平；从生产模式的角度，新增耕地如果只是平均分配到每一农户中①，则其规模效应难以显现，农民收入水平的提高也将极为有限，反之，若将新增土地进行有效集聚，并对原有土地进行重新流转，则土地的规模化经营能够带来产出效益的多倍增加，农民的收入水平也将因此而得到大幅提高；从机械化程度的角度，土地规模化经营增加产出效益必须以农业机械化的实施为前提，这是因为它一方面是规模化经营的客观要求，另一方面也是增加农民收入的必然选择。因此，耕地面积增加是否能够有效提高农民的收入水平，应取决于农村居民对新增耕地的配置方式。但根据一般的逻辑，我们先验地：

假设 1：居民点土地整理所新增的耕地能够得到合理的配置，耕地的增加能够有效地提高农民的收入水平。

---

①　以我们调研的江苏省徐州市睢宁县魏集镇为例，该镇在 2011 年度黄河故道农业综合开发中，通过土地流转，集聚土地 2 000 亩；并进一步通过土地规划，形成以特色瓜菜为主导产业的建设面积达 10 000 亩的项目开发区。项目建成后，该镇年增西瓜 1 500 万公斤，蔬菜 1 625 万公斤，新增农林渔牧及加工业总产值 2 875 万元，农民人均纯收入年净增 1 500 元。

　　其次,从业人员增加将有可能提高农民的收入水平。居民点土地整理增加从业人员的逻辑在于将潜在的农村劳动力转化为实际的从业人员,主要包括乡村从业人员和"城镇从业人员"①。对于乡村从业人员而言,土地整理所实施的规模性经营能够带来高于土地分割经营所致的产出,因此,其分配给乡村从业人员的边际产出也具有相对较高的水平;不仅如此,乡村从业人员还经常以劳动力的形式受雇于生产大户,这使其一方面在获取工资性收入的同时,另一方面还能兼顾经营自己承包的土地获取经营性收入,这为农村劳动力带来了更多的收入来源。"城镇从业人员"的基本属性为农村剩余劳动力,其由农村向城市的转移意味着劳动力要素从低效率向高效率的生产部门流动,因此具有较高的边际产出和收入。总体而言,土地整理对于劳动要素投入的影响主要表现在:第一,更加明确了家庭成员的劳动分工和职业分工。土地整理使家庭成员从事了不同的职业,带来了更多的劳动投入,同时也拓展了收入渠道。第二,劳动强度得到强化。由于带来了不同的职业分工,农村劳动力转移所形成的城镇从业人员从事了更高强度的劳动,这是因为原本多人合作共同从事一份职业的劳动模式,现在却为多人各自单独从事多份不同的职业模式所取代。比如,在进城务工前,夫妻两人共同从事农业生产,协作模式下的劳动强度并不高;但当一方转移到城市进厂务工后,则原来同等的农业劳动现在必须依靠另一方独自负担,而其在工厂也必须一人负责其所从事的工作。在这种情况下,从业人员的劳动强度得到强化,同时农村家庭的收入水平也相应提高。基于此,我们假设:

　　假设2:居民点土地整理在带来从业人员增加的同时,也提高了其收入水平。

　　最后,城镇化进程加快有可能提高农民的收入水平。城镇化不仅意味着越来越多的土地纳入城镇管理的范围,还意味着越来越多的农村户口转化为城市户口。因此,其进程的加快在带来土地要素极大需求的同时,也对劳动要素产生了更多的需求。这一结果都将使得土地价格和劳动力价格得到有效提升。对于土地要素而言,城郊土地由农用地转化为工业或商业用地虽然降低了粮食或其他农产品产量,但却带来了经济价值较高的工业产品或商业服务,因此,对于城郊土地承包农户而言,其以租赁或入股等形式对土地进行流转能

---

　　① 为简单起见,"城镇从业人员"是该研究为区别乡村从业人员而设置的一个包括全部职工、城镇私营企业从业人员、城镇个体劳动者和其他社会劳动者的统称。

够获得更高的财产性收入；对于劳动要素而言，城镇化进程中的工业或服务业发展必将带来更大的劳动需求，剩余农村劳动力由农业经营转化为工业生产能够获得更高的工资性收入，这是因为在二元经济模式下，现代工业具有高于传统农业的生产效率，因此，劳动投入所带来的边际产出也具有较高的水平。在这一过程中，农村劳动力由农村向城市的转移获得了较高的收入。应当提及的是，城镇化进程加快提高农民的收入水平应以城镇化水平相对较低为前提，在这一前提下，由农用转化为工业或商业用地的土地要素投入、由农业经营转化为工业生产的劳动要素投入才能获得较高效率的边际产出，农民的财产性收入和工资性收入才能得到相应的提高。考虑到这一前提符合中国的经济现实，因此，我们也假定：

假设3：居民点土地整理极有可能促进了城镇化进程，并在这一过程中带来了农民收入水平较大程度的提高。

总而言之，农村居民点土地整理在带来耕地面积和从业人员增加的同时，也促进了城镇化进程，这一结果极有可能进一步提高了农民的收入水平。不可否认的是，影响农民收入的因素除上述中介变量外，还有可能存在其他关键性的变量，诸如农民的自身禀赋、所处地域的差异以及人力资本的积累程度等，它们都有可能是影响收入水平的重要因素。但是，该研究并未似经典文献一样分析这些变量对收入的影响机制，不仅是因为研究主题仅在于运用比较静态法揭示土地整理对农民增收的影响，还更因为这些变量带有较强的制度属性，因而在实证检验中难以量化和计算，这一难度在县市样本分析中尤为明显。不过，这并不影响我们对于土地整理影响农民增收的传导机制的分析。

三、变量设置与数据描述

原则上，检验居民点土地整理通过耕地面积、从业人员和城镇化三个中介变量对农民收入水平的影响除应设置上述变量外，还应获取相应的数据作为统计和计量分析的样本。但是，在我们所调研的徐州各县市中，居民点土地整理这一指标不仅不具有连贯的时间序列数据，还连个别年份反映土地整理进程的相关数据都难以获得，这一现象同样普遍地存在于全国范围之中。之所以如此，是因为居民点土地整理是我国新农村建设中新提的一项重要内容，其实施的年份尚不久远，因此土地整理的面积相对有限，故而数据样本也相应缺失。这无疑为我们分析其对农民增收的影响增加了难度。但从上文分析中我们也发现，居民点土地整理将几无疑义地同步增加耕地面积、从业人员和促进城镇化,因此,分析土地整理对农民收入的影响也就可以进一步替代性地转化为耕地面积、从业人员和城镇化变化对农民收入水平的影响。基于后者的分析,我们可以大致推测土地整理所带来的收入效应。从这个角度来说,这一分析只是基于替代数据所得出的土地整理影响农民收入水平的前景预测。以此为思路,所设置的变量及其相关说明具体如下:

NI——农民人均纯收入,单位为元。这一指标能够综合性地反映农村居民所获得的经营性收入、工资性收入、财产性收入和转移性收入。严格来说,它不只是包括农民从土地整理中所获得的直接和间接性的收入,但由于这一数据无法直接获得,因此,只能以这一指标作为土地整理所带来的农村居民收入水平变化的观测值。

CI——农业化程度,数值为历年年末农业人口与总人口的占比。这一指标间接地反映一个地区的城镇化水平,其数值越高,城镇化水平越低;反之则反。

RW——乡村从业人员,数值为统计资料中历年乡村从业人员总额,单位为万人。该指标指农村人口中经常参加合作经济组织[包括乡(镇)办企业事业单位]和家庭副业生产劳动的劳动力。按照年鉴的解释,凡是由合作经济组织分配劳动任务或承包各种生产任务,并从中直接取得实物、现金收入和从承包的生产任务中获得实物、现金收入的劳动力,不管从事何种劳动,都要统计为乡村从业人员。比如国家从乡(村)调用的建勤民工;由集体经费支付工资或补贴的乡(村)脱产管理干部;乡(村)劳动力到国有经济单位或城镇集体经济单位工作,其收入交给合作经济组织,并从中取得实物或现金收入的合同工、临时工、亦工亦农人员;自行外出,但户口没有转出的劳动力,都应包括在内。

CA——耕地面积,为历年各县市年底耕地存量,单位为千公顷。

基于上述所设置的变量,我们对江苏省徐州市各县市进行了实地调研,并从中获得了许多有价值的数据和信息。从基本信息来看,徐州市下辖丰县、沛县、邳州市、睢宁县、铜山区和新沂市。其中,地区生产总值最高的为铜山区,最低的为丰县;人口最多的为邳州市,最少的为新沂市;相对应地,农民人均纯收入最高的为铜山区,2010 年实现人均纯收入 9 173 元,最低的则为睢宁县,人均纯收入则只有 7 022 元。借助新农村建设和黄河故道开发的契机,徐州各县市均进行了不同程度的高标准农田建设,并在此基础上对农用土地进行了重新规划和整理,其中很大程度上也包括农村居民点的土地整理。以睢宁县魏集镇为例,在其所辖的 9 个村落中,土地规划和整理使其中 5 个村落包括 2 200 户共计 9 600 人集体搬迁至村镇集中住宅区,并以单元楼居住的形式对其进行重新安置,这一过程使该镇街道人口扩展至 1.5 万人,新增耕地面积 3 500 亩。这一现象也极为普遍地存在于其他县市的各乡镇之中。不过,由于居民点土地整理缺乏连贯的时间序列数据,因此,在进行统计和计量分析时,仍按照上述实证思路进行检验。数据来源于《徐州统计年鉴》各县市 1978—2010 年的相关资料。

从所掌握的数据来看:首先,耕地面积与农村居民收入具有相反的动态变化关系。图 2-2 显示,自 1978 年改革开放以来,丰县、沛县、邳州市、睢宁县、铜山区和新沂市的耕地面积除个别年份有所增加外,其余大部分年份均呈逐年下降的趋势,表明农村土地由农用转化为工业、商业或其他用地的现象非常普遍;同时,农村居民人均纯收入却具有逐年上升的趋势,且增长幅度相对较大,这一现象表明徐州各县市耕地面积与农村居民收入之间具有大致相反的动态变化关系。从各县市的数据变化来看,耕地面积递减幅度最大的为铜山区,其存量由 1978 年的 159.38 千公顷下降到 2010 年的 106.52 千公顷,年均减少 1.65 千公顷,其他县市依次为丰县、沛县、邳州市、新沂市和睢宁县;农村居民人均纯收入增长最快的也为铜山区,其数值由 1978 年的 120 元增长到 2010 年的 9 173 元,年均增长 282.9 元,其他县市依次为邳州市、沛县、丰县、新沂市和睢宁县。这一比较也表明农村居民收入水平与耕地面积具有较为吻合的负相关性。也就是说,至少在我们所掌握的数据样本内,土地整理所带来的农村耕地面积的增加并不能有效地带来农民收入水平的提高,假设 1 不能通过统计检验。这是否能说明农村土地的转型带来了更高的经济产出呢?

其次,从业人员与农村居民收入水平具有较为一致的正相关关系。数据显示:自 1978 年以来,徐州各县市乡村从业人员除个别年份略有减少外,其余大部分年份均呈逐年增加的趋势,这与农村居民人均纯收入具有一致的动态变化关系。也就是说,土地整理所带来的从业人员的增加提高了农村居民的收入水平,假设 2 成立。另外,从各县市的数据变化来看,乡村从业人员增长最快的为邳州市,其数值由 1979 年的 41.49 万人增长到 2010 年的 69.50 万人,年均增长 9 000 人,其他县市依次为睢宁县、丰县、沛县、新沂市和铜山区。可见,至少在我们所观测的样本范围内,我们可以认为:乡村从业人员增长最快的县市并不是农村居民收入水平提高最快的地区,而乡村从业人员增长最慢的县市也并非是农村居民收入水平提高最慢的地区,这一结论与假设 2 的

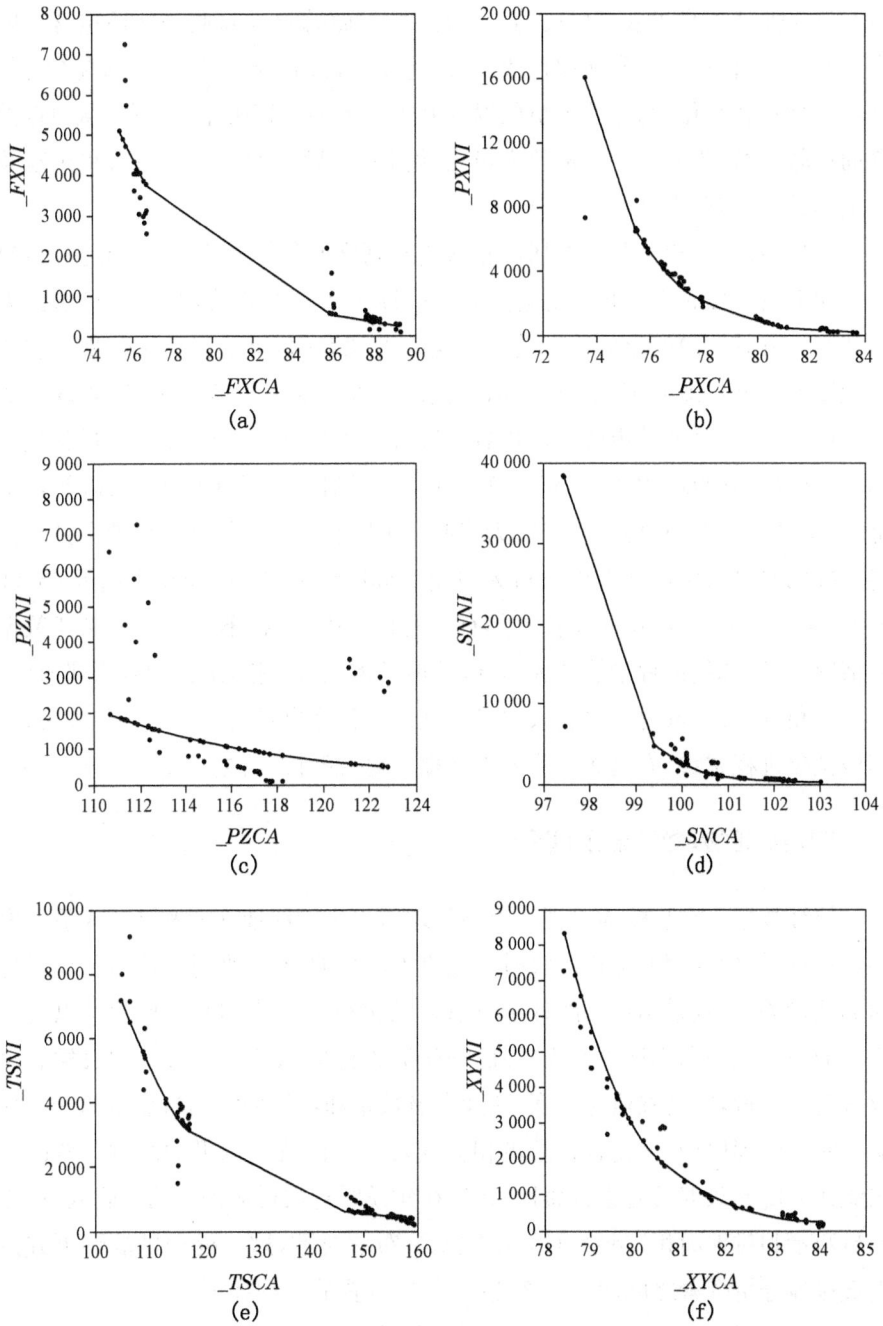

图 2-2 1978—2010 年徐州各县市耕地面积与农村居民收入的动态关系

成立并不矛盾。这是因为,土地整理所带来的乡村从业人员的增加极有可能较有针对性地提高了农村居民的工资性收入,而总收入除此之外还包含有财产性收入、经营性收入和转移性收入,这些收入特别是财产性收入则极有可能通过土地流转获得,与从业人员的增加并无太大的直接关系。因此,从数据的横向比较来看,收入水平与从业人员由地区差异导致的变化关系必将出现统计上的偏离,与假设2并不矛盾。

最后,农业化程度与农村居民收入具有高度的负相关关系。数据显示:自1978年以来,徐州各县市农业化程度均呈逐年下降的趋势,其与农村居民人均纯收入具有反向变化的动态关系。这一发现表明,土地整理所带来的农业化程度的降低也即城镇化进程的加快提高了农村居民的收入水平,假设3成立。进一步地,对各县市的城镇化数据进行比较分析后发现:城镇化进程最快的为新沂市,其数值由1978年的95.51%下降到2010年的42.01%,年均下降1.67个百分点,其他县市依次为丰县、铜山区、沛县、邳州市和睢宁县。值得一提的是,2010年新沂市农村人口由2009年的82.30万人骤减至43.69万人,从统计上而言,这一变化不具有平稳性。因此,在不考虑这一噪音数据的情况下,城镇化进程最快的为丰县,其他县市依次类推,最低的则为邳州市。从这一角度来说,农村居民收入水平与城镇化程度也具有大致的负相关关系,即城镇化进程越快,农村居民收入水平提高也就越快,反之则反。

四、实证检验和结果解释

统计数据只是粗略地验证了土地整理所带来的耕地面积和从业人员的增加,以及城镇化进程的加快对农村居民收入水平的影响,要进一步分析变量之间的数量关系,宜采用适当的计量方法对其进行进一步的有效检验。以变量之间的内在机理和实证思路为基础,该研究拟建立以徐州各县市的农村居民收入为因变量,以其农业化程度、从业人员数量和耕地面积为自变量的变系数截面时间序列模型,以比较各县市相关变量对农民收入水平的影响。考虑到农业化程度的数据具有指数属性,我们在建模时对农村居民人均纯收入、从业人员数量和耕地面积这些绝对规模数据分布取对数,这一处理也能够更方便更直接地分析变量之间的弹性变化关系,所设置的模型如下:

$$\log(NI)_{it} = \alpha_{i1}CI_{it} + \alpha_{i2}\log(RW)_{it} + \alpha_{i3}\log(CA)_{it} + \varepsilon$$

其中,α_1,α_2和α_3均为待定系数,ε是残差项,符合白噪音过程。这一模型设置应以截面时间序列变量的平稳性为前提。对各变量进行平稳性检验后发现:

$\log(NI)$、CI、$\log(RW)$ 和 $\log(CA)$ 在同根和不同根的情形下均能以 10% 的显著性水平拒绝存在一个单位根的原假设，表明这些变量是平稳的，变量之间存在稳定且长期的回归关系。通过进一步的协整检验，我们发现：模型在 1% 水平下通过 Kao 显著性协整检验，表明各变量之间存在长期稳定的协整关系；在 Pedroni 检验下，虽然个别统计量不能拒绝不存在协整关系的原假设，但在结合 Kao 检验下，我们认为各变量之间可以进行有效的协整分析，如表 2-1 所示。

表 2-1　Kao 和 Pedroni 协整检验结果

检验方法	检验假设	统计量名	统计量值（P 值）
Kao 检验	H_0:不存在协整关系	ADF	$-3.3560(0.0004)^*$
Pedroni 检验	$H_0:\rho_i=1$ $H_1:(\rho_i=\rho)<1$	Panel v-Statistic	$3.3172(0.0005)^*$
		Panel rho-Statistic	$-0.9610(0.1683)$
		Panel PP-Statistic	$-2.4902(0.0064)^*$
		Panel ADF-Statistic	$-1.2016(0.1148)$

注："*"表示在 1% 水平下拒绝不存在协整关系的假设。

运用相关软件进行回归后，可得到各变量影响收入水平的结果如表 2-2 所示。从计量检验的角度看：首先，模型的拟合优度为 0.9777，调整后的拟合优度也能达到 0.9756，表明农村居民人均纯收入水平与城镇化程度、从业人员及耕地面积具有高度的线性关系，各变量能够有效解释农村居民人均纯收入的变化情况；其次，F-统计值为 463.58，对应的相伴概率为 0，表明模型在 1% 水平下能够显著通过 F 检验；最后，从各变量的回归系数来看，在影响农村居民人均纯收入的诸因素中，除了铜山区从业人员和沛县耕地面积不能通过 10% 水平下的 t 值检验外，其他变量的回归系数都能很好地解释因变量的变化情况。因此，总体而言，设置的变量和模型不仅是合理的，还对收入水平的变动具有较高的解释力。

表 2-2　土地整理影响收入水平的检验结果

变量	系数	t-统计值	相伴概率
$CI_{丰县}$	-1.2782	-1.6561	0.0994
$CI_{沛县}$	-6.1701	-3.8023	0.0002
$CI_{铜山}$	-17.1921	-6.4196	0.0000
$CI_{遂宁}$	-4.3456	-2.0038	0.0466
$CI_{新沂}$	-3.0413	-2.9865	0.0032

续　表

变量	系数	t-统计值	相伴概率
$CI_{邳州}$	-7.1969	-8.7006	0.0000
$\log(RW)_{丰县}$	5.5008	18.2500	0.0000
$\log(RW)_{沛县}$	4.3032	6.6171	0.0000
$\log(RW)_{铜山}$	0.5769	0.3599	0.7193
$\log(RW)_{遂宁}$	6.4576	10.0745	0.0000
$\log(RW)_{新沂}$	5.8501	10.6993	0.0000
$\log(RW)_{邳州}$	4.9433	13.0487	0.0000
$\log(CA)_{丰县}$	-2.8343	-7.4538	0.0000
$\log(CA)_{沛县}$	-0.8549	-1.0275	0.3056
$\log(CA)_{铜山}$	4.1271	2.6118	0.0098
$\log(CA)_{遂宁}$	-3.1814	-3.3791	0.0009
$\log(CA)_{新沂}$	-2.5513	-4.3165	0.0000
$\log(CA)_{邳州}$	-1.4730	-3.3111	0.0011
R^2		0.9777	
调整后的 R^2		0.9756	
F-统计值		463.58	
相伴概率		0.0000	

从回归结果看,在影响农村居民收入水平的各因素中:第一,耕地面积增加所带来的收入效应具有显著的地区差异,其中丰县、沛县、遂宁县、新沂市和邳州市对农村居民收入的影响是负向的,其系数分别为-2.8343、-0.8549、-3.1814、-2.5513和-1.4730,分别以遂宁县和沛县的影响力度为最大和最小,表明在所分析的样本范围内,这些县市耕地面积的增加并不能有效提高农村居民的收入水平,这一结论进一步推翻了假设 1 的成立;不同的是,铜山区对农村居民收入的影响则具有积极效应,其系数为 4.1271,表明铜山区耕地面积的增加能够有效带来农村居民收入水平的提高,这一结论支持了假设1 的成立。之所以出现这一差异,极有可能是因为:丰县、沛县、遂宁县、新沂市和邳州市的工业和服务业发展相对滞后,地区经济增长只能相对更多地依赖于农业的发展,因此农村土地的增加也只能进一步地投入于农业耕种;不仅如此,在农业播种的农产品中,这些县市仍以传统的粮食作物比如水稻、玉米和小麦为主,而经济作物诸如棉花、油菜籽和花生的种植则相对较为有限,因此,在耕地面积增加的情况下,价格低廉的农作物的耕种并不能有效带来农民

相对收入水平的提高。与此相反,铜山区不仅具有相对较高的工业化水平,还具有相对较强的经济作物种植意识和种植能力,因此,在农用土地增加的情况下,铜山区农村居民不仅能够通过土地流转有效获取财产性收入和工资性收入,还能够通过种植经济作物获取较高的农产品价值,进而提高其经营性收入。这对居民点土地整理的启示在于:在以提高农民收入水平为目标之一的前提下,土地整理在带来农用土地增加的同时,应更加重视其为农民所带来的收入效应,即应一方面鼓励其土地流转以促进土地的规模性经营,另一方面则应鼓励其种植价值更高的经济作物,这对于提高农民的财产性收入、工资性收入和经营性收入都具有十分重要的现实意义。

第二,土地整理所带来的各县市从业人员增加均显著地提高了农村居民的收入水平。检验结果显示,除铜山区这一指标不显著外,丰县、沛县、睢宁县、新沂市和邳州市都能显著地提高农民的收入水平,其影响系数分别为5.500 8、4.303 2、6.457 6、5.850 1和4.943 3,且分别以睢宁县和沛县为最大和最小;而铜山区这一指标影响农民收入水平的系数则仅为0.576 9,远远低于上述各县市的影响力度。这一发现不仅进一步有效地支撑了假设2的成立,还对于上文关于丰县、沛县、睢宁县、新沂市和邳州市的经济增长更多依赖于农业发展的分析提供了一致性的论证。这是因为,由于农产品附加值较低,这些依赖于农业种植的县市并不能从耕地增加的过程中获取相对较高的收入,而将农村剩余劳动力转化为企业职工,则能够获得高于农业经营的工资性收入,因此对于依赖于农业发展的地区而言,并不只是从事农业生产的从业人员的增加必将带来的更高的收入。而对于工业化水平相对较高的地区而言,由于农村居民具备了获取财产性收入和工资性收入的渠道基础,因此从业人员增加对于农民收入水平的提高相对较为有限。按照这一逻辑,耕地面积和从业人员的增加是带来有效的收入效应,宜取决于地区的产业优化程度和经济发展水平;在产业调整相对滞后的地区中,耕地面积和从业人员的增加将分别带来农民收入水平的降低和提高。

第三,土地整理所带来的各县市城镇化进程的加快均能有效地提高农村居民的收入水平。在我们所掌握的样本范围内,丰县、沛县、铜山区、睢宁县、新沂市和邳州市的农业化程度与农村居民人均纯收入均存在显著的负相关关系,即农业化程度越高,农民收入水平越低,且其影响系数分别为－1.278 2、－6.170 1、－17.192 1、－4.345 6、－3.041 3和－7.196 9,分别以铜山区和丰县的影响力度为最大和最小。这一结果表明城镇化进程的加快能够有效带来农民收入水平的提高,假设3成立。铜山区城镇化程度之所以对农民收入具有较高的影响力度,是因为铜山区具备了一定程度的工业化水平和较为灵活的土地流转制度,这为农民增收提供了制度环境和渠道来源,因此在城镇化进程中,农村居民不仅能够从劳动力转移中获取较高的工资性收入,还能从土地流转中获取一定的财产性收入,这对于农民增收无疑是十分重要的。这一结论再一次论证:土地整理促进城镇化所带来的积极收入效应,不仅应以灵活的土地流转为制度前提,还应以有效的产业优化为政策目标。

五、结论和启示

居民点土地整理不仅是经济发展过程中对土地利用由粗放型向集约型转变的必然选择,更是提高农民收入和缩小城乡收入差距的有效途径。以此为视角,我们以江苏省徐州市下辖各县市1978—2010年的相关数据为分析样本,对土地整理可能带来的耕地面积、从业人员和城镇化程度的变化与农民收入水平的关系进行了机理和实证分析。其中,实证分析的逻辑在于:由于土地整理同步性地带来了耕地面积和从业人员的增加,以及促进了城镇化进程,因此考察这些变量对农民收入水平提高的影响能够间接地得出土地整理所带来的收入效应,并以此为土地整理的实施提供可行的政策启示。主要得出以下结论:

第一,耕地面积增加对农民收入水平的影响很大程度上取决于土地的经营方式和种植作物的品种,规模化经营和经济作物的种植能够显著地增加农民的收入。实证检验结果显示,耕地面积的增加并不必然提高农村居民的收入水平,只有在提高机械化程度并对土地进行有效整合和流转的情况下,耕种经济价值高的农作物才能有效提高农民的收入水平。因此,在居民点土地整理过程中,应重视其所带来的新增土地的用途,在保证其为农业用地的前提下,最大限度地发挥土地投入所带来的经济产出;应重视新增土地和原有土地的重新规划和流转,在保证土地产权集体所有的情况下,实施有效的规模化和机械化经营,最大限度地提高农业生产效率。

第二,从业人员的增加能够有效地提高农民的收入水平,但其作用力度取决于地区的产业优化程度和经济发展水平。实证检验结果显示,从业人员增加从工资性收入、经营性收入和财产性收入几个方面共同提高了农村居民的总收入水平。因此,土地整理在带来从业人员的同时,必将进一步提高农民的收入水平。但是,其提高的幅度与地区的产业优化程度和经济发展水平有很大的关系,即工业化程度和经济发展水平较高的地区,土地整理所带来的从业人员的增加能够更大幅度地提高农民的收入水平,反之则反。这对于土地整理的启示在于:这一过程所新增的农村剩余劳动力应被鼓励于从事工业或服务业生产。

第三,城镇化进程的加快能够带来农民收入的增长,但幅度的提高应进一步建立灵活的流转机制和促进产业结构的优化。实证检验结果显示,城镇化进程的加快为农村居民提供了收入来源,因此带来了农民收入的增长。因此,土地整理在促进城镇化的同时,必将进一步提高农民的收入水平。在这一过程中,应建立更加灵活有效的土地流转机制,以使农村居民从土地转包中获取相应的租赁、分红或其他方式的财产性收入;同时,也应进一步促进产业结构的升级,以为农村居民提供更多的就业平台,并从中获取相应的工资性收入。

值得一提的是,该研究得出的耕地面积增加并不能有效提高农民收入水平的结论,其启示并不在于应减少耕地面积,而在于在土地整理的过程中,应更加重视土地的有效用途和经营方式,以此最大限度地发挥土地投入所带来的积极效应。同时,也应提及的是,以土地整理将同步性地带来耕地面积、从业人员和城镇化的变化为前提,进而分析这些变量对农村居民收入水平的影响,并不在于粗略地认定为是土地整理所带来的收入效应,而在于符合逻辑地为土地整理的实施提供有效的政策启示。从这一角度来说,该研究的分析完全合理。

第二节 创新驱动战略的实施绩效*

> **导读**:创新驱动是继要素驱动和投资驱动之后经济发展的新动力。该研究首先对江苏省创新驱动发展战略的实施情况进行梳理,并在此基础上运用主成分分析方法和向量自回归模型分析创新驱动发展的绩效。结果发现:首先,江苏省研发投入、研发强度、科技活动人员、高新技术产业产值四项的贡献度要大于研究生毕业人数、专利的受理和授权数量贡献度。其次,从长期来看江苏省研发投入、研发

　*　此节主要内容摘自作者的前期研究成果"王肖曼,李子联:'江苏创新驱动发展战略的实施及其绩效',《中共南京市委党校学报》,2017年第6期,第54~63页",有较大修改。

强度、科技活动人员、高新技术产业产值四个变量都与经济增长有较强的关系。从短期来看,研发投入、研发强度对于经济的影响不够显著而科技活动人员数具有阻碍作用,但高新技术产业产值短期内促进经济的增长。因此江苏省在继续深入实施创新驱动发展战略过程中,应该注意强化创新资源、优化创新制度与创新环境等问题。

改革开放近40年来,依靠资源、资本和劳动力等要素投入为主的发展模式,有效地推动了我国经济的高速增长。然而,伴随着要素投入结构和经济发展方式的转变,固有的人口红利、资源红利和资本红利优势开始有所减弱,资源短缺、环境污染、产业发展不平衡等问题日益严峻,传统发展模式受到前所未有的挑战。因此,基于大规模投资和技术设备改善的传统经济增长模式难以继续存在。而突破传统模式所带来的发展约束,必须从要素投入向创新驱动的模式转变,以发挥科技创新的支撑引领作用。基于此,此项研究拟以创新大省——江苏省为例,分析创新驱动发展战略实施的演变过程及其所带来的经济绩效。

一、文献综述

已有文献从不同角度对创新驱动发展战略进行了广泛的研究与探讨,总体而言可以大致分为:理论渊源、科学内涵、价值意义、现实路径和评价指标等方面。

一是有关创新驱动发展战略的理论渊源。在学术界,一般认为创新驱动发展战略思想的理论渊源有三种代表性观点。首先,约瑟夫·熊彼特(1912)在《经济发展理论》中最先使用"创新"一词,提出创新即"建立一种新的生产函数",把一种从来没有的关于生产要素和生产条件的"新组合"引入到生产体系中,以创新的知识和技术改造物质资本、创新管理,就可以提高物质资源的生产率,从而形成对物质资源的节省和替代,是经济增长的根本动力。袁峥嵘和杜霈(2014)指出,熊彼特提出的创新经济增长理论为创新理论的发展奠定了学理基础。其次,多数人认为创新最早可以追溯到马克思的政治经济学说,特别是其科技创新思想。李东兴(2013)认为,创新思想可追溯至马克思的《资本论》中提到的自然科学的技术进步作用。最后,部分学者认为迈克尔·波特是创新驱动发展战略的鼻祖。美国学者迈克尔·波特(1990)在《国家竞争优势》一书中,最早将创新驱动作为一个发展阶段提出来。他认为,任何先进的经济体都有必要以创新来支撑,并提出经济发展的四个阶段,从高到低依次为要素驱动(Factor-driven)阶段、投资驱动(Investment-driven)阶段、创新驱动(Innovation-driven)阶段和财富驱动(Wealth-driven)阶段。

二是有关创新驱动发展战略的科学内涵。当前而言,我国的创新驱动发展以科技创新为核心支撑点。任保平(2013)认为,创新驱动包括产业创新、科技创新、产品创新、制度创新、战略创新、管理创新和文化创新等一系列创新活动。洪银兴(2013)认为,其中科技创新是关系发展全局的核心。从经济学角度,胡婷婷、文道贵(2013)也指出"创新驱动",简而言之就是指,经济在增长主要依靠科学技术的创新带来效益,在经济发展中科技进步对于经济增长的作用大大增加,即科技进步对经济的贡献率大大提高。总之,要抓住创新驱动的核心要素——科技创新,把握创新驱动的本质。洪银兴(2014)还指出,相比其他发展阶段,不是说创新驱动不需要要素和投资,而是说要素和投资由创新来带动。狭义上,创新驱动仅指科技创新;广义上,创新驱动是一个含义丰富的系统概念,包括文化创新、科技创新、制度创新、管理创新、协同创新等组诸多层面,是国家发展的新境界和新阶段。

三是有关创新驱动发展战略的价值意义。刘志彪(2011)指出,创新驱动实质上是经济发展从过去单纯依赖技术的学习和模仿,转向依靠自主设计、研发和发明,以及知识的生产和创造。张来武(2011)强调科技创新驱动发展是经济发展的题中应有之意,转变经济发展方式,就是从传统生产要素驱动经济增长转到由科技创新驱动经济发展。尽管学界关于"创新驱动经济发展"的概念,尚未形成统一界定,但可以明确的是,创新驱动发展强调通过技术进步、研发成果产业化以及管理创新、制度创新等因素推动,而非单纯依靠资本、劳动力等生产要素推动;创新驱动不仅能够激发创新的新动力,还能够解决生产要素报酬递减问题及克服稀缺资源的瓶颈问题。冯之浚和刘燕华等(2015)指出,创新是发展的根本动力,创新是经济发展的决定性力量。郭庆旺和赵志耘(2014)指出,长期以来,我国的"三驾马车"存在失衡问题,也就是投资率偏高、消费率偏低、资本驱动型增长方式十分明显。但自2009年以来,投资贡献率(资本形成总额对国内生产总值增长的贡献率)呈现逐步下降的趋势。冯之浚和方新(2015)认为"以科技为主的全面创新"是传统"三驾马车"之外驱动中国经济适应新常态的新动力。有学者还围绕"中国梦",对于提升中国城市内涵、规避中等收入陷阱、提升国家竞争力的积极意义进行了阐述,凸显创新驱动发展战略的深刻影响和全面性意义。

　　四是有关创新驱动发展战略的现实路径。辜胜阻(2013)提出,创新有四大瓶颈:"动力不足,不想创新"、"风险太大,不敢创新"、"能力有限,不会创新"、"融资太难,不能创新"。首先,对于创新驱动发展战略的路径分析,黄宁燕和王培德(2013)、辜胜阻(2014)提出,创新文化是启动创新驱动发展战略的前提。刘志彪(2015)、赵兰香(2014)、夏秀丽等(2013)指出,贯彻创新驱动发展战略离不开人才,应注重人才队伍建设,优化人才结构。其次,陈波等(2014)认为,要加强顶层设计特别是制度设计,主张制度创新,为推进创新驱动发展战略提供保障等。吴建南等(2015)在阐述美国圣地亚哥、奥斯汀、夫勒斯诺和利特尔顿四个城市实施创新驱动经济发展模式的基础上,借此提出我国区域(省市层面)实施创新驱动发展战略的政策建议,包括强化顶层设计、整合创新资源、搭建创新网络、优化创新政策机制,以及营造创新环境五大方面。周柯等(2016)指出创新驱动作为经济增长的新引擎,能够支撑传统产业的改造和新兴产业的高速增长。这主要源自创新驱动是科技进步的原动力和制度变迁的根本途径,是产业结构调整的必然要求。创新驱动经济增长需要优化创新环境,明确创新主体,整合创新资源,打造创新平台。

　　五是有关创新驱动发展战略的评价指标。王元(2014)认为,科技发展有两个核心指标,"全社会的研发强度,即 R&D(Research and Development)占GDP的比重"和"每万名从业人员中的研发人员数量"。洪银兴(2013)在肯定科技进步对经济增长的贡献率和研发投入标准的基础之上,又提出了"创新要素的高度集聚、人力资本投资成为创新投资的重点和孵化和研发新技术成为创新投资的重点环节"三个定性指标。吴优等(2014)搭建了城市创新驱动发展的评估框架。刘焕等(2015)构建了省级政府对创新驱动发展战略的监测评估指标。上海财经大学课题组(2014)提出的主要评价体系主要围绕理论指标和实证指标两大指标展开。理论指标方面提出人力资源建设、创新投入和创新效果三个子指标体系及内含的 30 个具体指标,实证指标方面提出 20 个子指数。

　　综上所述,学术界虽然对创新驱动发展战略做了大量的研究,但是大部分文献主要侧重于对创新驱动发展战略进行各个维度地定性研究,而缺少对创新绩效进行定量性的测度及其绩效评价。在此基础上,以江苏省为例,基于对量化创新的相关指标进行选取,定量研究创新对经济增长的影响。该研究的主要研究创新点在于量化创新指标,并通过理论分析与实证分析相结合来定量研究江苏省创新驱动发展的绩效。后续内容包括:首先,通过主成分分析方法对创新指标进行降维处理,选取权重相对较高的变量进行进一步分析;其次,通过向量自回归模型以及向量误差修正模型来定量分析其对经济的影响情况。除此之外,补充分析研究用来衡量创新不可忽视的另一个指标——科研活动人数——对江苏省经济增长的影响。

二、创新驱动发展战略实施过程

无论是从经济增长的短期影响因素来看,还是从长期经济的决定因素来看,走创新驱动发展的道路,是我国加快转变经济发展方式破解经济发展深层次矛盾和问题,打造中国经济升级版的必由之路。从生产要素效率提高来说,人力资本的提高、企业创新活力的增强和制度创新是创新驱动发展的关键。

自2012年党的十八大明确提出创新驱动发展战略,江苏省积极深入贯彻实施。总体来看,江苏各项科技工作均走在全国前列,积极探索了具有中国特色、时代特征、江苏特点的科技创新模式,有力地体现了"率先建成创新型省份"示范带动作用,依靠创新服务长三角、服务东部地区、服务全国的能力和效益不断提高,成为建设创新型国家的重要战略力量,如表2-3所示。

表2-3　江苏省创新驱动发展战略实施历程

年份	事　件	内　容
2012	江苏省科技创新大会	出台《关于加快企业为主体市场为导向产学研相结合技术创新体系建设的意见》,提出了6个方面20条政策措施,推进科技体制改革、建立企业技术创新体系,深入实施创新驱动战略
2013	江苏省启动创新人才推进计划	重点选拔能够代表江苏一流水平、具有科技领军才能和团队组织能力的高层次人才,特别是有重大创新前景和发展潜力的青年人才
2014	江苏省科技厅与英国创新署签署关于开展区域技术创新合作的谅解备忘录	江苏省自与以色列、芬兰签署产业研发合作双边协议以来,又一次与创新能力较强国家建立类似长效联合资助机制,是江苏省拓展国际合作、整合海外创新资源的重大突破
2015	苏州工业园区经国务院批复,成为开展开放创新综合试验区域	苏州工业园区成为全国首个开展开放创新综合试验区域,再承担起全国开发区改革试验、开放创新的探路先锋重任
2016	江苏省发布"40条政策"助力科技创新	出台政策梳理了江苏省科技创新面临的问题,并提出"从高、从新、从优"的突破性要求

三、变量与数据描述

改革开放以来,江苏省经济处于快速增长阶段,经济整体呈现上升趋势,三大产业增加值变化趋势显著。第一产业、第二产业占比逐年下降,第三产业占比明显上升,并且江苏省科技进步率、科研等相关投入也逐年增加。这表明进入 21 世纪后江苏省第三产业在三大产业中发展迅猛,也预示着在未来的经济发展中,以知识为载体,以创新为核心的产业将在经济浪潮中跻身前列。研究将从"产业链"视角出发,构建创新驱动量化指标体系。主要包括创新投入、创新主体、创新产出和创新绩效四个方面,具体的变量设置及描述性统计如表 2-4 和表 2-5 所示,其中被解释变量为地区生产总值。

表 2-4 创新指标选取与数据来源

	变 量	符 号	数据来源
创新投入	研发(R&D)经费投入	ERD	全国科技经费投入统计公报
	研发(R&D)人员	RDP	(2000—2016 年)
创新主体	科技活动人员	SCP	江苏省国民经济和社会发展的统计公报
	研究生毕业人数	NGS	(2000—2016 年)
创新产出	发明专利受理量	NPI	江苏省统计年鉴
	发明专利授权量	NOI	
创新绩效	高新技术产业产值	VHT	江苏省高新技术产业主要数据统计公报
			(2000—2016 年)

注:上述创新系统的指标选取主要借鉴和参考卢宁等(2010)的方法。

表 2-5 变量设置与统计说明

变 量	样本量	平均值(E)	标准偏差	最小值(M)	最大值(X)
GDP(亿元)	17	35 500.03	22 962.02	8 553.69	76 086.20
研发投入(亿元)	17	771.40	654.15	73.02	1 985.00
研发人员(万人)	17	31.55	24.96	7.44	75.00
科技活动人员(万人)	17	64.14	34.98	31.10	120.30
研究生毕业人数(万人)	17	2.48	1.42	0.45	4.40
专利受理量(件)	17	103 943.12	104 061.40	6 158	269 944
发明专利授权量(件)	17	9 674.18	12 612.32	244	41 000
高新技术产业产值(亿元)	17	25 925.53	23 044.82	1 775.50	67 000.00

四、实证分析

创新驱动的本质是指依靠自主创新,充分发挥科技对经济社会的支撑和引领作用,大幅提高科技进步对经济的贡献率,实现江苏省经济社会全面协调可持续发展和综合国力不断提升。在建模研究的过程中,变量太多不但会增加计算的复杂性,而且也会给合理地分析问题和解释问题带来困难。因此,首先运用主成分分析法对上述变量进行主成分分析,达到降维的效果,进而提高研究问题的解释强度。

主成分分析(Principal Components Analysis,PCA)由霍特林(Hotelling)于 1933 年首次提出。该方法主要通过降维的思想将多个具有相关性的指标转化为几个综合指标,以便更好地抓住主要矛盾、解释变量关系。本研究采用主成分分析方法,对 2000—2016 年江苏省创新投入、创新主体、创新产出、创新绩效 4 个方面的 7 个指标进行主成分分析。在分析之前为解决因数据本身大小差异而导致的结果不准确的问题,首先对数据进行标准化处理。在此基础上进行主成分分析,其分析结果如表 2-6 所示。

表 2-6　指标特征值、贡献率与系数矩阵

主成分	特征值	贡献率(%)	累计率(%)	标准化后的变量	主成分 1
1	6.661	95.153	95.153	$Z(ERD)$	0.150
2	0.201	2.864	98.017	$Z(RDP)$	0.149
3	0.093	1.329	99.346	$Z(SCP)$	0.149
4	0.040	0.571	99.917	$Z(NGS)$	0.143
5	0.004	0.054	99.971	$Z(NPI)$	0.145
6	0.002	0.026	99.996	$Z(NOI)$	0.140
7	0.000	0.004	100.000	$Z(VHT)$	0.150

注:Z 代表标准化后的变量。

根据表 2-6 分析结果可知,第一项的累计贡献率已超过 95%,且只有第一项的特征值大于 1。因此将第一项作为主成分,且只提取 1 个主成分。在第 1 主成分里的线性组合中,所选取的 7 个变量作用都十分明显。这 7 个变量都是衡量一个地区创新能力的重要指标。再进一步细致分析可知,研发投入(ERD)、研发强度(RDP)、科技活动人员(SCP)、高新技术产业产值(VHT)四项的作用更加明显。这四项是相对更加直接的创新投入,因此其对于江苏省的创新发展影响更大。而研究生毕业人数(NGS)的贡献相对较弱,说明一方面教育的贡献存在滞后性,另一方面教育需进一步加大针对性,增强其贡献率。专利的受理(NPI)和授权数量(NOI)贡献度也相对较弱,可能因为当前创新能力较弱,专利数较少,导致贡献度较弱。根据上述主成分分析结果,进一步深入探讨研发投入(ERD)、研发强度(RDP)、科技活动人员(SCP)、高新技术产业产值(VHT)四个变量对经济增长的影响。

为了确保实证分析结果的可靠性,首先需要对主要变量的时间序列数据进行平稳性检验以防止伪回归现象,我们采用 ADF(Augmented Dickey Fuller)检验法,具体检验结果如表 2-7 所示。

表 2-7　变量的平稳性检验结果

变　量	检验形式 (C,T,L)	ADF 临界值		结　论
		检验值	P 值	
GDP	$(0,0,1)$	1.068 8	0.916 7	不平稳
ΔGDP	$(0,0,0)$	0.133 5	0.710 0	不平稳
$\Delta^2 GDP$	$(C,0,1)$	$-4.392\ 1$	0.005 7	平稳
ERD	$(0,0,1)$	0.018 6	0.673 1	不平稳
ΔERD	$(0,0,0)$	0.592 2	0.832 7	不平稳
$\Delta^2 ERD$	$(0,0,0)$	$-3.300\ 4$	0.003 0	平稳
RDP	$(0,0,1)$	0.572 3	0.828 3	不平稳
ΔRDP	$(0,0,0)$	$-1.393\ 5$	0.145 5	不平稳
$\Delta^2 RDP$	$(0,0,0)$	$-4.625\ 4$	0.000 2	平稳
VHT	$(0,0,1)$	0.313 2	0.762 9	不平稳
ΔVHT	$(0,0,0)$	$-0.091\ 4$	0.635 8	不平稳
$\Delta^2 VHT$	$(C,0,0)$	$-3.776\ 1$	0.015 1	平稳
SCP	$(0,0,1)$	0.759 8	0.867 2	平稳

注:表中 Δ 表示一阶差分,Δ^2 表示二阶差分;检验形式(C,T,K)分别表示单位根检验方程包括常数项、时间趋势项和滞后阶数,0 指检验方程不包括常数项或时间趋势项。

根据以上检验结果可以看出,GDP、研发投入(ERD)、研发强度(RDP)、高新技术产业产值(VHT)为二阶单整数据,科技活动人员(SCP)为平稳数据。因此同阶单整的四个变量可以直接进行 Johansen 协整检验。而二阶差分的 GDP 可以直接和变量科技活动人员(SCP)建立 VAR 模型。在进行 Johansen 协整检验之前,先通过建立 VAR 模型并用(AIC)和(SC)检验法来确定最优滞后阶数为 2,因此 Johansen 协整检验的滞后阶数为 1,协整检验结果见表 2-8。根据检验结果可知,在 5% 的临界水平下,变量 GDP、研发投入(ERD)、研发强度(RDP)、高新技术产业产值(VHT)间存在长期协整关系。因此,进一步运用误差修正模型分析变量间的短期波动,误差修正结果如表 2-9 所示。

表 2-8 Johansen 协整检验结果

零假设:协整变量的数目	特征值	迹统计量	5%临界值显著水平	概 率
0	0.998 7	139.975 2	47.856 1	0.000 0
至多 1 个	0.748 5	39.484 9	29.797 1	0.002 8
至多 2 个	0.596 5	18.775 3	15.494 7	0.015 4
至多 3 个	0.291 1	5.161 0	3.841 5	0.023 1

表 2-9 向量误差修正模型估计结果

误差修正项	D(GDP)	D(ERD)	D(RDP)	D(VHT)
CointEq1	1.019 7 [22.451 2]	0.014 8 [2.923 4]	0.001 8 [1.873 3]	1.272 5 [6.374 9]
D(GDP(−1))	−1.528 7 [−14.205 4]	−0.015 2 [−1.266 7]	−0.005 0 [−2.187 0]	−2.199 9 [−4.651 8]
D(ERD(−1))	−25.929 6 [−12.580 5]	−0.144 4 [−0.629 8]	−0.008 4 [−0.191 1]	−24.246 6 [−2.676 8]
D(RDP(−1))	−194.664 8 [−6.395 2]	−4.726 9 [−1.396 2]	−0.731 9 [−1.122 1]	−370.518 3 [−2.769 8]
D(VHT(−1))	2.293 6 [16.691 1]	0.041 1 [2.688 9]	0.005 4 [1.849 5]	3.143 2 [5.204 9]

注:D(·)表示一阶差分,CointEq 为误差修正项,[ ]中为 t 值。

VAR 模型可以很好地考察平稳变量间的关系,而 VEC 模型可以很好地克服其不足,研究非平稳变量间的关系。首先,由上表中的误差修正系数可知,被解释变量 GDP 的误差修正模型为:

$$\Delta GDP = 1.02ecm1 - 1.53\Delta GDP(-1) - 25.9\Delta ERD(-1) -$$
$$194.67\Delta RDP(-1) + 2.29\Delta VHT(-1)$$

由误差修正项 ecm 的系数可以看出,当短期波动偏离长期均衡时,以 1.02 的正向调整速度可以将其拉回均衡状态。短期来看,研发经费投入

(ERD)与研发强度(RDP)对于 GDP 的影响并不显著。这与苏朝晖和吴晓晓（2014）的结论相似。首先，这可能因为江苏省的经济增长主要还是依靠第二产业，对于科技创新的依赖性较小。以往一直对于科技创新的重要性认识不足，以及体制一些因素的制约导致江苏的科研投入仍属于较低水平，科研质量有待提高。并且创新产品质量的提高要摆脱传统依靠大量资源投入来完成，更需要有针对性地投入，促进产业转型（李怀建，2014）。其次，研发投入产生的效果具有滞后性，创新研发主要通过增加产品数量、提高产品质量等方式来提高产出。并且基础研究主要是理论层面的探索，还需要经过不断地试验才能转化为生产力。因此其对经济的推动力较弱。而高新技术产业产值（VHT）的增加对于经济发展具有直接的促进作用，具有较强的转化为经济的能力。由此可知，当基础研究最终转化为高新技术产值之后对于经济有很强的促进作用。

经平稳性检验，科技活动人员（SCP）对二阶差分后 GDP 的影响可以直接通过 VAR 模型来进行分析。在确定变量都为平稳的基础上，通过（AIC）和（SC）检验确定其最优滞后阶数为 2，并进行了根图检验以确定模型的有效性。VAR 的脉冲相应函数结果如图 2-3 所示。

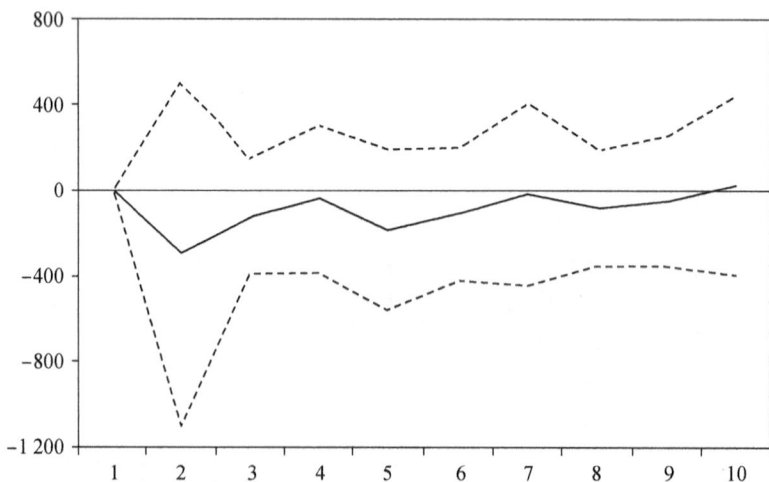

图 2-3　科技活动人员数影响经济增长的脉冲响应图

科技活动人员的数量对经济增长的影响为负。一方面，可能因为江苏省科技活动人员的质量有待提高，需要进一步提高科研活动人员创新能力和生产率。另一方面，根据生产理论可知，要素和人力的投入需等比例增加，在人力资本投入饱和的情况下,需加大研发、创新等科技要素的投入。总之,研发活动属于资本密集型的生产过程,如果像劳动密集型产业一样简单地大量投入劳动人员只会增加经济的负担。总体来看,江苏省研究人员的投入产出仍属于较低水平,仅以此来拉动经济很难促进经济的发展。

五、结论与建议

经检验可知,首先,研发投入、研发强度、科技活动人员、高新技术产业产值四项的贡献度要大于研究生毕业人数、专利的受理和授权数量贡献度。其次,进一步分析发现,从长期来看研发投入、研发强度、科技活动人员、高新技术产业产值四个变量都与经济增长有较强的关系。从短期来看,研发投入、研发强度对于经济的影响不够显著而科技活动人员数具有阻碍作用,但高新技术产业产值短期内促进经济的增长。基于此,提出以下建议:

首先,虽然创新投入对于经济的影响不够显著且作用时间较长,但科技创新是经济增长的一大动力源泉。长期以来较为粗放的发展模式已经显露出弊端,这更加需要充分利用科技的力量,通过科技研发的外溢效应提高生产率,以此提高江苏省的竞争力。因此研发经费更多更有效地投入到基础研究中去。在这一过程中提高政府科技投入的示范作用,合理增加研发强度,为企业科技创新带去更多的资金,使企业更有活力增加产值,促进经济转型和经济增长。像高新技术产业以及出口产业都需要创新以提高产品质量、增强竞争力。

其次,人才的引进对于企业乃至国家的发展有着不可小觑的影响,人才越趋成为企业核心竞争力的关键,尤其是知识型人才和创新型人才。要加大科研人员的培养,提高研发效率,优化研发人员队伍建设。在培养研发人员的过程中,不仅要注重基础理论的研究,更要注重实践能力的提高。此外,政府也应提高研发人员的待遇,以吸引更多的海内外优秀人才,减少人才的流失,为2020年我国进入创新型国家行列埋下基础。

最后,从研发的投入到研发成果的呈现,再到经济的增长是一连串的经济活动。自2012年江苏省深入贯彻实施党的十八大提出的创新驱动发展战略,高新区作为江苏省最具有竞争力的创造高地、人才高地、产业高地,有力支撑和引领了全省创新驱动转型升级。这一过程中要不断强化创新资源、优化创新制度与创新环境,将创新驱动发展的战略主动权掌握在自己手中。

第三节　货币信贷与自主创新

导读：从政策层面上来说，自主创新能力的提升需要货币信贷政策的扶持。基于江苏省的相关数据，我们建立了一个中等偏小规模的地区宏观经济计量模型，用于评估江苏省提升自主创新的信贷政策，揭示其中信贷政策与经济增长的关系。发现：第一，江苏省所实施的货币信贷政策不仅提升了自主创新能力，还促进了地区经济增长，且其作用力度具有强化趋势，表明江苏省提升自主创新的货币政策是积极有效的；第二，自主创新能力的提升在经济发展中发挥着重要的推动作用，同时经济发展水平的提高也将促发自主创新能力的提升。基于这些结论，我们认为强化货币政策在提升自主创新能力中的作用宜加大货币信贷的力度和提高货币信贷的效率，同时还应注重与其他政策的协调。

一、引言

创新是指新的生产函数的建立，即企业对生产要素实行新的组合，它包括五种类型：引入一种新的产品或提供一种产品的新质量，采用一种新的生产方法，开辟一个新的市场，获得一种原料或半成品的新的供给来源，采取一种新的企业组织方式（Schumpeter，1934）。而自主创新是以本国自身的研究和开发为基础，实现科技成果的商品化和产业化，获取商业利益的创新活动（黎峰，2006），它包括原始创新、集成创新、引进消化再创新。自国家"十一五"规划明确提出把提高自主创新作为政府重要工作内容以来，中央及地方采取并强化了各种积极的措施以提升自主创新能力进而实现经济增长方式的转变。一般而言，这些政策中比较直接且见效的有财税政策、金融支持政策以及包括政府采购在内的其他政策等。以金融支持政策而言，常见的措施可以分为直接融资支持和间接融资支持（江静和刘志彪，2007），其中间接融资支持又有低利融资、分期贷款、融资保证、股权参与以及补助金等（王伟光，2006），而直接融资支持则主要是为企业实现海内外上市提供政策支持等。虽然提升自主创新的金融政策多种多样，但占主导地位的仍然是银行的信贷政策（杨华基和李鸿阶,2007)。银行通过为企业特别是中小企业提供信贷支持以达到提升自主创新能力的目的,因此现阶段提升自主创新的金融支持政策主要是货币信贷政策。从这个角度,已有文献主要研究了提升自主创新的包括货币政策在内的一系列政策比较与选择(郑曦,2007;徐冬青,2007;王丽娟,2007),但对于货币政策的实施效果,这些文献则并没有涉及,因此对于"自主创新中货币政策实施效果如何"便将成为我们的主要研究对象,而这个问题的解答无论从现实还是理论角度都具有重要的研究意义。

关于政策实施效果的评估,已有文献习惯运用向量自回归模型(VAR)中的脉冲函数和方差分解法进行冲击分析(Daniel & Martin,2008),即在考虑其他变量不变的情况下,解释变量的波动将对被解释变量造成多大和多久的冲击。客观地说,这种方法估计的效果比较直观,适合分析比较静态下局部均衡中时间序列变量之间的关系,但是对于研究一般均衡下变量之间的变化关系,VAR方法则操作较为困难,表现出一定的缺陷。而宏观经济计量模型(又称联立方程计量经济学模型)由于在经济政策制定、经济结构分析和经济预测方面起着重要的作用(李子奈和潘文卿,2005),同时能较好地克服上述VAR模型中所出现的问题,因此常被用于经济预测和经济政策的制定。比较典型地,中国社会科学院汪同三、沈利生等开发了我国年度宏观经济计量模型,并运用该模型对我国年度经济发展和政府政策分别进行了预测和评估;《国家财政模型》课题组高铁梅等(2000)则建立了一个包含116个变量和113个方程的宏观经济计量模型,并运用该模型对财政、货币两大政策工具在宏观经济调控中的作用进行了分析和评价;此外,罗余才(2000)、欧阳小迅(2000)、李武(2003)、金霞等(2006)也分别讨论了宏观经济计量模型的设计及其现实应用。根据国家宏观经济计量模型的建模方法,也有学者尝试开发地区性的经济模型并将其运用到经济实践中,比如秦长海和裴毅正(2006)建立了一个适用于宁夏的宏观经济发展预测模型,并对宁夏未来30年的社会经济发展状况进行了预测。

综合而言,已有文献中宏观经济模型的应用侧重于对经济进行预测,而对于经济政策的效果评价特别是金融货币政策的评价则相对较少;另外,相较于国家宏观经济计量模型,地区模型由于经济发展的特殊性以及难以获得全面而准确的数据,较少或几乎散见于已有的文献资料中。因此,建立地区性宏观经济计量模型并对地区经济政策进行评估无疑是一个新的尝试;特别是,对地区自主创新中货币金融政策进行评估更应该是一项很有价值的研究。

二、现状与政策

自主创新蕴于技术进步中,是技术进步的一种手段[①];同时自主创新又包括技术创新,是技术进步的一种结果[②],因此自主创新与技术进步存在着紧密的联系,实施科技创新无疑也是一个自主创新的过程。江苏省自主创新起源于20世纪80年代提出的科技兴省战略,之后江苏省确立了科技兴省、人才强省的主体战略,近年来又提出了科技优先的发展方针,因此总体来说江苏省历来重视科技进步对经济社会发展的推动和支撑作用。

在实施科技兴省战略特别是实施各种政策以来,江苏省自主创新取得了一定的成绩,主要表现在两个方面:第一,从创新投入来看,江苏省人力投入略有增长,技术创新的经费投入规模已跃上新台阶,呈倍数增长。在1996—2006年的十一年间,江苏科技活动人员数从1996年的25.19万人增加到2006年的38.11万人,相比增长51.29万人;而科技活动经费筹集总额却从86.42亿元增长到713.79亿元,是当初的8.26倍。第二,从创新效益看,企业创新程度较高,从而具有较高的创新效益,主要体现在企业产品的新颖度上。据江苏统计局2006年调查资料显示,大中型工业企业创新活动中,创新产品达到国际同行业新水平的占17%,占国内同行业新水平的占34.4%,本企业新水平的占50%;1996年的相同指标则分别为5.2%、45.3%和25.3%,表明江苏省企业的创新效益得到了较大的提高。

虽然江苏省自主创新过程中取得了一定的成绩,但同时也存在着一些问题。这些问题主要表现在:第一,企业特别是中小企业受资金供应的瓶颈制约,企业研发投入不足。一份调查报告[③]显示2006年受调查的527家企业研发投入合计89.09亿元,占总产品销售收入的比重仅为1.52%,与发达国家普遍在3%以上的水平相比,差距较远。第二,企业资金来源相对单一,存在着融资困难。调查显示,2006年527家样本企业筹集科技获得经费总计为278.94亿元,其中企业自筹资金为252.8亿元,占比达90.62%,选择自筹资

---

① 参见 Coe D., and Helpman, E., 1995, "International R&D Spillovers", European Economic Review, 39, 859~887.

② 参见成思危:"自主创新与中国现代化",央视国际新华网。

③ 参见王海慧:"企业自主创新融资现状及金融对策——以527家江苏工业景气调查企业为例",《调查研究》,2007年第24期,第67~68页。

金作为自主创新活动最主要资金来源的企业占比为 100%；同时 50.76% 的企业在自主创新过程中面临着资金紧张、融资困难的局面，77.6% 的企业对当前企业自主创新的金融支持环境表示一般或不满意。因此，江苏企业在进行自主创新活动的过程中，主要面临科技研发资金投入不足的困难，而这一问题的存在又主要形成于银行信贷的高门槛和科技研发自身的高风险。

在这一逻辑下，江苏省逐渐形成和制定了相对规范的提升自主创新的政策法规。2006 年 2 月 7 日，国务院发布《关于印发实施〈国家中长期科学和技术发展规划纲要（2006—2020 年）〉若干配套政策的通知》后，江苏省制定了为贯彻《省委省政府关于增强自主创新能力建设创新型省份的决定》和实施《江苏省科技发展"十一五"规划纲要》的一系列配套政策，体现在 2006 年 4 月 18 日的《省政府关于鼓励和促进科技创新创业若干政策的通知》中。在该文中，就金融政策而言，主要有：第一，鼓励金融机构为企业特别是中小企业进行技术改造贷款。主要表现在政府利用专项资金、贴息、担保等方式，引导各类商业金融机构支持自主创新与产业化；鼓励国家政策性银行省级分支机构及商业银行省级分行对国家和省级立项的高新技术项目发放贷款；对"十一五"期间科技项目贷款年递增 20% 以上的银行，经考核后，由省财政每年按新增科技贷款余额的 1% 给予风险补贴；国家开发银行在我省分支机构每年安排一定规模的授信额度，以统贷方式向有借款资格和承贷能力的各类科技创新载体发放中小企业贷款。第二，改善对中小企业科技创新的金融服务。主要表现在，支持商业银行与科技型中小企业建立稳定的银企关系；加快建设企业和个人征信体系，促进各类征信机构发展；鼓励社会资金建立中小企业信用担保机构，建立担保机构资本金补充和多层次风险分担机制；担保机构可按当年担保费的 50% 提取偿债准备金，按不超过年末担保责任余额 1% 的比例提取风险准备金，用于担保赔付；推进政策性银行、商业银行和其他金融机构开展知识产权权利质押业务试点；支持保险公司开展高新技术企业财产保险、产品责任保险、出口信用保险、业务中断保险等险种，为高新技术企业提供保险服务。综合而言，银行信贷是江苏省纲要规划中较为直接有效因而也是重要的提升自主创新能力的金融货币政策。

三、变量与模型

（一）模型理论及变量

虽然提升自主创新能力的金融支持政策很多，但最直接有效的仍是金融信贷政策,因此我们拟建立一个基于金融信贷支持的、提升自主创新的宏观经济计量评估模型。在经济现实中,影响一个国家或地区自主创新金融信贷额度的因素很多,比如企业的风险、企业的信誉、利率以及经济政策等,但从根本上来说,它取决于社会经济的发展水平。一般来说,经济发展水平越高,信贷额度越大;另一方面信贷额度越大,经济发展速度也将越快,从而经济发展水平也就越高,因此本模型将主要反映自主创新中金融信贷与经济增长之间的关系。

在金融信贷与经济增长的关系中,经济发展水平一般以经济的总规模或总产出来衡量,而总产出的规模又决定于生产要素的投入,包括资本、劳动和技术三个主要方面。通常地,生产要素投入与产出之间的关系可以用函数形式表示为:

$$产出 = f(劳动投入,资本投入)$$

其中,f 反映了生产函数中的技术水平。生产要素中资本投入则取决于投资水平的高低,投资水平越高,固定资产即资本存量累积值也将越大;而金融信贷通过为企业提供资金支持,明显提高了企业的投资水平。因此,在这一传导机制中,金融信贷通过投资、固定资产或资本存量,协同劳动和技术水平的投入一起影响着经济增长水平,而经济发展规模又将通过收入和储蓄的渠道影响着金融信贷水平,如图 2 - 4 所示。值得一提的是,图 2 - 4 中并没有显示收入和储蓄的中介传递作用,主要是因为:金融信贷的模型生成中发现储蓄变量的系数不能通过 T 检验,表明储蓄对信贷的传导关系不是很显著。在这一情况下,为保持模型的简捷性,收入变量也就不加以考虑。

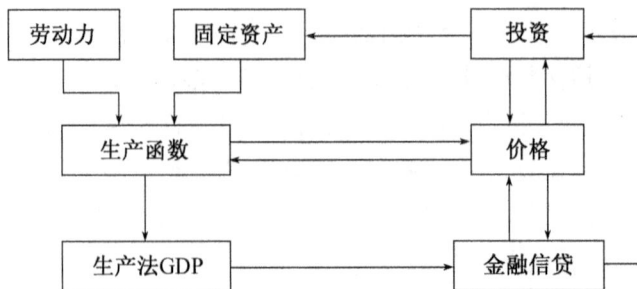

图 2 - 4　江苏省自主创新的货币政策评估模型

基于以上基本理论,我们将设置 26 个变量,其中:外生变量 6 个;内生变量 20 个,包含变价和不变价变量,由于存在对称性,因此实际应该是 10 个内生变量,如表 2-10 所示。不同于已有文献中将产业结构分为第一、二、三产业的划分法,我们将其分为创新产业和非创新产业,因此总产出则包括创新产业总产值和非创新产业总产值,资本存量包括创新产业的资本存量和非创新产业的资本存量,其他划分以此类推。同时由于所设置的有关变量不能直接从统计资料中获得相关数据,因此为便于数据的查找,我们将对表 2-10 中的有关变量设置代理变量。

表 2-10 变量设置及其含义 单位:亿元、万人

变量名	变量名解释	变量名	变量名解释
GDPC	国内(地区)生产总值(不变价)	II	固定资产总投资(现价)
GDP	国内(地区)生产总值(现价)	IIC	固定资产总投资(不变价)
IP	居民消费价格指数	LOANCRC	创新产业的贷款总额(不变价)
VCRC	创新产业总产值(不变价)	LOANCR	创新产业的贷款总额(现价)
VCR	创新产业总产值(现价)	LOANUCRC	非创新产业的贷款总额(不变价)
VUCRC	非创新产业总产值(不变价)	LOANUCR	非创新产业的贷款总额(现价)
VUCR	非创新产业总产值(现价)	MASSETC	金融机构资金来源总额(不变价)
KCRC	创新产业的资本存量(不变价)	MASSET	金融机构资金来源总额(现价)
KCR	创新产业的资本存量(现价)	IIUCRC	非创新产业的固定资产总投资(不变价)
KUCRC	非创新产业的资本存量(不变价)	IIUCR	非创新产业的固定资产总投资(现价)
KUCR	非创新产业的资本存量(现价)	LCR	创新产业的从业人数
IICRC	创新产业的固定资产总投资(不变价)	LUCR	非创新产业的从业人数
IICR	创新产业的固定资产总投资(现价)	POP	人口总额

比如创新产业类代理变量设置如下:① 创新产业总产值——新产品总销售收入;② 创新产业的固定资产总投资——科技活动经费支出总额中固定资产构建支出;③ 创新产业的贷款总额——科技活动经费筹集总额中金融机构贷款总额;④ 创新产业的从业人数——各类专业技术人员数。非创新产业类代理变量设置同理,但数据根据总值与创新类相关指标的差值计算而得。

(二)模型数据及生成

模型将以江苏省 1952—2006 年 55 年的数据作为回归样本进行分析,其中所有可得数据均来源于 2000—2007 年各年的《江苏统计年鉴》(下文简称

《年鉴》)和《江苏五十年(1949—1998)》(下文简称《五十年》)的相关统计资料。同时在数据搜集的过程中发现,一些数据由于统计口径和统计指标变更的原因而无法直接获得,这就为模型的生成增添了不少的麻烦,因此对相关数据进行相对科学和合理的处理是必要的,主要采用了以下几种数据处理方法:第一,算术平均法,如《年鉴》中1990年以后的从业人员数改为推算数,1990年该数值为4 225.02万人,而仍然采用原统计方法的《五十年》中该数值则为3 569.13万人,两者相差甚远。在这种情况下,为了抚平时间序列中不必要的波动,我们将对有关年份中出现差异的两列数据进行算术平均,将平均值作为回归样本数据。第二,线性预测法,有些变量如创新贷款总额、创新产业从业人员数以及创新产业固定资产投资等变量只具备部分年份的数据,样本容量比较小,这将影响模型的估计效果。为克服这个困难,我们采用逐步递增数据的后向预测法对缺省数据进行预测,并将预测值作为回归样本数据。第三,比例推算法,资本存量的计算不仅是我们将面临的一个难题,而且也是学术研究中相对棘手的一个课题。我们将采用比例法对创新产业中的资本存量进行推算,即以每年创新产业的固定资产投资额占社会总投资额的比重为基准比例,再以该比例乘以社会资本形成总额即得到了我们的创新产业资本存量。

运用最小二乘法(OLS)对联立方程组进行计算后,得到结构模型如下:

① $\log(VCRC) = 0.484\,1 + 0.107\,4\log(KCRC) - 0.100\,4\log(LCR) +$
$\qquad\quad (1.536\,9) \qquad (1.771\,4) \qquad\qquad (-1.994\,3)$
$\qquad\quad 0.975\,1\log(VCRC(-1))$
$\qquad\qquad\quad (15.923\,4)$

$R^2 = 0.994\,7 \quad DW = 2.189\,7$

② $\log(VUCRC) = 0.246\,3\log(KUCRC) + 0.071\,4\log(LUCR) +$
$\qquad\qquad\quad (6.224\,1) \qquad\qquad (5.817\,6)$
$\qquad\qquad\quad 0.709\,8\log(VUCRC(-1))$
$\qquad\qquad\qquad (14.350\,9)$

$R^2 = 0.998\,3 \quad DW = 1.521\,5$

③ $\log(KUCRC) = 0.645\,0 + 0.655\,8\log(KUCR(-1)) +$
$\qquad\qquad\quad (4.897\,5) \qquad (9.069)$
$\qquad\qquad\quad 0.285\,2\log(IIUCRC)$
$\qquad\qquad\qquad (5.025\,0)$

$R^2 = 0.993\,8 \quad DW = 1.346\,4$

④ $\log(KCRC) = 0.409\,6 + 0.709\,4\log(KCRC(-1)) + 0.243\,2\log(IICRC)$
$\qquad\qquad\quad (5.767\,7) \qquad (10.326\,4) \qquad\qquad (4.507\,8)$

$R^2 = 0.993\,4 \quad DW = 1.433\,9$

⑤ $\log(IICRC) = 0.075\,5\log(LOANCRC) + 0.955\,1\log(IICRC(-1))$
$\qquad\qquad\quad (3.898\,4) \qquad\qquad\qquad\quad (43.096\,5)$

$R^2 = 0.985\,3 \quad DW = 1.545\,3$

⑥ $\log(IIUCRC) = -0.818\,0 + 0.395\,0\log(LOANUCRC) +$
$\qquad\qquad\quad (-3.040\,4) \qquad\qquad (3.585\,4)$
$\qquad\qquad\quad 1.119\,0\log(IIUCRC(-1)) - 0.435\,0\log(IIUCRC(-2))$
$\qquad\qquad\qquad\quad (8.641\,9) \qquad\qquad\qquad\quad (-3.262\,8)$

$R^2 = 0.989\,9 \quad DW = 1.739\,2$

⑦ $\log(LOANCRC) = 0.865\,8\log(LOANCRC(-1)) +$
$\qquad\qquad\qquad\quad (30.044\,5)$
$\qquad\qquad\quad 0.081\,5\log(MASSETC)$
$\qquad\qquad\qquad (5.351\,2)$

$R^2 = 0.988\,7 \quad DW = 1.393\,4$

⑧ $\log(MASSETC) = -1.006\,5 + 0.700\,3\log(MASSETC(-1)) +$
$\qquad\qquad\qquad (-3.213\,0) \qquad\qquad\quad (8.081\,9)$
$\qquad\qquad\quad 0.429\,4\log(GDPC)$
$\qquad\qquad\qquad (3.611\,6)$

$R^2 = 0.995\,5 \quad DW = 2.220\,1$

⑨ $\log(LCR) = 0.984\,1\log(LCR(-1)) + 0.013\,2\log(POP)$
$\qquad\qquad\quad (68.233\,5) \qquad\qquad\qquad (2.053\,8)$

$R^2 = 0.990\,4 \quad DW = 1.716\,6$

⑩ $\log(LUCR) = -1.129\,2 + 0.826\,8\log(LUCR(-1)) +$
$\qquad\qquad\quad (-2.533\,4) \qquad\qquad\quad (12.677\,6)$
$\qquad\qquad\quad 0.290\,6\log(POP)$
$\qquad\qquad\qquad (2.692\,3)$

$R^2 = 0.989\,8 \quad DW = 1.579\,4$

回归结果显示:各模型均具有很高的拟合优度,表明变量之间存在较高的线性关系;各变量估计系数的 T 值均较为理想,经检验,各系数均在 5% 水平下显著;以 DW 值作为自相关的判断标准,我们对一些存在自相关的模型进行了滞后处理,处理后用经 Q-统计检验发现各模型不存在自相关情况。因此,利用上述模型对江苏省提升自主创新能力的货币政策进行评估具有较强的解释力度。

四、评估与预测

(一) 货币政策评估

在上述模型所反映的提升自主创新能力的金融支持政策与经济增长的关

系中,金融信贷通过以下途径来影响经济增长:第一,金融信贷对创新产业的固定资产投资具有积极的促进作用,在模型⑤中,金融信贷对固定资产投资的弹性影响系数为 0.075 5,表明金融信贷每增长 1 个百分点,创新性产业的固定资产投资将增长 0.075 5 个百分点;第二,固定资产投资对资本存量同样具有正向的促进作用,表现在模型④中为固定资产投资的弹性影响系数是 0.243 2;第三,资本存量对创新性产业总产值进而经济增长规模也具有积极的推动作用,这一推动力度为 0.107 4,即资本存量每增加 1 个百分点,将推动创新性产业总值进而经济总规模增加 0.107 4 个百分点。综合而言,在这一传导机制中,对创新产业的金融信贷每增加 1 个百分点,将能推动经济增长 0.002 个百分点;更直观地,2006 年江苏省科技活动经费筹集总额中金融信贷为 111.49 亿元,地区生产总值为 21 645.08 亿元,假设 2007 年对科技的金融信贷增长 20%,那么该年地区生产总值将增长 0.04%,即生产总值将增加 8.66 亿元。这一关系表明,江苏提升自主创新能力的货币金融政策是积极有效的,它不仅带来了较高的新产品收入,还推动了地区的经济增长。

同时经济发展水平的提高为自主创新能力的提升奠定了坚实的经济基础。在模型⑧中,总产出的增长对金融机构储蓄资金的增长具有较大的促进作用,这一弹性影响系数为 0.429 4;在模型⑦中,金融机构储蓄资金对创新贷款的弹性影响系数则为 0.081 5,同样表明两者之间存在着正向的线性关系,储蓄资金的增加对创新贷款具有积极的促进作用。综合而言,经济增长对自主创新贷款具有正向影响,经济增长 1 个百分点,将能促发金融机构对科技贷款增长 0.035 个百分点。

总之,自主创新的金融信贷与经济增长之间相互影响,表现在金融信贷促进经济增长,经济增长反过来又促发自主创新金融信贷额度的增加,因此提升自主创新能力的货币政策是积极有效的。比较而言,经济增长对金融信贷的影响力度强于金融信贷对经济增长的影响。

(二)情景预测

在情景预测中,有三个变量必须预先设定,即人口增长率、创新产业以及非创新产业的金融信贷支持总额。第一,在对人口总额的时间序列数据进行统计分析时发现,1952—2006 年的 55 年中,江苏省年均人口增长率为 1.31%。因此在人口增长的影响因素不变的情况下,可以假设 2007—2015 年的年均人口增长率为 1.31%。第二,在对非创新产业的金融信贷总额进行统计分析时也发现,江苏省 55 年中的年均贷款总额增长率为 21.73%。不同于将年均人口增长率作为2007—2015年的设定值,这里将其设定为20%,这一处理主要是出于与创新产业中金融信贷增长率相协调的考虑。第三,江苏省2006年4月18日的《江苏省政府关于鼓励和促进科技创新创业若干政策的通知》中规定:对"十一五"期间科技项目贷款年递增20%以上的银行,经考核后,由省财政每年按新增科技贷款余额的1%给予风险补贴。在这一规定下可以假设金融机构为了得到风险补贴均按照年均20%的增长率对科技活动即创新产业进行新增贷款。因此在1.31%的年均人口增长率、20%的年均贷款增长率下,2007—2015年的各产业产值及地区生产总值的预测值如表2-11所示。

表2-11　金融信贷支持下自主创新对经济发展影响的情景预测

单位:亿元

年份	创新产业的金融信贷支持总额	创新产业总产值（新产品销售收入）	非创新产业总产值	地区生产总值
2007	131.810 8	13 749.625 9	14 226.486 4	27 976.112 3
2008	158.173 1	19 712.196 9	17 235.408 2	36 947.605 1
2009	189.807 7	28 411.862 0	20 865.616 3	49 277.478 3
2010	227.769 2	41 103.441 5	25 294.245 7	66 397.687 3
2011	273.323	59 631.013 3	30 644.424 8	90 275.438 1
2012	327.987 6	86 712.410 8	37 019.800 1	123 732.210 9
2013	393.585 2	126 368.737 4	44 530.203 9	170 898.941.3
2014	480.173 9	184 580.545 0	53 317.547	237 898.092
2015	585.812 2	270 287.906 9	63 575.305 9	333 863.212 7

注:上述数据均剔除了价格因素。

预测结果显示:第一,2007—2015年的9年中,创新产业总产值增长迅速,从2007年的13 749.63亿元增长到2015年的270 287.91亿元,年均增长45.11%。与历史数据进行纵向比较发现,这一数值除低于2001年的141.3%、2004的60.16%和2005年的62.9%的增长率外,均快于历史任何年份的增长速度;与非创新产业总产值进行横向比较则发现,从2008年开始,创新产业总产值将高于非创新产业总产值,且差距越拉越大,说明创新产业的产值增长率远远大于非创新产业的同类数值。这一结果进一步表明了江苏省所实施的金融信贷政策的确能带来新产品收入的增加,因此对提升自主创新能力具有积极的作用。第二,地区生产总值增长迅速,产值规模急剧扩大。数据显示：2007 年江苏省地区生产总值为 27 976.11 亿元，但到了 2015 年，该数据急剧增长到 333 863.21 亿元，年均增长速度为 36.36%，将远远高于全国 GDP 增长率。这一结果表明江苏省所实施的金融支持政策不仅提升了自主创新能力，而且还大大推动了地区经济增长，同时也表明自主创新在经济发展中发挥着巨大的作用。

实际上，要保持 45.11% 的新产品销售收入增长速度和 36.36% 的经济增长率是有一定难度的。这要求在其他条件不变的情况下，新增贷款总额和人口增长率分别按年均 20% 和 1.31% 的速度增长，但是这正说明加大自主创新中的金融信贷力度更能有效地促进地区的经济发展，而这则需要政府和相关机构制定更富有激励效果的金融支持政策。

五、小结

基于 1952—2006 年 55 年的相关数据，我们建立了一个中等偏小规模的地区宏观经济计量模型，用于评估江苏省提升自主创新的货币政策，揭示其中货币政策与经济增长的关系。通过分析，我们得出以下几点主要结论：

第一，江苏省所实施的货币信贷政策提升了自主创新能力，且其提升效应具有强化趋势。货币信贷政策的实施能为企业科技活动提供经费支持，增加企业的固定资产投资，从而加剧创新活动资本存量的累积，形成充分的资本要素，扩大创新产值的总规模，因此货币信贷政策对自主创新能力的提升具有积极的促进效应。模型的比较静态分析显示这种促进效应的力度为 0.018，即货币信贷每增长 1 个百分点，创新产业总产值将增长 0.018 个百分点；事实上，货币信贷政策的促进力度还将通过另一个渠道得到加强，即创新产值的增加将间接地促发货币信贷的增加。综合这两方面，货币信贷政策对自主创新能力的作用将逐渐强化。

第二，江苏省所实施的货币信贷政策促进了地区经济增长，其作用力度同样具有强化的趋势。类似于对提升自主创新能力的传导，货币信贷政策也是通过固定资产和资本存量的主要渠道来进行传导的，在这里，创新产值的增长将促进地区经济发展水平，从而实现货币信贷政策推动经济发展水平的目的。由于货币信贷政策与经济发展之间存在一个相互促进的良性循环，因此货币信贷政策对经济发展的作用也具有强化趋势。

第三，自主创新能力的提升在经济发展中发挥着重要的推动作用，同时经济发展水平的提高也将促发自主创新能力的提升。在对 2007—2015 年金融信贷支持下自主创新对经济发展影响的情景预测中发现,年均45.11%增长速度的创新产值将能带来地区生产总值36.36%的年均增长水平,可见创新对经济发展具有重要的促进作用。同时,经济发展水平的提高,将增加居民的储蓄额,从而为金融机构的资金来源奠定了坚实的经济基础,而这将通过固定资产和资本存量的渠道为企业的创新活动提供资本支持,从而提升自主创新能力。

总之,江苏省提升自主创新能力所实施的货币信贷政策是积极有效的。基于以上结论,我们认为以下政策建议对于提升自主创新能力具有一定的启示意义:

第一,加大货币信贷的力度。货币信贷力度越大,企业科技活动的经费就越充足,创新产值也就越大。在情景预测中发现,年均20%的信贷增长率将能使创新产值和经济增长速度分别提升为45.11%和36.36%,同时由于货币信贷政策对创新产值和经济增长具有强化趋势的促进作用,因此加大货币信贷的力度具有明显的经济效应。但由于为创新活动提供货币信贷具有较高的风险性,因此政府应为金融机构制定配套的激励政策,比如贷款补贴等。

第二,提高货币信贷的效率。中小企业是创新活动的主力军,然而中小企业由于具有较大型企业更高的风险而往往面临资金瓶颈的约束。因此,政府在鼓励金融机构为企业提供科技贷款时,更应引导它们向中小企业提供科技贷款以提高货币信贷的效率。在这个过程中,政府可以采取信用担保和入股担保的方式为中小企业获得金融贷款提供支持。以入股担保为例,政府可成立相关部门专门从事创新管理,对因存在资金困难但却具有创新技术的企业特别是中小企业,经鉴定合格后,这些部门可采用信用、资金或权威等入股的方式参与企业的设立和经营,这将使得企业能够借助政府的力量获得金融机构的信贷支持。

第三,注重其他政策的协调。在提升自主创新能力的过程中,单单依靠货币政策是远远不够的,政府还应注重货币政策与其他相关政策的协调。这些政策主要有财税政策、人才政策等。以财税政策为例,政府在引导金融机构加大货币信贷的力度时,应制定配套的激励政策,比如贷款补贴等。只有在货币政策与其他政策相配合的情况下,货币信贷的力度才有可能加大,货币信贷的效率才有可能提高,自主创新能力也才有可能得到提升。

第四节　劳动要素配置与创新行为

导读:在适应经济新常态过程中培育增长新动力,积极打造江苏经济升级版,努力实现更有质量、更高效益、更可持续的发展,是江苏全面建成小康社会的必由选择。如何在新常态下实现江苏经济增长动力的转换和培育新的经济增长点? 从供给结构来看,就是应促进劳动要素和资本要素更为优化的配置,促进科学技术更为有效的创新,以在实现增长模式由要素投入向创新驱动转换的过程中,不断构建经济增长的持久动力和长效机制。毫无疑问,企业的劳动力雇佣和创新行为是决定这一机制是否得以实现的微观基础。以此为逻辑起点,我们对江苏部分企业进行了抽样调查,以在通过分析其用工状况和创新特征的基础上,进一步考察其在新形势下所面临的优势与不足。

一、调查内容

为全面了解江苏企业用工和创新情况,重点研究企业用工和创新实践中突出存在的问题,广泛听取企业及职工的意见建议,找准经济转型中企业用工和创新方面亟须解决的突出问题,进一步完善企业职工劳动保障制度、提升企业自主创新能力,为江苏省劳动用工管理和宏观经济管理提供重要的参考依据。在国家统计局苏州调查队的协助下,课题组主要成员选取了苏州市的企业样本和职工样本,于 2016 年 4—5 月赴苏州市开展了江苏企业用工和创新状况的实地调查,后又于 2017 年 8 月赴苏州市与部分企业进行了咨询、访谈和交流。

本次调查在方案设计上遵循科学、规范、可行的准则,为便于受访企业及员工填写问卷,我们在调查方案设计阶段增加了"试调查"环节,并根据"试调查"的体验修正调查预案和问卷。整个调查经过资料准备、问卷设计、样本抽取、调查员培训、调查实施、数据处理六个阶段,历时两个月,形成如下调查报告:

第一,调查内容。为便于了解江苏省用工和创新的实际情况,本次调查从宏观和微观两个层面进行了数据挖掘。其中,宏观数据主要用于分析企业创新行为的特征,而来自于问卷调查的微观数据则主要用于企业用工状况的分析中。在方法上,我们将微观调查问卷设计为企业卷和个人卷,主要有五个方面的内容:一是了解企业的缺工情况、招聘情况和动态变化;二是了解企业的招工难度及其存在困难的原因;三是了解企业的招聘渠道及对未来的招工预期;四是了解职工的职业状态、就业难度及其成因;五是广泛征求企业及职工对劳动用工方面的意见和建议。

第二,调查范围及调查对象。本次调查范围涉及苏州市四市六区,调查对象为从业人员密集行业的企业和职工。根据苏州市从业人员集中度分布,重点抽样调查苏州市 10 个行业的 38 家代表性企业。10 个行业及企业样本的数量分别为热力生产和供应业(1 家)、建筑业(1 家)、仓储业(1 家)、金融业(4家)、零售业(2 家)、卫生业(2 家)、信息业(2 家)、制造业(22 家)、住宿和餐饮业(2 家)以及商务服务业(1 家),如表 2-12 所示。个人卷方面,重点抽样调查这 38 家代表性企业中的 39 位员工,主要进行问卷填写和工作访谈。

第三,调查方式。采用进企业开展调查的方式。在国家统计局苏州调查队的安排和协助下,课题组组织成员开展现场调查工作。其中,企业卷的调查方式为:由国家统计局苏州调查队提前安排好各地统计部门,在课题组进企业调查前下发调查问卷,在课题组进企业调查时检查并回收填写好的问卷;个人卷的调查方式为:由课题组进企业时开展现场面访调查,并当场回收问卷。

第四,抽样方法。采用分层重点抽样法。第一层抽取行业,根据苏州市主要行业企业库,按照从业人员排序,确定了 10 个用工量较大的行业,并重点选取制造业作为主要调查行业;第二层抽取调查单位,根据苏州市主要行业企业库,对 10 个重点调查行业按地域和行业分布随机抽取 38 家企业为调查单位,并随机抽取其单位员工进行现场访谈。

表 2-12　所调查企业的基本数据

编号	企业名称	所属行业	缺工比例	拟招人数	已招人数
企业 01	苏州天环冷链物流有限公司	仓储业	5%	10	5
企业 02	六合轻合金(昆山)有限公司	制造业	10%	150	150
企业 03	华通银行	金融业	15%	10	6
企业 04	中银金融商务(昆山)有限公司	金融业	5%	1 000	300
企业 05	江苏汇通金融数据股份有限公司	金融业	15%	1 500	400

续 表

编号	企业名称	所属行业	缺工比例	拟招人数	已招人数
企业 06	昆山华之辰电器有限公司	制造业	20%	30	25
企业 07	阳澄湖费尔蒙酒店	住宿和餐饮业	5%	20	5
企业 08	昆山电子羽电业制品有限公司	制造业	20%	60	40
企业 09	苏州欧尚超市有限公司昆山店	零售业	30%	60	17
企业 10	昆山中金能源工程有限公司	热力生产和供应业	20%	20	1
企业 11	昆山呈钰精密机械有限公司	制造业	10%	2	0
企业 12	昆山辰峻商贸有限公司	商务服务业	50%	30	6
企业 13	世硕电子(昆山)有限公司	制造业	50%	5 000	4 000
企业 14	苏州龙雨电子设备有限公司	制造业	27%	75	20
企业 15	昆山和霖光电高科有限公司	制造业	5%	100	90
企业 16	昆山远视商用空调工程有限公司	制造业	20%	8	2
企业 17	昆山广亭置业有限公司	住宿和餐饮业	35%	35	10
企业 18	华拓数码科技	金融业	25%	350	300
企业 19	维尔斯电子(昆山)有限公司	制造业	20%	200	150
企业 20	昆山博可麦记保健商行	卫生业	50%	20	5
企业 21	苏州久荣光照明电器有限公司	制造业	15%	20	16
企业 22	昆山美丽华油墨涂料有限公司	制造业	5%	5	2
企业 23	昆山市诚业基精密组件有限公司	制造业	10%	25	20
企业 24	正新橡胶(中国)有限公司	制造业	1%	700	400
企业 25	町保机电(中国)有限公司	制造业	25%	300	250
企业 26	江苏创点网络科技有限公司	信息业	20%	5	1
企业 27	江苏铁谷建筑有限公司	建筑业	70%	5	2
企业 28	优利浦注塑科技(昆山)有限公司	制造业	25%	30	18
企业 29	昆山欧技华波精密电子有限公司	制造业	25%	10	2
企业 30	昆山亿弘庆精密机械有限公司	制造业	10%	3	0
企业 31	六丰金属科技(昆山)有限公司	制造业	5%	20	13
企业 32	六和铸造工业(昆山)有限公司	制造业	16%	50	70
企业 33	昆山和君纵达数据科技有限公司	信息业	33%	200	100
企业 34	昆山罗力精密机械有限公司	制造业	10%	10	3
企业 35	新华医院	卫生业	10%	5	0
企业 36	登王化学工业(昆山)有限公司	制造业	5%	5	0
企业 37	冠亿精密工业(昆山)有限公司	制造业	10%	50	50
企业 38	昆山苏杭时代超市连锁有限公司	零售业	10%	15	8

二、企业用工的现实状况

(一) 企业层面的"招工难"调查

总体上看,江苏企业普遍存在着缺工的现象,且部分企业的这一状况极为严重。表 2-12 的调查结果显示:100% 的调查企业均存在着 1%～70% 不等的缺工比例,其中,企业所分别对应的建筑业、商务服务业、卫生服务业和电子制造业,其缺工比例甚至分别达到了 70%、50%、50% 和 50%,超过一半的工作岗位无人胜任,表明企业在编员工的工作强度较大。从已招人数与拟招人数的占比来看,将近 92.11% 的企业均存在着招工不足的现象,部分企业所对应的行业甚至出现了严重的"零招工"现象,主要集中在卫生服务业和一些精密机械的制造业中。因此,从调查结果所反映的真实信息来看,企业存在着"招工难"的可能性较大。

从企业招工的环比增速来看,不少企业存在着增速放缓的现象。调查结果显示:尽管有 47.37% 的企业与 2015 年的招工增速相比为持平,但仍有 10.53% 的企业增速减少低于 10%,有 18.42% 的企业增速则减少超过 10%,两者总占比为 28.95%,高于招工增速加快的企业占比 5.27 个百分点。在企业普遍存在缺工现象的情况下,招工增速的放缓极大可能是由企业"招工难"所带来的。因此,这一调查结果进一步印证了上述基于已招人数与拟招人数占比缺口所带来的判断。

进一步地,在企业是否存在招工难这一问题的调查中,表 2-12 显示:有 47.37% 的企业认为"一般",这一比例与招工环比增速持平的企业占比相一致,也就是说,企业在招工难易度上总体而言并不存在明显的区分度,这些企业主要集中在建筑业和制造业等行业中。尽管如此,仍然有 21.05% 的企业认为存在招工难的问题,如商务服务业企业等;而有 10.53% 的企业则认为其招工"非常困难",如热力生产和供应业企业等。相比而言,仅有 15.79% 的企业认为招工"容易",如仓储业和金融业企业等;而认为招工"非常容易"的企业占比则只有 5.26%,如个别制造业的企业。因此,从统计结果来看,有相对更多的企业认为招工存在一定的难度。

那么,企业招工难的原因是什么? 本次调查从待遇谈不拢、适合职位的应聘者少、用工紧张、缺乏职业技能和其他原因共五个方面进行了多选式的选项设置。表 2-13 的调查结果显示:首先,适合职位的应聘者少是导致招工难现象产生的主要原因,持这一观点的企业占比为 57.89%;其次,应聘者因缺乏职业技能而需要培训上岗是企业招工难的另一重要原因,持这一看法的企业占比为52.63%;再次,企业和员工之间的工资待遇谈不拢导致企业"不愿招"和员工"不愿来",最终使得企业缺工愈发严重,这一类企业占比为34.21%;最后,劳动力数量下降导致存量紧张是企业招工难现象产生的宏观因素,约有13.16%的企业持这一看法。此外,另有15.79%的企业认为其不包吃住、位置较偏、工作环境差或不好也是导致企业招工难的不可忽视的原因。综合而言,从企业的角度来看,应聘者自身条件、工资待遇、宏观因素以及企业自身条件是从强到弱依次影响企业招工情况的重要因素。

表 2-13　企业招工情况调查

问题	选项	热力生产和供应业	建筑业	仓储业	金融业	零售业	卫生业	信息业	制造业	住宿和餐饮业	商务服务业	合计	占比(%)
企业招工环比增长	增长超过10%		1					1	4			6	15.79
	增长低于10%				1		1		1			3	7.89
	持平				2	2	1	1	10	2		18	47.37
	减少低于10%	1			1				1		1	4	10.53
	减少超过10%			1					6			7	18.42
招工是否困难	非常容易							1	1			2	5.26
	容易			1	2				3			6	15.79
	一般		1		1	1	1		13	1		18	47.37
	困难				1	1			4	1	1	8	21.05
	非常困难	1					1	1	1			4	10.53
招工困难的原因(多选)	待遇谈不拢				1	1			10	1		13	34.21
	适合职位者不多	1	1		2		2	2	12		1	22	57.89
	用工紧张				2				2	1		5	13.16
	缺乏职业技能	1			2	1	1	1	12		1	20	52.63
	其他*			1		1			4			6	15.79
招聘渠道(多选)	网络	1	1	1	4	2		2	20	2	1	34	89.47
	媒体				2				6	1		9	23.68
	校园				4	1	1	1	11	2	1	21	55.26
	猎头		1	1	1				3			6	15.79
	其他**						1		7			8	21.05

问题	选项	热力生产和供应业	建筑业	仓储业	金融业	零售业	卫生业	信息业	制造业	住宿和餐饮业	商务服务业	合计	占比（%）
未来用工预测	不困难			1	1			1	3			6	15.79
	有一定困难				2	1	2	1	12	2	1	21	55.26
	有较大困难	1					1		3			5	13.16
	不好说		1		1				4			6	15.79

注：本表"＊"所称其他招工难的原因主要包括：企业不包吃住、企业位置较偏、工作环境差或不好；本表"＊＊"所称其他招聘渠道主要包括：中介、劳务派遣、员工介绍。

　　从招聘渠道来看，大部分企业都会通过网络、媒体、校园和猎头中的一种或几种渠道同时进行招聘。其中，网络是企业招聘的主要渠道，采用这一渠道的企业占总样本的比例为89.47％，可见，网络的普及化为企业提供了有效的招聘通道；校园招聘随着毕业生数量的逐年攀升也成了企业招聘的重要渠道，采用这一渠道的企业占比为55.26％；媒体渠道，诸如电视、报纸和自媒体等，其在企业目前招聘中所发挥的作用仍未显现，只有23.68％的企业采用这一渠道；猎头招聘由于只针对工作经验丰富、技术水平先进、管理能力高超的特定人群，因此只有15.79％的企业采用这一渠道进行招聘。除上述渠道外，一些传统的招聘方式，诸如中介、劳务派遣、员工介绍等，依然是目前企业招聘中所不可忽视的重要渠道，采用这些方式的企业占比为21.05％。综上，尽管企业已经采用了新兴的网络招聘方式，但媒体特别是自媒体在招聘中所发挥的作用仍然较弱，这在一定程度上导致了企业招工难的形成。

　　在对未来招工难易度进行预测的调查中，仅有少部分企业表现出了乐观的态度，而大部分企业则表示招工存在程度不等的难度。表2-13的调查结果显示：有55.26％的企业认为未来招工存在一定的难度，更有13.16％的企业甚至认为招工存在较大的难度；而认为"不困难"和"不好说"的企业占比则均只有15.79％。应当看到，大部分企业之所以对未来招工怀有悲观的态度，主要是由企业自身存在较大的缺工比例以及存在较大的招工难度所带来的。毫无疑问，现实和未来所并存的不利形势，都将对企业的投资决策带来极大的负面冲击，而后者又将进一步影响宏观经济的增长态势。

（二）员工层面的"求职难"调查

　　影响企业用工状况的因素，除了企业层面的招工行为外，员工层面的求职行为亦不可忽略。在对员工求职情况的调查中,我们主要考察了员工求职时的职业状态、目前找工作的难度以及找工作难的主要原因三个方面。

首先,离职换岗者是劳动市场中的主要求职人群。表 2-14 对员工求职时的职业状态所展开的调查结果显示:在劳动市场中,求职者中离职换岗者占比最高,达到了 64.1%;其次为初次求职者,占比为 25.6%;在职者和其他类型的求职者则相对较少,分别只占 7.7% 和 2.6%。可见,离职换岗者是劳动市场中的主要求职人群。这一调查结果表明:结构性失业和再就业是目前企业用工中的主要特征,新就业者规模将随着劳动力要素存量和流量的减少而不断缩小。这一新增劳动力求职率低于离职劳动力求职率的市场现状,在带来部分企业生产效率提高的同时,也导致了另一部分企业用工的减少。在企业普遍存在缺工的情况下,这一现状最终对企业用工带来净的负效应,而这将对宏观经济的可持续增长带来制约。

表 2-14　员工求职情况调查

问题选项	求职时的职业状态				目前找工作的难度					找工作难的主要原因(多选)				
	初次求职	离职	在职	其他	非常容易	容易	一般	困难	非常困难	竞争激烈	岗位较少	待遇不高	缺乏渠道	其他
总计(人)	10	25	3	1	0	3	10	18	8	21	19	16	6	2
占比(%)	25.6	64.1	7.7	2.6	0	7.7	25.6	46.2	20.5	53.9	48.7	41.0	15.4	5.1

其次,员工求职时普遍存在一定的难度。在表 2-14 对员工目前找工作存在的难度所展开的调查中,有 46.2% 的员工认为找工作比较困难,而有 20.5% 的员工甚至认为找工作"非常困难",两者总占比达到了 66.7%。在认为找工作"容易"和"非常容易"的人群中,两者在总样本中的占比仅为 7.7%。另有 25.6% 的员工认为找工作难度"一般",也就是说,在其求职状态中并不存在明显的难易度。因此,总体来看,员工在求职时普遍存在一定的难度。如果将其与企业招工难的现状相结合,则发现:在劳动市场中,劳动供给中的"求职难"与劳动需求中的"招工难"相悖而生,这直接反映了劳动供求双方不充分、不平衡和不匹配的现实特征。产生这一现象的原因在于求职者禀赋与岗位要求存在严重的结构性错位。尽管企业普遍存在一定的缺工比例,同时应聘者普遍存在较高的求职需求,但是由于适合岗位的应聘者较少,因此在员工存在"求职难"的同时,企业出现"招工难"现象。

最后,竞争激烈和适合的岗位较少是导致员工求职难的主要原因。在表2-14对员工找工作难的主要原因所展开的调查中,我们设置了竞争激烈、适合的岗位较少、待遇不高、缺乏渠道和其他因素的多选项,结果发现:有53.9%的员工认为求职者多所带来的激烈竞争是找工作难的首要原因;而适合应聘者的岗位较少同样是员工认为找工作难的重要原因,持这一观点的员工占比为48.7%;同时,亦有41%的员工因工资待遇不高或不合适而放弃了可得的就业机会,但这带来了其较长时期的失业,因此也是求职难产生的重要原因。相对而言,应聘渠道的缺乏并不是求职难的主要原因,仅有15.4%的员工认为这一因素带来了其求职时的困难。此外,另有5.1%的员工认为其他方面的因素可能会影响到其求职的成功度,但并未有效注明其他因素主要包括哪些。因此,可以认为导致员工求职难的最主要因素是竞争激烈、合适的岗位较少和工作待遇不高这三个方面。这与影响企业用工难的主要因素,在表述以及其背后的逻辑上都是相一致的。

三、企业创新的现实特征

自实施创新驱动战略以来,作为经济、科技、教育大省的江苏在企业技术创新和技术进步上取得了显著成效,主要表现在:企业技术创新的主体地位得到明显加强,创新意识不断增强,倡导、鼓励创新的良好环境初步形成。

第一,企业的创新主体地位不断加强。首先,企业已成为技术创新经费投入的主体。从表2-15所显示的规模以上工业企业研发经费的来源来看,企业自筹资金一直是研发经费投入的主要来源,其投入总额从2011年的922.04亿元逐年攀升到了2015年的1 456.27亿元,年均增长率为12.12%;在研发经费总额中的占比对应地从95.61%上升到了96.66%,远高于政府、境外及其他渠道来源的资金总额,因此毋庸置疑的是,企业是社会创新的主体。其次,企业已成为技术创新人力投入和组织保障的主体。在有研发活动的规模以上工业企业中,其规模总数由2011年的7 712家急剧增长到了2015年的18 872家,在所有企业中的占比对应地由17.78%上升到了38.92%,增势较为迅猛;企业自办的研发机构数由2011年的9 778家上升到了2015年的21 542家,年均增长速度达到了24.22%;从事科技活动的人员数由2011年的64.46万人上升到了2015年的84.98万人,年均增长速度为7.5%,其中科技机构中的人员由32.43万人上升到了57.19万人,大学本科及以上学历的人员则由20.42万人上升到了45.48万人,年均增长率分别为16.74%

和 23.08%,两者均具有较高的增长速度。

表 2-15　规模以上工业企业创新研发情况

	指　标	2011	2012	2013	2014	2015
企业创新主体	企业数(个)	43 368	45 859	48 771	48 708	48 488
	♯有 R&D 活动的企业数	7 712	11 133	12 283	14 150	18 872
	企业办研发机构数(个)	9 778	16 528	17 996	20 411	21 542
	从事科技活动的人员数(万人)	64.46	77.69	82.93	88.53	84.98
	♯科技机构中的人员	32.43	48.82	53.22	56.66	57.19
	♯大学本科及以上学历的人员	20.42	30.23	32.65	36.94	45.48
企业 R&D 经费来源	♯政府资金	20.15	22.05	24.07	24.33	24.96
	企业资金	922.04	1 036.65	1 192.33	1 328.79	1 456.27
	境外资金	10.82	8.21	6.40	7.99	7.91
	其他资金	11.38	13.39	16.79	15.43	17.38
企业创新绩效	新产品销售收入(亿元)	15 009.98	17 845.42	19 714.21	23 540.93	24 463.27
	企业专利申请数(件)	73 935	84 876	93 518	115 616	102 002
	♯发明专利数	22 406	27 820	33 090	39 858	37 407
	企业拥有有效发明专利数(件)	29 574	45 120	52 718	73 252	85 287
R&D 经费内部支出结构	R&D 经费内部支出总额	964.39	1 080.31	1 239.57	1 376.54	1 506.51
	经常性支出	832.71	931.97	1 073.13	1 193.02	1 328.54
	♯R&D 人员劳务费	214.93	280.77	339.69	391.20	434.77
	资产性支出	131.68	148.34	166.45	183.52	177.96
	♯土建工程	4.43	4.51	4.36	4.61	4.01
	仪器设备	127.25	143.83	162.08	178.91	173.96
R&D 经费外部支出结构	R&D 经费外部支出经费	45.51	36.83	39.40	68.74	55.56
	技术引进支出总额	71.62	57.44	52.46	45.46	36.21
	用于消化吸收的经费	25.00	25.92	20.44	24.87	12.47
	购买国内技术用款	28.91	29.46	41.32	34.44	20.16
	技术改造支出总额	650.66	717.89	642.14	603.13	507.20

　　第二,企业的创新环境不断优化。自创新驱动理念形成以来,江苏不断重视自主创新在经济发展转型中的重要作用,先后制定和实施了科教兴省战略和创新驱动战略。在具体的实践工作中,江苏主要从财政、税收和人才等多种渠道入手,努力构筑和夯实适宜企业进行技术创新的沃土,为其不断创造良好的政策环境和制度环境。在城市创新环境问题上,据国家统计局苏州调查队

的初步统计,近有 65% 以上的调查企业对"十一五""十二五"和"十三五"发展规划、政府相关政策的支持以及计算机网络普及程度等都给予了较高评价;约有半数的调查企业对本地人才市场培育程度、城市吸引和留住人才的条件、网上人才市场发展程度等环境因素都给予了积极肯定。其中,苏州、常州的创业环境综合评分还进入了全国前十。较好的创新环境,为江苏省企业开展创新提供了良好的条件。

第三,企业的创新绩效不断显现。首先,从研发活动的产出来看,企业逐年增长的研发投入使得其从技术创新中不断获益,表 2-15 显示规模以上工业企业的新产品销售收入从 2011 年的 15 009.98 亿元逐年增长到了 2015 年的 24 463.27 亿元,年均增长率达到了 13.17%,高于企业研发投入的资金增长率,表明企业创新投入带来了更高的创新产出。其次,从企业专利申请量来看,2011—2015 年企业专利申请数从 73 935 件增长到了 102 002 件,年均增长率为 9.21%;其中企业发明专利数相应地由 22 406 件增长到了 37 407 件,年均增长率则达到了 14.35%,表明在企业创新中,自主创新具有更好的增长势头。最后,从企业拥有的有效发明专利规模来看,企业的这一数量由 2011 年的 29 574 件急剧扩大到了 2015 年的 85 287 件,年均增长率高达 31.2%,表明更多的专利有效地转化为了现实的经济效益。另外,根据国家统计局苏州调查队对被调查企业展开有关"过去三年企业创新活动所取得的效果"进行追踪式可复选评价的调查结果:有 75.2% 的企业认为创新为其打开了新的市场或增加了市场份额,有 53.4% 的企业认为创新改进了其商品或服务质量,有 52.6% 的企业认为创新提升了公司形象,有 46.9% 的企业则认为创新提高了企业的生产能力。

第四,企业的创新方式侧重于人才投入和改造引进。首先,从研发经费的内部支出结构来看,人才投入以及与此相关的经费支出是创新支出的主要组成部分。表 2-15 的统计结果显示:研发人员的劳务费从 2011 年的 214.93 亿元逐步增加到了 2015 年的 434.77 亿元,年均增长率达到了 19.48%,其在研发经费内部支出总额中的比重则相应地由 22.29% 上升到了 28.86%,且存在继续攀升的势头,远高于土建工程、仪器设备等在内的资本性支出的总额及其占比。如果考虑到经常性支出除直接包括研发人员劳务费外,还间接包括与研发人员日常活动相关的其他支出,则人才投入是企业创新中的主要支出,是一个毋庸置疑的事实。其次,从研发经费的外部支出结构来看,技术改造和技术引进支出是创新支出的重要组成部分。其中,技术改造支出总额在

2011—2015 年的平均值为 624.2 亿元,其在研发经费外部支出总额中的平均占比高达 80.12%,是创新支出的主要构成;技术引进支出总额在 2011—2015 年尽管呈缩减趋势,但其均值依然高于其他创新项目的支出,其在研发经费外部支出总额中的平均占比为 6.7%。值得一提的是,用于消化吸收的经费投入一直处于较低的水平,且呈现出了下降的趋势。因此,"边缘式"的技术改造和"他引式"的技术引进是企业创新中的主要特征。

第五,私营科技企业是技术创新的主力军。从企业登记注册类型来看,江苏省从事技术创新的企业多为内资企业中的私营企业。表 2-16 的统计结果显示:内资企业的研发经费支出总额从 2011 年的 591.34 亿元急剧增长到了 2015 年的 1 030.27 亿元,年均增长速度达到了 14.94%,而其在规模以上工业企业研发经费内部支出总额中的占比则从 61.32%上升到了 68.39%,年均占比为 65.29%,远高于港澳台商投资企业的 11.71% 和外商投资企业的 23.00%。可见,内资企业是江苏省从事技术创新的主要企业类型。

表 2-16　规模以上工业企业创新研发经费内部支出

	指　标	2011	2012	2013	2014	2015
	创新研发经费内部支出总额	964.39	1 080.31	1 239.57	1 376.54	1 506.51
按登记注册类型分	内资企业	591.34	681.80	820.65	928.23	1 030.27
	国有企业	37.06	42.39	13.81	12.58	16.29
	集体企业	3.52	4.65	4.13	4.99	4.89
	股份合作企业	4.91	3.29	1.32	0.90	1.53
	联营企业	0.36	0.47	0.42	0.31	0.34
	有限责任公司	186.24	195.07	251.44	277.47	310.09
	♯国有独资	32.60	29.38	34.43	34.32	34.05
	股份有限公司	85.05	91.29	127.61	141.55	141.54
	私营企业	267.82	336.89	420.26	489.21	554.14
	其他企业	6.38	7.74	1.66	1.22	1.45
	港、澳、台商投资企业	118.71	128.88	148.14	152.62	169.83
	外商投资企业	254.35	269.64	270.79	295.69	306.41
按企业规模分	大型企业	490.28	488.52	530.08	568.11	600.90
	中型企业	250.55	314.25	360.81	401.08	431.89
	小微型企业	223.55	277.54	348.68	407.35	473.71

续　表

	指　标	2011	2012	2013	2014	2015
按行业分	采矿业	10.96	8.24	7.65	6.48	9.14
	制造业	949.54	1 068.34	1 226.98	1 359.75	1 483.41
	电气机械和器材制造业	156.20	166.26	191.10	221.18	237.91
	计算机、通信和其他电子设备制造业	145.52	146.88	156.62	167.03	170.80
	化学原料和化学制品制造业	112.32	122.96	149.27	161.17	162.20
	废弃资源综合利用业	0.34	0.32	0.60	0.86	0.68
	烟草制品业	0.35	0.29	0.34	0.15	0.32
	金属制品、机械和设备修理业	0.42	0.22	0.20	0.18	0.28
	电力、热力、燃气及水生产和供应业	3.90	3.73	4.94	10.30	13.95

数据来源:根据 2012—2016 年《江苏统计年鉴》的相关数据整理计算而得。

这其中,私营企业所发挥的创新作用尤为明显。数据显示:在 2011—2015 年,私营企业的研发经费支出总额从 267.82 亿元增长到了 554.14 亿元,年均增长率高达 20.05%,高出内资企业总体增长水平 5.11 个百分点,其在内资企业研发经费支出总额中的平均占比为 50.48%,且存在逐年上升的趋势。此外,有限责任公司和股份有限公司的研发经费支出在内资企业中也具有较高的占比,其值分别为 30.15% 和 14.46%;而国有企业和集体企业的研发经费支出则相对较低,其在内资企业支出总额中的占比分别只有 3.42% 和 0.56%。可见,在江苏省的企业创新主体中,内资企业中的私营企业发挥着"主角"的作用,承担着江苏企业的主要创新活动。

第六,小微型企业的创新活力不断加强。表 2-16 的统计结果显示:在 2011—2015 年,尽管大型企业的研发经费支出额从 490.28 亿元增长到了 600.90 亿元,从绝对额上仍然是企业创新活动的主体,但其在企业研发经费内部支出总额中的占比却由相应年份的 50.84% 逐年下降到了 39.89%,且存在继续下降的趋势。与此同时,中型企业的研发经费支出占比从 2011 年的 25.98% 上升到了 2014 年的 29.14%,但在 2015 年却下降到了 28.67%。与此不同的是,小微型企业的研发经费支出从 2011 年的 223.55 亿元快速增长到了 2015 年的 473.71 亿元,且在 2014 年后开始反超中型企业成为企业创新活动的第二大主体,年均增长速度达到了 20.73%,而其在江苏企业研发经费内部支出总额中的占比则由 23.18% 上升到了 31.44%,且这一上升的趋势仍然十分强劲。可见,在江苏企业的创新活动中,小微型企业的活力正在不断加强,在不久的将来有可能超越大型企业成为第一大创新主体。

第七,制造业企业是技术创新的主体。表 2 - 16 的统计结果显示:在 2011—2015 年,制造业企业的研发经费内部支出额从 949.54 亿元快速增长到了 1 483.41 亿元,年均增长率达到了 11.82%,且存在持续增长的趋势;其在江苏企业研发经费内部支出总额中的平均占比则高达 98.72%,远高于采矿业和电力、热力、燃气及水生产和供应业企业的同期占比。可见,制造业企业是江苏企业技术创新的主体。在制造业中,电气机械和器材制造业、计算机、通信和其他电子设备制造业以及化学原料和化学制品制造业的企业在技术创新中发挥的作用尤为强劲,三类企业研发经费支出在整个制造业研发经费支出中的占比分别为 15.98%、13.13%和 11.66%,而在整个江苏企业研发经费支出中的占比也分别达到了 15.77%、12.96%和 11.51%;相比而言,废弃资源综合利用业、烟草制品业以及金属制品、机械和设备修理业企业的研发经费则相对较低,是制造业中创新活力最低的企业。

四、劳动要素配置与创新能力提升的建议

(一) 劳动要素优化配置的建议

针对江苏劳动力要素配置中同时出现的企业"招工难"和员工"求职难"的两难问题,我们按照企业用工和员工求职两个层面进行的访谈给出如下改进建议:

第一,政府应从用工需求上统筹企业与用工的配对比例,应拓展有效招聘渠道,以不断缓解用工紧张的局面;应多渠道推荐一些劳动力输出地的中专和高职院校,并多次举办人才供需交流会,以便企业能够更好地获取劳动力要素;针对技术工人、技师类职工招聘困难的问题,政府和相关主管部门可尝试在职业高中设置符合社会需求的相关专业,可制定相应的人才引进政策以不断吸引优质生源就业于本省。

第二,在用工成本上应适当、适时地降低税率或进一步加大力度给予税收优惠,应鼓励和帮助企业降低生产原料等运营成本,以便企业有更多的资金改善员工的福利待遇;在国家要求企业的劳务用工比例降低到 10%以下的政策目标下,建议政府在充分考虑企业运营成本的基础上,积极探索当前企业经营和用工中的平衡点,以使企业平稳实现满足国家法律要求的目标;从具体行业来看,江苏具有劳动密集型特征的纺织行业目前面临着劳动成本不断提高的

约束,可考虑在税收政策上对此给予特定的优惠,以免出现大量的失业和行业经营绩效的下滑。此外,建议适时出台提高个人所得税免征额的政策,并同时降低"五险一金"的缴纳比例,以减轻企业与个人的经济负担。

第三,在市场管理上,考虑到近年来因江苏劳动力市场相对较为混乱而使企业用人受到较大负面冲击以及员工流失相对较为严重的现象,我们建议政府对符合条件的劳务公司进行严格管控,并对一些遭举报较多的劳务公司在媒体上予以公布,必要时给予严肃处理,以不断稳定江苏劳动力市场,防止人才流失。

第四,在制度构建与完善上,建议对最低工资、社保基数、住房公积金基数和工伤待遇进行调整时能做到时间上的统一,以方便企业进行及时执行与调整;建议政府针对无故旷工、不辞而别的恶意离职员工制定相应的约束政策,以改善用工企业在面对此类现象时所处的被动局面;建议政府在制定政策时能够尽可能多地听取企业的意见,能够通过召开座谈会的形式以制定更符合实际情况的、有可操作性的规章制度。

第五,在公共保障上建议政府及相关管理部门能够为企业员工提供住房条件,并制定外来务工人员的住房补贴制度;可尝试设立产业园区青年公社和青年公寓等设施,以方便新企业为员工提供住宿条件,并使企业员工找回归属感;建议政府部门在组织职业培训、提升职工技能等方面继续加大投入,同时应完善师资选拔制度,应着重关注培训老师的专业修养和动手能力;建议尽快完善社会保障制度,尽快实现全国社保联网,以使企业外勤人员在生病时能随时实现异地就医;建议政府部门加强与企业之间的双向互动与沟通,从中收集企业对员工技能的要求,以不断增加政府培训的针对性和实用性。

第六,在用工环境上,建议政府应从降低生活成本方面入手,以在留住外来务工人员的同时,不断提高本地用工的吸引力和影响力;建议政府改进和改善江苏境内企业的经营环境,尽力为企业提供财政金融、技术、税务和海关等方面的优惠政策,以不断提高境内企业的综合竞争力;此外,应加强江苏的人文建设、环境改善、教育提质、治安整顿、规划交通建设,以不断满足企业和员工对美好生活的向往与需求。

第七,在员工福利待遇上,建议适时提高工资标准,以不断适应物价上涨的市场形势;督促并保证企业提供的福利待遇能够跟上国家的相关政策规定,能够与经济发展同步;应依法督促企业定期安排员工休息,企业在无计划的情况下应尽量不安排调休,不恶意控制员工加班和随意调动工作日;建议尽可能为员工提供租房补贴,并严格按比例缴纳住房公积金;建议企业在员工生活区开设图书馆,以便职工丰富知识、开阔视野;建议企业增加与基层工作人员之间的交流沟通,增加员工文化娱乐活动,给予员工子女在教育方面有公平的待遇,解决员工子女来苏就读问题。

(二)提升创新能力的建议

总体而言,江苏企业的技术创新大多停留在劳动密集型的加工装配环节,科技含量不高,缺乏拥有自主知识产权的核心技术。要使经济大省、科技大省的优势充分发挥,把江苏省建设成为创新大省,就必须解决好以下问题,实施好企业的自主创新战略:

第一,增强研究开发能力。一个企业在技术创新中自主创新能力的高低,在很大程度上取决于企业的研究开发能力,而企业的研究开发能力关键在于财力和人力的投入。因此,增强研发能力、提升创新能力,应在实践中做到:首先,应加大创新财力的投入。与发达国家企业对研发的投入相比,江苏企业的研发投入水平显然还比较低,还不足以为企业开展自主创新提供充足的资金保障。因此,应加大研发能力的投入,特别应执行好国家规定企业应按销售收入的 1% 提取研发经费的政策,有条件的大中型工业企业的研发经费投入还应最少保持在销售收入的 2% 以上,以确保企业自身对研究开发投入的力度。其次,应加大创新人才的投入。创新的成败很大程度上取决于具有创新精神的企业家和具有创新能力的技术人员,他们是企业创新的集中骨干群体,是企业整体创新素质的体现,直接决定着企业创新的成败。因此,江苏企业应具有强烈的人才意识,全新的人才观念,长远的育才战略,真诚的聚才方式,完善的激励机制,应尽快形成培养人才、留住人才、吸引人才、用好人才的机制,建立一个公平的业绩评估体系,培育出一支数量稳定、素质较高的与企业发展相适宜的技术人才和管理人才队伍。最后,应借力使力,多渠道提升。应把握研发全球化的发展趋势,鼓励和吸引跨国公司的研发性投资,应加大对跨国公司研发性投资的吸引力度,以促进和提升江苏企业的研发能力和整个区域的创新能力。

第二,建立健全风险投资机制。企业技术创新成果的产业化和新产品的商品化都急需资金支持,但是,江苏企业目前运营资金普遍短缺,维持日常经营和投资自主创新难以兼顾,而银行系统面对创新的高风险又普遍"惜贷"和"慎贷",政府财政有限的创新基金则难以满足庞大的创新需求,这使得筹资困难成了阻碍企业创新的关键问题。因此,建立健全风险投资机制是江苏省解决创新资金短缺的现实选择。风险投资是由职业金融家投入到新兴的、迅速发展的、有巨大竞争潜力的企业的一种权益性资本,是将自主创新成果第一次商品化、产业化的投资,体现了自主创新与资本的融合。应当看到,政府不应在风险投资中发挥主体的作用,而应成为风险投资的引导者、启动者、支持者和环境营造者,应利用好江苏省对外开放度高、民间比较富裕的区域优势,放宽目前过紧的融资和投资政策,鼓励和引导民间资本、海外资本等进入风险投资领域,建立起以民间资本为主体的多渠道风险投资融资体系,以此实现风险投资推动企业自主创新的目的。

第三,建立产学研合作的创新机制。江苏高等院校密集、科研院所众多,多年来对自主创新起到了重要的推动作用。但由于高校和科研院所的长期非市场化,因此出现了集中在高校和科研院所的科学家和工程师研究的课题不能有效针对生产中亟待解决的问题,同时又由于企业缺乏与研究机构的联系,致使高校和科研院所的成果大多不是"束之高阁"就是成了实验室产品,难以进行后续开发。此外,企业在技术和市场信息获得上的困难,导致高等学校、科研院所这个巨大的人才库和智力库所拥有的知识、技术、信息以及多学科综合等方面优势没有很好发挥。为此,要尽快建立产学研合作的创新机制。一是要鼓励、引导科研机构与企业结盟,把一些应用型科研院所逐步归入企业,壮大企业技术开发中心,增强企业的研究开发能力;二是企业应重视并利用好外部技术源、信息源,主动与高等学校和科研院所建立起多种形式的合作模式,走"产学研"相结合的路子,充分利用好江苏省丰富的创新资源,增强企业自主创新能力。

第四,提高企业二次创新能力。引进技术的消化吸收是通过消化吸收国外技术,达到掌握引进技术,提高自主创新能力的目的。日本和韩国成功的经验是在技术引进的同时也大幅度增加了消化吸收的投入,这两国技术引进与消化吸收的比例大致保持在1∶3的水平,而江苏省2015年大中型工业企业技术引进与消化吸收的比例只为1∶0.3,差距较大,说明江苏省企业过分依赖对设备等硬件的引进,而对引进后技术的消化吸收不足,在引进基础上的创新则做得更少。因此,企业在科技资金使用上要优化结构,提高资金的使用效率,要不断提高技术软件的开发、创新人才的培养、技术创新信息的收集与整理等无形资产上的投入比例,降低购置设备、仪器等有形资产的投入,加大对引进后技术的消化吸收,提高二次创新能力。

第五,全面落实知识产权保护制度。就企业而言,知识产权保护实际上是对企业创新成果的依法保护,是对企业以及创新者持续创新的一种激励。目前,我国管理机制中缺乏强有力的知识产权保护体系,企业的自主创新成果得不到应有的保护,往往是一项自主创新成果刚刚成功地推向市场,假冒者和仿制者就会蜂拥而至,瓜分企业的超额利润,客观上造成自主创新企业"得不偿失"等,也造成企业不能全力以赴开展自主创新工作。因此,为了促进江苏省企业自主创新的持续,必须采取切实可行的措施和方法。一是要健全知识产权管理和保护制度,特别是要尽快建立与国际接轨的以专利制度为核心的知识产权保护制度;二是要增强企业知识产权保护意识,促进企业加快注册和申请自己的商标与专利,把知识产权作为竞争和发展的重要资源,同时使知识产权制度成为企业自主创新的重要支撑。

总之,企业实施自主创新战略是一个系统工程,既需要企业自强不息,努力提高自身的自主创新能力和市场竞争力,也需要外部环境的改善和经济科技政策的科学引导。各级政府要进一步转变职能,在国家创新体系的支撑下充分发挥好宏观管理和综合协调的职能作用,营造企业自主创新良好的外部环境,合力推进企业自主创新战略的进一步实施,实现"江苏加工"经"江苏制造"到"江苏创造"的战略目标。

附　录　江苏省提升自主创新能力的货币政策评估模型

一、经济增长模块

$GDPC = GDP/IP$

$VCRC = VCR/IP$

$VUCRC = VUCR/IP$

$\log(VCRC) = \log(A_1) + \alpha_1 \log(KCRC) + \beta_1 \log(LCR) + \gamma_1 \log(VCRC(-1))$

$\log(VUCRC) = \log(A_2) + \alpha_2 \log(KUCR) + \beta_2 \log(LUCR) + \gamma_2 \log(VUCRC(-1))$

二、资本与投资模块

$KCRC = KCR/IP$

$KUCRC = KUCR/IP$

$\log(KUCRC) = C + c_1 \log(KUCR(-1)) + c_2 \log(IIUCRC)$

$\log(KCRC) = C + c_3 \log(KCR(-1)) + c_4 \log(IICRC)$

$IIC = II/IP$

$IIC = IICRC + IIUCRC$

$IICRC = IICR/IP$

$IIUCRC = IIUCR/IP$

$IICRC = c_5 \log(LOANCRC) + c_6 \log(IICRC(-1))$

$IIUCRC = C + c_7 \log(LOANUCRC) + c_8 \log(IIUCRC(-1)) +$
$\qquad c_9 \log(IIUCRC(-2))$

三、金融信贷模块

$LOANCRC = LOANCR/IP$

$LOANUCRC = LOANUCR/IP$

$MASSETC = MASSET/IP$

$\log(LOANCRC) = c_{10} \log(LOANCRC(-1)) + c_{11} \log(MASSETC)$

$\log(MASSETC) = C + c_{12} \log(MASSETC(-1)) + c_{13} \log(GDPC)$

四、人口与劳动力模块

$\log(LCR) = c_{14} \log(LCR(-1)) + c_{15} \log(POP)$

$\log(LUCR) = c_{16} \log(LUCR(-1)) + c_{17} \log(POP)$

第三章 需求侧增长动力的绩效

DI SAN ZHANG XU QIU CE ZENG ZHANG DONG LI DE JI XIAO

第一节 消费结构演变及绩效

导读:经济的快速增长带动我国居民消费结构优化升级,居民消费由简单量的增加转变为质与量并驾齐驱,消费结构逐渐向更高层次转变,从而带动经济进一步增长。本书以江苏省为例,从城乡、区域、年龄层次多个角来研究改革开放以来居民消费结构的演变过程。进而分析居民消费对经济增长的传导机制,然后以江苏省 13 个地市的数据对居民食品支出、衣着支出、居住支出、家庭设备及服务支出、交通通讯支出、文教娱乐支出、医疗保健支出、杂项支出对经济增长的贡献率进行测算。研究结果发现,居民消费支出中八个子项支出对经济增长有显著的促进作用,但城乡之间、消费支出类型之间对经济的贡献度存在差异。因此,促进消费结构优化升级,带动经济增长应当从增加居民收入、促进区域协调发展、完善社会保障制度、改善消费环境等方面做出改进。

一、引言

改革开放 40 年来,我国的经济总量由 1978 年的世界第 15 位跃居为第 2 位。2016 年国内生产总值更是达到了 744 127 亿元。伴随着经济总量的不断攀升,消费作为经济发展的动力之一,经历了明显的变动过程,对我国经济快速增长起到了重要的推动作用。但是,不容忽视的是,当前我国经济正处在新常态:经济增长由高速增长转为中高速增长;中国经济结构不断优化升级,第三产业、消费需求成为主体；中国经济从要素驱动、投资驱动转向创新驱动。在这个背景下，研究居民的消费结构演变以及对经济的增长绩效等问题对于当前转变经济发展方式和为供给侧改革中促进经济长效地发展提供一定的借鉴。该研究以江苏省为例来具体研究消费结构改变所带来的经济绩效。

　　对于居民消费结构及其演变问题，现有文献主要从以下几个方面展开：第一，因子分析、聚类分析和灰度预测。曾光（2012）利用因子分析法，将居民消费支出中的八项指标：食品、衣着、居住、家庭设备用品及服务、交通通信、文教娱乐、医疗保健以及杂项其他产品服务综合成少数几个公共因子，并结合与原始指标的关系得出消费支出的结构特征。他认为，我国城镇居民的消费支出的规模受到地区经济发展水平和气候的影响。部分西部地区消费水平位居全国前列。还有一些地区消费支出具有特殊性。刘惠敏（2009）在聚类分析的基础上计算出不同时期的城镇居民消费支出构成要素与消费结构的灰色关联度并进行比较，总结其演变规律，对其进行预测，认为在 2007 年到 2010 年中我国城镇居民已经处在富裕阶段，从 2011 年开始，城镇居民就进入最富裕的时期。第二，利用 AIDS 模型对居民消费结构进行实证研究。陈波（2013）认为 AIDS 模型能够直观准确地表现出各个变量对消费结构的影响。研究表明，我国城镇居民的消费结构优化升级，不同收入层级的家庭的消费结构从生存型依次向高等级演进。收入水平、消费支出、价格水平是影响居民消费结构的主要因素。第三，ELES 模型。周璐（2010）、刘晓红（2011）都是基于 ELES 模型的实证研究，对江苏省的城镇居民的边际消费倾向和需求收入弹性进行了分析。他们认为，居民在基本的吃穿用的需求被满足之后，开始追求更高层次的消费需求。

　　在对居民的消费结构对经济的影响问题的研究上，部分学者认为消费结构优化升级会导致产业结构变革，进而促进经济的增长。库兹涅茨（1956）在《各国的经济增长》一书中提出经济总量的快速增长会引起消费者需求结构的高变化率进而会拉动生产结构的高转化率。国内学者在研究的过程中主要采用 VAR、PVAR 模型来衡量消费结构的优化升级对经济增长的影响。例如，周辉（2012）利用上海市数据进行实证研究后发现，上海产业结构和经济增长之间存在双向作用机制，消费结构对产业结构拉动作用不足，消费结构与经济增长之间存在双向因果关系。马英才（2013）利用灰色关联分析的方法对我国城乡居民的消费与经济增长的影响进行研究。研究结果表明，城镇居民对经济增长的贡献率要高于农村居民，并且城乡居民的消费结构也有很大的不同。

还有一部分学者认为消费结构变动会导致我国投资的规模与结构发生变动，进而影响经济的增长。因此，为了发挥居民的消费结构优化升级对经济增长的促进作用就要使消费结构与投资结构相适应。

通过以上文献发现，不同学者对居民消费结构与经济增长的关系所展开的研究对我们进一步研究具有重要的借鉴意义，表现在：一方面，在研究居民消费结构演变时，应重视不同区域、不同年龄层次等方面的分析；另一方面，在分析居民消费结构对经济增长的影响时，不能忽视产业结构与投资对经济的影响。但是，这些研究大多从居民消费支出总额的角度来分析消费对经济增长的影响，并没有对居民消费支出结构中的子项对经济增长的影响进行具体的分析。因此，本研究以江苏省为例，首先从城乡角度、区域角度、年龄层次角度三个方面分析了江苏省自 2000 年以来城乡居民消费结构的演变趋势，在研究消费结构演变的过程中分析居民消费与经济增长的传导机制并采用江苏省13 个地市 2000—2015 年的面板数据，建立固定效应模型，进一步细化居民消费支出中的每一个子项对经济增长的影响。最后，根据消费结构演变过程及影响机制的分析以及实证检验结果对居民消费结构升级与经济增长提出可行的建议。

二、江苏省居民消费结构演变

消费结构是指在一定时期内各类消费资料之间的比例关系，反映了居民的消费质量和消费水平，是衡量一个地区国民经济运行的重要指标。随着我国经济的快速发展和人民收入水平的不断提高，城乡居民消费的水平和结构也发生了重大的变换。但是，受二元经济的影响，我国城镇的消费结构与农村的消费结构演变过程有着很大的不同，江苏省也不例外。并且，江苏省内苏南、苏中、苏北地区发展也存在着较大的差异。在当前经济发展结构的转型期，江苏作为我国的经济大省之一，更应该做好经济增长的转型工作。因此，深入了解江苏消费结构的演变过程，并在此基础上提出相对应的措施，不仅对江苏省经济的长期稳定发展很有必要，而且更对全国供给侧结构性改革背景下构建经济增长的长效机制具有示范与带动作用。

（一）从城乡角度看江苏消费结构演变

自 1978 年起至 1993 年，是江苏城镇居民消费结构演变的第一阶段。1993 年到 2001 年是江苏城镇居民消费结构变革的第二阶段。从 2001 年到2013 年是第三阶段。2013 年至今为第四个阶段（朱惠莉，2016）。在 1993 年，城镇居民的家庭的恩格尔系数首次降到 50％以下。而 2001 年江苏恩格尔系数为 39.7％,迈进富裕阶段。在 2013 年,江苏城镇家庭恩格尔系数更是降到 28.4％,达到最富裕水平。1978 年,江苏城镇居民人均可支配收入只有 288 元,到 2016 年已经达到 40 152 元,增长近 140 倍。收入的快速增长带动城镇居民的消费质量的提高。消费商品数量不断增加,消费结构的转型升级,消费环境进一步优化,老百姓的生活也当初的贫困向温饱、小康、富裕、享受转变。据统计,在 2015 年的江苏城镇居民消费结构中,代表享受型需求的文教娱乐支出所占比重达到了 12.25％,这表明,江苏城镇居民不仅仅满足于基本的生存需要,开始追求更高的生活品位与生活质量。改革开放初期,各种物资相对短缺,人们对一日三餐只求吃饱。到 2015 年,城镇家庭恩格尔系数下降到 28.1％,食品支出占家庭总支出的比重越来越小,其中在 2015 年,肉类、禽类、蛋类、鱼类的消费量分别达到 28.02 公斤、10.97 公斤、10.59 公斤、19.56 公斤,这体现出城镇居民不仅仅满足于吃饱,还开始追求合理膳食、荤素搭配、养生保健的现代饮食方式。除此之外,各式各样的餐馆饭店遍布大街小巷,外出用餐成为时尚,居民在家门口就能享受到来自五湖四海的美食佳肴。20 世纪 80 年代,黑、白、灰是我国居民的服装的主色调,服装品种单一,设计款式老旧。现如今,人们不仅仅局限于服装的保暖实用,而把服装当作装饰打扮自己的工具。随着改革开放的快速推进以及中国加入 WTO 后的国际时尚大牌争相进入我国市场,人们的服饰消费日益趋向时尚化、品牌化、国际化。2015 年,江苏城镇居民的衣着消费达到了 1 781 元,比 1978 年翻了 45 倍。家庭耐用消费品保有量上升不仅说明了人们生活质量的提高,还是人们消费结构优化的一个重要标志。改革开放后,彩色电视机、电冰箱、洗衣机"新三件"很快取代缝纫机、手表、自行车"老三件"并迅速普及。截至 2015 年,城镇居民平均每百户拥有彩色电视机 170.59 台,电冰箱 101.12 台,洗衣机 99.40 台。在这些基本需求被满足之后,江苏城镇居民又将目光瞄向热水器、摩托车、空调、微波炉等耐用消费品。在进入到新世纪之后,手机、计算机、照相机等耐用商品成了江苏家庭中宠儿,受到了广大居民的喜爱。这折射出人民群众的消费质量得到了极大的提高。

在江苏城市化和新型城镇化的进程中,政府向基础设施建设的投入每年都在增加,城市人均拥有道路面积达到了 24.4 平方米,基础设施建设得到了巨大的改善。依托良好的基础设施平台,城镇居民的交通出行状况得到了极大的改善,人们在交通方面的支出达到了 2 624 元,比 1978 年增长了 200 多倍。在 20 世纪 80 年代,中国被称为自行车王国,自行车、公交车是居民主流的交通工具。进入 90 年代后,省时省力的摩托车、助力车、电动自行车受到人们的欢迎。随着经济的快速发展,进入到新千年之后,汽车产业发展迅猛,一些限制消费的条款得到解除以及公车制度的改革,购买家用汽车成为江苏居民一个新的消费热点。截至 2015 年,江苏城镇居民每百户人均汽车保有量达到 39.08 辆。在城市之中,得益于互联网技术和汽车产业爆发,网络约车和打的成为居民出行的普遍方式。江苏省轨道交通事业快速发展缩短了城市居民通勤时间,总里程已经达到 383.8 公里。拥有地铁的城市有三个,在建地铁城市有三个。地铁的快速掘进使居民出行更加便捷舒适,极大地提高了人民生活质量。受益于中国高速铁路的跨越式发展,江苏省内城市与城市之间的交流也越来越便捷。目前,江苏境内有 6 条高速铁路,在未来 3 年内 13 个地市将全通高铁,高铁里程将达到 2 000 公里,初步建成 1.5 小时都市圈。计算机网络和移动互联技术的大爆发使得江苏城镇居民的通信状况发生了天翻地覆的变化。最开始,固定电话是家庭首选,随后 BP 机、小灵通热销,移动电话火爆上市,家用电脑和互联网迅猛发展。移动互联网时代的到来更是拉近了人与人之间的距离。截至 2015 年,城镇居民平均每人用于通信的费用已达到 995 元,接入互联网的计算机平均每百户达到了 83.20 台,接入互联网的移动电话机每百户 140.58 台。

随着人们生活水平的不断提高尤其是房地产改革之后,江苏城镇居民的住房消费需求越来越旺盛。1997 年我国住房分配制度改革,到 2015 年人均居住花费达到了 5 645 元,比 1997 年人均 385.75 元增长了 14 倍。人均住房面积由 1997 年的 10.86 平方米增长为 2015 年的 39.6 平方米,增长了近 3 倍。过去那种一大家子人挤在同一间屋子里的现象再也没有了。除此之外,家庭的装潢越来越变得考究,追求时尚,用料也越来越精挑细选。新建小区经过统一规划,并配备物业进行现代化管理,居住环境得到很大的提高。城镇居民消费结构改善的另一个重要体现就是居民医疗保健支出所占比重越来越大。随着生活水平的不断提高,人们越来越重视身体的健康,因此每年花费在医疗保健上的支出就越来越多。2015 年,江苏省城镇居民人均医疗保健支出达到 1 594 元,居民家庭医疗保健比重达到了 6.39%。在改革的进程中,人们越来越认识到社会保障的重要性。完善的社会保障制度可以免除人民的后顾之忧,使居民可以大胆消费,对于改善当前社会存在的一些问题有很大的帮助。当前,全省参见基本养老保险医疗保险的居民达到 2 000 多万人,参保人数不断增加,参保额度不断提高,居民的参保意识逐渐增强。

改革开放以来,江苏农村居民的消费结构伴随着收入的不断上涨也随之提档升级(贾小玫和焦阳,2016)。在1978年,食品、衣着、家庭设备及服务、居住四大项占消费支出的比重分别为62.3%、12.5%、8.1%、7.8%。而2015年食品支出占家庭消费支出的比重已下降至31.6%,而消费支出顺序也变为食品、居住、交通通信、文教娱乐。由此可见,江苏农村的消费结构不断得到了极大的改善,消费结构不断升级,消费观念发生了显著的变化。

伴随着经济的增长,农村居民消费水平也越来越高、消费结构日益优化,与以往相比发生了天翻地覆的变化。民以食为天,吃在农村居民的消费支出中占有重要比重。在收入水平低下时,食品支出占家庭总支出的比例往往很大。随着农村居民收入增加,农村居民的食品消费从刚开始量的累加到后来有了质的提升。1978年,江苏农村家庭恩格尔系数62.3%,主食568斤,食用油4.2斤,农民生活水平基本都处在贫困阶段。到2015年,江苏农村居民恩格尔系数达到31.7%,与1978年相比,下降了30.6个百分点。同时随着城镇化的进程,越来越多的农民进城打工,就餐的方式也更加方便,外出吃饭成为亲友聚会的首选,消费额及所占的比重也不断上升。收入的提高使农村居民的衣着支出也随之增加。过去农民的衣服式样单一、颜色单调、质量较差,以自己做的土布衣服为主。而现在,各种颜色艳丽,款式新颖、质优价廉的衣服迅速涌入农村市场,给农村居民带来了丰富的体验。尤其是青年人,追求时尚、追求品牌、追求质地成为当下潮流。现在已经很难单从衣着外表上分辨出农村人与城里人了。收入的大幅增加使摆脱贫穷的农民迫切希望解决自己的住房问题。在20世纪80年代,江苏农村掀起了建房的热潮。农村住房由过去的草屋土屋过渡到转换成砖瓦房,居住面积扩大,居住结构改善。到90年代,农村住房向更高质量的楼房发展。经过30多年的修改建造,农村居民的居住环境已经焕然一新。自改革开放以来,农村居住支出增长了240多倍,农村人居住面积由原来的9.7平方米增长到现在54.95平方米。在相对富裕的苏南地区,放眼望去,全都是一排排的别墅式样的小楼,条件相对较差的苏北地区也盖起了楼房。随着"村村通公路""五件实事""新五件实事"的落实,农村的居住条件得到了极大的改善。

除此之外,和城镇居民相同,随着居民收入的增加,农村居民对大件耐用商品的需求也随着增加。具体表现在以下三个方面:第一,购买商品的档次逐渐提高。改革开放之前,农村生活水平很差,家庭消费主要集中在购买一些生活必需的日用品,无力购买一些耐用消费品。1978年,农村居民每百户自行车拥有量19.8辆,缝纫机9.4架,钟表12只,收音机50.7部。到了80年代末90年代初,老四大件慢慢开始退出消费市场,电视机成为新宠,之后彩色电视机、电冰箱、摩托车开始走进千家万户。进入到21世纪,汽车、空调、手机、电脑迅速普及,丰富了农村居民的生活,提高生活质量,使农村居民过上了现代化的小康生活。第二,家庭耐用商品的普及率不断提高。在20世纪90年代,虽然一些高档耐用品已经进入到农村居民生活之中,但是由于农村特别是苏北农村的基础设施较差,高档商品普及程度并不是很高。随着经济的快速发展,农村基础设施越来越完善并且随着"家电下乡"等一系列扩大内需刺激消费的政策,农村家庭耐用商品的普及率不断提高。第三,更新换代速度不断加快。更新换代速度不断加快的原因主要有两点:一是科技发展迅速。根据"摩尔定律"可知,当价格不变时,集成电路上晶体管的数量每隔18个月就会增加一倍,性能也将提升一倍,这一定律揭示了信息技术的快速发展。二是随着城市化进程加快,居民的消费观念也随之改变。经济的快速发展不仅仅使得农村居民的生活发生了翻天覆地的改变,也提升了农村居民对知识的追求。农村居民在教育方面的支出不断加大。除了在子女教育上的投入之外,还越来越重视自身教育的发展,利用网络等一系列远程教育方式提升自己。对网络的需求又刺激农村居民交通通讯方面的支出,通信消费水平在很大的程度上反映出一个国家或地区的现代化水平,对扩大社会需求促进经济增长,提高人民生活质量有非常重要的意义。

(二) 从区域差异角度来看居民消费结构的演变

由于地理因素、资源禀赋、政策制度、历史文化等多重因素的制约,江苏区域发展的梯度特征非常明显。区域发展不平衡一方面表现为经济发展差距较大,另一方面也体现在居民消费结构上存在差异(梅倩倩等,2015)。首先,从恩格尔系数来看,苏南地区城镇和农村恩格尔系数率先在2005年双双降至40%以下,达到富裕水平。而苏中地区则比苏南地区晚了1年。苏北地区城镇恩格尔系数在2005年降至39.7%,农村地区则在2006年才达到富裕水平。得益于苏南经济的快速发展,苏南地区食品支出比重要小于苏中、苏北地区,并且苏南地区的肉类、蛋类、水产品等不同种类的食品消费也高于苏中苏北地区,膳食结构比其他两地更为均衡。作为同样属于生活必需品消费的衣着支出水平,其变化过程也与食品支出类似。

其次,江苏省内居民的居住水平也存在着南高北低的现象。从2003年到

2015 年,苏南城镇地区人均住房面积由原来的 17.9 平方米增长到 42.5 平方米,居住方面的支出由原来的 538 元增长到 6 080 元;苏中地区人均住房面积由 20.2 平方米增加到 46.9 平方米,人均居住支出由 468 元增至 4 806 元。而苏北地区的人均住房面积由 18.3 平方米增至 43.2 平方米,而人均居住支出由 276 元增长到 2 993 元,增长基数最低,增速最慢。由于农村自建房的存在,所以农村居民的人均居住面积均大于城镇居民,但人均居住支出也是按苏南、苏中、苏北的次序递减。在居民的消费支出中,除了食品等生活必需品之外,代表享受型消费的文教娱乐、医疗保健、交通通信等消费支出子项也存在区域差异。自古以来,江南地区就重视子女的教育,苏南经济的快速发展带动居民人均可支配收入增加,教育支出也随之水涨船高,因此苏南地区的教育支出占总支出的比例就越来越大。由于苏中、苏北地区经济不发达,人们生活贫困,并且思想认识浅薄,没有认识到知识改变命运,所以一开始也不重视教育,教育支出一直处在较低水平。随着苏北经济的振兴,越来越多的苏北居民开始意识到教育的重要性,开始加大在教育方面的投入。得益于苏南、苏中地区相对完备的基础设施,各种硬件设施相对比较齐全,因此在苏南、苏中地区居民人居交通通信支出水平较高。受制于软硬件的限制,苏北地区交通通信水平发展缓慢,但近年来,苏北地区基础设施建设力度不断加大,苏北地区的交通通信支出开始大幅度上升,从 2009 年的 421 元猛增到 2015 年的 1 745 元,翻了 4 倍。在医疗保健方面,苏南、苏中地区也走在前列。由于苏南、苏中地区经济发展水平高,富裕的生活使人们越来越关注自身的健康。因此,苏南家庭的人均医疗保健支出远高于苏北地区。在 2015 年,苏南地区人均医疗保健支出达到了 1 479 元,苏中地区达到了 1 362 元,略逊于苏南地区。苏北地区的人均医疗保健支出只有 950 元,不及苏南地区的三分之二。综上所述,在江苏省内,居民的消费结构也存在着很大的差异,总体来说,苏南地区的消费结构要优于苏中、苏北地区,苏中地区的消费结构要优于苏北地区。

(三) 从年龄层次看江苏居民消费结构改变

美国经济学家杜森贝利提出了相对收入理论,他认为消费者会受到自己过去的消费习惯以及周围消费水平的影响来决定消费,从而消费是相对决定的。除了"棘轮效应"之外,杜森贝利相对收入消费理论的另一方面内容是指消费者的消费行为受到周围人们消费水准的影响,这就是所谓的示范效应。因此,不同年龄层次的人在消费中容易受到同龄人的影响,消费结构存在一定的差异。首先,儿童尤其是婴儿和老人在食品方面的消费支出占比远高于其他年龄层次的人。这是因为儿童和老人长时间待在家中生活,其他生活方面的消费活动较少,因而食品支出比重大。随着年龄的增加,衣着消费支出所占的比重先扩大,再缩小。这是因为,年轻人会为了追求时尚、追求品牌而增加在衣着上的消费,当到了一定年纪,衣着消费观念转变,开始追求实用性,衣着消费占比下降。青年人由于受到上学、住校等因素的影响,交通通讯支出在上大学之前比重不高。在进入大学进入社会之后,交通通讯支出迅速增加。当年纪进一步增长步入老年之后,外出减少,交通通讯支出也随之下降。在出生和 6 岁时,居住支出有明显的增加。当新生儿出生和儿童入学会增加家庭对住房面积以及区位等方面的需求,并进而带动居住和装修等方面的支出。在此之后,居住支出所占比重迅速上升,并保持相对稳定。在小时候,人体免疫力较弱,容易生病,家庭医疗保健支出比重加大但随着年龄的不断增长,人的身体抵抗机制不断增强并且社会保障制度日益完善,医疗保健支出的比例开始缩小。但是进入到老年之后,人体各项身体机能不断下降,医疗保健支出开始增加,比重不断上升。文教娱乐支出走势与医疗保健支出相反,在年轻时,文教娱乐支出占比很大,到老年之后,比重逐渐减小,并基本保持相对稳定。综上所述,不同年龄层次的人消费结构有很大的不同:青少年教育、文化娱乐和衣着支出占总支出的比重较高;成年人在家庭设备和服务、交通通讯以及居住方面的支出水平较高;而老年人在食品和医疗保健方面的支出水平则高于青少年和成年人(茅锐和徐建炜,2014)。

三、居民消费结构影响经济绩效的传导机制

从宏观经济学的角度来看,居民的消费结构升级与经济增长有着千丝万缕的联系。经济快速发展带动居民收入的提高,人均可支配收入的提高促进消费支出增加进而带动消费结构优化升级,消费结构的优化升级又能反哺经济,推动经济增长(俞剑和方福前,2015)。

一方面,当居民家庭收入较低,人们生活处在贫困阶段时,农产品的消费支出就会在家庭总支出中占有相当大的比重。当居民的收入不断提高时,人们对工业产品和服务的需求就会增加,支出也会随之不断扩大。居民消费结构的优化升级得益于人均可支配收入的增加,人均收入增加也会优化升级产品结构,优化升级后的产品结构会使当前经济发展的主导产业由传统的农业向制造业以及现代服务业转换,从而促进经济快速发展。

另一方面,居民消费结构的优化升级会带动我国投资规模和投资结构的

变动。在经济发展的初级阶段,投资增加会使得居民消费减少,但是,随着经济的不断发展,投资与消费并不仅是简单的挤出关系,还存在促进作用。这说明居民消费需求的增加不但会促进整个社会投资规模的提升,居民消费结构的升级优化也会带动投资结构的,二者共同作用于经济,促进经济发展。要想充分发挥居民消费结构优化升级对经济发展的促进作用,最根本的还是要从居民的消费结构出发,让居民的消费结构与投资结构二者交相呼应,共同带动经济发展。除此之外,一国的居民消费结构与产业结构是高度相关的(王业雯,2016)。居民的消费结构不断优化升级,带动产业结构不断变革,并且产业结构的变革是由居民消费结构直接导致的。产业结构的转型升级进一步推动经济发展。因此,推动当前产业结构转型方向与居民消费结构目标一致,才能最大限度地发挥居民消费结构优化升级对经济发展的促进作用。

四、实证分析

(一) 模型设定、变量选取和数据说明

1. 模型设定

江苏作为全国的经济强省,以江苏为例对居民消费结构进行分析不仅对江苏省本身的消费结构升级具有指导意义,更对当前经济新常态背景下,转变经济发展方式具有示范和带动作用。基于居民消费支出中八个子项的数据的可获得性,选取了 2000—2015 年江苏省 13 个地市的居民消费支出面板数据进行实证检验。

本研究通过构建固定效应的面板数据模型分别考察居民消费支出中食品支出、衣着支出、居住支出、家庭设备及服务支出、交通通信支出、教育文化娱乐支出、医疗保健支出、其他杂项支出这八类支出对江苏省经济增长的影响。为了减少数据波动的影响,将所有数据取对数之后带入具体模型表达式:

$$\ln GDP_{it} = C_{it} + \alpha \ln X_{it} + \beta \ln CZ_{it} + \gamma \ln JY_{it} + \varepsilon_{it}$$

其中,GDP 为国民生产总值;X 是指居民消费支出中的每一个子项;CZ 代表政府一般预算支出;JY 为高效在校生人数;C 为常数项;ε 为随机误差项。下标 i 代表江苏 13 个地级市,t 代表时间,为 2000—2015 年。α、β、γ 为待估参数。

2. 变量选取和数据说明

被解释变量为江苏 13 个地市的国内生产总值,解释变量为居民消费支出中每一个子项,包括食品、衣着、居住、家庭设备及服务、交通通讯、文教娱乐、

医疗保健、其他杂项支出。政府财政支出是影响经济发展的一个重要因素,因此,将政府一般预算支出纳入到模型中作为控制变量。此外,教育对地区经济发展有着显著的影响,它既可以直接促进教育相关产业的发展,还可以转化成先进的科学技术进一步带动经济发展,所以将高校在校生人数这个指标代表教育因素作为模型的控制变量。全部数据来自江苏省统计年鉴、各地市统计年鉴、统计公报以及江苏省和各地市的统计局网站。表3-1是各变量描述性统计结果。

表 3-1 变量设置及描述性统计

变量性质	符 号	个数	最大值	最小值	均 值
被解释变量	GDP	208	14 504	193.08	2 579.28
解释变量	食品支出 FE	416	8 333	683.24	3 181.55
	衣着支出 CE	416	2 570	84.00	762.73
	居住支出 RE	415	6 631	211.94	1 249.86
	家庭设备及服务支出 HSE	416	1 669	57.00	580.80
	交通通讯支出 TE	414	5 903	79.00	1 083.11
	文教娱乐支出 EE	416	4 698	160.3	1 318.66
	医疗保健支出 HCE	415	1 743	75.00	546.11
	其他杂项支出 OE	414	997	21.09	294.08
控制变量 2	政府一般预算支出 CZ	208	1 527	14.41	260.19
	高校在校生人数 JY	208	881 550	465.00	110 335.16

(二)计量结果与分析

通过建立固定效应模型对居民消费支出与经济增长的关系进行考察。在建立固定效应模型之前,首先通过对数据进行平稳性检验可知各个变量序列都是平稳的,并且都是零阶单整。基于 EG 两步法的 Kao 检验也表明各个变量之间具有协整关系,这表明各个变量之间存在稳定关系,可以进行面板数据回归。面板数据模型有混合回归模型、固定效应模型、随机效应模型。经Hausman 检验,应运用固定效用模型进行回归,其结果如表 3-2 所示。

表 3-2 城镇居民消费支出模型回归结果

变量	食品	衣着	居住	家庭设备及服务	交通通讯	文教娱乐	医疗保健	其他项
	模型 1	模型 2	模型 3	模型 4	模型 5	模型 6	模型 7	模型 8
常数项	0.156 (0.723)	2.530*** (0.000)	3.142*** (0.000)	2.832*** (0.000)	2.861*** (0.000)	2.801*** (0.000)	2.930*** (0.000)	2.934*** (0.000)
自变量	0.550*** (0.000)	0.246*** (0.000)	0.072*** (0.000)	0.105*** (0.0001)	0.174*** (0.000)	0.168*** (0.000)	0.149*** (0.000)	0.112*** (0.0001)
财政支出	0.523*** (0.000)	0.599*** (0.000)	0.659*** (0.000)	0.667*** (0.000)	0.605*** (0.000)	0.632*** (0.000)	0.651*** (0.000)	0.667*** (0.000)
教育	0.011 (0.450)	0.018 (0.193)	0.043*** (0.003 7)	0.051*** (0.001 1)	0.029*** (0.04)	0.021 (0.172)	0.025** (0.091)	0.044*** (0.003 9)
R^2	0.994	0.994	0.993	0.993	0.994	0.993	0.993	0.993
豪斯曼检验	37.701*** (0.000)	43.48*** (0.000)	23.015*** (0.000)	26.51*** (0.000)	17.574*** (0.000 5)	19.117*** (0.000 3)	14.531*** (0.002 3)	41.653*** (0.000)

注：***、**、*分别表示在 1%、5%、10%的水平上显著,括号内为对应 P 值。

从城镇居民人居消费支出回归结果中可以看出,各个模型的 P 值都为 0,所以应该拒绝随机效应模型的原假设,选择固定效应模型进行回归分析。由表 3-2 可知,模型 1 中可决系数 R^2 为 0.994,这表明模型拟合很好。并且在 1%的显著水平上,食品支出的回归系数大于零,这说明居民消费中食品支出会促进经济增长。当食品支出增加 1 个单位时,GDP 也会随之增加 0.55 个单位。财政支出也在 1%的置信水平上通过了显著性检验,这也表明经济会随着财政支出的增加而增加。但是在模型 1 中,教育并没有通过显著性检验,教育的发展并没有带动经济的增长。与模型 1 类似,在模型 2 中,衣着支出与财政支出通过了显著性检验,教育没有通过检验。一单位的衣着支出会带动 0.246 单位的 GDP 增长。

同理,模型 3、模型 4、模型 5、模型 8 分别代表居民消费支出中的居住支出、家庭设备及服务支出、交通通讯支出和其他杂项支出。在这 4 个模型中,每一项参数都通过了 1%的显著性检验,这表明,人均居住支出、家庭设备及服务支出、交通通讯支出以及其他杂项支出的增加都会促进经济的发展。支出每增加 1 个单位,GDP 也会随之增加 0.072、0.102、0.174、0.112 个单位。在这四个模型中,财政支出和教育也是促进经发展的重要因素。与模型 1 类似,在模型 6 中,除教育没有通过显著性检验外,文教娱乐消费支出和政府一般财政预算支出通过 1‰ 的显著性检验,文教娱乐支出每增加 1 个单位,GDP 也会增加 0.168 个单位。在模型 7 中,医疗保健支出与政府财政支出均通过 1‰ 的显著性检验,而教育支出在 5‰ 的置信区间内通过了显著性检验。医疗保健支出每增加 1 个单位,GDP 随之增加 0.149 个单位。

由于我国城乡发展不平衡,因此,在研究居民人均消费支出与经济增长的相关关系时不能只关注城镇而忽视农村居民的消费支出与经济增长的关系。因此,与城镇类似,对农村居民消费支出与经济增长的关系进行回归,结果如表 3-3 所示。

表 3-3　农村居民消费支出模型回归结果

变量	食品	衣着	居住	家庭设备及服务	交通通讯	文教娱乐	医疗保健	其他项
	模型 9	模型 10	模型 11	模型 12	模型 13	模型 14	模型 15	模型 16
常数项	1.412*** (0.000)	2.849*** (0.000)	3.100*** (0.000)	2.967*** (0.000)	3.011*** (0.000)	3.086*** (0.000)	2.891*** (0.000)	2.986*** (0.000)
自变量	0.352*** (0.000)	0.177*** (0.000)	0.065*** (0.0062)	0.127*** (0.000)	0.151*** (0.000)	0.125*** (0.0001)	0.173*** (0.000)	0.119*** (0.000)
财政支出	0.544*** (0.000)	0.589*** (0.000)	0.661*** (0.000)	0.620*** (0.000)	0.601*** (0.000)	0.633*** (0.000)	0.603*** (0.000)	0.642*** (0.000)
教育	0.056*** (0.0001)	0.055*** (0.0003)	0.053*** (0.0013)	0.058*** (0.0003)	0.042*** (0.0033)	0.031** (0.0393)	0.047*** (0.0012)	0.059*** (0.0001)
R^2	0.994	0.993	0.993	0.993	0.994	0.993	0.0994	0.994
豪斯曼检验	20.245*** (0.0002)	29.233*** (0.000)	42.892*** (0.000)	31.612*** (0.000)	32.538*** (0.000)	38.849*** (0.000)	42.018*** (0.000)	20.166*** (0.0002)

注:***、**、*分别表示在 1‰、5‰、10‰ 的水平上显著,括号内为对应 P 值。

从表 3-3 中可以看出,农村居民消费支出与经济增长的相关关系同城镇类似。模型 9、模型 10、模型 11、模型 12、模型 13、模型 15、模型 16 中每一个变量均通过 1‰ 的置信水平上的显著性检验。而模型 14 中,仅教育水平通过 5‰ 的显著性检验,文教娱乐支出和政府财政支出都在 1‰ 的显著性水平上通过检验。当农村居民的食品支出、衣着支出、居住支出、家庭设备及服务支出、交通通讯支出、文教娱乐支出、医疗保健支出和其他杂项支出每增加 1 个单位时,GDP 分别会增加 0.352、0.177、0.065、0.127、0.151、0.125、0.173、0.119

个单位。这表明农村居民人均消费支出与经济增长的关系是正向相关的,居民消费支出的增加会促进经济的快速增长。

综上所述,从实证检验中,我们可以清晰地看出,居民消费支出中食品、衣着、居住、家庭设备及服务、交通通讯、文教娱乐、医疗保健、其他杂项这八项支出都与经济增长有着正相关关系,每一个子项的消费支出增加都会不同程度地促进经济增长。而模型中的另外两个控制变量也表明,除部分模型外,一般财政预算支出与教育程度也与经济成正相关关系,政府财政支出越多以及当地教育水平越高,经济发展就越迅速。结果表明,居民消费支出的八个子项都会不同程度地促进经济增长。具体结果见表3-4。

表3-4 居民消费支出回归系数

	食品	衣着	居住	家庭设备及服务	交通通讯	文教娱乐	医疗保健	杂项
城镇	0.550	0.246	0.072	0.105	0.174	0.168	0.149	0.112
农村	0.352	0.177	0.065	0.127	0.151	0.125	0.173	0.119

从表3-4中可以看出,16个模型中的每一个消费支出子项的回归系数都为正,消费支出与经济增长是正向相关的。但是城镇居民消费支出与农村居民消费支出对经济的贡献程度是不同的。食品支出、衣着支出、居住支出、交通通讯支出、文教娱乐支出这五项支出对 GDP 的带动程度是大于农村居民消费支出对经济的贡献程度。而家庭设备及服务支出、医疗保健支出、其他杂项支出对经济的推动程度则是农村大于城市。因此,我们在考虑通过消费刺激经济增长时就要适当考虑城镇与农村的区别,有针对性的刺激消费。另外,从表3-4中,我们可以看出,在当前阶段,以食品支出、衣着支出、居住支出为代表的生存型消费对经济的贡献率较大,以家庭设备及服务支出、交通通讯支出、文教娱乐支出、医疗保健支出为主的发展享受型消费对经济的贡献率相对较小。

五、结论与对策建议

从江苏省居民消费结构演变出发,从城乡角度、区域角度、年龄层次等多个方面对居民消费结构的演变进行分析。然后研究居民消费结构与经济增长的二者的影响机制。最后利用江苏省13个地市2000—2015年的数据,构造固定效应面板模型,对居民消费支出与经济增长的关系进行测算。

依据对居民消费结构演变分析、消费与经济的传导机制研究以及对居民

消费支出与经济增长的实证检验,从以下几个方面提出建议:

第一,收入增加是居民消费结构升级的根本原因,因此要不断地拓宽居民收入渠道,提高居民的消费能力。居民人均可支配收入的不断增加是居民消费结构不断优化的动力,为了促进居民收入不断增加,一方面要不断地扩大就业,提供更多的就业岗位,降低失业人数,形成市场主导、政府支持、个人自主的就业体系。以服务也为代表的第三产业吸收了绝大部分的就业人口,是我国经济发展的重要组成部分。大力扶持第三产业的发展可以有效地缓解就业压力,增加居民收入。在"大众创业、万众创新"的时代背景下,鼓励自主创业,以创业为杠杆撬动就业水平的提高,促进居民收入增加。另一方面,继续完善收入分配制度,再分配更加注重公平。加大对低收入家庭的保障力度,逐步培育扩大中等收入阶层所占的比例,进一步完善转移支付制度,保护和鼓励居民以资本、技术等获得的财产性收入,提高居民的消费能力。

第二,促进地区协调发展。在江苏省内,苏南、苏中、苏北区域发展不平衡,经济的发展不平衡导致居民消费结构也存在差异。总体来说,苏南的消费结构要优于苏中的消费结构,苏中的消费结构优于苏北的消费结构。因此,消除区域发展差距,对于消费结构优化升级,提升经济发展水平具有重要的促进作用。首先,要因地制宜,结合本地区实际情况,制定出符合本地区的政策。各地区根据自身的发展条件、要素禀赋以及自身潜在优势,形成具备地方特色、优势互补的产业结构,通过区域间相互协作,提升经济发展效率。其次,要注意协同发展,先富带动后富。由于苏北长期与苏南、苏中地区存在差距,因此扶持苏北发展是促进区域协调发展的主要任务。具体来说,通过财政转移的方式支持苏北基础设施建设、改善苏北教育条件;设立专项基金对到苏北投资项目进行补贴;深入推进四项转移和南北共建开发园区,承接发达地区的产业转移等。从全国层面来看,我国东中西部经济发展水平差距巨大,因此促进区域协调发展对于提高我国经济发展水平以及促进居民消费的升级具有重要的意义。

第三,完善社会保障制度,改善消费环境。完善的社会保障制度可以消除居民消费时的后顾之忧,使人们敢于消费。良好的消费环境可以提升居民的消费体验,更好地提高居民的消费意愿。一方面,建立覆盖面广、机制灵活多变、更人性化的社会保障体系。逐步缩小城乡医保、社保待遇差距,不断提高失业保险的保障水平。另一方面,增加基础设施方面的投入,创造一个良好的消费环境。加快覆盖全民的征信体系建设,为消费信贷政策提供保障。针对城乡、收入水平、消费习惯的不同,有针对性地推出相对应的消费信贷政策,促进消费,带动经济发展。

第四,根据城镇与农村不同的消费特点,有针对性地引导消费结构、产业结构的发展。从实证检验结果中我们可以看出城镇与农村居民不同的消费支出对经济的影响作用是不同的。因此,应该结合城镇与农村的实际情况,有针对性地刺激消费支出,从而引导消费结构、产业结构的变革,带动经济的发展。

第二节　外贸出口与经济增长 *

> **导读:**以江苏省1978—2016年的相关数据,本书运用单位根检验和格兰杰检验对江苏外贸出口和经济增长的关系做了协整分析和误差修正分析,得出以下几点主要结论:第一,江苏外贸出口是促进经济增长的主要原因;第二,江苏外贸出口对经济增长的长期影响因子为0.080 5,短期影响因子为0.113 9;第三,不考虑"反常效应",江苏外贸出口对经济增长的贡献力度仍然较大,大致为14.5%,即江苏经济增长有14.5%的份额是由外贸出口贡献的;第四,在外贸出口对经济增长的影响过程中,制度性因素具有很强的引致效应,不确定性因素则具有较强的阻碍效应。

一、引言

自1994年提出开放型经济发展战略以来,江苏对外贸易取得了重大的成绩,突出表现在2016年江苏外贸进出口总额实现5 096.12亿美元,是1994年117.59亿美元的43倍,年均增长18.69%。而对外贸易中尤以出口值的增长为快,2016年江苏出口额为3 193.44亿美元,是1994年66.86亿美元的48倍,高于对外贸易发展的平均水平。江苏开放型经济的高速发展不仅加快了江苏的国际化进程,更重要的是,它还提升了江苏的总体经济发展水平,具

---

　* 此节主要内容摘自于作者的前期研究成果"李子联,祖强:'出口与增长:以江苏为例的机理和协整分析',《首都经济贸易大学学报》,2009年第6期,第84~91页",有较大修改。

有重要的战略意义。因此,江苏"十三五"规划提出优化出口结构,坚持内外需并重、进出口并重,推动外贸向优质优价、优进优出转变,促进外贸提质增效升级,加快建设外贸强省。那么,对外贸易的发展是如何提升江苏经济增长的?它对江苏经济增长的贡献度有多少?对这些学术界鲜有论述的江苏问题的解答不仅能从理论上丰富相关问题的研究,还将为决策层提供理论依据和可行建议,因而更具有一定的现实意义。作为对外贸易发展的典型,就江苏外贸出口对经济增长的影响展开研究。

对于对外贸易与经济增长之间的关系,林毅夫和李永军(2002)将理论界的研究视角概括为两个方面:第一,对出口与经济增长之间因果关系的讨论,这种讨论致力于区分是出口增长推动了经济的增长还是经济规模的增长带动了出口的增长;第二,对外贸对经济增长贡献程度的实证分析,这种研究一般承认出口的增长推动了经济的增长,并在此基础上利用各种方法估计出口对经济增长的贡献程度。林毅夫和李永军(2002)的总结对该研究的写作思路提供了借鉴意义,不过不同于已有研究的是,将综合已有的两个研究视角,即首先分析出口与经济增长之间的因果关系,再分析出口对经济增长的贡献程度。

对于对外贸易对经济增长影响系数或贡献程度的估计,已有文献主要有以下三种方法:

一是横截面时间序列估计法。这种方法常出现在早期的一些文献中,如Balassa(1978)采用截面数据分析了出口与经济增长的关系,发现了对外贸易与经济增长之间存在着较强的正向联系;Feder(1982)在分析贸易与经济增长关系时也采用了不同国家的横截面数据作为回归样本。客观地说,横截面时间序列估计法可以克服样本不足的问题,同时将不同国家或地区的数据放在一起进行回归也可以更好地进行地域比较;但这种方法在将不同经济结构的国家或地区放在一起做计量回归时掩盖了一些经济规律,因而遭受到理论界的质疑。

二是时间序列估计法。鉴于采用横截面时间序列估计法会出现上述问题,学界近20年来对这一问题的数量研究逐渐集中在时间序列数据分析上,而且主要使用 Granger 因果检验、VAR 模型与多元协整理论。例如,Kwan & Cosomities(1990)以中国 1952—1985 年的数据为样本,运用 Granger 因果检验,发现了出口与产出之间互为因果的关系(Clemens & Williamson, 2004);Teame(2001)则利用 15 个低收入发展中国家(LDCs)的时间序列数据,采用 VAR 模型对出口、投资和经济增长的关系进行了研究;Fouad(2005)

利用埃及 1977—2003 年的相关数据,综合采用了协整分析、格兰杰因果检验、单位根检验以及 VAR 模型分析了出口与经济增长的关系。随着我国对外贸易的飞速发展,国内也有众多学者采用时间序列法对我国对外贸易与经济增长之间的关系进行了实证研究。例如,沈程翔(1999)利用 Granger 因果检验说明了中国出口与产出之间的互为因果关系;石传玉等(2003)对 1952—2000 年间我国对外贸易与 GDP 数据进行协整分析,认为长期内对外贸易对经济增长起到促进作用,短期内只有出口对经济增长具有较大的促进作用;吴振宇和沈利生(2008)则在分析对外贸易对中国经济增长的影响机制时利用了 VECM 模型。可见,在分析外贸出口对经济增长的影响时,时间序列估计方法运用较为普遍。

三是贡献度测算法,或者 GDP 分解法。这种方法旨在测算外贸出口对经济增长的贡献程度。比较典型地,林毅夫和李永军(2002)综合考虑出口对经济增长的直接和间接贡献,从需求的角度测算了出口对经济增长的贡献度,得出外贸出口增长 10% 将导致我国国民经济增长 1‰(尹继东,2007);李军(2008)则从需求和供给两个角度对进出口对经济增长的贡献度进行了理论分析。严格说来,从贡献度测算法或 GDP 分解法角度探讨外贸出口与经济增长的关系的文献相对较少,原因在于这种方法的使用往往需要一些难以统计的数据,比如消费、投资和出口领域的中间使用产品和最终使用产品数据,因此数据的不可得性使得这种方法在研究中国特别是江苏等省级外贸出口与经济增长关系时几乎无可行之处。

鉴于江苏数据的可得性,我们在综合上述三种研究方法的优劣得失后拟采用时间序列法分析江苏外贸出口与经济增长的关系。作为计量分析的理论基础,文章第二部分首先分析外贸出口对经济增长的影响机制,第三部分则在理论基础上分析江苏外贸出口与经济增长的计量关系,最后一部分则是一些结论和相关的政策建议。

二、外贸出口对经济增长的影响机制

基于不同的经济学理论视角,外贸出口对经济增长的影响存在不同的传导渠道。比较典型地,将从新古典经济增长理论和凯恩斯主义需求理论两个角度进行阐释:

一是新古典经济增长理论的供给渠道。按照新古典经济增长理论,经济增长的主要原因是要素投入的增加和要素配置与使用效率的提高,其中要素

包括劳动、资本(物质资本和人力资本)和技术进步。外贸出口对经济增长的影响主要体现在:第一,外贸出口能增加一国的人力资本存量。由于出口部门与国外生产者和消费者存在更多的联系,而发达国家或地区拥有更具管理经验和生产技巧的生产者,同时消费者的需求档次也相对较高,因此出口部门在与国外经济主体联系时一方面能获知更多的生产技术,另一方面则对内部管理者和生产者有更高的任职要求,包括拥有更高的学历、更多的工作经验和更好的服务态度等。层次的追求必然导致的结果是:外贸出口部门不仅能拥有更多的人力资本,而且还能将人力资本外溢到其他部门,产生正的外溢效应,提高整个行业的人力资本存量,进而提高一国的经济增长。第二,外贸出口能提高一国的全要素生产率。外贸出口在提高一国人力资本存量的同时,也带来了一国全要素生产率的提高,前者对后者是促进的。不过,全要素生产率的提高并不仅仅是因为人力资本存量的增加,还因为出口带来了规模经济和外部效应,这些外部效应包括技术转移、工人熟练程度的提高、管理技巧的改善和生产能力的增加等(Grossman & Helpman, 1990; Fouad, 2005)。第三,外贸出口能提高一国的资源配置能力。外贸出口不仅能增加资本品和先进生产设备的进口,克服发展中国家面临的外汇约束,更重要的是,它还能带来一国全要素生产率的提高,从而使该国在与他国进行国际竞争时能吸引更多的生产资源,进而提高该国的资源配置能力(Balassa, 1978 & 1985; Ram, 1985 & 1987; Bahmani-Oskoee & Alse, 1993; Khalifa Al-Youssif, 1997)。总之,从新古典经济增长的角度,外贸出口能从以下两个方面影响经济增长:一是外贸出口提高了"门槛效应",归因于规模经济的存在、资源配置能力的提高、生产效率和更多多样化产品的获得;二是产品和服务的出口提供了国际市场竞争的机会,从而能获得更多的技术转移和管理经验,具体如图3-1所示。

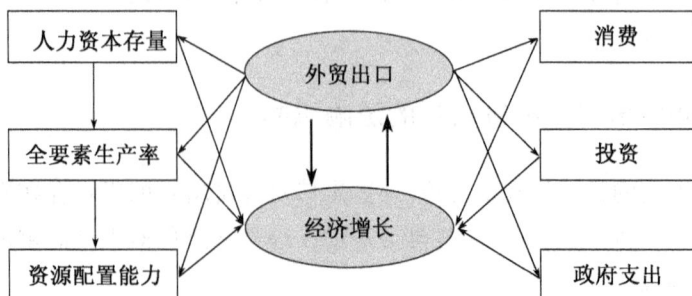

图3-1 外贸出口对经济增长的影响机制

二是凯恩斯主义的需求渠道。按照凯恩斯主义的需求理论，一国经济增长取决于该国的消费、投资、政府支出和净出口这"四驾马车"。因此，根据这一思想，作为一种拉动需求增长的因素，出口的增长必然能够带动产出的增加。这种经济增长理论中的需求导向分析法(Export Oriented Analysis)得到了 Kaldor(1972)的验证①。从需求的角度，外贸出口对经济增长的影响包含直接影响和间接影响两个层面：第一，直接影响。外贸出口的基本动力在于国外市场存在着对本国产品的需求，而出口对本国经济的影响则直接体现在对实现出口企业生产的影响上，即本国企业的产品生产能在国外市场上得到实现(李军，2008)。国外市场的需求对本国外贸出口部门的经济生产具有十分重要的意义，它不仅使本国生产的产品能在国际市场上得到有效的销售，更重要的是，它还能使企业员工获得工资和福利，因此可以说外贸出口是直接有利于经济增长的。第二，间接影响。外贸出口对经济增长的间接影响体现在外贸出口能通过影响消费、投资和政府支出而影响经济增长。首先，外贸出口能影响一国国内的消费水平。之所以如此，是因为国外的消费需求能通过出口部门间接地影响国内消费者的消费观念和消费层次，进而对本国产品形成新的需求。其次，外贸出口能影响一国的投资水平。外贸出口能获得更多地外汇，从而形成新的资本积累。对于出口部门来说，外汇的获得有利于企业进行扩大生产，带来规模经济。最后，外贸出口能影响一国的政府支出水平。实际上，外贸出口所带来的资本积累不仅给企业带来了规模扩大的生产，它还为政府带来了更多的国际外汇储备，这为政府投资和政府支出提供了坚实有力的资本支持。因此，外贸出口能通过消费、投资和政府支出间接地影响一国的经济增长水平，如图 3-1 所示。

对于上述外贸出口对经济增长的影响机制，许多学者从实证的角度进行了检验，并基于检验得出了不同的结论。Muhammed(1998)强调了出口带来的技术转移对经济增长的贡献，认为政府支出越大、宏观经济越稳定越能发挥外贸对经济增长的促进作用。Imad(1999)则指出出口可以通过凯恩斯主义

① Kaldor(1972)在分析英国工业从成长到衰落的过程时指出，"与许多将英国工业的发展归因于储蓄和资本积累的增加以及由发明和创新所导致的技术进步的观点相反，许多证据表明，英国的工业增长从其早期开始就是需求推动的"；"毫无疑问，在整个 19 世纪和直到第二次世界大战爆发前的时期中，英国的经济增长都紧紧依赖于其出口的增长。正因如此，当其世界市场份额开始持续地下降……英国的生产和资本积累的增长就不可避免地低于那些后起的工业化国家……"

的外贸乘数、"两缺口模型"中的外汇约束、内生经济增长理论中的规模经济和技术外溢效应对经济增长产生正面的推动作用(Subrata，1997)。Subhash(1994)从资源配置、规模经济、国外竞争、技术外溢、外汇约束五个方面指出了对外贸易对经济增长的贡献机制。沈坤荣(2003)研究了贸易和人均产出的关系，指出了贸易很少通过人力资本的途径影响经济增长。

三、江苏外贸出口与经济增长的计量关系

基于已有理论对外贸出口与经济增长影响机制的分析，直接以江苏经济增长为因变量，以外贸出口为自变量建立协整方程分析两者之间的计量关系。具体变量设置及数据处理如下：

gdp——经济增长总额，数据样本为 1978—2016 年江苏按不变价格统计的地区生产总值。为消除物价指数的影响，以 1978 年的物价指数为基准数据，将历年地区生产总值除以各年物价指数所得的数据作为因变量的分析依据。

ex——外贸出口额，数据样本为 1978—2016 年江苏经营单位的海关出口总额。由于统计资料中该数据单位为亿美元，因此为寻求单位的统一，以历年人民币对美元的汇率中间价乘以外贸出口额换算成亿元单位，再将所得数据除以历年物价指数。

另外，为能直观明了地反映经济增长与外贸出口之间的弹性变化关系，将上述两变量的相应数据取对数值，变为 $\log(gdp)$ 和 $\log(ex)$。

(一) 模型构建

首先建立经济增长与外贸出口之间的协整方程，协整方程能反映两个或多个非平稳变量之间的线性组合的均衡关系，适合于该研究的分析(具体原因见下文)。如下公式反映的便是经济增长与外贸出口之间的协整关系：

$$\log(gdp)_t = \beta_0 + \beta_1 \log(ex)_t + \mu_t$$

其中，β_0 为常数项；β_1 为回归待定系数，反映经济增长和外贸出口之间的弹性变化程度；μ_t 为残差项，符合白噪音过程。

其次建立误差修正模型 ECM(Error Correction Model)。误差修正模型能用数据的动态非均衡过程来逼近经济理论的长期均衡过程，能反映非平稳序列趋向长期均衡过程的调整力度。我们对上述公式稍作调整，写出残差项的表达式为：

$$\mu_t = \log(gdp)_t - [\beta_0 + \beta_1 \log(ex)_t]$$

令 $Ecm_t = \mu_t$，其中 Ecm 称为误差修正项。将误差修正项加入到平稳序列的协整方程中即可得到误差修正模型：

$$\Delta\log(gdp)_t = \gamma_0 + \gamma_1 \Delta\log(ex)_t + \gamma_2 Ecm_{t-1} + \varepsilon_t$$

其中，$\Delta\log(gdp)_t$ 和 $\Delta\log(ex)_t$ 分别为经济增长序列和外贸出口序列对数值的一阶差分项；γ_0 为常数项；γ_1 和 γ_2 为回归待定系数，其中 γ_1 反映经济增长和出口之间的短期变化关系，γ_2 反映经济增长和出口偏离长期均衡时的调整力度；ε_t 为残差项，符合白噪音过程。

需要说明的是，协整关系要求协整变量必须具有相同的单整阶数，同时要求协整变量之间具有共同的趋势成分，即在数量上能成比例。只有在这些基本条件都符合的情况下，分析变量之间的协整关系、建立误差修正模型才是有意义的。

（二）结果检验

检验变量之间是否具有相同的单整阶数，首先必须对时间序列进行平稳性检验。之所以进行平稳性检验，是因为时间序列是不可重复抽样的，这就有可能存在时间序列的均值、方差和自协方差都不取决于时刻 t 的问题，这种情况称其为时间序列的弱平稳或非平稳。如果时间序列是非平稳的，则变量之间只有一部分能被互相解释，其余的则随着时间的变化有越来越大的偏离，这样预测的信息是不可靠的。在平稳性检验中，运用最多的方法是单位根检验法，对上述变量进行检验后结果如表 3-5 所示。

表 3-5　平稳性检验表

变　　量	模式(C,T,L)#	ADF 检验值	T 值	$P.$
$\log(gdp)$	(C,T,9)	$-1.279\,1$	$-2.614\,3$	$0.627\,8$
$\Delta\log(gdp)$	(C,T,9)	$-3.547\,0$	$-3.639\,4$	$0.012\,6^{**}$
$\log(ex)$	(C,T,9)	$-2.533\,2$	$-2.609\,1$	$0.115\,9$
$\Delta\log(ex)$	(C,T,9)	$-4.140\,2$	$-3.621\,0$	$0.002\,5^{*}$
Ecm	(0,0,9)	$-4.550\,2$	$-3.621\,0$	$0.000\,8^{*}$

注：加"#"栏模式(C,T,L)中的 C、T 和 L 分别表示添加常数项、趋势项以及滞后长度，滞后长度取施瓦兹信息准则默认值；加"*"和"**"分别表示在 1% 和 5% 显著性水平下拒绝存在一个单位根的原假设。

平稳性检验结果显示：江苏经济增长序列和外贸出口序列的对数值均不具有平稳性，对两序列进行一阶差分后，经济增长和外贸出口分别在 5% 和

1%水平下拒绝存在一个单位根的原假设,表明两序列在一阶差分后平稳,即两序列均是一阶单整,存在协整关系。对协整方程进行回归生出残差序列(即 Ecm)并进行单位根检验后,进一步验证了江苏经济增长和外贸出口存在协整关系。根据检验结果,在分析外贸出口对经济增长的影响时,应在协整方程中设置 $\log(gdp)$ 和 $\log(ex)$ 变量进行 Grange 检验和建模,在误差修正模型中则应设置平稳变量 $\Delta\log(gdp)$ 和 $\Delta\log(ex)$。Grange 因果检验用于检验外贸出口是否与经济增长存在因果关系,只有在存在因果关系的前提下,所设置的模型才是有解释能力的模型,否则是"伪回归"。利用 Grange 检验对上述对应平稳阶数的变量进行检验后,结果如表 3-6 所示。

表 3-6　Grange 因果关系检验表

原假设	观测量	F 统计量	相伴概率
$\log(ex)$ 不是 $\log(gdp)$ 的格栏杰因	38	4.663 2	0.037 8*
$\log(gdp)$ 不是 $\log(ex)$ 的格栏杰因	38	0.259 9	0.552 5

注:加"*"表示拒绝原假设。

Granger 因果关系检验显示:外贸出口在协整方程中是经济增长的 Granger 因,表明江苏经济增长有一部分是受外贸出口促进的。这一结论佐证了林毅夫等(2002)和沈坤荣等(2003)的观点。那么,江苏外贸出口能在多大程度上促进经济增长? 接下来要研究的便是两者之间的弹性变化关系。利用 OLS 法对协整方程和误差修正模型进行回归后,可得到结果如表 3-7 所示。

表 3-7　协整方程和误差修正模型回归结果表

模　　型	自变量	系数	T 检验值	相伴概率	拟合优度	D. W 值	F 检验值
协整方程 $[\log(gdp)]$	C	0.428 6	5.052 8	0.000 0			
	$\log(ex)$	0.080 5	3.143 2	0.003 4	0.999 1	0.943 6	21 519.19
	$\log(gdp)_{t-1}$	0.880 1	23.904 7	0.000 0			
误差修正模型 $[\Delta\log(gdp)]$	C	0.053 6	2.402 6	0.022 1			
	$\Delta\log(ex)$	0.113 9	2.502 9	0.017 4	0.040 7	1.890 3	9.785 3
	$\Delta\log(gdp)_{t-1}$	0.464 0	3.489 6	0.001 4			
	Ecm_{t-1}	-0.075 1	-1.930 6	0.062 2			

首先,在协整方程和误差修正模型中,各项回归系数的 T 检验值均能通

过10%水平的显著性检验;拟合优度在协整方程中表现得较为理想,表明外贸出口与经济增长存在很高的线性关系,在误差修正模型中则相对较低,但也能说明两者之间具有较高的线性关系;自相关检验中的 $D.W$ 值虽然较低,但在残差检验的 Q-统计值中均未偏离正常区域,因此在自变量中添加经济增长的滞后阶变量后,自相关得到有效消除。因此,从统计检验上看,协整方程和误差修正模型均具有很强的解释能力,江苏经济增长和外贸出口存在较强的线性关系。

其次,在协整方程中,江苏经济增长与外贸出口存在正向的线性关系,且外贸出口对经济增长的影响弹性为0.0805,这一数据表明江苏外贸出口每增长1个百分点,将促进经济增长0.0805个百分点。在误差修正模型中,江苏经济增长受外贸出口长期和短期的影响,其中差分项反映了短期外贸出口对经济增长的影响,在回归结果中这一短期影响因子为0.1139,表明短期内外贸出口每增长1个百分点,将促进经济增长0.1139个百分点;误差修正项则反映了偏离长期均衡时的调整力度,即当短期外贸出口波动偏离长期均衡时,将以(-0.0751)的调整力度将非均衡状态拉回到均衡状态。综合而言,协整关系描绘了江苏外贸出口与经济增长之间的长期数量变化关系,而误差修正模型则兼合了短期变化关系及趋向长期均衡过程的调整力度,因此可以概括为,江苏外贸出口对经济增长的长期影响因子为0.0805。

(三)贡献度分析

根据经济增长与外贸出口之间的长期数量变化关系,我们可以计算出江苏外贸出口对经济增长的贡献度。表3-8所显示的1979—2016年江苏外贸出口对经济增长的贡献度表中,除个别年份出现反常外,其他年份平均保持在0.306,即是说:江苏经济增长有14.5%的份额是由外贸出口贡献的。这些反常年份为1980年、1981年、1988年、1990年和1994年,各年对经济增长的贡献率分别为374.7%、91.5%、-13.8%、183.4%和123.8%,这些数据的反常性表现在其贡献度出现反常的"大"和反常的"小"。出现这种现象的原因可能在于:第一,1978年改革开放的滞后效应使得江苏在1980年和1981年加大外贸出口,并使得外贸出口在江苏经济增长中的作用突然显现。第二,1990年的反常现象则有可能是政府换届使得新一代领导人更加注重改革开放,使得地方政府对于加快改革开放的信心更加坚定,因此"政治周期效应"显现。这种由决策者领导的制度变迁对经济增长模式所带来的转变效应也有可能是出现1994年反常现象的主要原因。1994年,全国市场经济体制经过学界和政界多年的讨论终于初步建立,并做了法律上的论述和规范,而江苏省则提出了开放型经济的发展战略,这对于加快对外贸易以及提升外贸在经济增长的作用来说无疑具有十分重要的制度意义。第三,1988 年出现"负的反常效应"可能是该年通货膨胀率达到了历史性的高度,高通货膨胀率对实体经济最大的影响便是它扭曲了价格机制,使得投资者无法正确掌握市场价格信息和做出市场投资决策,这无疑对江苏外贸经济造成较为严重的负面影响。

表 3-8　1979—2016 年江苏外贸出口对经济增长的贡献度

年　份	1979	1980	1981	1982	1983	1984	1985	1986	1987	1988
贡献度	0.401	3.747	0.915	0.310	0.271	0.260	0.255	0.718	0.144	−0.138
年　份	1989	1990	1991	1992	1993	1994	1995	1996	1997	1998
贡献度	0.231	1.834	0.494	0.088	0.024	1.238	0.377	0.200	0.332	0.226
年　份	1999	2000	2001	2002	2003	2004	2005	2006	2007	2008
贡献度	0.364	0.605	0.189	0.430	0.529	0.435	0.304	0.249	0.190	0.019
年　份	2009	2010	2011	2012	2013	2014	2015	2016		
贡献度	−0.26	0.280	0.090	0.044	−0.03	0.057	0.009	0.011		

注:贡献度=0.163 7×外贸出口增长率÷经济增长率;灰色部分为反常年份。

出现 2007 年、2008 年、2009 年和 2013 年外贸贡献率下降现象甚至为负的可能性原因是:演变于美国次级抵押贷款危机的世界经济危机在给全国经济造成负面影响的同时,也给开放度和外贸依存度均较高的江苏省带来较为深远和严重的负面效应。体现在数据上则是江苏各项开放型经济指标均出现不同程度的负值,并且一直延续到 2009 年。数据显示:2009 年 2—4 月,江苏进出口总额实际完成额分别为 187.72 亿美元、252.88 亿美元和 258.15 亿美元,与上一年同期相比分别下降 31.3%、20.7%和 24.6%,而实际到账注册外资则分别下降 18.9%、11.3%和 15.5%。2013 年,占江苏经济重要组成部分的加工贸易进出口总额 2 336.5 亿美元,比上一年下降 5.2%。可见,世界经济危机对江苏开放型经济带来了较为明显的负面影响,直接体现为对外贸易进出口与同期相比明显下滑、国际资本进入江苏的步伐明显放缓,外贸出口对经济增长的贡献率下降。

四、结语

以江苏省 1978—2016 年的相关数据,运用单位根检验和格兰杰检验对江

苏外贸出口和经济增长的关系做了协整分析和误差修正分析,得出以下几点主要结论:

第一,江苏外贸出口是促进经济增长的主要原因。通过格兰杰检验,发现江苏外贸出口是经济增长的格兰杰因。江苏外贸出口将通过新古典经济增长理论的供给渠道和凯恩斯主义的需求渠道对经济增长产生正向的促进作用。

第二,江苏外贸出口对经济增长的长期影响因子为0.080 5,短期影响因子为0.113 9。即从长期来看,江苏外贸出口每增长1个百分点,将促进经济增长0.080 5个百分点;短期则促进经济增长0.113 9个百分点,影响力度相对较强。

第三,不考虑"反常效应",江苏外贸出口对经济增长的贡献力度仍然较大,大致为14.5%,即江苏经济增长有14.5%的份额是由外贸出口贡献的。不同于外贸出口对经济增长的影响因子,贡献率反映的是经济增长中外贸增长所占的份额。与促进经济增长的其他"三驾马车"消费、投资和政府支出相比,外贸出口对经济增长的贡献力度相对较大。

第四,在外贸出口对经济增长的影响过程中,制度性因素具有很强的引致效应,不确定性因素则具有较强的阻碍效应。制度性因素如市场经济体制的确立和完善、改革开放的提出和加强对发展江苏外贸出口和提升其在经济增长中的作用具有十分重要的意义;而诸如通货膨胀和经济危机的不确定性因素则对外贸出口产生了阻碍作用。

基于上述结论,在世界经济危机新形势下,继续坚持"十三五"规划中关于江苏开放型经济的发展思路,以达到又好又快地发展江苏对外贸易,提出以下几点建议:

第一,加快外贸增长方式转变和外贸企业转型。优化出口商品结构,增加高附加值产品的出口,建立国际服务外包基地,拓展海外工程承包和成套设备出口,促进服务贸易、技术贸易与货物贸易互动发展;提高一般贸易发展水平,推动加工贸易转型升级,培育一批出口产品和服务的自主品牌;建立开放型经济安全预警机制,增强应对国际贸易摩擦的快速反应能力。

第二,发展对外贸易应与利用外资并举。这就要求加大招商选资力度,向产业链高端环节攀升,向研发设计和营销服务环节延伸;重点引进龙头型项目和跨国公司的地区总部、研发机构、营销中心;结合产业升级和优化生产力布局的需要,引导外资更多地投向农业、服务业、节能环保等领域和苏中苏北;更加注重引进先进技术、管理经验和海外智力,促进外资企业产业配套、技术研发、管理人才的本土化。

第三，发展对外贸易更应全面提升各级各类开发园区建设水平，整合开发园区资源，统筹规划开发园区建设与城市建设。中心城市的重点开发园区要建设成为先进产业的集聚区、科技创新的先导区、体制创新的示范区和现代化的新城区。

第四，发展对外贸易过程中应不失时机地加快"走出去"步伐，加强政策支持和政府服务，鼓励有条件的企业开展境外投资和跨国经营。在国外目标市场建立投资集聚区，带动优势产业和产品输出。鼓励企业到国外合作开发利用资源，建立稳定可靠的国际资源供给渠道。

第三节　对外投资的经济绩效

导读：随着江苏省海外投资业的发展，仅仅依靠自身的资源已远远不够，需要充分利用国内和国外两个市场的资金和技术，这是应对全球化竞争的必经之路。通过对江苏省的对外投资特征以及实证分析可以得出如下结论：首先，江苏省的主要投资地区、投资产业在不断优化，不断从资源投资转向技术投资，但这一过程还需要不断完善。此外，江苏省的投资状况存在苏南、苏北发展不均衡的状况，也需进一步的协调发展。其次，从海外投资产生的经济绩效来看，江苏省的对外投资能够带动企业效率的提高、优化省内投资，从而带动江苏省经济的进步。而海外投资通过对进出口产生影响进而产生经济绩效的渠道受到阻碍。

一、引言

改革开放近40年，我国经济发展由"引进来"战略向"引进来，走出去"相结合战略转变。我国的对外直接投资（Outward Foreign Direct Investment，OFDI）虽然起步较晚，但随着经济的发展我国海外投资在全球的份额逐年提高，因此，我国海外投资问题也备受关注。江苏省地处"一带一路"交汇处，素有"丝绸之乡"的美誉，作为东部沿海、经济发达省市，公开数据显示，江苏省OFDI 2012年达50亿美元，2016年超过140亿美元，可见在"一带一路"战略的实施下,江苏省 OFDI 发展迅猛。2016 年海外投资主体中,70% 以上为民营企业,20% 为国外在华企业(部分企业大部分是江苏省民营企业在海外设立)。总的来说,2016 年江苏省 OFDI 的 90% 以上为民营企业投资,民营企业成为江苏省 OFDI 的主力军。

近年来,关于我国企业海外投资的研究越来越多,已有文献多侧重于宏观层面对国内企业 OFDI 进行研究与实证分析。中国对外直接投资的主体是国有企业(Yeung & Liu,2008),并且它们的投资行为更多地受到政府的影响或者为完成某些政治目标(Deng,2004;Morcketal,2008),国有企业资金获取比较容易而且成本低廉(Scott,2002;Warner etal,2004),然而目前民营企业占主导地位。曲智和杨碧琴(2017)基于 2003—2014 年样本数据分析结果表明东道国内部的腐败管控、政府执行力以及政局稳定等直接影响到我国企业对其进行投资。Melitz(2003)开创了以企业微观层面生产率差异为视角研究海外投资的前沿科学。Yeaple(2009)提出"企业异质性理论",王方方和赵永亮(2012)也论证了此说法的正确性。

对于江苏省对外直接投资状况,也有很多学者进行了分析。瞿淦(2016)分析了江苏省对外直接投资的现状,指出江苏省所具有的区位、政策以及人才等各种优势。进一步,李阳(2013)细致分析了江苏省的对外投资的区位选择问题,指出江苏省的区位选择越加合理,而顾萍和汪涛(2012)研究表明苏南的对外投资占全省的主导地位并且投资行业由第二产业向第三产业过渡。

而对外直接投资的经济绩效有宏观和微观两种。王书杰(2016)对中国海外投资的宏观和微观绩效进行了分析,发现我国海外投资绩效并不理想,分析了国际以及国内存在的各种具体原因。而郑霄鹏(2014)从技术寻求型的对外投资入手,指出该种对外投资可以通过提高本国企业的创新能力来带动经济增长。此外,还有学者通过分析对外直接投资所带来的贸易优化来分析对经济的影响,如王阳(2016)。从微观来看,徐文舸(2012)指出,产业结构的不合理性推动了企业"走出去",目的为实现"产业结构调整、企业转型升级";严兵等(2016)以江苏省为例,分析了对外直接投资能够大幅度提升企业的生产效率。

本研究以江苏省为例,研究基于江苏省 2003—2016 年季度时间序列数据,运用 VAR、VEC 等分析方法,分析江苏省的对外投资如何通过提高企业生产效率、提高省内投资以及进出口来增加经济绩效。

二、江苏省海外投资典型特征

(一) 投资地区分布变化

江苏省 2016 年累计进行海外投资的投资目的地有 95 个国家,相对全球 224 个国家来说,投资目的地较为集中。但是随着投资项目的不断扩大,在传统地区的投资逐渐减少,而对于发达国家和新兴工业化国家的投资逐渐增加。如图 3-2 所示可知,2016 年江苏省对于非洲的投资仅占 5.64%,而对于北美洲、大洋洲的投资占比扩大到 13.96%、7.48%。亚洲始终是江苏省对外投资的最大目的地。而欧洲一直都是江苏的出口主要地,近几年对其的投资数额也有所上升,2016 年投资额达到 9.68%,这主要得益于政策的扶持以及对外交流的扩大等因素。这些都说明我省的对外投资质量在不断提升,对外投资不再仅仅取决于东道国资源和成本,而是追求更加先进的技术和人力资源(李阳等,2013)。但就目前来看,技术资源的发展仍有较大空间。

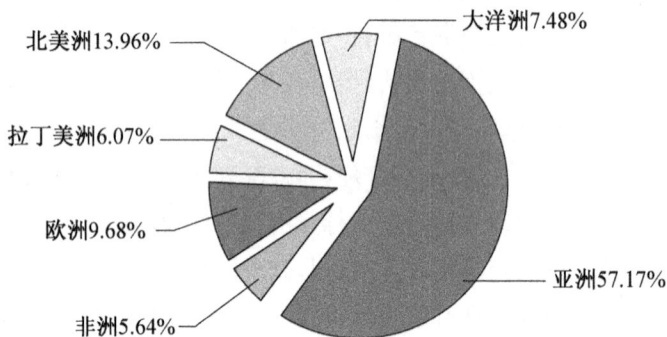

注:各洲主要分布国家(地区)为:亚洲有中国香港、新加坡、哈萨克斯坦、中国澳门、巴基斯坦、韩国、蒙古、缅甸、印尼、越南、日本、沙特阿拉伯、柬埔寨、老挝、泰国;非洲有南非、尼日利亚、阿尔及利亚、赞比亚、苏丹、埃塞俄比亚、埃及、坦桑尼亚、毛里求斯、安哥拉、马达加斯加;欧洲有卢森堡、俄罗斯、德国、英国、荷兰、法国、西班牙、意大利;拉丁美洲有巴西、开曼群岛、智利、厄瓜尔多、墨西哥、秘鲁;北美洲有加拿大、美国;大洋洲有澳大利亚、新西兰、巴布亚新几内亚、萨摩亚。

图 3-2　2016 年年末江苏省对外直接投资存量洲别分布情况

(二) 海外投资产业较为集中

从图 3-3 中 2016 年年末海外投资存量省内行业分布数据可以看到,省内海外投资主体涉及各个行业,建筑业为重点产业,境外投资占比虽然不大,但境外产值利润占比 50% 以上。所占份额最大的为制造业,高达 27%,始终遥遥领先于其他行业,制造业中的通用设备制造业、交通运输设备制造业、计算机及其他电子设备制造业等为主力军。整体来看,制造业、批发零售业以及租赁和商务服务业就占了对外投资单位的近八成,是对外投资主体部分。由此可以看出,江苏省的对外投资依旧偏向劳动密集型产业(如制造业、批发和零售业)和中度技术密集型产业(如交通运输设备制造业)。技术含量相对较低,较为传统的制造业在国内市场已经饱和,竞争优势也逐渐消退。因此,企业在对外投资的过程中可以将这些产业转移到相对落后国家。租赁和商务服务业的对外发展较为迅猛,作为第三产业的重要组成部分有超过制造业的潜力。

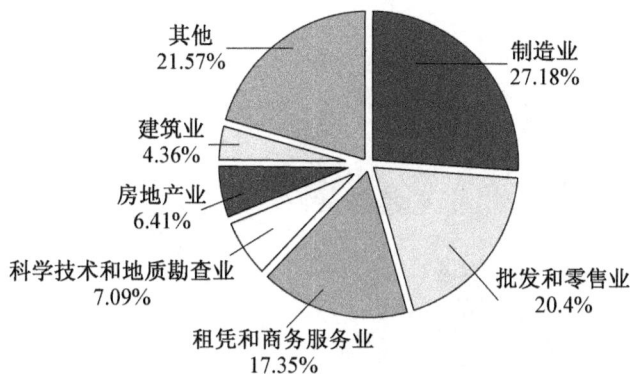

图 3-3　2016 年年末江苏省存量投资企业行业分布情况

(三) 海外投资省内主体区域分布差异显著

从 2016 年江苏省境外投资主体区域分布数据来看,全省境外投资企业主要分布在苏南地区,对外直接投资的新项目以及协议金额大都来自苏南地区。这与苏南地区实体经济发展相对迅速以及物质资料相对丰富具有极大的正向关系。具体分布情况详见图 3-4。

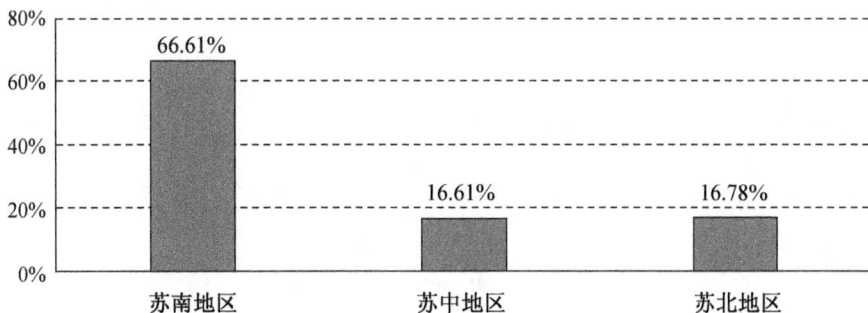

注:江苏省有 13 个省辖市。其中,苏南地区包括南京、苏州、无锡、常州、镇江;苏中地区包括扬州、泰州、南通;苏北地区包括徐州、连云港、宿迁、淮安、盐城。

图 3-4　2016 年年末江苏省境外投资主体区域分布情况

（四）对外直接投资省内参与主体民营企业成为主力军

从所有制角度来看,江苏省民营企业对外直接投资主体占比达到七成,如图3-5所示。相比较国有企业而言,民营企业自诞生就有着明确的产权关系,具有较低的交易成本,更加适应市场经济的发展。此外,国有企业的对外投资相对较为被动,其对外投资的动力大都来自于上级命令,而非出自于发展壮大企业的需要。民营企业的投资行为完全是积极主动的自主行为,其目的主要是追求更高的利润。因此,在"走出去"的过程中,民营企业逐渐成为资本输出的主力军。

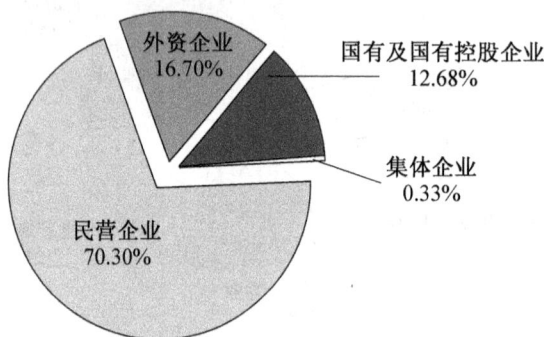

图3-5　2016年年末江苏省境外投资分主体类型情况

江苏省民营企业的发展速度不可小觑,由图3-6可以看出,江苏省的民营企业对外投资情况发展迅猛,具有较大的发展潜力。约10年间对外投资增长速度逐渐增快。十一五期间江苏省民营企业的发展趋势还较为平缓,到了十二五期间,增长趋势变得陡峭。

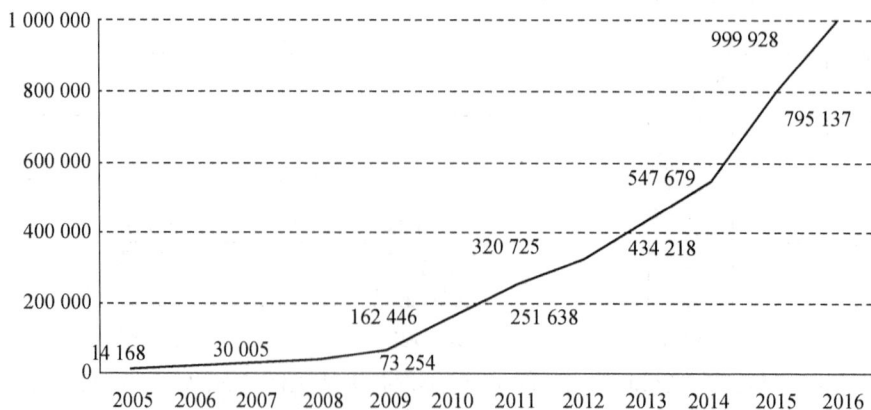

图3-6　江苏省民营企业海外投资宏观趋势图(单位:万美元)

三、变量设置与数据描述

实证分析部分运用江苏省 2003—2016 年数据进行分析。解释变量为对外直接投资 OPI，被解释变量为江苏省 GDP。本研究选取宏观角度的经济增长和进出口总额以及微观角度的企业生产效率作为中间变量，用以研究对外直接投资如何通过中间变量来产生经济绩效。具体变量说明如下：

OPI——对外直接投资作为解释变量。其以 OFDI 业绩指数来度量。为了更直观地反映江苏省企业对外直接投资的年度变化和发展情况，选用投资流量。OFDI 业绩指数根据 UNCTAD（2002）所设计的引进 OFDI 业绩指数修正后得，计算公式为 $OPI=\left(\dfrac{OFDI_J}{OFDI_q}\right)\Big/\left(\dfrac{GDP_J}{GDP_q}\right)$，式中 OPI 为江苏省 $OFDI$ 流量，$OFDI_q$ 为全国 $OFDI$ 流量，GDP_J 为江苏省 GDP，GDP_q 为全国 GDP 总额。数据来源于《2003—2016 年度我国对外投资统计公报》和江苏省历年《统计年鉴》。

GDP——生产总值作为被解释变量。运用江苏省的 GDP 情况来衡量经济绩效，数据来源于江苏省统计年鉴。

ACR——企业生产效率作为中间变量。以企业总资产贡献率指标来代替。具体计算方法为：总资产贡献率＝（利润总额＋税金总额＋利息支出）/平均资金总额×100％，其中，平均资产总额＝0.5×（期初资产＋期末资产）。相关数据由江苏省统计局发布的进度数据整理所得。

T——江苏省进出口总额作为中间变量。数据来源于 2017 年江苏省统计年鉴。该数据用以衡量对外贸易情况。

$LNINV$——江苏省固定资产投资额作为中间变量。数据来源于 2017 年江苏省统计年鉴，由于数据较为不平稳，对其进行取对数处理。该数据用以衡量省内投资情况。

在此基础上，我们建立衔接变量综合交叉项以便更加深入地研究对外投资的经济绩效。具体地，我们将对外直接投资（OPI）分别与企业生产效率（ACR）、进出口情况（T）、省内投资情况（$LNINV$）建立交叉相乘构建出新的变量 $CROSS1$、$CROSS2$、$CROSS3$。通过交叉项来深入研究对外投资如何通过三个中间变量来增加经济绩效。

在进行实证分析之前，先对江苏省海外投资和经济运行情况进行分析，具体如散点图 3-7 所示。从 2003 年到 2016 年，江苏省随着对外直接投资数量和质量逐渐增多,对于其管理的认识也逐渐明朗起来。政府在实践中不断总结经验,一系列的境外投资政策在不断出台的同时也在不断完善。自我国加入世贸组织以来,江苏省也掀起了对外投资管理的新篇章。从散点图3-7(a)可以看出,江苏省对外直接投资的速度增长迅猛,尤其是2008年金融危机以后,随着金融复苏的浪潮加之大量的重组并购机会,2016年达12.2%。在这次经济危机中,我国受到的影响较小,甚至出现了逆袭。这主要因为金融危机的爆发使得大量实体经济遭受重创,很多企业面临破产和重组,这就给中国企业进行海外并购带来了机遇。从散点图3-7(b)可以看出江苏省的GDP呈直线上涨,这也符合江苏发展的实际情况,作为我国比较有代表性的经济大省,其经济增长保持较快速度,虽已进入新常态阶段,2015年和2016年GDP增长率仍达8.5%和7.4%的水平,经济的高速增长离不开对外投资的贡献。下面具体通过实证分析来研究其内在逻辑。

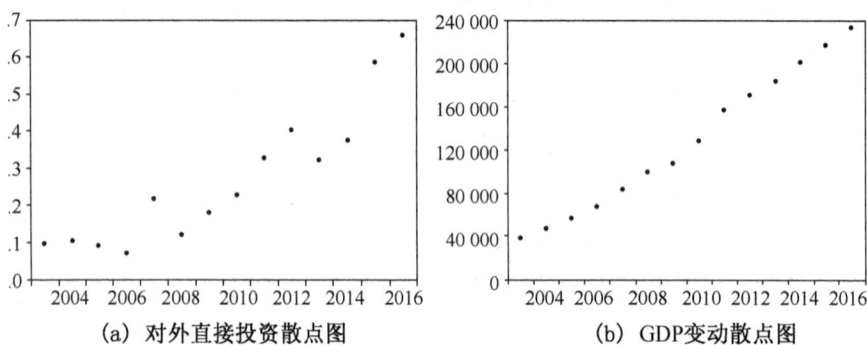

(a) 对外直接投资散点图　　　　(b) GDP变动散点图

图3-7　变量变化散点图

四、实证分析

一般认为可以采用以自相关函数为代表的传统方法和以单位根检验为代表的现代方法来检验时间序列的平稳性。选用ADF检验对变量进行平稳性检验,防止出现"伪回归"。ADF检验的原假设为:$H0:\gamma=1$,即序列存在单位根,非平稳。如果拒绝原假设,说明该时间序列是平稳序列。由表3-9的回归结果可以看出,解释变量交叉相乘项为平稳数据,一阶差分后的GDP数据也为平稳变量。平稳数据之后可以直接进行VAR模型分析。检验结果如表3-9所示。

表 3-9 平稳性检验结果

变 量	检验形式 (C,T,L)	ADF 临界值		结 论
		检验值	P 值	
GDP	(0,0,0)	1.308 9	0.941 4	不平稳
D(GDP)	(C,0,1)	−3.021 8	0.063 6	平稳
CROSS1	(C,T,0)	−4.610 0	0.015 2	平稳
CROSS2	(C,T,0)	−2.472 1	0.332 7	不平稳
D(CROSS2)	(0,0,0)	−2.554 9	0.015 6	平稳
CROSS3	(C,T,0)	−1.674 6	0.703 6	不平稳
D(CROSS3)	(0,0,0)	−2.721 6	0.011 1	平稳

注:检验类别中(C,T,K)分别表示时间序列的常数项、趋势项与滞后期,"D( )"为一阶差分变量。

(一) 基于生产效率的经济绩效

在建立 VAR 模型之前,首先运用赤池(AIC)和施瓦茨(SC)检验方法确定模型的最佳滞后阶数为 1,在此基础上建立的模型如表 3-10 所示。并对模型进行了 AR 根图检验,根全部落在了单位圆内,保证了模型的有效性。

表 3-10 向量自回归模型的估计

变 量	DGDP(−1)	CROSS(−1)	C
	0.117	34 266.98	12 533.64
D(GDP)	(0.338 6)	(75 104.2)	(4 852.38)
	[0.345 5]	[0.456 3]	[2.582 99]
	1.44E−06	0.151 3	0.010 211
CROSS	(1.6E−06)	(0.359 2)	(0.023 21)
	[0.887 4]	[0.421 1]	[0.439 98]

注:括号( )中是标准差的值,[ ]中是 T 统计量的值。

在 VAR 模型的基础上,我们进一步用脉冲响应函数分析交叉相乘项对于差分后的 GDP 的影响,如图 3-8 所示。

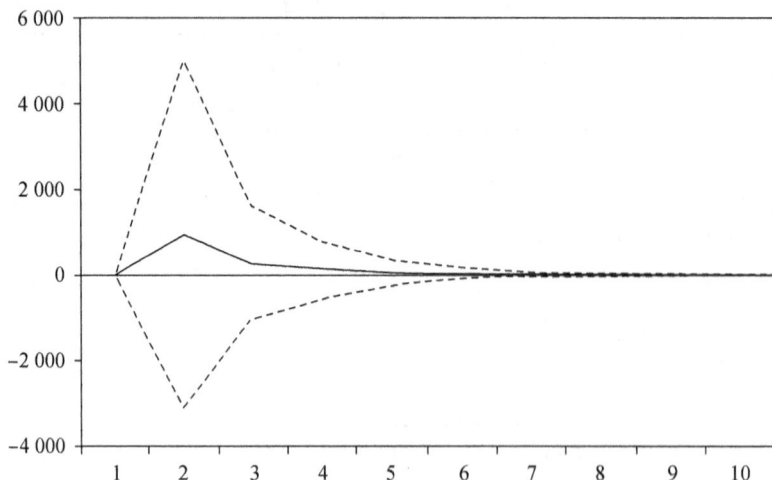

图 3-8　脉冲响应函数图像

由图 3-8 可以看出,发展海外投资和提高经济水平是相辅相成的。对外投资能够带来企业生产率的提高从而拉动经济增长。首先,从世界范围来看,全球的经济都在向纵深发展。劳动分工逐渐打破地域、民族的界限,各个市场的联系也变得紧密起来。企业"走出去"以后可以将原本相对低效率的生产要素配置到他国更高效率的生产环节,这充分提高了企业的生产效率。其次,江苏省位于东部沿海地区,有较好的地理海洋位置,能够很好地与太平洋沿岸的国家进行沟通,从而使得劳动、资源、技术等生产要素可以充分流通。企业通过在他国设立更多的分支机构,进而产生公司层面的规模经济。我省的工业化程度以及企业经营水平因此大幅度增强,产业链以及生产结构框架也更加完善,江苏省的经济水平也因此得到提高。不仅如此,江苏省众多的科技院校也促进了江苏省科技产业的进步,人力和技术资本都可以大幅度提升。这都使得江苏省在对外投资方面有得天独厚的优势。总之,江苏省整体经济实力的增强离不开海外直接投资发展的根本推动。

(二) 基于进出口的经济绩效

由单位跟检验结果可知,对外投资和进出口总额的交叉相乘项(CROSS2)与被解释变量 GDP 都是一阶单整数据,因此可以进行协整检验。在进行 Johansen 协整检验之前,首先建立 VAR 模型以确定最优滞后阶数为 3,由于协整检验的滞后阶数是其 VAR 模型一阶差分后的滞后阶数,因此 Johansen 协整检验的滞后阶数为 2,检验结果如表 3-11 所示。

表 3 - 11　Johansen 协整检验结果

零假设:协整 变量的数目	特征值	迹统计量	5%临界值 显著水平	概　率
0	0.714 0	15.928 1	15.494 7	0.043 0
至多 1 个	0.178 1	2.157 6	3.841 5	0.141 9

由此结果可以看出,两者间并不存在长期均衡关系。一方面,投资之后会导致东道国当地子公司就地销售,这会挤占一部分母国的出口量,尤其在关税较高的东道国会产生这种出口替代效应。另一方面从全球政治形势来看,西方发达经济体一方面想借助中国的快速发展来消解自身发展过程中的一些问题,另一方面又心存芥蒂,对中国的崛起采取遏制和防范措施。这就产生"中国威胁论""新殖民主义"等论调,对于江苏乃至全国的进出口产生影响。此外,对于非洲和亚洲等欠发达地区,存在动乱、政治环境差等问题,加之很多国家受西方霸权主义思想的影响,这都阻碍了我国的进出口,以导致中国的对外贸易成为东道国斗争的牺牲品(王书杰,2016)。

(三) 基于省内投资的经济绩效

由单位根检验结果可知,对外直接投资与省内固定资产投资的交叉项(CROSS3)与被解释变量 GDP 都是同阶单整数据,因此进行滞后阶数为 2 的 Johansen 协整检验,检验结果见表 3 - 12。经检验变量间存在协整关系,因此可以进一步建立误差修正模型(VEC),模型估计结果见表 3 - 13。

表 3 - 12　Johansen 协整检验结果

零假设:协整 变量的数目	特征值	迹统计量	5%临界值 显著水平	概　率
0	0.799 8	21.125 9	15.494 7	0.006 4
至多 1 个	0.268 2	3.435 3	3.841 5	0.063 8

表 3 - 13　误差修正估计结果

误差修正项	$D(GDP)$	$D(CROSS3)$
$CointEq1$	0.531 8 [2.817 6]	6.20E−05 [1.619]
$D(GDP(-1))$	−0.794 2 [−1.894 2]	−2.44E−05 [−0.286 9]
$D(GDP(-2))$	−0.667 8 [−2.376 7]	−5.55E−05 [−0.973 8]

误差修正项	D(GDP)	D(CROSS3)
D(CROSS3(−1))	15 835.12 [2.930 6]	1.297 5 [1.184 3]
D(CROSS3(−2))	7 249.171 [1.952 9]	0.317 2 [0.421 5]
C	28 521.41 [4.555 2]	1.047 2 [0.824 9]

根据上表可以写出 GDP 的误差修正模型,表达公式如下:

$$\Delta GDP = 0.53 ECM_{t-1} - 0.79D(GDP(-1)) - 0.67D(GDP(-2)) + 15\,835.12D(CROSS3(-1)) + 7\,249.17D(CROSS3(-2)) + 28\,521.41$$

由误差修正模型可以看出,对外直接投资与省内固定资产投资的交叉项对于 GDP 有显著影响,且其系数较大。这说明对外直接投资能够很大程度地带动省内投资,从而带动江苏省经济的高速发展。随着对外投资的逐渐发展,江苏省内的固定投资额也不断攀升且不断优化。一方面,对外投资产生的投资效益能够带来更加充裕的资本,用以投向厂房、设备等以获得扩大再生产。不仅如此,在对外投资的过程中能够释放出本地大量的劳动力、资源、资本等,通过对其进行整合,可以促进省内对高新技术产业的投资,促进省内产业的转型升级。

五、结论与建议

通过对江苏省的对外投资特征以及实证分析可以得出如下结论:首先,江苏省的主要投资地区、投资产业在不断优化,不断从资源投资转向技术投资转变,但这一过程还需要不断完善。以及江苏省的投资状况存在苏南、苏北发展不均衡的状况,也需进一步的协调发展。其次,从海外投资产生的经济绩效来看,江苏省的对外投资能够带动企业效率的提高、优化省内投资,从而带动江苏省经济的进步。而海外投资通过对进出口产生影响进而产生经济绩效的渠道受到阻碍。基于此,提出以下建议:

首先,尽管江苏省的对外投资在不断转型,但是依然有较大部分流向经济实力较弱的国家。从长远来看,对外直接投资不能局限于对于能源的获取,更多地要转向产品升级以及产品质量和功能的提高。但这一过程要顺应着发展,江苏省企业的主要优势在于中低等技术的劳动密集型产品。投资一旦过渡集中于发达国家,这些优势就无法发挥,从而导致经济效率降低。

其次,企业生产率对海外投资具有正向的积极作用,所以各省市政府应注重为本地区企业搭建发展平台,进一步完善对外投资的战略布局,同时为企业提高生产率水平进行海外投资提供政策支持。企业本身作为对外投资的主体,在对外投资的过程中也要不断提高自身生产效率,主动承担起应有的海外社会责任,树立起海外社会观。

最后,努力扩大与各国的贸易往来,缩小文化差异、促进文化交流,逐渐拉进投资企业与东道国的心理差距。可以通过到当地考察以了解当地的风俗,以促进产品当地化,多雇佣当地工人,给当地提供更多的就业机会等方式。通过管理等各种方式来适应东道国的文化,以缓解贸易霸权带来的影响。

第一节 产业结构演变及其绩效

导读:实践表明,经济的高速增长与产业结构的变动是相伴而行的,但是江苏省在产业结构优化升级的过程中,依然存在诸多不协调,产业结构演变和经济增长之间的关系到底如何? 本研究首先对江苏省产业结构的演变过程进行了阶段性的定量分析,可以看出:在对经济增长的贡献率及拉动力上,江苏省第一产业和第三产业扮演着此消彼长的角色,而第二产业相对平稳、略有波动。其次,对江苏省产业结构演变影响经济增长的作用机制进行了探讨,运用 1981—2015 年的相关数据,分别对江苏省产业结构演化的阶段性、区域性及个体性绩效进行了实证检验,均反映出第二产业和第三产业必将成为未来经济增长强有力的动力,进一步全面揭示江苏省产业结构升级与经济增长之间的互动关系。最后,在上述分析基础上,对新常态下江苏省"稳经济、促发展"提出了相关建议。

一、引言

现代经济要实现健康稳定的发展,合理的产业结构必不可少,但是由于我国大部分地区曾实行粗放式的生产经营方式,因而造成了区域经济发展存在着产业结构整体层次较低、第三产业发展相对滞后等问题。如何加快经济发展方式转变,增强产业竞争实力,实现产业转型升级,已然成为社会经济发展需要面对的重大课题。政府工作报告在部署 2017 年的工作时,明确要求产业政策要准,要推动经济保持中高速增长、产业迈向中高端水平。

改革开放以来,江苏省经济总量持续增长,据统计年鉴显示,全省国内生产总值从 1978 年的 249.24 亿元增加至 2016 年的 76 086.2 亿元,年平均增速 16.25%;固定资产投资完成额从 1978 年的 21.75 亿元增加至 2016 年的 49 370.9 亿元,年平均增速 22.56%;此外,2016 年第一产业增加值 4 078.5 亿元,第二产业增加值 33 855.7 亿元,第三产业增加值 38 152 亿元,各产业产值均居于全国前列,综合实力明显增强。面对复杂多变的宏观经济环境和艰难繁重的改革发展任务,江苏省已经成长为全国经济大省和经济强省。在伴随经济高速增长的同时,江苏省三大产业产值在 GDP 中的占比也不断发生着变化,第三产业占 GDP 的比重持续上升,全省产业结构早已在 1989 实现了"二一三"模式到"二三一"模式的结构性转变,并且在 2015 年,首次出现"三二一"产业格局。

实践表明,经济的高速增长与产业结构的变动是相伴而行的。然而,值得注意的是,江苏省在贯彻落实产业结构优化升级的战略过程中,在取得初步成就的同时,仍然存在诸多的不协调,如区域差异依然较大,城乡二元结构问题依然严重……那么,产业结构演变和经济增长之间的关系到底如何? 产业结构演变的作用是促进,还是抑制? 在国家产业政策的指导下,江苏省又该如何基于省情更好地进行产业结构的调整呢? 因而,定量分析江苏省产业结构的演变过程及发展现状,实证检验江苏省产业结构调整的实际绩效,对推动江苏省产业结构进一步优化和新常态下经济社会全面协调可持续发展具有重要意义。

二、文献综述

由于产业间的增长存在不均衡性,学者们对于产业结构演变的动因进行了一系列分析。任盈盈和刘思峰(2006)将产业结构演化的相关因素分为技术、需求、劳动力、国际供需、产业政策等五大类,基于灰色关联分析法,剖析了江苏省产业结构调整的基本动力。刘保珺(2007)运用结构分解技术,通过分解投入产出模型认为,第一、二产业生产的社会化和专业化程度、生产服务业需求、投资结构的合理性以及对引进技术的消化情况等,是影响我国产业结构演变与经济增长的主要因素。同样,刘伟和蔡志洲(2008)、Yoshikawa & Miyagawa(2009)、吕炜(2010)也都强调了技术和需求的重要性,他们认为产业结构的转变很大程度上是因为技术和需求的变化,产业结构演变总向技术进步快并且需求收入弹性较高的产业转换。此外,牛鸿蕾(2010)基于灰色关联模型对江苏省产业结构演变和区域经济增长进行了阶段性动态关联分析,结果显示三次产业间的相互依赖关系在一定程度上制约着产业结构的演进，维持金融市场和房地产市场健康稳定发展对于促进经济增长具有重要作用。黄庆华等(2014)提出影响长江经济带产业结构演变的主要因素有政策导向、区域分工合作、要素价格等。纪小美和付业勤(2017)通过构建县域产业结构系数和马尔可夫转移概率矩阵发现，新中国成立后江苏省县域产业结构日益优化并且存在俱乐部趋同现象，另外，不同社会经济因素对县域产业结构有不同方向的显著影响。

关于产业结构优化对经济增长的影响研究，一直都是学术界的热点问题。国内外学者无论是通过理论分析，还是采用经典的实证研究方法进行验证，基本上都得到了一致的结论，即经济增长与产业结构演变密不可分。库兹尼茨(1949)最早通过对比分析 50 个国家的经验数据发现，制造业的增长往往也伴随着人均国民收入的增长。崔玉泉等(2000)依据产业结构变动和经济发展变化的具体情况，利用灰色关联理论，分析了二者的关系，结果显示产业结构变动对经济增长具有重要作用，合理的产业结构是经济增长的基础。叶依广等(2002)、鲁奇和张超阳(2008)均运用偏离份额分析法，分别对江苏省和河南省产业结构调整对于各区域经济增长的具体影响进行了实证研究，他们认为即便产业结构的整体水平依然较低，但其对经济增长的影响依然较大，日后经济增长差距缩小的重点应是通过技术改造、建立分工合作机制等对地区间的产业结构进行优化调整。薛白(2009)从产业结构的微观要素配置和宏观动态演进两个层面，指出经济增长方式转变取决于政府诱导性结构变迁手段和市场内生性结构变迁动力间的兼容程度。田红等(2009)和王迎英和曹荣林(2010)均基于多部门经济模型，分别测度了 1953—2004 年山东省和 1952—2007 年江苏省产业结构变动对经济增长贡献度，结果均显示产业结构调整存在阶段性和周期性特点，目前其对区域经济增长的贡献呈下降趋势，且存在明显的区域性差异。干春晖等(2011)在测度产业结构合理化和产业结构高级化的基础上，探讨了二者对于经济波动的影响，研究发现二者对经济增长的影响都具有明显的阶段性特征，总体上我国产业结构合理化对经济发展的贡献远大于产业结构高级化。然而，常浩娟和王永静(2014)认为经济增长与产业结构相互制约，均受经济体制影响很大，并且相较于产业结构的合理化，其高级化水平对经济增长的正向促进作用更突出。

关于促进未来产业优化的路径选择，学者们也给出了多样化的建议。褚保全等(2002)基于产出结构和资本、劳动等要素投入结构的角度，具体分析了产业结构调整带动经济增长的原因和途径,认为应该平稳发展第一、二产业,积极发展第三产业,协调三次产业间的资金配置。李占风和杨华(2007)和刘超和夏晓华(2010)同样也强调了大力发展第三产业,注重第三产业比重增加的重要性,他们认为城市的发展,不能再仅仅简单地依靠第二产业的拉动,提高要素生产效率、扩大经济规模是产业政策的制定的基本要点。盛世豪和朱家良(2003)根据产业成长的内在机制与技术特征,以广东、江苏和浙江三省产业结构具体的演变过程为例,提出促进浙江产业结构优化的思路是积极融入经济全球化、完善区域创新体系、建立全球营销体系、增强要素供给能力等。陈宇和赖小琼(2013)从质和量两个方面对福建省1952—2011年产业结构变迁和经济增长情况进行了具体分析,提出要重视"三农"建设和现代服务业的发展,同时,防范"重工业化"可能对未来造成的严重威胁。

可以看出,现阶段关于产业结构演变的研究日趋成熟,对我国部分区域或者整体的产业结构与经济增长关系的实证研究也日益丰富,但是通过文献梳理发现,目前的研究成果依然存在理论基础不完备、指标数据不详尽等问题,虽然采用了不同的研究方法,但基本局限于偏离份额分析法、投入产出分析法等,基于面板数据的实证研究依然缺乏。并且,近几年关于江苏省各地级市产业结构演变情况的研究成果更是少之又少。本书以江苏省为例,深入分析江苏省产业结构演变过程及其影响经济增长的内在作用机制,并基于最新的面板数据,进行多层面的实证检验,以期对产业结构的研究给予补充。

三、江苏省产业结构的演变

(一) 江苏省产业结构的演变趋势分析

图4-1、图4-2、图4-3分别描述了1981—2015年江苏省三次产业占比、三次产业贡献率及对三次产业对地区生产总值拉动的变化趋势。从整体上看,江苏省经济发展经历了一个从小到大、从弱到强的渐进式过程。30多年来,地区生产总值一直处于持续快速上升状态,实现了经济发展水平的大幅跃进,基本上形成了一套更富江苏省地方特色的发展路径。由图4-1可知,1981年,按当年价格计算,江苏省地区生产总值为350.02亿元,到2015年达70 116.38亿元,扩大200.3倍。同时,三次产业比例关系也历经多次巨大调整,第一产业占比不断下降,第二产业相对平稳、略有波动,第三产业占比逐步上升,完成了产业格局从"二一三"模式到"二三一"模式,再到"三二一"模式的历史性转变。

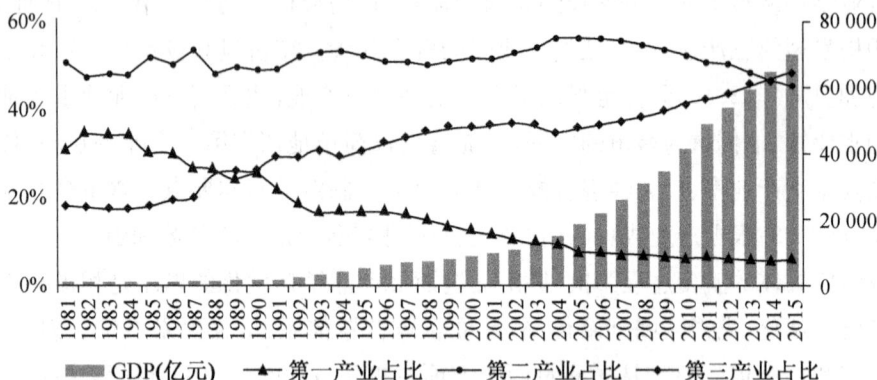

注:产业占比(%)对应左纵坐标轴,地区生产总值(亿元)对应右纵坐标轴。

图 4-1　1981—2015 年江苏省产业结构与地区生产总值变化图

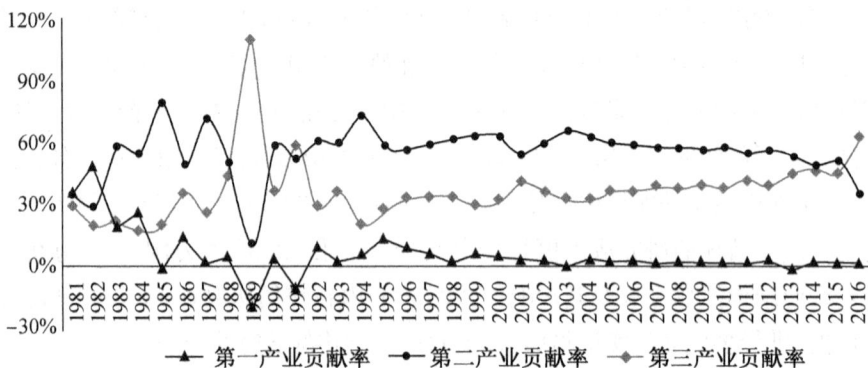

图 4-2　1981—2016 年江苏三次产业贡献率变动曲线

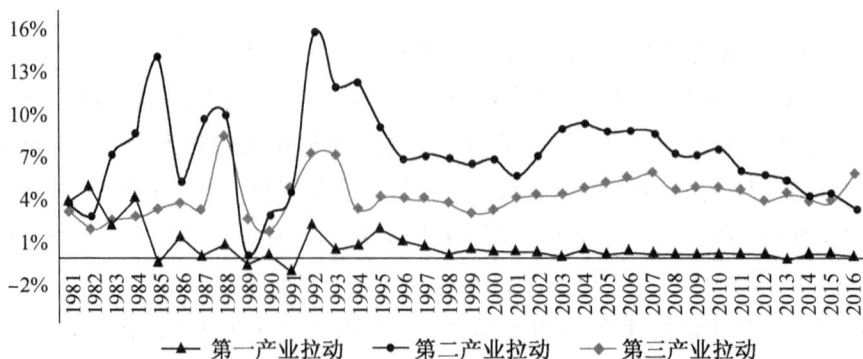

数据来源:根据 1981—2016 年《江苏省统计年鉴》的相关资料整理计算而得。

图 4-3　1981—2016 年江苏省三次产业对地区生产总值增长拉动的变动曲线

　　由图 4-2 和图 4-3 可知,江苏省第一产业对经济增长的贡献率及拉动力存在较大降幅,而第三产业的贡献率有着较大提高,两者扮演着此消彼长的角色。与此同时,第二产业对江苏省经济增长的贡献与拉动虽有起伏,但基本上大于第一、第三产业。具体来看,20 世纪 80 年代,我国摒弃原有违背经济发展规律的产业政策,对农业和轻重工业的比重进行了调整。江苏省也将生产要素的投入逐渐由农业部门向工业企业转移,特别是苏州、无锡、常州等临靠上海的苏南地区,开创了"以工兴农"的乡镇企业发展路径,第二产业逐渐成为经济增长的主要引擎。与此同时,部分地区以服务业为主的第三产业也在迅猛崛起。1989 年,江苏省三产占比为 24.52∶49.71∶25.77,首次实现经济发展主要由第一、第二产业拉动变为主要由第二、第三产业拉动的结构性质变,该年第三产业对于地区生产总值增长的贡献甚至超过第二产业。20 世纪 90 年代后,江苏省更加注重技术进步、产品创新,通过优化传统行业及大力扶持新兴行业,产业结构逐渐由劳动密集型向资本、技术密集型方向演变,第一产业对经济增长的贡献与拉动继续走低,第二产业稳中有降,第三产业蓬勃发展,2015 年首次出现"三二一"产业格局,第三产业对于地区生产总值增长的贡献与拉动也有超越第二产业的趋势。

(二) 江苏省产业结构演变合理化分析

　　产业结构合理化一方面反映了产业间的协调发展程度,另一方面也反映了资源配置的合理程度。在借鉴已有研究成果的基础上,选用产业结构与就业结构的偏离度来具体衡量江苏省产业结构的合理化程度,公式如下:

$$E_i = \frac{Y_i/Y}{L_i/L} - 1$$

$$E = \sum_{i=1}^{n} |E_i|$$

　　其中,E 表示产业结构偏离度;n 为产业部门数;E_i 为第 i 产业的结构偏离度;Y_i 为第 i 产业的产值;Y 为总产值;L_i 为第 i 产业的就业人数;L 为总就业人数。当 E_i 值越接近于 0,E 值越小,则说明产业结构与就业结构偏差越小,产业结构越发合理,反之越不合理。该研究测算了 1981—2015 年间,江苏省产业结构的偏离度,如图 4-4 所示。

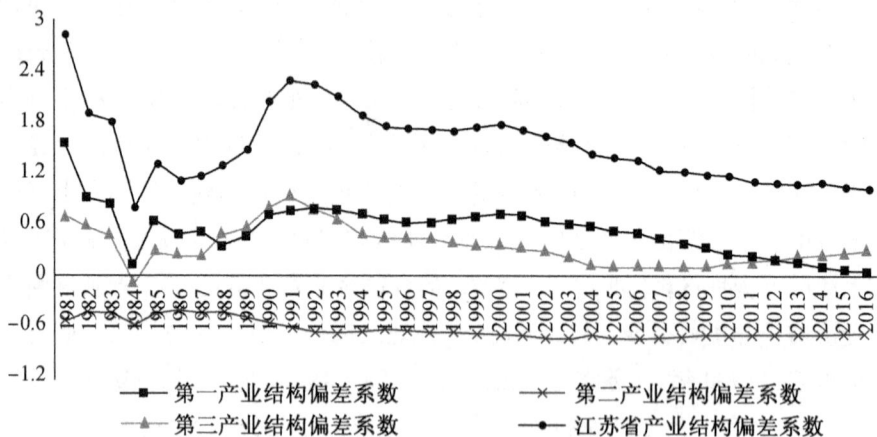

数据来源:根据 1981—2016 年《江苏省统计年鉴》的相关资料整理计算而得。

图 4-4　1981—2016 年江苏省产业结构偏离度

可以看出,江苏省产业结构偏离度在 20 世纪 80 年代初期,经历了快速下降的过程,1984 年甚至降低至 1 以下,随后逐步上升,1992 年达到峰值,之后稍有短暂下降,但是变化幅度不大,2002 年以后,又出现较明显的下降过程。这与第一、第二、第三产业之间的结构调整相一致。第一产业结构偏差系数变化相对平稳,但是持续负值,这说明江苏省农村劳动力相对过剩问题,依旧没有得到有效解决。其中,农村生产效率的提高使得农作所需劳动力日益减少,是不可忽略的原因。第二产业和第三产业结构偏差系数的整体变动情况基本一致,在 1984 年以前,出现较大幅度的下降,随后稍有上升,但在 1992 年以后基本都呈现逐年下降趋势。然而,第三产业结构偏差系数基本上略微小于第二产业结构偏差系数,甚至在 2004 年之后,第三产业结构偏差系数开始无限接近于 0。值得提及的是,在 2013 年以后,第二产业结构偏差系数也开始接近于 0。这说明,伴随产业政策的不断调整与实施,江苏省产业结构发展日益合理,第二产业和第三产业将成为其持续发展的强劲动力。

(三)江苏省产业结构演变高级化分析

产业结构高度化是指产业结构重心由第一产业向第二产业、第三产业转移的过程,也代表着区域经济的发展水平与发展阶段。目前,学术界关于产业结构高度化的量化方法尚未统一,考虑到江苏省第三产业目前快速发展的现状,为了更好反映经济增长的趋势,选取第三产业产值与第二产业产值比作为江苏省产业结构演变高级化的具体量化指标,如图 4-5 所示。

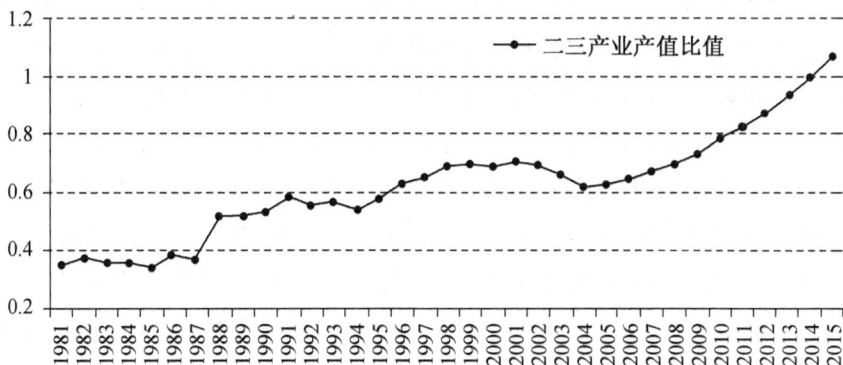

数据来源:根据 1981—2016 年《江苏省统计年鉴》的相关资料整理计算而得。

图 4 - 5 1981—2015 年江苏省二三产业产值比变化趋势图

整体来看,江苏省产业结构调整长期处于上升状态,正逐步优化。产业高度由 1981 年的 0.351 8 上升至 2015 年的 1.063 7。其中,在 2002—2004 年间,江苏省产业结构高度化出现略微下降,但随后持续上升。影响产业结构高度化的提升的因素有很多,其中包括:农业产业化程度、工业经济规模、高新技术推广、新兴服务业发展等,各种因素相互影响、共同作用(肖立,2011)。目前,江苏省房地产、计算机服务、商务服务等新兴服务业崛起迅速,交通运输、批发零售、金融保险等基础服务业也得以改进与加强,科研投入比重不断提升,大中型工业企业数目不断增加,企业创新技术能力显著提高,据《江苏省国民经济和社会发展统计公报》显示,2016 年江苏省高新技术产业保持平稳增长,实现产值 6.7 万亿元,占规模以上工业产值的 41.5%。可以看出,第三产业在政府和各方的积极配合下,正蓬勃发展,可以预计未来江苏省产业结构高度化的总体发展趋势将持续平缓增长。

四、产业结构演变与经济增长关系的理论分析

学者们对于产业结构变动与经济增长之间的关系进行了长期的研究分析,但是在相当一段时间内,对于二者之间作用机理的研究还是有待深入的。传统的经济增长理论认为,经济的增长源于劳动力投入、资本积累以及技术进步等相关因素的相互作用。伴随技术水平的提高、社会分工的细化,学者们越发重视产业结构对于经济增长的重要性。事实上,二者并不矛盾,反而存在一定的互动机制。

首先,产业结构的优化水平在一定程度上反映了经济的发展水平。当一

个国家或地区处于工业化初期,其产业结构一般为最初的"一二三"格局;当产业结构转变为"二一三"格局时,这意味着第二产业发展迅速,产值扩大显著并且已经赶超第一产业,成为主导产业,这也代表着工业化进程确实得到了深入的推进;当产业结构转变为"二三一"格局,甚至达到"三二一"格局时,这意味着服务业的重要作用日益凸显,第三产业强势推进,这也代表着社会发展到了工业化后期,甚至已经完成工业化建设,经济发展进入了一个更高层次。

其次,产业结构的优化促进了经济的增长。一方面,产业结构的优化促进了资源更有效的配置,使经济增长更加合理。资源的大量投入是经济增长的前提,然而,资源的稀缺性决定了其必然无法被无限使用。因此,对于资源有效使用的程度直接影响了经济的发展速度,而产业结构合理化程度的提高直接影响着资源利用效率的改善。主导产业的变迁一般遵循从第一产业开始,转向第二产业,最终变为第三产业的规律。可见,当主导产业演变为劳动生产效率更高的部门,产业结构将愈发合理,大量的社会资源投向具有更高产值的产业,资源配置愈发高效,对于经济增长的拉动也愈发持续稳定。另一方面,产业结构的优化促进了产品市场的供需平衡,使经济增长更加合理。产品市场发展过热,往往产能过剩,无法与市场需求相适宜,产品滞留;发展过冷,没有富裕的资源支持,也无法满足市场需求,都会对经济增长产生沉重的打击,而产业结构的优化对于供需结构的匹配具有重要的协调作用。产业结构演化在受制于国家或地区政策影响之外,科学技术的进步也起到了重要的作用。高新技术的运用会刺激部门生产效率的提高,大幅度节约部门运营成本,不断满足人们日益丰富的物质与精神追求,同时为市场提供了新的动力。显然,拥有高新技术的产业也会因此发展得越来越快,对于经济增长的带动作用也愈发明显。此外,值得说明的是,技术水平的提升必然会促进产业结构的优化,同时,产业结构的优化也促进了科技水平的提高,人们对高新技术有了新的期许,技术创新也有了更优质的研发环境,两者相辅相成。

最后,经济的增长也促进了产业结构的优化。伴随经济的持续增长,居民收入水平也日益提高,衣食住行等基本生活需求的满足,不再是人们追求的最终目标,越来越多的居民开始注重生活质量的提升,更加向往精神生活的富足。需求结构在悄然间发生着变化,这必然也促使着供给结构发生相应的变化。当居民对农产品的需求逐渐减弱,资本和劳动力等生产要素将不再聚焦于第一产业,而慢慢向第二产业和第三产业转移,第二、第三产业逐步进入高速发展阶段,产业结构比例也逐渐由"一二三"结构转为"二三一"结构,最终实现"三二一"结构。可见,产业结构也伴随着经济的发展而逐步优化。

综上所述,产业结构的优化反映了经济运行的实际状况,与此同时,也体现了资源配置效率的提升,供需结构合理化的改善。通过产业结构的优化,实现了经济效益的提高,确保了经济沿着又好又快方向发展。反过来,经济的高效发展,也不断刺激了产业结构的升级,二者相互作用、相互促进。

五、产业结构演变影响经济增长的实证检验

选取江苏省1981—2015年共35年的相关数据,对产业结构升级与经济增长之间的相互关系进行了实证检验。选择用产业调整系数即第二产业和第三产业增加值之和占地区生产总值的比重来衡量产业结构的整体演变情况,表示为Iaf;用地区生产总值指数来衡量经济增长的情况,表示为Gdp。

为确保统计结果的有效性,首先对所需回归的数据进行单位根检验,结果如表4-1所示。

表4-1 单位根检验结果

序列	ADF检验值	1%临界值	5%临界值	10%临界值	是否存在单位根
X	-4.063 0	-3.679 3	-2.967 8	-2.623 0	否
Y	-3.574 9	-3.653 7	-2.957 1	-2.617 4	否

从单位根检验结果可以看出,产业调整系数和地区生产总值指数均不存在单位根,因而可以进行格兰杰因果检验以检验产业结构演变与经济增长之间是否具体双向因果关系,检验结果如表4-2所示。

表4-2 格兰杰因果检验结果

原假设	P值(滞后3期)	P值(滞后6期)
Y不是X的格兰杰原因	0.000 4	0.074 9
X不是Y的格兰杰原因	0.338 2	0.006 5

从格兰杰因果检验结果可以看出,在1%的显著性水平下,滞后6期后,产业调整系数是地区生产总值指数的格兰杰原因;同时,滞后3期后,地区生产总值指数也是产业调整系数的格兰杰原因。这一检验结果与前文的理论分析相一致,产业结构升级与经济增长二者之间确实能够相互作用、相互促进。但是,这一促进作用的发挥具有一定的时滞性。

在明确了产业结构升级对经济增长具有促进作用的情况下,还有必要合

理、准确地测量三次产业在促进经济增长中的弹性系数,来进一步量化各产业对于经济增长的动态影响。选取江苏省 1981—1990 年、1991—2000 年和 2001—2015 年地区生产总值的对数值作为被解释变量,各产业增加值的对数值作为解释变量,构建了如下式所示的计量模型①。

$$\ln Y = \alpha + \beta_1 \ln X_1 + \beta_2 \ln X_2 + \beta_3 \ln X_3 + \varepsilon$$

其中,Y 表示每年的地区生产总值;X_1、X_2 和 X_3 分别表示每年的第一产业、第二产业和第三产业的增加值;系数 β_1、β_2 和 β_3 分别表示第一产业、第二产业和第三产业增加值对地区生产总值的弹性系数。另外,α 表示除产业因素之外,如技术和制度等外生因素对地区生产总值的弹性系数。回归得出各弹性系数的结果如表 4-3 所示。

表 4-3　江苏省三次产业对地区生产总值的弹性系数②

1981—2015	$\ln Y = 1.0642 + 0.2046\ln X_1 + 0.5114\ln X_2 + 0.2462\ln X_3 + 1.0356 AR(-1)$ 　　　(0.0000)　(0.0000)　　　(0.0000)　　　(0.0000)　　　(0.0000) $R^2 = 0.9999$　F 值=376 379.9　$P(F$ 值)=0.0000　$DW = 1.6602$
1981—1990	$\ln Y = 1.0599 + 0.3068\ln X_1 + 0.4691\ln X_2 + 0.2243\ln X_3$ 　　　(0.0000)　(0.0000)　　　(0.0000)　　　(0.0000) $R^2 = 0.9999$　F 值=128 948.5　$P(F$ 值)=0.0000　$DW = 2.5032$
1991—2000	$\ln Y = 1.0710 + 0.1509\ln X_1 + 0.4884\ln X_2 + 0.3542\ln X_3$ 　　　(0.0000)　(0.0000)　　　(0.0000)　　　(0.0000) $R^2 = 0.9999$　F 值=129 635.3　$P(F$ 值)=0.0000　$DW = 1.6289$
2000—2015	$\ln Y = 0.8963 + 0.0867\ln X_1 + 0.4987\ln X_2 + 0.4183\ln X_3 + 0.7815 AR(-1)$ 　　　(0.0001)　(0.0007)　　　(0.0000)　　　(0.0000)　　　(0.0262) $R^2 = 0.9999$　F 值=217 196.2　$P(F$ 值)=0.0000　$DW = 1.0623$

从表 4-3 中可以看出,四个方程的回归结果中各个系数和整体情况均通过了 1% 显著性水平下的检验。从 1981—2015 年共 35 年间的数据回归结果可以看出,三次产业中第一产业的产出弹性最小,只有 0.2046,第三产业次之,仅有 0.2462,而第二产业的产出弹性最高,达到了 0.5114。另外,根据 1981—1990 年、1991—2000 年和 2001—2015 年的回归结果可知,第二产业保持了经济增长第一引擎的地位,在第一产业的产出弹性逐渐缩小的同时,第三产业对经济的带动作用开始持续发力。第二产业有如此之高的产出弹性主要

---

① 数据来源:《江苏统计年鉴 2016》。
② 数据来源:1997—2016 年的《江苏统计年鉴》。

是因为第二产业作为支撑一个国家或地区的经济根基,已经渗透到人民生活的方方面面,并且随着经济的发展,人们对第二产业的需求也越来越多样化。也正由于第二产业有如此之高的地位,第二产业也成了中央政府和地方政府实施产业政策中的重点发展对象。由于第一产业的生产率较低,并且随着经济的发展,其占地区生产总值的比重也越来越小,因而对经济增长的弹性系数也逐渐变小。而第三产业作为第一产业和第二产业转化和补充的产业,由于其较高的生产效率,使得第三产业占地区生产总值的比重越来越大,对经济增长的弹性系数也逐渐增大,甚至有赶超第二产业的趋势。

江苏省位于东部沿海地区,南北跨度较大,东西跨度较小,由于南部毗邻上海、杭州等经济发达城市,而北部周边缺乏能够辐射一方的大城市,从而形成了苏南、苏中和苏北经济实力递减的格局。因此,有必要比较三大区域各自三大产业的产出弹性,从中探讨三大区域差距的根源所在。1997 年的江苏统计年鉴首次提出了苏南、苏中和苏北的划分,其中苏南包括苏州市、无锡市和常州市,苏中包括南京市、镇江市、扬州市、泰州市和南通市,苏北包括徐州市、淮安市、盐城市、连云港市和宿迁市。这一划分标准在 2001 年江苏统计年鉴出现了更改,将原本属于苏中地区的南京市和镇江市划归到苏南地区,并且这一划分标准一直沿用至今。按照如今的划分标准,选用 1996—2015 年三大区域的相关数据,测度了各个区域三大产业的产出弹性,如表 4－4 所示。

表 4－4　1996—2015 年苏南、苏中和苏北三大产业的产出弹性①

区域	苏南	苏中	苏北
第一产业产出弹性	−0.656 2** (−2.184 8)	0.164 6*** (5.031 4)	0.384 8*** (22.352 7)
第二产业产出弹性	0.676 3** (2.460 0)	0.481 4*** (32.073 0)	0.387 7*** (13.388 5)
第三产业产出弹性	0.730 4* (2.114 4)	0.383 2*** (18.958 0)	0.319 3*** (10.023 7)
R^2	0.991 2	0.999 9	0.999 9
F 值	601.1	191 629.0	100 049.2
DW 值	1.564 3	2.087 4	1.446 1

注:括号内数据为系数的对应 t 值,***、** 和 * 分别表示 1%、5% 和 10% 的显著性水平,下同。

从表 4－4 中可以看出,三个地区在不同产业产出弹性上的表现不尽相

---

① 数据来源:1997—2016 年的《江苏统计年鉴》。

同,苏南地区是第三产业产出弹性最大,第二产业产出弹性次之,第一产业产出弹性最小;苏中地区是第二产业产出弹性最大,第三产业产出弹性次之,第一产业产出弹性最小;苏北地区是第二产业产出弹性最大,第一产业产出弹性次之,第三产业产出弹性最小。另外,从三个区域的每一产业产出弹性上来看,第一产业产出弹性中苏北最高,苏中次之,苏南最小,甚至出现了负弹性;第二产业产出弹性中,苏南最高,苏中次之,苏北最小;第三产业产出弹性中三个地区的表现与第二产业产出弹性一致。依此说明,苏南地区主要依靠第二产业和第三产业发展经济,并且以第三产业为经济支柱,并尽量减少生产率低的第一产业占地区生产总值的比重;苏中地区虽然同样以第二产业和第三产业作为地区生产总值的主要贡献力量,但对第三产业的开发力度还远远不及苏南地区,与此同时,对第一产业还有一定的依赖性;苏北地区的城市发展水平与苏南苏中地区相比实在欠佳,第二产业虽然作为产出弹性最高的产业,但仅仅以微弱的优势高于第一产业,甚至第三产业的产出弹性还不及第一产业,对第一产业的依赖以及对第二产业和第三产业的不够重视严重削弱了其经济实力,其产业结构与苏南苏中相比较而言急需调整升级。从苏南、苏中和苏北三次产业产出弹性的表现中可以看出,在不过度缩减第二产业分量的同时努力加大第三产业分量和缩小第一产业分量是经济持续增长的必然选择。

从 1996 年开始至今,江苏省一直保持着 13 个地级市的地理格局,这 13 个地级市在产业规划和经济发展方面的变化不尽相同。探究不同产业对经济增长的促进作用在考虑时间维度、空间维度的同时,也要考虑个体维度。利用 13 个地级市 1996—2015 年三次产业增加值和地区生产总值数据,构造了测算三次产业产出弹性的面板数据个体固定效应模型,回归结果如表 4-5 和表 4-6 所示。

表 4-5 面板数据模型回归系数[①]

变 量	估计值	T 统计量
常数项	0.799 8***	15.338 1
第一产业产出弹性	0.062 7***	16.345 7
第二产业产出弹性	0.474 4***	22.799 1
第三产业产出弹性	0.485 4***	24.405 6
R^2=0.999 6	$P(F$ 值$)$=0.000 0	DW=2.382 7

---

① 数据来源:1997—2016 年的《江苏统计年鉴》,各地级市统计年鉴以及统计公报。

表 4 - 6　各地区固定效应值

地 区	苏州	无锡	常州	镇江	南京	南通	泰州
固定效应值	−0.036 8	−0.029 0	−0.056 4	−0.064 2	−0.078 9	−0.088 4	−0.067 5

地 区	扬州	宿迁	淮安	徐州	盐城	连云港	—
固定效应值	−0.079 0	−0.062 7	−0.115 6	−0.085 1	−0.074 8	0.840 0	—

从表 4 - 5 中的系数项可以看出,江苏省 13 个地级市的经济增长主要依靠第二产业和第三产业拉动,这两个产业的弹性系数都接近于 0.5,在对经济增长的贡献方面平分秋色。值得一提的是,第三产业的弹性系数以微弱的优势高于第二产业,一方面说明了第三产业在促进经济增长方面的强大作用,另一方面显示出弹性系数从小到大的产业结构的确使得江苏经济得以快速发展,经济水平一度超过了许多以第二产业为发展重点的省份。

从常数项和截距项来看,常数 C 达到了 0.799 8,说明 13 个地级市总体上都比较重视技术和制度在经济发展中扮演的角色;通过表 4 - 6 可知,截距项中连云港最高、淮安最低,说明 13 个地级市中连云港市在技术发展和制度优化方面表现突出,而淮安市在这些方面还有待改进。

六、结语

基于 1981—2015 年江苏省产业发展的具体状况,对其产业结构的演变过程及其绩效进行分析。研究发现:第一,江苏省三次产业比例历经多次巨大调整,完成了产业格局从"二一三"模式到"二三一"模式,再到"三二一"模式的历史性转变。第二,第一产业和第三产业在对经济增长的贡献度及拉动力上,扮演者此消彼长的角色。在第一产业产出弹性逐渐缩小的同时,第三产业对经济的带动作用开始持续发力。第三,江苏省产业结构发展日益合理,但是苏南、苏中和苏北地区,在不同产业产出弹性上的表现却不尽相同,但是,均反映出第二产业和第三产业必将成为未来经济增长强有力的动力。第四,从产业结构演变的个体绩效可知,江苏省十三个地级市中,连云港市的表现更为突出,而淮安市在技术发展和制度优化方面还有待于进一步改进。基于以上,对新常态下江苏省产业结构调整有如下启示:

首先,加快农业特色化建设,持续发展第一产业。目前,江苏省第一产业的发展速度明显下降,对其经济增长的贡献度和拉动力也逐年降低。农业是国民经济的基础,江苏省必须要加快农业发展方式转变,开展农业特色化建设,实现农业可持续发展。充分依托苏南、苏中、苏北的地域特征,分区域推进农区畜牧业发展,支持生产建设基地化,优化特色农产品生产布局,因地制宜开发高附加值的农副产品,从而形成新的经济增长点。在扩大种养规模的同时,也要考虑资源环境的承受能力,积极引导农业种植结构合理化,推动种养业废弃物无害化处理、循环利用。此外,通过政策调整,充分调动农民生产经营的积极性,鼓励农民发展多种经营,帮助农民增收,提高农业生产效率,增强农业竞争实力,从而促进第一产业可持续发展。

其次,提高工业现代化质量,平稳增强第二产业。一直以来,江苏省第二产业产值均占全省 GDP 的 50% 以上,与此同时,全省大部分的固定资产投资都集中在第二产业,第二产业对于江苏省未来经济发展的重要作用不言而喻。日后,江苏省应该继续巩固第二产业对于经济的带动作用,大力推动传统工业的转型升级。政府应进一步加强政策引导,加大技术改造力度,不断激发民营经济的活力,充分发挥龙头产业的优势作用,实现工业企业的规模化经营。同时,完善信息基础设施建设,将信息化与工业化相结合,提高工业企业的整体素质和竞争实力。此外,注重增加对金融、电信、交通等生产服务业的需求,进而反向刺激工业化质量的提高、劳动力吸纳能力的增强,以此进一步促进第二产业平稳增长。

最后,重视科技创新化发展,大力推广第三产业。江苏省产业规模庞大,第三产业发展势头良好,在 GDP 中的占比逐年上升,甚至超越第二产业占比,但是,整体水平依然较低。自主创新能力虽有所提升,但是技术层次依然相对较弱,尤其是具有自主知识产权的核心技术相当匮乏。科学技术是第一生产力,通过高新技术创新带动产业升级,是产业结构优化调整的主要内容。江苏省应加大科研投入力度,注重科研技术人才培养,完善支持政策与激励机制,建设技术创新体系。引进先进技术的同时,结合本地区实际情况,以市场为导向,追加创造性成果,增强企业的核心竞争力,提高资源利用效率以及产业附加值。合理引导第三产业发展,推动产业服务化和经济服务化,加强吸纳农村剩余劳动力能力,促进增长方式由粗放型向集约型转变。

此外,在考虑三大产业各自内部结构优化的同时,也要高度关注产业间的协调发展。农业的发展不能仅仅依靠自己的力量,工业的发展决不能以破坏其他产业为代价,第三产业在快速成长的过程中也要对其他产业的发展提供诸如资金、技术支持等。总之,三产之间要互助互利,共同助力经济的持续增长。

第二节　行业结构演变及新增长点

导读:在原有的行业结构的推动下,江苏经济取得极大的发展。然而在复杂的国际环境和国内经济新常态的背景下,当前的行业结构越来越难以带动经济快速发展,因此,寻找新的经济增长点成为江苏经济转型升级必然选择。本书以江苏省为例,从第一产业、第二产业、第三产业三个不同层次分析了江苏行业结构的演变过程,进而分析了江苏省重点行业的发展过程。通过综合比较行业的增长速度以及对经济的贡献度,指出江苏新经济增长点应该重点培育信息传输、软件和信息技术服务业,以金融业、租赁和商务服务业等为代表的生产性服务业,完成产业转型的部分传统产业以及文体娱乐业四个大方向。最后,针对四大方向当前存在的问题,给出解决方案。

2016 年,江苏地区生产总值达到了 76 086.17 亿元,占全国的 GDP 的 10.2%。改革开放以来,江苏良好的区位优势和人才技术储备吸引了国外资本的青睐,在利用外资方面,江苏一直走在全国前列。这一方面推动经济快速发展,另一方面也使得江苏产业多集中于外贸行业,从而很容易受到外部环境的冲击。作为经济大省,江苏的经济长期依赖于资本、劳动力、能源等的大量投入,科技创新在经济发展中的所起的作用较低。在当前新常态的经济背景下,这种不可持续的发展模式对经济的推动作用越来越弱。因此,梳理江苏省的行业结构演变过程,寻找江苏经济新的增长点对于促进经济结构转换,实现经济增长动力换挡升级具有重要的现实意义。

一、江苏省各产业演进过程分析

(一) 江苏省第一产业演变过程分析

自新中国成立以来,江苏省第一产业实现了大变革、大突破、大发展,从图 4-6 中可以看出,其发展历程以改革开放为分界点划分为改革开放前、改革开放后两个大阶段。

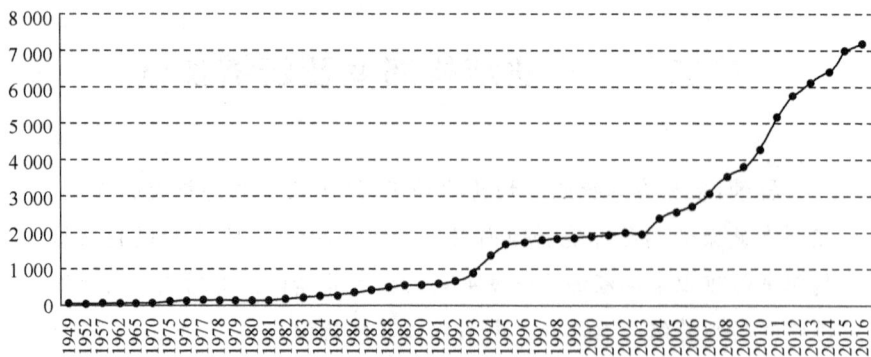

图 4-6 江苏省主要年份农林牧渔业总产值统计图(单位:亿元)

1. 改革开放以前

在这一大阶段,由于政策因素干扰,商品经济的限制使得江苏省第一产业的发展受到了极大的阻碍。经济发展动力不足,总量增长缓慢,行业结构较为单一是这一阶段的主要特征。

(1)新中国成立初期

在新中国成立初期,江苏省把恢复农业生产,保障新政权的工作放在首位。因此,在 1950 年进行全面的土地改革运动,消灭封建土地私有制,实现了农民土地所有制,使广大的农民获得了自己的土地。农村的生产得到迅速地恢复。在 1949 年农林牧渔业总产值只有 22.59 亿元,到 1952 年年底,江苏省农业经济得到了全面的恢复,总产值比 1949 年高了 41%,达到了 31.87 亿元。从 1953 年开始,我国开始对农业进行社会主义改造,成立生产合作社。到 1957 年,农业的产值就已经达到了 36.81 亿元,粮食产量比 1949 年提高了 42%,达到了 1 063.60 万吨。

(2)"大跃进"人民公社化时期

1958 年开始,农村开始实行人民公社制度,农民手中所有的生产资料都全部集中到人民公社手中,由公社统一进行管理、分配。取消家庭副业和农村集市。除此之外,在"大跃进"运动的影响下,盲目追求大规模高速度,只注重重工业的发展,大炼钢铁,使得农业发展受到严重的阻碍。到 1952 年,粮食总产量不增反降,只有 965.35 万吨。棉花产量只有 1957 年的一半,下降到 8.21 万吨。油料产量比 1957 年下降了 58.5%,只有 10.27 万吨,甚至不及 1949 年的产量。江苏省的农业发展受到了极大的破坏,农民收入减少,生活困难,个别地方甚至出现了严重的营养不良导致人员死亡的事件,第一产业的发展水平严重倒退。

（3）调整恢复时期

在这一阶段，国家开始对人民公社进行调整，实行生产队责任制。正确处理农业与轻、重工业之间的关系，把农业发展放在优先的地位，加大在农业生产上的投资，完善农村生产生活的基础设施，使得严重倒退的农业开始走向恢复。1965 年，农林牧渔业生产总值已经达到 57.27 亿元，粮食产量为历史最高水平 1 442.75 万吨，棉花油料也大幅度增长，达到了 26.44 万吨和 21.67 万吨。

（4）"文革"时期

"文化大革命"期间，农村的经营管理体制一直比较稳定，农村经济并没有受到太大的影响，一些地方和发展了社队工业。粮食产量比 1965 年提高了 42.6%，棉花和油料也增长迅速。

2. 改革开放之后

（1）快速发展阶段

对内改革对外开放使我国的经济发展进入到一个新的阶段。十一届三中全会使得全党的工作重点转移到社会主义经济建设当中。在农村实行了家庭联产承包责任制，取代原有的人民公社制度，极大地提高了农民发展生产的积极性。包产到户、包干到户，把土地的所有权和使用权进行分离，使农民成为一个自负盈亏、自担风险的生产者、经营者。除此之外，国家还逐步提高了农副产品的收购价格，进一步推动农村经济发展。除农业以外，林业、畜牧业、渔业的发展也十分迅速。1985 年，国家出台 1 号文件制定了十项经济政策，改革农产品统派购制度，调整农村产业结构，逐步放宽山区、林区等政策，增强市场的调节作用，搞活农村经济。到 1988 年，农林牧渔业总产值达到 497.95 亿元，同 1978 年改革开放开始时相比翻了近 5 倍。林业、渔业、畜牧业产值也快速上升。

（2）波动上升时期

从 1988 年开始，我国物价就开始快速上涨，因此国家开始进行价格闯关，对国民经济进行宏观调控。但最后价格闯关失败了，第一产业也受到影响。在 1991 年，江苏地区遭受了特大洪水灾害，这次洪水对江苏地区的第一产业产生了严重的影响。夏粮总共损失 20 多亿公斤，总产量只有 1 032.43 万吨；秋粮绝收面积达到 615 千公顷，总产量比 1990 年少了 117.61 万吨；棉花绝收面积达到 121 千公顷，农、林、牧、渔业总产值只达到 580.93 亿元，勉强与 1990 年持平。1992 年，邓小平南方讲话打破了人们的思想枷锁，生产积极性得到极大地提高。从1992年到1997年金融危机前,江苏省的第一产业发展势头强劲。在1994年,农、林、牧、渔业总产值就已经突破1 000亿美元大关,到1997年已经增加到1 816.37亿元。粮食总产量达到3 563.79万吨。受1997年亚洲爆发金融危机和通货紧缩影响,江苏省农业发展缓慢。从1997年至2001年,这5年的时间里增长率只有7%左右。粮食产量也受到影响,进入到新世纪后粮食产量甚至出现下降,在2001年只有2 942.05万吨,相当于1985年的水平。

(3)新一轮增长阶段

在进入新世纪以后,江苏省城市化进程开始提速,农村的产业结构不断调整,基础设施进一步完善,第一产业发展也越来越迅速。2001年,中国加入世界贸易组织,其农业协议的主要目标就是要打破贸易壁垒,建立一个公平的农产品贸易体制,逐步减少不合理补贴(党耀国等,2002)。2003年,我国政府取消了延续几千年的农业税政策,取而代之的是对农业生产活动进行补贴,使得广大农民发展生产的积极性不断提高。从2004年到2017年国家连续14年发布一号文件,关注农业、农村、农民问题,体现出政府对"三农问题"的重视。江苏的农业发展迎来了新一轮爆发式地增长。在2003年,全省第一产业总产值只有1 952.2亿元,而到了2016年就达到了4 077.18亿元,年平均增长率达到5%左右。但是,在这一阶段,由于江苏城市化水平不断提高,工业用地、城市用地的规模也随之增长,从而使得用于农业生产的土地面积不断缩小,因此主要农产品的产量增长缓慢甚至出现倒退的情况。在2016年,全年粮食总产量只有3 466万吨,与前一年相比减少了95.34万吨;棉花产量只有7.4万吨,比2015年减少了36.8%;油料也比2015年减少了7.8%。在新阶段,江苏省的农业现代化水平也不断提高。土地机耕面积由2002年的4 040.9千公顷上升到2015年的6 066.15千公顷。机播面积也由1 858.65千公顷上升到4 576.06千公顷。高标准农田的比重已经达到56%,有效灌溉面积从2002年的3 886.04千公顷增加至406.7万公顷。农业科技贡献率上升到67%。2016年年末,农业机械总动力突破4 909.6万千瓦。包括家庭农场在内的新型的农业生产方式也越来越多,2016年,全省的家庭农场已经有3.4万家。

回顾江苏省第一产业的发展历程,在这几十年的时间里,江苏省的农业发展在波动中不断增长。不仅仅表现在总产值的上升,更多地表现在农业结构的改善以及大量农业科学技术应用到生产生活当中和不断完善的农村基础设施等。但是,在目前农村农业改革中依然存在一些较为突出的问题。比如农村的发展水平相对于城市仍然存在一些差距、农村土地制度改革相对滞后、农村金融对农业的支持作用并不显著等。

（二）江苏省工业演变过程分析

近代中国落后西方国家的一条重要原因就是中国没有先进的工业。无论是关系国防安全的重工业还是与人民群众息息相关的轻工业都是一个国家赖以生存发展的基础。工业不强，国家不稳，因此大力发展工业，建立完整的工业体系就成为一个国家至关重要的任务。自从新中国建立以来尤其是改革开放以来，江苏的工业发展迅速，铸就了新中国工业发展的奇迹。回顾江苏工业成长历程，大概可以分为四个阶段。

1. 1949—1958 年恢复改造阶段

新中国建立后，江苏工业发展百废待举。在这一阶段，江苏工业在 3 年的恢复后，工业开始步入正轨，取得了不小的进步，但是由于江苏工业规模较小，且多为纺织类轻工业，江苏全省的工业总产值只有 25.5 亿元（1952 年）。从 1953 年开始，第一个五年计划开始实施，并逐步对江苏工业进行社会主义改造。但是在"一五"期间国家没有在江苏安排重点工业建设项目，因此，在这一期间，江苏工业发展只是依靠原有的工业基础，发掘工业发展的潜力余量，工业增长相对缓慢。到 1957 年，全省的工业总产值只有 41.01 亿元，约 84.8% 都是轻工业的产值。

2. 1958—1978 年动乱时期

1958 年开始，全国范围内开展了大炼钢铁的运动，片面追求高指标、高速度，打乱了工业发展的进程，扰乱整个社会正常的经济秩序，使得国民经济比例严重不平衡，经济发展遭受到严重的影响。从 1963 年开始为期 3 年的调整时期，这一时期建立了省经济委员会，对企业进行管理，工业经济逐步迈向正常的发展轨道。1962 年江苏全省工业总产值只有 53.36 亿元，到 1965 年年底，全年工业总产值就达到了 88.08 亿元，原煤、钢材、水泥等主要工业产品产量分别增长 5%、198.5%、75.8%。1966 年的"文化大革命"又一次扰乱江苏工业发展的进程。在十年动乱期间，大多数工厂受到冲击，导致停产停工。"三五"期间，工业总产值由 1966 年的 104.19 亿元上升到 1970 年的 135.47亿元，年平均增长率仅为 5%。虽然江苏工业发展受到"文革"冲击，但是江苏的工业发展在广大干部和工人群众的努力下，悄悄避开政治风暴，在夹缝中发展社队工业，使得江苏的工业发展保持了一定程度的增长。1976 年工业总产值增加到了 247.59 亿元，1978 年则上升到了 337.65 亿元，主要工业产品的产量也不同程度的增加，为以后的改革开放打下了厚实的基础。

3. 1978—2008 年改革开放时期

从 1978 年开始，国家开始有计划地逐步对农村和城市进行改革。在农村，尤其是在改革的前 20 年里，由乡镇企业引领的农村工业化革命对于活跃中国经济发挥了重要的作用。江苏工业凭借"苏南模式"，成功抓住这个重大的机遇，带动江苏工业发展迈向新的台阶。乡镇企业不受政府官僚太多的控制，根据市场的需求进行生产，可以对不断变化的市场进行快速响应。同时在人事雇佣和工资薪酬方面具有自主性，这极大地提高了乡镇企业的积极性，促进工业发展。而国有工业面对政府的控制和乡镇企业的冲击则步履维艰。为此，全国各地工业企业都开展了试点扩大企业自主权的工作。在 1983 年又开始利改税试点工作。从 1984 年开始，改革的重心开始向城市转移，各种形式的承包制和厂长负责制开始推广。随后的跨地区、跨部门企业互相联合全面开展（张卫东，2009），全省工业发展得到了长足的进步。1992 年，国家做出开发上海浦东的重大决策。江苏南部的苏州、无锡地区紧紧依靠上海，走出了一条吸引外商直接投资，在苏南开设工厂或将生产基地进行转移到苏南进行加工贸易的国际化之路。随着经济全球化进程进一步发展尤其是中国加入 WTO 之后，越来越多的国家来到江苏进行投资。数据表明，江苏实际利用的外资总额由改革开放前十年 8.9 亿美元上升至仅 2016 年一年的 245.43 亿美元，发展十分迅猛。伴随外商而来的不仅仅是资金还有国外先进的技术和管理经验，江苏企业在与国外资本打交道的同时向合作伙伴学习，不断革新自己的技术和管理，从而带动江苏的工业水平再上一个台阶。在改革开放前期，依靠乡镇企业的蓬勃发展和后期吸引外商直接投资这两个重要机遇，结合本地区资源禀赋和区位因素，江苏工业走出了与其他地方不同的工业发展之路，成为江苏经济发展的重要引擎（樊福卓，2012）。

4. 2008—2016 年新时期

2008 年，美国次贷危机席卷全球，从而引发全球经济危机，造成江苏利用外资规模不断减小，对江苏的工业产生了一定的负面影响。但是不破不立，这也从另外一方面开启了江苏工业的转型之路。加大科研投资，提高独立自主的创新能力，由中国制造转向中国创造成为江苏工业企业的共识。2008 年以来，为了应对全球经济危机，国家出台了"四万亿"的经济刺激政策，借助这个历史机遇，江苏工业企业开始逐步转型，大力发展科技含量高、经济效益好的高新技术产业以及战略性新型产业，继续带动江苏经济继续高速发展。到 2016 年，全省工业总产值达到 157 640.23 亿元，利润总额达到 10 574.40 亿元。

六十多年的励精图治,铸就江苏工业蓬勃发展。在当前供给侧改革的进程中,江苏工业必须抓住机遇,淘汰落后产能,提高创新能力,坚持高端化、智能化、绿色化,用新技术新创造带动传统产业变革,引领新旧产能转换,推动江苏工业发展实现涅槃重生。

(三) 江苏省第三产业演变过程分析

随着经济的快速发展,江苏第三产业在地区生产总值的比例也越来越大,成为推动经济变革的一个重要力量。一方面,如果经济发展水平高,人民生活比较富裕的国家或地区,其第三产业的发展水平也就越高。另一方面,从其他国家的发展历程上来看,随着经济水平不断提高和社会的不断进步,第三产业占其国内生产总值的比例总是在不断上升。除此之外,由于第三产业行业众多,创造了大量就业岗位,吸收了大部分人员就业,对于维护社会稳定起到了重要的作用。因此,回顾第三产业的发展历程,对于在当前供给侧结构性改革的背景下,实现经济增长动力换挡升级具有重要的指导意义。

如图 4-7 所示,自新中国成立以后,江苏第三产业的发展历程大致划分为以下四个阶段:

第一阶段,从 1949 年到 1962 年。新中国伊始,百废俱兴,江苏省第三产业也迎来了新时期。在三年的恢复时期,得益于江苏良好的商业基础,江苏省第三产业总产值已经达到 14.39 亿元,超过第二产业 5.86 亿元。1953 年,国家开始逐步实施三大改造,并且开始实行"一五计划"。经过社会主义改造的江苏省第三产业具备了更好的发展优势。凭借良好的基础和更好的发展条件,江苏第三产业发展迅速,使得江苏省产业结构一直处于"一三二"的发展模式。到 1962 年,第三产业占地区生产总值的比例已经上升到 32.9%,年均增长率达到了 5%。

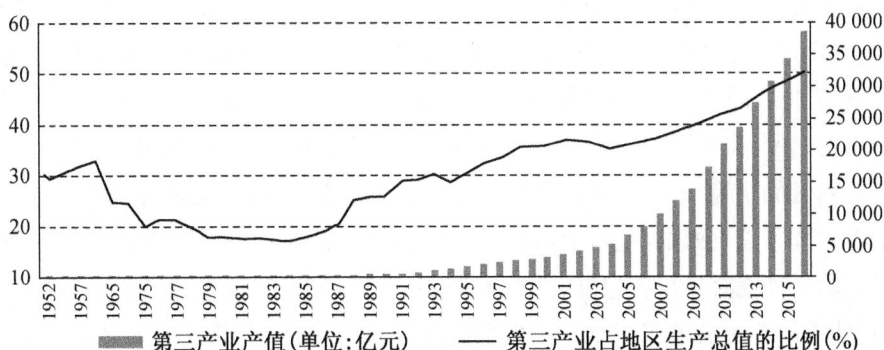

图 4-7 江苏省第三产业情况分析图

　　第二阶段,从 1965 年到 1984 年。在这 20 年中,虽然江苏省第三产业的总产值在不断上升,但是三产占地区生产总值的比例则越来越小。在初期,由于我国国防实力较弱,为了保家卫国,国家大力发展重工业,使得第二产业的比重越来越大。1958 年开始的"大跃进"运动,大炼钢铁,造成生产关系、产业结构极度失衡,使得第三产业的发展面临困境。由于受到"文化大革命"的冲击,正常的生产生活、商业贸易活动受到了极大的干扰。在这一时期,在计划经济体制下,所有的经济活动全部按照指令办事,没有市场经济下的独立性与灵活性。在这一体制的压迫下,第三产业的发展更加步履艰难。1976 年"文革"结束,江苏全省第三产业总产值只有 40.55 亿元,仅占地区 GDP 的 21.6%。1978 年,党的十一届三中全会的召开掀开了改革开放的新篇章,为江苏省发展第三产业提供了良好的政治环境。到 1984 年,江苏全省第三产业总产值达到了 89.46 亿元,与 1978 年相比翻了将近一番。但是,在这一段时期,江苏省的产业结构呈现出"二一三"的发展模式,即第二产业占比最高,其次是第一产业,第三产业所占比重最低。这是因为在农村地区,家庭联产承包责任制被广泛推广,农民生产生活的积极性不断提高,使得第一产业产值和占地区 GDP 的比例均大幅度上升。其二,在改革初期,江苏的乡镇企业十分活跃,凭借"苏南模式",江苏第二产业发展迅猛,成为江苏经济发展的重要支柱。综上所述,江苏省第三产业虽然发展迅速,但是相对于第一和第二产业,其占地区 GDP 的比例仍处于下降的趋势。

　　第三个阶段,从 1985 年到 2002 年。这一阶段是江苏省第三产业快速发展的一个时期,第三产业占地区生产总值的比例由 1984 年的 17.2% 上升至 2002 年的 36.7%,逐步形成了"二三一"的产业结构。江苏省认真贯彻对内搞活对外开放的方针,逐步将经济体制改革向更深的领域推进,使得江苏省第三产业蓬勃发展。1988 年,江苏省第三产业总产值已经达到了 302.85 亿元,同比 1987 年增长 66.6%。并且,第三产业占地区 GDP 的比例由原来的不足 20% 增加到 25.1%。1992 年,邓小平在南方发表谈话,极大地破除了人们思想上的禁制,调动了人们加快发展速度的积极性。同年,中央做出了开放上海浦东新区的决策,吸引了大批外国投资者前来掘金。苏州、无锡为代表的江苏南部发挥紧邻上海的区位优势,吸引了包括第三产业在内的外资企业前来投资。除了外商直接投资以外,外商还带来了国外先进的技术和科学的管理经验,使得江苏省的第三产业发展水平实现了质的提升,由原来的无序的发展,变得更加国际化、现代化、人性化。仅仅用了 4 年时间,就实现了第三产业总产值由 1 000 亿元上升到 2 000 亿元的台阶。进入新世纪以后,江苏的经济发展水平越来越高,尤其是在 2001 年中国加入 WTO 之后,越来越多的外资银行、超市、奢侈品等企业来到江苏开店设厂,推动了江苏省服务业步入新的发展阶段。但是,作为沿海省份并且和上海相邻,江苏省一直贯彻出口导向型经济的发展战略并且深度参与全球产业贸易分工,迅速成为全世界最重要的制造业基地,这就使得江苏省第二产业的所占比重持续上升,而整个长三角地区的服务业容量则限制了第三产业所占比例继续上升(刘志彪,2011)。处于较快发展速度的第二产业抑制了第三产业的发展,使得江苏省的第三产业产值一直在 30% 的水平上缓慢上升。

第四阶段,从 2004 年至今。这是江苏省第三产业发展过程中的一个新的历史时期。从数据上来看,在 2004 年,全省第三产业总产值仅为 5 198.03 亿元,2008 年翻了一倍突破万亿元,达到了 11 888.53 亿元。而 2016 年,第三产业总产值则上升到了 38 458.45 亿元,13 年时间翻了 6 倍,年均增长率为 16.6%。受经济危机影响,江苏出口外贸型经济受到很大的挫折,因此转型升级成了江苏经济持续发展的必由之路。由于第三产业对经济推动作用大,创造就业岗位多,因此大力推进第三产业的发展,成为江苏政府的必然选择。通过推进现代物流产业、建立产业园区,发展文化创意产业、服务外包业等一系列措施,江苏省第三产业逐步转型升级,最终在 2016 年,第三产业占地区 GDP 的比例达到了 50.5%,成为江苏经济的主导产业,使得江苏的产业结构由原来低级发展阶段转向更为合理的"三二一"型发展结构。

二、江苏省重点行业演进过程分析

(一) 江苏省制造业行业分析

制造业属于基础性行业,为一个地区提供物质基础。从制造业的变革过程中可以看出江苏省现代化进程的走向,也为江苏的经济发展奠定了基础。总的来看,江苏省制造业在对经济的贡献能力方面、就业人数方面、产品创新率方面都处于全国领先行列。

我们来分析江苏省制造业的演变过程,可以将其大致分为三个阶段。第一阶段:在改革开放初期,主要通过产品和技术的引进,产业基础从而逐渐形成。此时,国际上制造业也处于在全球范围内扩张的大背景,专业化分工、优势集聚等逐渐显现。而我国的改革开放恰好吸引了众多投资与科学的技术与管理经验,带动制造业快速崛起。但此时,制造业处于基础形成阶段,过于依赖技术以及成熟产品的引进,缺乏自主研发以及创新能力。并且,此时江苏有数量庞大、价格低廉的劳动力资源,在劳动力成本上具有比较优势。因此,此时发展的主要是劳动密集型产业。例如,饮料制造业、纺织业等的发展,这些快速发展的制造业都具有进入门槛较低、劳动力需求量较大的特点。

第二阶段:到 20 世纪末,江苏省制造业都处于快速发展的阶段。在这一阶段,企业竞争的重点在于价格,在技术能力和人才上存在很大的局限性加之知识产权方面的法律并不健全。这就导致这时期的产品自主创新能力不足,创新仍以模仿为主,并追求在外观上迎合市场的需求(古利平和张宗益,2006)。但该时期,制造业高利润以及高需求吸引了大量的进入者。在经历了前一段的快速发展后,江苏依旧能够保持廉价劳动力低成本优势。主要在于我国是一个典型的二元经济结构国家,并且,苏南苏中苏北地区发展极其不均衡,大量的农村剩余劳动力开始向城镇转移,为制造业持续提供较低成本的劳动力资源。但整体上来看,尽管发展速度较快,但整体上呈现大而不强的态势,甚至出现供过于求、产能过剩的现象。价格的持续下降以及创新的压力推动制造业进入第三阶段。

第三阶段:21 世纪至今制造业处于创新升级的阶段。由于第二阶段产品出现大量供给大于需求的状况,为获取更高利润,企业只能通过进行研发创新。国内的激烈竞争加之大规模的成本优势,使得我国整体上在低端产业具有较大优势。江苏制造业的内涵与竞争性都在增强,并且逐渐参与到国际市场的竞争中。总之,产品研发得到重视,成为制造业持续发展的重要因素之一(黄桂田,2012)。江苏省劳动密集型产品的扩张变得有限,而中高类产品的比较优势持续强化,制造业的重心逐渐从对于劳动力要素的依赖转向高技术领域。然而,高新技术产业中的产业技术含量依旧较低,其比较优势主要表现在加工装配业上。

由图 4-8 可知,近 10 年来江苏省制造业的产业增加值整体上一直呈上升趋势,但其增速却波动下滑。江苏省 GDP 来源的主要渠道也是制造业,但是制造业占 GDP 的比重也呈下滑状态。这主要在于作为基础性行业的制造业对能源资源的依赖性较高且污染较大,经过几十年的快速发展,江苏省矿石能源资源逐渐变得相对匮乏,很难继续保证制造业快速发展的需要。此外,从环境来看,制造业的发展给环境带来了巨大的压力。以江苏省制造业中占比比较大的纺织业为例,2015 年江苏省该行业废水排放量约 44 326 万吨,占总排放量的 23.8%。因此,转型升级是江苏制造业可持续发展的必然选择。不仅要实现生产技术转型,也要解决能源资源消耗过多以及环境保护的问题。

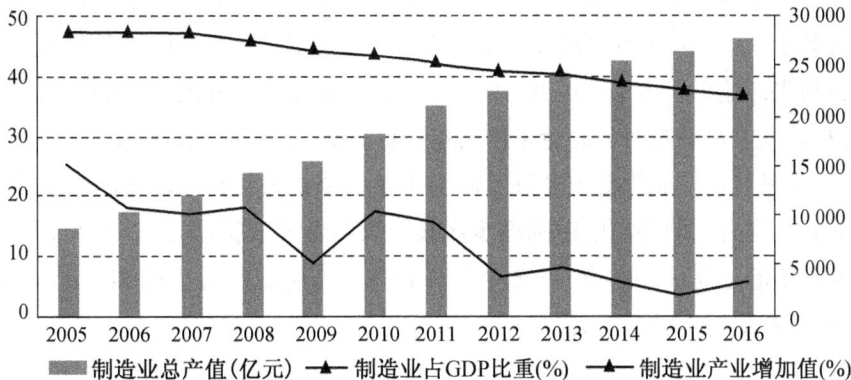

数据来源:江苏省统计年鉴。

图 4-8 江苏省制造业情况分析图

(二)江苏省高新技术产业演变过程分析

高新技术产业是指以现代科技为基础,从事高新技术研究以及产品研发生产的产业。高新技术产业是知识密集型和技术密集型产业,技术要求高,开发难度大,一旦成功,就能获得很好的经济社会效益。大力推动高新技术产业发展是当前实施创新驱动、转型升级的必然选择。江苏拥有良好的区位优势和教育科技优势,在推动高新技术产业的发展方面一直处于全国领先水平。

1988 年,国家开始正式实行"火炬计划",建设和发展高新技术开发区是"火炬计划"的重要组成部分之一。江苏借助"火炬计划",开始大力推动高新技术产业发展,在全省范围内先后建立 14 个高新技术产业开发区,极大地带动江苏经济发展。1996 年,江苏省成立了高新技术创业服务中心,随后在2001 年与江苏省技术市场进行整合。围绕着高新技术企业的培育和科技成果转化,江苏省先后成立江苏省技术产权交易所、江苏省火炬计划管理中心等多个机构来扶持高新技术产业发展。江苏高校与科研机构众多,众多高素质的科研人员成为推动高新技术产业的发展重要优势。此外,江苏是中国外资活跃的重要区域之一,国外先进的科学技术和一流的管理经验进一步带动江苏高新技术产业的发展。

从图 4-9 可以看出近 10 年江苏省高新技术产业的产值变化情况。2006年开始,江苏省高新技术产业总产值只有 10 307 亿元,只占全省总产出的15.2%,该年,江苏提出大力推动新材料、新能源、生物医药等六大新兴产业发展。2008年,受全球性金融危机影响,江苏又提出,将六大新兴产业规模化,重点打造战略性新兴产业。在2009年,江苏高新产业总产值占总产出的比例就突破了20%,成为经济复苏的重要力量。在随后的2010年,江苏将六大战略性新兴产业扩充为十大产业,进一步带动全省经济的发展。党的十八大以来,科技发展水平对经济的促进作用越来越显著,尤其是在新常态的经济背景下,推动科技创新成为引领经济发展的重要引擎成为共识。江苏的高新技术产业在这样有利的环境中继续稳步增长。虽然增速放缓,但是整个产业的增长质量不断提高。2016年,江苏全省高新技术产业总产值达到67 124.65亿元,占总产值比重的近三成。

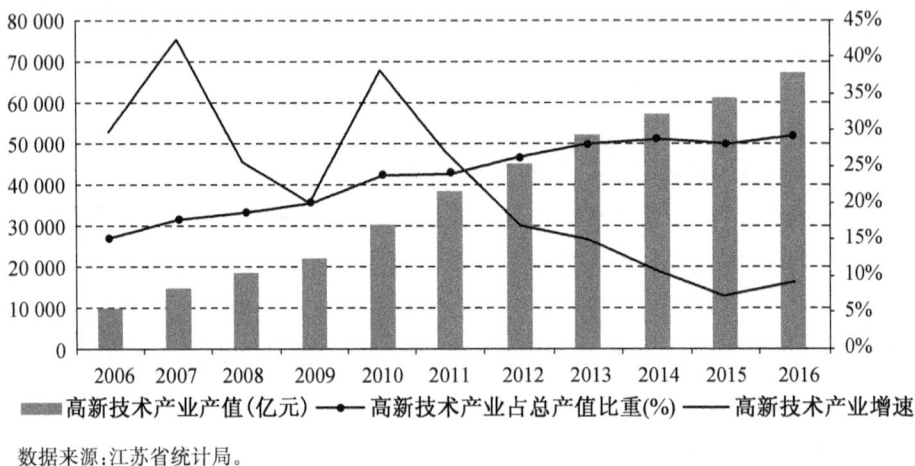

数据来源:江苏省统计局。

图4-9 江苏省高新技术产业情况图

未来五到十年是科技变革的大发展时期,物联网、云计算、大数据等技术相互融合,共同促进甚至颠覆行业发展。大力推动高技术产业发展,打造以企业为主体、以市场为导向、产学研相结合的科技创新体系,在新一轮的大变革时期掌握话语权,从而带动江苏经济向更高水平发展。

(三) 江苏旅游业演变过程分析

江苏虽然不是中国文明的发源地,但是凭借着独特的自然景观和人文景观,仍然在全国的旅游市场中占有举足轻重的地位(万绪才等,2001)。江苏省旅游资源众多,种类多样,不同地区都各具风格。南部以苏州园林为代表的江南水乡,北部以汉兵马俑为代表的古都名城以及以南京为代表的民国风情,三种旅游风格相互呼应,形成了沿江、环太湖、沿海和徐宿淮四个大的旅游组团。截至2017年,全省共有5A级景区23个,数量位居全国第一。江苏旅游发轫于 20 世纪 50 年代的外事接待,发展于改革开放之后,兴盛于进入新世纪之后。经过六十多年的逐步发展,江苏旅游业吸收大量的居民就业,提高江苏居民收入,成为江苏省重要的国民经济支柱行业之一。

回顾江苏旅游事业的演变过程,可大概将其划分为三个阶段。第一阶段,从 1949 年到 1977 年。在这一阶段是江苏旅游事业的起步阶段。在新中国成立后,国家开始逐步推行社会改造,旅游业发展处于很低的水平。随着"文化大革命"的爆发,旅游业也处于停滞不前的阶段。在 1964 年,国家开始成立管理部门,发展旅游业,赚取外汇。江苏省也积极配合国家相关部门,大力发展对外旅游,宣传江苏形象,加强国际往来,为吸引外资开设工厂打下基础。

第二阶段,从 1978 年到 2009 年。这一阶段是江苏旅游业大跨越大发展阶段。从 1978 年开始,邓小平同志多次提出了要尽快发展旅游业,为旅游业的发展扫清政治上的障碍。在 1978 年,江苏省就组建了旅游局,重点发展旅游业。虽然在改革开放初期,旅游的基础设施相对落后,但是江苏省内旅游景点声名远播,仍然吸引了大量游客前来游览。1992 年,国家再次明确旅游业是第三产业的重点行业,再次提高了旅游产业的地位。此后江苏省更是率先提出把旅游业建设成江苏经济的一个重要支柱产业。面对如此有前景的行业,社会资本纷纷涌入,由 1978 年前一年不到 5 000 万元的投资,猛增到 1997 年的 55 亿元,其中,74% 来自社会资金。在这一阶段,江苏省开始规范旅游市场,整顿旅行社,规范门票价格以及对从业人员进行管理。进入新世纪以后,江苏省发布了《江苏省旅游发展总体规划(2001—2020)》,规划指出,要培育推动江苏旅游产业成为江苏国民经济重要的支柱产业,提升江苏在全国旅游市场中的地位,增强旅游业的关联带动效应,提高旅游对国民经济和社会发展的贡献水平。规划为江苏旅游业的发展描绘了美好的蓝图;为进一步提升江苏旅游业的水平指明了前进的方向;为江苏经济换挡升级提供了科学依据。2003 年中国加入世贸组织,吸引了大批外国游客前往江苏游览,使全省入境旅游得到跨越式发展。1995 年,江苏接待海外旅游者人数只有 76.8 万人,旅游外汇收入只有 2.6 亿美元。到 2009 年,全省接待海外旅游者人数达到了 556 万人,外汇收入也猛增至 401 601 万美元。在这一阶段,出境游开始发展壮大。自从 1997 年 7 月 1 日起,政府开始制定相关法律规定,保障中国公民自费出国旅游。如图 4 - 10 可知,截至 2007 年,江苏居民出境游目的地已达到 93 个,2008 年江苏居民出境旅游总人数已经达到 35.6 万人,是 1992 年的

50多倍。这一阶段,全省旅游业总收入占GDP的比例越来越大,已经成为江苏新的经济增长点,在带动第三产业发展、解决就业和促进全省经济协调发展等方面起了重要的作用。

第三阶段,从2010年至2016年。这一阶段是江苏旅游业的繁荣发展阶段。如图4-10所示,从2010年开始,国内旅游接待人数开始快速攀升,由2010年的35 500万人次上升到2016年的67 779.99万人次,年平均增长率达到了9.68%。随着旅游人数节节攀升的还有旅游收入,从2010年的4 287.86亿元增长至9 952.47亿元,翻了一番还多。江苏入境游的接待人数和旅游外汇收入在2009年增速放缓之后,在2010年继续发力,快速增长(刘薇,2017)。到2012年,全省接待海外旅游者人数达到了791.54万人,外汇收入也达到63亿美元。在2013年,国家旅游局改变原有的统计口径,旅游外汇收入和接待人数的认定更加严格,但是江苏旅游业的发展仍旧在持续。到2016年,海外旅游者人数为329万人,外汇收入为38亿美元。

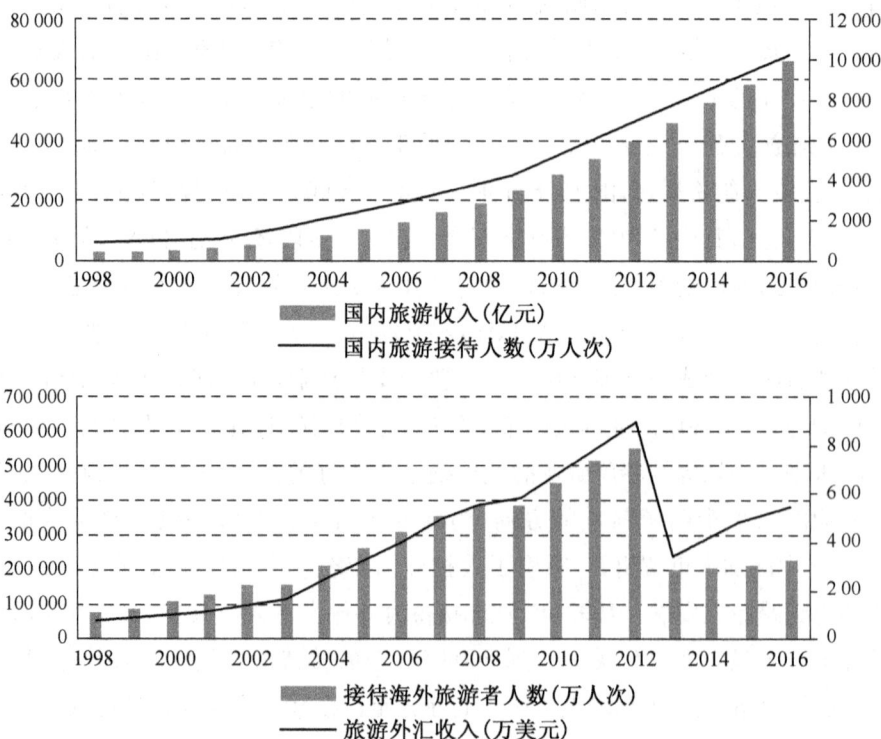

注:左坐标轴代表收入,右坐标轴代表人数,数据来源于江苏省统计局。

图4-10 江苏省旅游情况统计图

多种原因共同作用,带动江苏旅游业繁荣发展。第一,伴随着经济的快速发展,居民人均可支配收入也不断增加,消费观念、生活习惯也不断改变,人们越来越重视自己的精神需求,而游山玩水,欣赏祖国的大好河山更容易使人放松,从快节奏的都市生活中解脱,因此国内外游客越来越喜欢旅游。第二,江苏省旅游资源南秀北雄,丰富多彩,既能领略江南水乡的婉转也能感受北方人民的豪迈。而且,江苏省大力发展旅游产业,不断投入资金,提升旅游基础设施,不断开发新的旅游资源,形成了各具特色、别具风格的旅游市场,从而吸引了广大国内外游客前来游玩。第三,国家出台了相应的配套政策,推动了江苏旅游行业的迸发。2012年交通部出台新政策,要求在节假日黄金周期间全国收费公路免除小汽车的过路费用。这一政策极大地提高了居民在节假日出门旅行的意愿。随着我国汽车保有数量的不断增加,各种自驾游开始兴起,人们越来越青睐这种开车去旅行的旅游方式。

优越的地理位置和别具一格的旅游资源为江苏旅游提供了生存的空间;快速发展的国民经济和人们日益提高的生活水平为江苏旅游市场提供了活力;坚持以市场为导向带动江苏旅游快速发展。六十多年的艰苦奋斗使得江苏旅游业成为六大要素完备、全方位、高层次产业,在江苏经济发展中起到了重要的作用。

(四)江苏省房地产业发展

房地产业作为经济发展过程中不可或缺的重要产业,在城市化的过程中起支撑性作用。随着城市发展的进程不断加速,房地产行业的发展也发生了天翻地覆的变化(杨光和吕兴家,2012)。

自1949年至1978年间,在计划经济体制的主导思想下,作为商品的房地产被坚决禁止。房产主要通过计划来进行配置。改革开放以后,江苏省的房地产市场才有了复苏并走向繁荣的迹象。

第一阶段属于起步发展阶段。1978年到1997年阶段是房地产起步发展阶段。改革开放初期,我国主要在摸索阶段,实施着住房制度的改革,以解决传统住房制度中的各种弊端。房产的买卖都是以单位为主体,基本是公对公的制度(曹宇,2014)。这一时期我国市场经济体制基本建成,为之后房地产市场化运作奠定了坚实的基础。

第二阶段,1998年起,江苏的房地产业进入了一个全新的发展阶段。受到1997年亚洲金融危机的影响,我国经济增长放缓。为摆脱金融风暴的不利影响,国家主要采取的是积极的财政与货币政策,加大了对城镇住房的改革力度。直至 2003 年,房地产业发展迅速,迈入了全面市场化阶段。2003 年、2004 年,江苏省房地产的开发投资持续、大幅度增长,房地产开始成为国民经济主导产业。与此同时,房价迅猛上涨,投资出现过热现象,市场逐渐出现供大于求的状态。政府采取一系列的措施依旧没有扭转房地产市场过热的局面。2007 年,我国全面调整房地产市场,甚至出台购买第二套房首付不得少于 50% 的政策。在这一调控下,房价开始出现了下降的趋势。

第三阶段,金融危机后,为抵御危机的冲击,房地产业背负起了"增投资、扩内需、保增长"的使命。在各种鼓励性的政策下,对于房子的刚性需求充分释放,房地产市场逐步回暖,随即经历了急转向上的发展趋势。从金融机构的统计数据上来看,房地产贷款与个人住房贷款等指标迅速上升。由表 4-7 可知,江苏省房地产贷款余额逐年增加,2010 年到 2015 年,五年内增长约一倍。这也埋下了巨大的金融风险,社会矛盾突出。在各方博弈中,房产价格并未下降,反倒有增长趋势。

表 4-7　江苏省房地产贷款情况表

年　份	2010	2011	2012	2013	2014	2015
贷款年末余额(亿元)	3 035.74	3 284.20	3 748.51	4 620.24	5 530.95	6 079.54

(五) 江苏省信息产业发展分析

近年来,随着互联网的快速发展、硬件设施水平不断提高以及人们旺盛的需求,信息传输、软件和信息技术服务业的发展也异常迅猛。信息传输由电信、广播电视和卫星传输服务等组成。在改革开放初期,由于经济水平和技术水平,中国整体的信息传输水平不高,极少数人拥有电话,写信、拍电报是人们交流的主要手段。在改革开放之后,由于国民经济水平迅速提高,对信息传递的需求也不断增多。江苏省邮电管理部门通过改造线路,更新设备,采用新技术,使全省的信息传输水平显著提高。居民经济实力的进一步增强和科技的不断进步,电视、电话、手机、互联网宽带开始走进千家万户。到 2016 年,江苏省固定电话用户有 1 708.33 万户,移动电话用户总数为 8 198.75 万户,普及率达到了 102.79%。全省固定宽带接入户为 2 685.24 万户,长途光缆线路总长度接近 300 万公里。全省的广播电视台 71 座,电视人口覆盖率实现了全覆盖。

软件与信息技术服务业是指采用计算机和网络等技术对进行生产、处理、传播信息并提供相应服务的活动,主要包括互联网相关服务、软件开发和信息技术咨询、信息存储、集成电路设计等业务。1994 年,中国正式接入世界互联网,在 20 世纪 90 年代,中国的信息技术产业才刚刚起步,受制于经济水平和科技实力,江苏的软件与信息技术服务行业也一直发展缓慢。在 IT 产业,有一个著名的"摩尔定律",即集成电路上的可以容纳的元器件数量每 18 个月就会翻一番,换言之,电脑等硬件设施的性能每 18 个月就会提升一倍。这表明,在信息技术时代,整个产业发展将会十分迅速。进入到新世纪以后,伴随着信息技术的快速进步和日益完善的基础设施,整个行业迎来了大变革时期。B2C、C2C 等模式的电子商务使得人们可以足不出户便可以购买到全世界的商品;移动互联网时代使得手机支付等新兴支付模式逐渐流行;电子政务使得人们更加便捷地办理手续。截止到 2016 年,江苏省信息传输、软件和信息技术服务业的总产值达到了 2 443.22 亿元(见图 4 - 11),比 2004 年翻了近 10 倍,整个产业占地区 GDP 的比例也达到了 3%。由于整个行业属于技术密集型产业,符合未来绿色低碳环保的发展趋势,并且可以催生出一大批具有较大规模互联网公司,具有很强的经济带动效应,因此,在当前经济新常态的背景下,继续大力推进互联网信息技术产业发展,对江苏国民经济发展有着重要的助推作用。

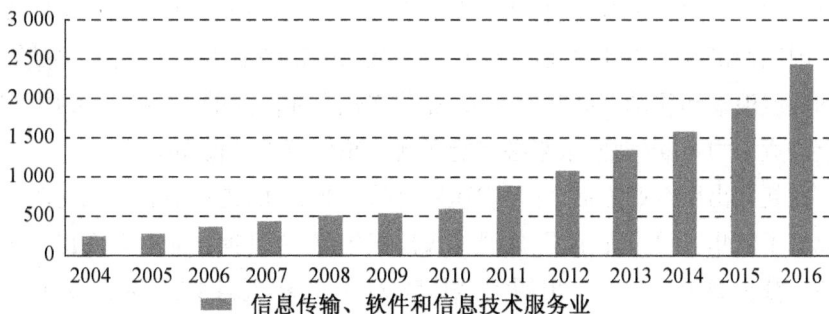

图 4 - 11 江苏信息产业发展情况图

(六) 江苏文体娱乐业发展分析

根据马斯洛的需求层次理论,如果一个人的生理问题解决后,就开始追求更高层次的精神需求。经济的快速发展使得人们解决了衣食住行等需求,进而开始追求精神上的享受,因此文化、体育和娱乐业也快速发展,如图 4 - 12 所示。

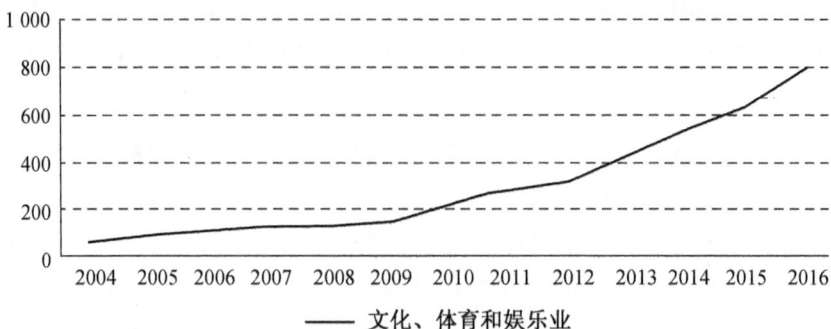

图 4 - 12　江苏文体娱乐业发展情况图

　　在公共文化事业上,江苏取得了瞩目的成就。在解放初期,江苏省仅有12 个公共图书馆,3 个博物馆,2016 年,这一数目已经增加到 114 个和 317个。公共图书馆馆藏图书 7 600 多万册,举办讲座、培训班总计 5 400 多次。在全省范围内开放博物馆纪念馆,激发了群众游览的兴趣,带动游客成倍的上升。在基层,包括 900 余个乡镇文化站在内的总计 1 282 个文化站遍布全省,给广大人民群众"送书、送戏、送电影",受到了基层群众的一致好评。

　　大力推动文化产业发展,江苏也不甘落后。2016 年,全省共有 7 578 家文化及相关产业法人机构,吸收从业人员 120 多万人,营业利润达到了 800 多亿元。国民经济水平不断提高,文化产业呈现出较快的发展势头,并且伴随着互联网发展浪潮和移动互联时代到来,江苏文化产业国际的地位不断加强,在国际上的竞争力不断增强,未来必定能在新一轮变革中站稳脚跟。

　　在新闻出版行业方面,江苏省积极打造传媒集团,走产业化发展之路。先后成立了新华日报报业集团、凤凰传媒出版集团,在新闻出版行业闯出一番新天地。截至 2016 年,全省出版图书总数 27 473 册,总印数达到了 62 415.13万册;出版报纸 143 种,总印数 233 027 万份;期刊 400 多种,总印数 11 945万册。

　　目前,江苏影视节目异彩纷呈。广播电视节目制作时间分别达到了608 779 小时和 195 036 小时。2016 年,江苏共有电影院 600 多家,电影屏幕3 600 多块,全年票房 41.86 亿元,极大地满足了人民群众的精神需求。

　　江苏的体育事业也在不断地发展。随着生活节奏不断加快,自身的健康越来越受到人们重视,各种体育活动受到了大家的追捧。13 个地级市全部建成功能齐全的体育中心,所有的行政村都建有体育设施,人均体育场面积达到了 2.01 平方米。除此之外,各类健身房开始遍地开花,成为人们常去的健身锻炼场所。2016 年,全省体育彩票销售总额为 178.85 亿元,同比增长 5.4%。体彩事业的发展,不但解决了一批人的就业问题,还为江苏省体育场馆建设、各类赛事的举办、全民健身活动筹集了资金,做出了巨大的贡献。

(七) 江苏省金融业行业分析

江苏省的经济以及各项事业都处于全国领先地位,而金融业对于江苏发展的支持作用也逐渐增加。江苏省作为全国金融发展的一个缩影,国有、民营与外资金融均在江苏发展,且南北经济间存在一定的差距。江苏金融业的演变历程也折射出全国的发展状况。我们将从三个阶段来看江苏经济的发展状况:

第一阶段,从改革开放到 2001 年。从 1980 年到 1993 年,伴随着改革开放不断深化,此时江苏省的金融业主要为外资企业服务,主要为企业提供外资营造了良好的金融环境。银行业逐渐扩大到对外开放的领域。从 1994 年到 2001 年,随着经济体制的逐步完善,对外开放的总格局基本成型。直至 1997 年年末,江苏省的票据市场实现了从无到有,外汇市场也逐步得到完善,证券市场、保险市场也迅猛扩张。总之,这一阶段金融业对国民经济发展的杠杆作用逐步凸显(白世春,1998)。这一阶段,根据经济发展战略的不断调整,促进经济发展的同时,金融业自身也得到了前所未有的进步。这也加大了金融对于经济发展的杠杆作用。

第二阶段,从 2002 年至 2008 年,中国于 2001 年 12 月加入 WTO 后,根据经济发展和金融改革的需要积极实施各种开放措施。不仅加大对外资银行的支持力度,而且适时调整外资银行的各种运营政策,逐步降低相关要求。在这一阶段,国有大行开始改制,并逐步上市。各种城商行、信用社也抱团合并发展,全国的金融机构开始按照建立现代企业制度组建并进一步规范。江苏省顺应该时期的金融行业改革趋势,取得了一些阶段性成果。

第三阶段,从金融危机至今。自金融危机爆发之后,我们更能清晰地意识认识到金融是经济的命脉。随着经济一体化的发展,江苏省境外投资企业逐渐增多,这也迫切需要金融企业的服务。银行、证券、保险、信托、租赁,多种形式的金融活动共同驱动江苏经济的发展。截至 2016 年,全省各类金融机构共有营业网点 13 227 家,从业人员达到 24 万余人。金融业总产值和占地区 GDP 的比例也在稳步上升,如图 4-13 所示。

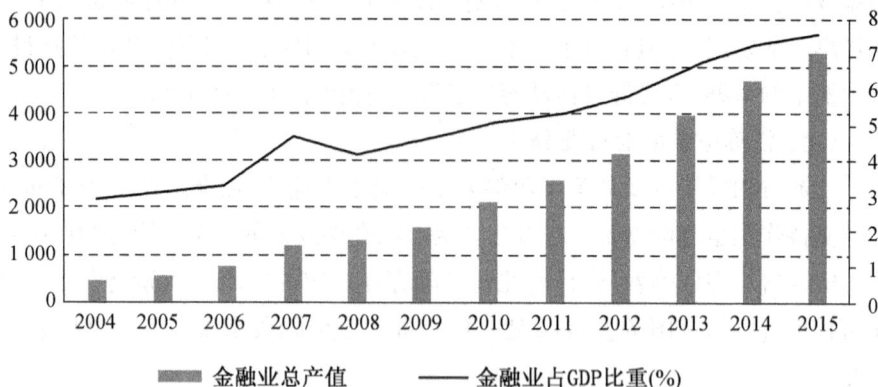

图 4-13 江苏省金融业发展情况图

三、江苏经济新增长点分析

2013 年 12 月 10 日,习总书记在中央经济工作会议上指出,当前我国经济正处于"新常态",其主要特点是经济增速由高速转向中高速、经济结构开始转型优化以及从要素驱动、投资驱动转向创新驱动。"新常态"的三个特点就为江苏遴选和培育新的经济增长点指明了前进的方向。在此之后,中央提出要进行经济结构改革,研究供给侧结构性改革方案。所谓供给侧改革,就是要提高供给的质量减少无效供给,用改革的方法从而推动产业结构变革,促进我国经济优化升级。长期以来,江苏一直依靠资本、能源、劳动力等要素来带动经济发展,在当前新常态的经济背景下,以前的经济模式难以为继,因此,寻找新的经济增长点引领江苏经济使江苏经济转型升级成了当务之急。

经济增长点理论最初是由佩鲁提出的"增长极"理论发展而来。与最初的"增长极"理论不同,现在的增长点理论包含两种含义:一是经济中具有持续稳定的增长速度,能够带动经济发展的相关产业;二是在一定区域中能够带动国民经济快速发展的地区。所以现有文献大多从这两个方面进行研究,该研究的研究对象是产业结构中的经济增长点。

(一)遴选和培育江苏新经济增长点的必要性和可行性

目前,寻找和培育江苏新的经济增长点是因为,江苏省现有的经济发展模式不具备可持续性。其主要表现在以下几个方面:第一,当前江苏省经济增长过程中面临资源环境压力越来越大。纵观发达国家的工业化过程都经历过粗放型的经济发展时期。粗放型的经济增长客观上推动我国经济的飞速发展,但是,以资源和环境为代价的经济发展的经济成本和生态成本越来越高。习总书记曾表示,绿水青山就是金山银山,经济的发展不能以牺牲资源环境为代价。因此,结合发达国家工业化规律和当前国家经济政策,江苏经济迫切需要寻找新的经济增长点,改变原有发展模式。第二,江苏省内人口红利正在逐步消失。根据 2015 年江苏省人口普查的结果表明,2015 年全省总人口有 7 973 万人,其中 65 岁及以上人口总数已经达到 999 万人,占总人口的 12.5%。而当年江苏省的人口出生率 9.05‰,人口的自然增长率只有 2.02‰,创历史新低。这显示,我省人口老龄化问题已经十分严重,人口红利正在逐步耗尽。以前那种依靠丰富的劳动力资源打造的产业会因为成本的不断上升很难得到进一步发展。因此,需找江苏经济新的增长点是促进江苏经济换挡升级的必然选择。第三,受国际因素影响,当前对外贸易的大环境并不稳定,进出口对江苏经济的推动乏力。自国际金融危机之后,国际环境波诡云谲,各种黑天鹅事件频频出现,打乱了正常的国际贸易交往活动。得益于良好的区位条件和改革开放的国家战略政策,江苏的经济具有很高的国际化水平,从而使得江苏经济对国际市场依赖程度不断加深,这对江苏经济的全面协调发展也是不利的。因此,寻找江苏经济新的增长点对于改善现有的经济发展模式,实现江苏经济持续增长有着重要意义。

经济新常态表面上是经济由高速增长转变为中高速增长,实际上是增长动力的转换。由原有的旧的增长模式转换为以科技创新为依托的新的经济发展模式。在江苏省,寻找和培育新的经济增长点具有很强的可行性与可操作性。首先,寻找新的经济增长点并进行培育,其本质上是由政府对相关产业进行扶持(资金或者政策),企业在向创新驱动战略转型的过程中,面临着巨大的风险,而江苏是一个经济大省,江苏的地区生产总值大约占全国国内生产总值的十分之一,2016 年全年财政收入大约 8 121.23 亿元。这就表明,江苏有足够多的资金和政策投入来遴选和培育新的经济增长点。其次,江苏具有丰富的高素质人才,科研实力强大。2016 年,全省从事科技活动的人员有 118 万人,研究与发展人员有 75 万人,两院院士 97 人。江苏省还拥有众多重量级科研平台,如有 170 个国家和省重点实验室,294 个科技服务平台,3 126 个工程技术研究中心。此外,全省还有 141 所普通高校,普通高校本专科每年招生 45.3 万人,输送毕业生 48.2 万人;研究生教育招生 5.3 万人,在校生 16.2 万人,毕业生 4.4 万人。众多人才资源和良好的科研环境共同打造强悍的科研水平。再次,江苏具有良好的高科技技术储备。在最近 5 年,江苏省高新技术产业总产值由 2012 年 45 041.48 亿元增长到 2016 年 67 124.65 亿元,年均增长率达到了 8.3%。高新技术企业 1.2 万家,高新技术产品 9 000 多项,高新技术特色产业基地 147 个。组织实施省重大科技成果转化专项资金项目 173 项,总投入金额达到 108.6 亿元。在 2016 年,区域创新能力已经连续 8 年全国排名第一。省级众创空间 384 家,全年专利申请量达到了 51.2 万件,其中企业申请的专利授权量已经占到总数的 68.3%。

(二) 江苏经济新增长点的遴选与培育

对于经济新增长点的遴选标准,国内学者做了大量的研究。刘先球 (1997)认为新经济增长点选择应该遵循以下基准原则:一是关联效应基准,未来主导产业应该能在产业群中发挥更大的关联作用;二是收入弹性基准,具有较高的需求收入弹性,考虑消费者对产出的需要;三是生产率上升基准;四是保护环境基准。而张辉(2002)则认为强劲的市场需求、富有弹性的潜在的供给能力、创新过程及良好的成长性和强大的经济渗透力及带动作用才应该是经济新增长点的选择依据。张军红(2011)提出新经济增长点的选择应该以市场为导向、具备高成长性、具有很强的产业关联性、技术进步并且注重综合效益。综上所述,筛选新的经济增长点首先要看有没有一个稳定持久的增速,其次要注重对整个产业的带动作用,此外还要关注对资源环境的影响,绿色可持续发展。

最近几年来,江苏在遴选培育新的经济增长点方面取得了较大的进步。例如,在 2008 年,江苏明确了大力发展以智能电网、新能源汽车及动力电池、传感网络、智能装备、航空装备及材料、新材料为代表的六大战略性新兴产业,并且在 2012 年在此基础上将六大扩充为十大战略性新兴产业。但是,在江苏经济新增长点的产业遴选和培育上仍然可以进一步优化。通过对比相关产业的增速和各产业对经济的贡献度等指标,筛选出江苏经济的新增长点。

一个新的经济增长点必须保持一个持续稳定的增长速度,如果不能持续稳定的增长,就不能带动江苏经济转型升级,所以,维持一个稳定的增速是决定这个产业能否作为新的经济增长点的前提要素。首先通过计算国民经济主要行业的年均增长率可以看出,在最近 5 年(2012—2016 年)间,能够稳定保持一个较高的增长率的行业有信息传输、软件和信息技术服务业,金融业,租赁和商务服务业,科学研究和技术服务业,水利、环境和公共设施管理业,居民服务、修理和其他服务业,教育,卫生和社会工作,文化、体育和娱乐业。其年均增长率依次为 17.22%、13.89%、19.52%、12.38%、11.38%、17.05%、

11.30%、14.04%、21.30%。其次,通过对比高新技术产业的增长速度可以看出,仪器仪表、生物医药、高端装备、航空航天、新材料的年平均增速均高于高新技术产业总产值的年平均增长率,分别为 28.99%、12.21%、8.99%、8.95%、8.48%。

一个持久稳定的增速是一个新经济增长点的基础,一个行业只有稳定持续的发展,才能对国民经济产生更大的贡献。一般在衡量一个行业对整个经济的带动作用时使用贡献度这个指标,即各个产业增加值增量与 GDP 增量之比。

由表 4-8 可知,在最近 5 年中,制造业对经济的贡献度是最大的。金融业对国民经济的贡献度虽然在 2015 年下降,但在 2016 年开始回升。受 2015 年房地产市场开始回暖的影响,江苏省内部分城市开始新一轮上涨,在 2016 年房地产业对经济的贡献度达到了 9%。租赁和商务服务业对经济的贡献度虽然近 5 年间有波动但仍开始慢慢上升。2016 年卫生和社会工作这一行业的贡献度虽然比 2015 年下降了 1.26%,但是在前 4 年,该行业对经济的贡献度都是处在一个上升阶段,相信未来仍然会继续对江苏经济发展起到很好的推动作用。批发零售业、居民服务、修理和其他服务业和文体娱乐业的经济贡献度在这 5年中都是处于稳步上升阶段,虽然部分行业贡献度不高,但是有良好的发展前景。而江苏省的国民经济正是需要这些处于朝阳阶段的产业来带动。

表 4-8　江苏省各行业对经济的贡献度测算表　　　　　单位:%

年份 行业	2012	2013	2014	2015	2016
制造业	28.60	30.39	25.48	18.91	23.09
批发和零售业	7.34	7.35	8.16	8.62	8.00
信息传输、软件和信息技术服务业	3.90	4.52	4.09	5.79	9.59
金融业	10.84	14.44	14.34	11.52	11.86
房地产业	4.95	5.54%	4.80	3.80	9.00
租赁和商务服务业	4.53	10.86	8.17	7.47	10.15
居民服务、修理和其他服务业	2.37	3.36	3.67	3.70	4.15
卫生和社会工作	1.35	2.75	2.39	4.28	3.02
文化、体育和娱乐业	0.71	2.03	2.21	1.97	2.68

数据来源:2017 年江苏省统计年鉴。

从高新技术产业方面来看,新材料和高端装备这两个行业对整个高新技术产业总产值的贡献率较高,2013 年到 2016 年四年的平均贡献率达到了

29.58％和27.92％。紧随其后的是电子及通信设备与仪器仪表，分别为14.8％、12.26％。从十大战略性新兴产业来看，在2016年，全省战略性新兴产业销售收入4.9万亿元，新一代信息技术产业、新能源汽车产业、智能电网产业销售收入分别比上一年增长31.8％、28.8％、20.6％，物联网和云计算产业、生物产业、海洋工程装备产业、新能源产业销售收入也都以较高速度增长。

通过比较分析可知，江苏省新的经济增长点可从以下几个产业进行遴选与培育：第一，具有稳定持续增长势头并且对经济贡献水平不断提高的信息传输、软件和信息技术服务业。未来五到十年是新兴技术争相迸发的一段时期，移动互联网、物联网、大数据、云计算、人工智能以及AR、VR技术逐步向其他领域渗透，进行跨界融合，推动其他领域发展甚至出现颠覆性变革。基于此产业良好的成长预期与优秀的发展成果，江苏省紧紧抓住以物联网、高性能集成电路等为代表的新一代信息技术产业和以大数据、云计算为代表的高端软件和服务业，培育自己的龙头互联网公司，软件硬件一起抓，掌握在信息技术时代话语权，抢占新一轮产业革命的制高点。

第二，在新一轮产业发展中应继续关注以金融业、租赁和商务服务业等为代表的生产性服务业。良好的生产性服务业是经济发展的润滑剂，对维持生产过程中的连续性，促进技术进步、带动产业结构升级，提高相关产业的生产效率具有重要作用。例如，金融业，为了更好推动江苏省十大战略性新兴产业的发展，截至2017年6月，江苏省银行业对十大战略性新兴产业融资总额高达6 527.6亿元，其中贷款4 694.87亿元（毛泽盛和王红棉，2012）。不仅如此，江苏省的银行业创新机制，设立专门的机构，出台专项政策，满足战略性新兴产业的资金需求。金融业、租赁和商务服务业、科学研究和技术服务业、水利、环境和公共设施管理业等一批稳定持续增长的行业在面对国内国外复杂的政治经济环境中仍然保持良好的发展势头，具有很强的规避风险的能力和稳定的成长预期，能够成为江苏经济新的增长点带动全省经济发展。

第三，在大力推动新兴产业的同时不断巩固提升原有制造业，继续引领经济发展（赵金丽和张落成，2013）。由表4-8可以看出，除2015年以外，制造业对江苏经济的贡献率都在20％以上。电子及通讯制造业，仪器仪表制造业、电子计算机以及办公设备制造业在转型升级的过程中不断地将新技术新科技运用到生产中，继续带动经济发展。从2013年到2016年，电子及通信设备制造业与仪器仪表制造业对总产值的平均贡献率分别达到了14.8％、12.26％。这表明，一些江苏原有的产业不断的增强自主创新能力，提高自身科技含量,仍然是推动江苏经济增长的重要力量。

第四,文体娱乐业对江苏经济的推动作用不容忽视。随着全省人均可支配收入的不断增加,人们开始重视满足自己的精神文化需求。2016 年全省艺术业从业机构 21 506 个,从业人员 169 337 人,全省共有博物馆 317 个。图书、报纸和期刊的出版发行量也再创新高。广电行业也发展迅速,电视覆盖率达到 100%,电视节目制作达到 195 036 小时。全省 2016 全年电影票房达到 41.86 亿元,全省共有电影院 608 家,荧幕 3 626 块。全省人均公共体育场地面积达 2.01 m²。初步建成覆盖城乡的五级体育设施网络。人均收入的不断增加使得江苏文化娱乐产业的快速发展,文化、体育和娱乐业的繁荣又为居民消费提供了新的选择,最终带动江苏经济进一步增长。因此,在今后一个时期,文体娱乐业也会是江苏经济的一个新的增长点。

当今时代,新一轮科技与产业革命正在悄然兴起。机者如神,难遇易失。寻找新的经济增长点,并把它培育成引领发展的第一动力。把创新摆在国家发展的核心位置,大力实施创新驱动战略,才能在这一轮的经济竞赛中抢的先机,实现建设强、富、美、高新江苏的伟大目标。

四、对策建议

随着电子信息化水平的不断提高,计算机和网络的应用将更加广泛。培育信息产业作为江苏经济的新增长点,首先要培育自己的互联网龙头企业。北京有新浪、百度,杭州有阿里、网易,深圳有腾讯、华为,上海有携程。这些互联网公司业务广泛,影响力巨大,其市值均达到百亿美元以上,其中阿里巴巴市值已经超过 4 000 多亿美元,比部分省市 GDP 还要高。因此,培育江苏本省具有较大规模的互联网企业不仅仅可以带动经济的发展,还可以吸引更多的人才前来就业。除此之外,还容易形成产业集聚效应,建立科技产业园,吸引互联网公司上下游行业,共同推动经济的发展。培育本地互联网公司,一方面要给予政策支持。建立科技园,吸引 IT 公司入驻;简化行政审批手续,简政放权;对互联网公司在财政税收方面给予一定的优惠,减免企业运营成本。另一方面,要对 IT 公司进行资金扶持,保证企业资金链不断裂。互联网行业是一个高风险行业,尤其是在当今信息技术发展迅速的时代,软件的开发、内容的制作、平台的推广,如果没有雄厚的资金,很难一直支撑下去。当前,互联网行业的融资一般通过天使投资、VC 或者 PE 的方式获得资金支持,政府应该主动介入,寻找优质的互联网项目进行投资,帮助企业走出融资困境。

　　江苏省的文化产业、文化事业虽然发展迅速,但是仍然面临着一些挑战。例如,文化产业缺乏核心竞争优势,技术含量低、区域之间发展不平衡等。只有解决这些问题,才能摆脱江苏省文化产业发展的桎梏,使文化产业成为新的经济推动力量。一方面,利用江苏本地特色文化,差异化发展文化产业。江苏历史悠久,文化资源众多,以苏锡常为代表的江南文化,以南京为代表的民国风情,以徐州为代表的汉文化为文化产业的发展提供了很好的土壤。发掘具有本地特色的文化产品、文化创意,使得区域间更加平衡,共同带动江苏文化产业发展。另一方面,加强自主创新意识,增强科技创新能力,追踪发达国家先进的科学技术,结合本地区实际,形成自己的核心竞争力。除此之外,促进文化产业与其他行业进行融合,开发江苏文化事业新行业、不断地推陈出新,形成新的产业链,更好地推动江苏经济的发展。

　　无论是发展信息技术产业还是金融等生产性服务业抑或是发展文化产业,归根到底都需要人才来发展。江苏高校、研究机构众多,每年培养学生人数达到 50 多万人,使得江苏经济发展有良好的人才储备。但是由于省内发展不协调,并且毗邻经济更加发达的上海,所以,每年都有大量高素质人才流失。人才的大量流失使得新的经济增长点缺少持久发展的动力,更不可能带动江苏经济转型升级。因此,留住人才成为培育新经济增长点的重要条件。首先,在安家落户方面给予政策支持,鼓励高素质人才落户江苏,对高素质人才租房、购房进行补贴,免除他们的后顾之忧。其次,鼓励科研人员在科技成果转化、技术研发、科技咨询等方面神器专利,参与分红,获得收入。通过经济手段,激励高素质人才投身研究,积极将科研成果投入到生产,推动产学研相结合。最后,提高科研人员的工资水平,营造良好的工作环境。良好的工作环境、生活环境,与优越的薪资,可以带给人更多的幸福感。努力完善软件与硬件条件,主动吸引国内外高素质人才参与到江苏经济的新增长点培育上,共同为江苏经济发展添砖加瓦。

第三节　行业竞争力分析——以信息服务业为例

　　导读:加快现代服务业的发展,不仅是提升江苏省竞争力和影响力的战略需求,更是转变经济增长方式实现经济可持续发展的重要途径。作为现代服务业的重要组成部分,咨询及信息服务业的发展一方面为生产者提供了必要的发展信息和发展策略,另一方面则提升了制造业的发展层次、实现了产业结构的优化和升级。以此为研究对象,该研究构建了咨询及信息服务业的竞争力评价体系,分析得出江苏省咨询及信息服务业虽然在发展规模、发展速度和消费环境营造等方面取得了较大的成绩,但仍然存在着经济贡献率低、产业模式欠缺、开拓力不强以及消费结构欠合理等问题。

新常态下转变江苏省经济增长方式以实现开放型经济向创新型经济的过渡,重点在于满足全面小康阶段城乡居民对社会事业的多层次和多样化需求,以尽可能地扩大消费、拉动内需,这就要求应在确保公益性基本公共产品和服务全面且充分发展、确保全体城乡居民公平平等地享有基本公共产品和服务的基础上,大力发展非基本公共服务。在非基本公共服务的社会事业中,咨询与信息等现代服务业的发展是重中之重。"十二五"规划以来,江苏省现代服务业取得了较快的发展,服务业增加值为 30 396.5 亿元,对应增长率为9.3%,超过地区生产总值增幅 0.6 个百分点,占地区生产总值的比重依次是46.7%。但与全国相比仍然存在一定的差距,如 2014 年国内生产总值636 463 亿元,增长 7.4%,其中第三产业增加值 306 739 亿元,增长 8.1%,占国内生产总值的 48.2%,高于江苏省占比。这些数据表明江苏省服务业增加值占 GDP 的比例低于全国平均水平,即在江苏省服务业与经济总量的发展速度不协调。因此,加快现代服务业的发展,不仅是江苏省提升其竞争力和影响力的战略需求,更是转变经济增长方式实现经济可持续发展的重要途径。作为现代服务业的重要组成部分,咨询及信息服务业的发展一方面为生产者提供了必要的发展信息和发展策略,另一方面则提升了制造业的发展层次、实现了产业结构的优化和升级,因此具有十分重要的意义。

一、基本范畴和竞争力评价指标

(一) 咨询及信息服务业的界定

一般认为,咨询是企业法人或个人凭借所拥有的资源优势为社会单位或个人提供各种与社会生活有关的知识与信息的活动。按行业划分,咨询可分为科技咨询、法律咨询、心理咨询及管理咨询等;按活动种类划分,咨询可分为审计、会计、市场调查和税务等。对咨询业的科学划分有利于对咨询业进行相关的数据统计,便于学术研究和管理部门的决策。信息服务业是指从事信息的采集、存储、传递、处理以及应用等服务性工作的行业总称,是信息产业的重要组成部分,是信息产业群中的一个子群(李朝鲜,2006)。信息服务业分为传统信息服务业和现代信息服务业,其中,传统信息服务业包括科技情报、档案、专利等,出版发行、邮政、基础电信服务、电视广播、报纸杂志以及其他传统信息服务业;现代信息服务业则包括信息处理服务、增值电信服务、数据库服务、软件业、系统集成业、业务外包、因特网服务、专业服务以及其他现代信息服务业。不同于此,刘荣明(2006)将信息服务业定义为依靠新的信息技术和创新手段,制造和提供信息产品及服务的生产活动,它不仅包括信息传输内容,也包括信息传输过程和手段,并将信息服务业分为:电信和其他信息传输服务业、计算机服务业和软件业三类。申静(2006)则将信息咨询业归于社会服务业的范畴,并将信息咨询服务业划分为广告业和咨询服务业,其中咨询服务业包括律师事务所、会计、审计、统计咨询业、社会调查业和其他未包括的信息咨询业。此外,高新民和安筱鹏(2010)还考虑了信息产业内容,认为信息服务业应包括三大部分:信息传输服务业(通信服务业和广播电视服务业等)、信息技术服务业(计算机服务和软件业)和信息内容产业(互联网信息服务业、IT咨询业和数据库产业等)。

上述关于信息服务业的划分方法对该研究具有很强的借鉴意义。相对而言,刘荣明(2006)的划分方法与我国国家统计局的口径比较一致,因此便于数据的查找。但中国统计年鉴上关于咨询与信息服务业的从属问题,有两个时间段值得关注:第一个时间段是2002年以前,信息与咨询服务业同属于社会服务业,凡2003年以前的统计年鉴均能直观反映该项统计量的相关指标,如信息咨询业的从业人员数和固定资产投资额等,但是,2002年以前的咨询及信息服务业的范围相对比较狭窄,不能与2002年以后的数据进行直接比较。因此,我们将2002年以前的咨询及信息服务业广义划分为信息咨询业、邮电通信业及计算机应用服务业三类。第二个时间段是2002年以后至今,咨询及信息服务业在国家统计年鉴中分别列表统计,其中咨询业为商务服务业的一个子群,信息服务业则独立统计并分为电信和其他传输服务业、计算机服务业和软件业三个行业。由于数据资源缺乏,2002年以后的数据,我们只能以信息服务业的相关指标作为替代变量。

(二)竞争力评价指标

国内对服务业竞争力评价体系的研究,主要有以下几种:第一种是中国人民大学的五类测评法。中国人民大学竞争力与评价研究中心建立了包括规模、结构、成长、创新和管理五方面的服务业竞争力评价体系,并在五个方面下构造了 23 个指标以评价服务业的竞争力。

第二种是邯郸市的三层监测法,邯郸市将服务业竞争力评价体系分为三个层次,其中发展态势、发展环境、发展动力和发展效应等四大模块为第一层,总量、速度、结构、效益、政策力度、社会稳定、生态环境、科技能力、教育水平、投入力度、增长效应、结构效应、就业效应和生活效应等十五大要素为第二层,五十三个指标为第三层,邯郸市通过以上指标体系对服务业的发展进行统计监测。

第三种是供需因素综合分析法。李江帆(2005)分别从供给和需求两方面对我国第三产业的发展因素进行了分析。根据 C-D 生产函数,影响我国服务业的供给因素有劳动投入、资本投入以及综合要素生产率,其中综合要素生产率包括技术进步、规模报酬递增、劳动和资本的质量改善、经营管理水平、政策和体制环境改善等。需求方面的因素除了消费者的收入水平、服务的价格、相关服务的价格、消费者的偏好、广告、经济体制、投资收益、通货膨胀等因素外,还有一些因素更应该考虑在内,即人均国内生产总值(人均 GDP)、城市化水平、闲暇时间、人口密度以及消费者受教育的程度。

结合上述三种不同的评价指标体系,对江苏省咨询与信息服务业的竞争力分析,可以从三方面构造评价体系:供给因素竞争力分析,包括从业人员数、从业人员比重、固定资产投入额和固定资产投资比重四个方面;需求因素竞争力分析,包括居民收入水平、物价指数、人均国内生产总值、城市化水平、人口密度、居民受教育水平以及居民消费结构七个方面;综合竞争力分析,包括增加值、增加值占 GDP 的比重、增值率、人均工资、人均服务业固定资产投资额和产业结构效益六个方面。以此为依据,该研究就江苏省咨询及信息服务业竞争力展开分析。

二、江苏省与长三角地区其他省市及全国的竞争力比较分析

此处采用比较法来比较分析江苏省与其他具有代表性地区咨询及信息服务业的竞争力差异。其意义在于:长三角经济圈为国内最强的经济圈之一,通过与其比较可以发现江苏省咨询及信息服务业在发展中的优势和差距。

(一)供给因素竞争力分析

根据服务业 C-D 生产函数:服务业增加值与技术进步、劳动与资本投入有函数关系,而且一般而言,技术进步对服务业增加值的贡献率相对较大(李

江帆,2005)。但是,由于统计数据资源的匮乏,在分析江苏省咨询及信息服务业的供给因素竞争力时,暂不考虑技术进步对咨询及信息服务业增加值的影响,而只对劳动与资本投入进行分析。

首先,对劳动投入的分析,我们主要分析该行业的就业人数。由于统计口径的改变,所选择的分析样本为2003年以后的相关数据[①]。从表4-9来看,在比较长三角各省市咨询及信息服务业就业人数占服务业就业总人数的比重时发现,江苏省的占比远低于浙江省与上海市,甚至在2013年前始终位于全国水平之下。可见,长三角地区在咨询及信息服务业的劳动投入虽高于全国,但江苏省仍需加大该行业的劳动投入,以进一步提升整体咨询及信息服务在全国范围的竞争力。

表4-9　江苏省与其他重要省市信息及咨询服务业就业人数占比表　　单位:%

年　份	江苏	浙江	上海	长三角	全国
2004	0.90	4.57	10.13	3.63	1.40
2005	0.96	5.91	11.53	4.34	1.49
2006	0.92	6.73	12.11	4.69	1.55
2007	0.89	9.99	13.02	6.07	1.63
2008	0.98	8.06	12.67	5.43	1.73
2009	0.96	9.45	12.56	5.91	1.80
2010	1.04	8.44	12.93	5.68	1.88
2011	1.17	9.39	14.45	6.35	1.83
2012	1.28	9.23	14.73	6.40	1.86
2013	3.51	9.99	20.38	9.31	2.53
2014	3.32	10.28	20.33	9.28	2.51

数据来源:由《中国统计年鉴》《江苏省统计年鉴》《浙江统计年鉴》和《上海统计年鉴》整理而得。

其次,就资本投入而言,由于2002年前后对咨询及信息服务业的统计口径有差别,因此只对2003年以后的数据进行分析。由表4-10可以看出,2004—2014年间,江苏省的固定资产投资额占全社会总投资额的比重从1.53%上升到了3.29%,2006年和2009年的小幅下降后又有回升的趋势,说明相对其他行业来说,咨询及信息服务业的资产投资相对份额较少。但江苏

---

①　2003—2014年的就业人数包括电信和其他信息传输服务业、计算机服务业、软件业和商务服务业四个行业的总人数。

省的咨询及信息服务业投资占总投资比重自 2011 年以来均高于全国占比。比如 2013 年和 2014 年江苏省咨询及信息服务业固定资产投资总额占全社会总投资额的比重分别为 2.96％和 3.29％；全国则分别为 2.01％和 2.36％。与长三角地区其他省市比较来看，2010 年前江苏最为落后，然而在此之后江苏赶超浙江，介于上海市与浙江省两者之间。

表 4－10　江苏省与其他重要省市信息及咨询服务业固定资产投资占比 单位：%

年　份	江苏	浙江	上海	长三角	全国
2004	1.53	2.33	1.91	1.91	2.95
2005	1.53	2.33	2.18	1.94	2.40
2006	1.37	2.08	3.38	1.98	2.37
2007	1.22	2.47	2.80	1.92	2.04
2008	1.37	2.44	3.73	2.10	2.04
2009	1.79	2.56	4.48	2.43	2.06
2010	1.94	2.32	2.91	2.19	2.05
2011	2.17	1.84	2.41	2.09	1.78
2012	3.02	1.95	5.20	2.89	1.97
2013	2.96	2.36	4.84	2.94	2.01
2014	3.29	2.79	4.93	3.26	2.36

数据来源：由《中国统计年鉴》、《江苏省统计年鉴》、《浙江统计年鉴》和《上海统计年鉴》整理而得。

综合上述劳动投入和资本投入分析，2010 年以前江苏省咨询及信息服务业的劳动和资本投入基本低于全国，表明江苏省对咨询及信息服务业的投入力度相对较弱。2010 年后江苏省对劳动和资本投入略有上涨，超出全国水平，但江苏省的劳动投入相对低于浙江省，资本投入则高于浙江省，这说明：江苏省正将咨询及信息服务行业发展目标定位于资本密集型服务业，浙江省则仍以劳动密集型服务业为主。但纵向比较来看，江苏省在咨询及信息服务行业的劳动投入有增长趋势，且增长率略大于资本投入的增值率。

（二）需求因素竞争力分析

在影响需求的诸多因素中，微观经济理论一般注重分析内生变量对需求量的影响。但是，影响需求的因素除了内生变量外，还有很多的外生变量，比如消费者的收入、消费偏好等。但服务业略微不同于实体产业，服务产品的消费有一定的目标群体，因此，它与消费者的素质及其所处的环境有很大的关系,消费者的素质包括消费者的受教育水平、消费观念所影响的消费结构等,而消费者所处的环境则包括人口密度、城市化水平和物价指数等。

首先,人均收入分析。如表4-11可知,江苏省实际人均GDP规模远远高于全国人均GDP。实际人均GDP增长速度则视具体年份而定,除2007年、2012年个别省份外,江苏省人均GDP增长速度均高于全国。与其他省市相比,2004年以后江苏省的增速均高于浙江省和上海市,上海市最低。人均可支配收入方面,2004—2014年间,江苏省及长三角地区其他各省市不管是城镇人均可支配收入还是农村居民家庭人均纯收入,都高于全国水平,但江苏省落后于同年段的浙江省和上海市。对以上人均GDP和人均可支配收入的分析表明,江苏省整体上优于全国,但江苏省虽然最近几年在人均GDP上赶超浙江省,可在消费能力上仍相对低于浙江省和上海市,消费水平有待提高。

表4-11　江苏省与其他重要省市人均国内生产总值及收入表　单位:元,%

地　区	年份	实际人均GDP	增长率	农村居民实际纯收入	城镇居民实际可支配收入	物价指数
江苏省	2004	19 426.5	16.58	4 566.7	10 069.1	104.1
	2005	24 054.8	23.82	5 167.8	12 065.2	102.1
	2006	28 233.3	17.37	5 721.7	13 862.5	101.6
	2007	32 442.0	14.91	6 290.5	15 702.8	104.3
	2008	37 963.9	17.02	6 979.6	17 722.5	105.4
	2009	44 430.7	17.03	8 035.6	20 634.2	99.6
	2010	50 905.6	14.57	8 784.4	22 104.3	103.8
	2011	59 154.8	16.20	10 261.2	25 014.9	105.3
	2012	66 615.0	12.61	11 892.8	28 925.0	102.6
	2013	73 659.8	10.58	13 217.3	30 875.4	102.3
	2014	80 111.5	8.76	14 636.4	33 606.9	102.2
浙江省	2004	23 437.9	16.82	5 721.0	14 000.4	103.9
	2005	27 347.5	16.68	6 574.5	16 084.7	101.3
	2006	31 339.3	14.60	7 255.0	18 066.4	101.1
	2007	35 197.7	12.31	7 932.1	19 744.5	104.2
	2008	39 433.3	12.03	8 817.0	21 644.5	105.0
	2009	44 509.6	12.87	10 159.7	24 985.6	98.5
	2010	49 817.9	11.93	10 888.8	26 357.4	103.8

地　区	年份	实际人均GDP	增长率	农村居民实际纯收入	城镇居民实际可支配收入	物价指数
	2011	56 213.5	12.84	12 401.0	29 384.0	105.4
	2012	62 009.8	10.31	14 238.6	33 806.6	102.2
	2013	67 258.1	8.46	17 100.6	36 246.0	102.3
	2014	71 466.2	6.26	18 974.8	39 561.9	102.1
	2004	45 362.1	16.01	6 917.5	16 331.4	102.2
	2005	50 964.4	12.35	8 166.1	18 460.4	101.0
	2006	56 630.4	11.12	9 030.3	20 422.8	101.2
	2007	60 117.2	6.16	9 830.0	22 890.2	103.2
	2008	63 262.8	5.23	10 813.1	25 212.6	105.8
上海市	2009	69 442.8	9.77	12 533.1	28 953.6	99.6
	2010	73 786.6	6.26	13 557.7	30 880.8	103.1
	2011	78 479.1	6.36	15 260.0	34 439.6	105.2
	2012	83 047.7	5.82	17 318.8	39 093.7	102.8
	2013	88 947.2	7.10	18 776.4	43 869.3	102.3
	2014	94 783.8	6.56	20 634.5	47 557.4	102.7
	2004	11 899.7	13.95	2 826.2	9 067.9	103.9
	2005	13 965.6	17.36	3 197.3	10 307.5	101.8
	2006	16 313.7	16.81	3 534.0	11 585.0	101.5
	2007	19 355.6	18.65	3 950.8	13 154.4	104.8
	2008	22 522.6	16.36	4 495.4	14 901.6	105.9
全国	2009	26 082.1	15.80	5 189.5	17 295.8	99.3
	2010	29 520.3	13.18	5 729.9	18 498.9	103.3
	2011	34 090.6	15.48	6 619.8	20 692.4	105.4
	2012	38 447.0	12.78	7 716.0	23 942.2	102.6
	2013	42 222.2	9.82	8 670.5	26 272.0	102.6
	2014	45 714.7	8.27	9 698.0	28 804.9	102.0

数据来源:根据《中国统计年鉴》《江苏省统计年鉴》《浙江省统计年鉴》和《上海市统计年鉴》相关资料整理而得,以上物价指数均以上年为100。

其次,消费环境分析,主要通过人口密度、城市化水平指数以及高等教育在校学生数三方面来分析。一般认为,人口密度越大,城市化水平越高,人们消费某种产品的概率也就越大,这就是为什么城市消费额远大于农村的原因;

另外,高等教育在校生人数越多,居民的素质就普遍较高,消费观念相对比较前卫,因而消费需求也就相对旺盛。与长三角地区省市相比,江苏省人口密度位居第二,其人口变化不是很大,2011年后维持在770人/平方公里左右,具体数据见表4-12。城市化方面也出现与人口密度类似的状况,即江苏省位居第二,排在上海市之后。从总量上说,江苏省和上海市的城市化水平已比较高,其中江苏省城市化水平2010年后已超越了60%,上海市甚至在2014年高达90.3%,远远超过全国同年54.8%的水平。高等教育在校生人数方面,长三角地区以江苏省最多,浙江省和上海市相差不是很大,"十二五"以来,江苏省高等教育在校生数几乎数倍于上海市和浙江省,如2014年,江苏省该数据为184.93万人,是浙江省97.82万人的1.9倍、上海市50.66万人的3.7倍;与全国相比,随着全国高等教育全面改革的实施,江苏省高等教育在校生人数的增长速度滞后于全国增速,且占全国的比重逐年降低,但是2014年仅长三角"两省一市"的人数就占全国的5%以上,可见江苏的居民受教育水平高于全国绝大多数省市,素质相对较高。

表4-12　长三角地区消费环境分析

年份	人口密度（人/平方公里）				城市化水平指数（%）				高等教育在校生数（万人）			
	江苏	浙江	上海	全国	江苏	浙江	上海	全国	江苏	浙江	上海	全国
2004	724	464	2 747	135	48.2	26.7	81.2	41.8	106.3	57.3	41.6	1 415.5
2005	729	481	2 804	136	50.5	27.5	84.5	43.0	123.8	65.1	44.3	1 659.6
2006	736	489	2 862	137	51.9	28.3	85.8	44.3	139.5	72.0	46.6	1 849.3
2007	743	497	2 930	138	53.2	29.0	86.8	45.9	156.9	77.8	48.5	2 004.4
2008	748	503	2 978	138	54.3	29.8	87.5	47.0	167.7	83.2	50.3	2 149.3
2009	761	518	3 486	139	55.6	30.4	88.3	48.3	176.7	86.6	51.3	2 285.2
2010	767	535	3 632	139	60.6	30.9	88.9	49.9	177.5	88.5	51.6	2 385.6
2011	770	537	3 702	140	61.9	31.4	89.3	51.3	179.4	90.7	51.1	2 473.1
2012	772	538	3 754	141	63.0	31.7	89.8	52.6	181.1	93.2	50.7	2 563.3
2013	770	528	3 810	142	64.1	32.0	90.0	53.7	183.0	96.0	50.5	2 647.5
2014	772	529	3 827	142	65.2	32.5	90.3	54.8	184.9	97.8	50.7	2 732.5

注:城市化水平指数=城镇人口或非农业人口/总人口;高等教育在校学生数=本专科生数+研究生数。

另外,在对部分城市关于家庭平均每人全年交通通讯的消费支出的数据观察中发现一条规律:城市化进程将扩大对交通通讯的消费需求,最终使得城镇和农村对该类服务业的消费量趋同。该结论是通过对长三角十个城市的支出数据进行观察得出的,这十个城市分别为上海市,江苏省南京市、苏州市、无锡市和常州市,浙江省杭州市、宁波市、台州市、湖州市和舟山市。经观察发现,城市化程度较高的地区,其城镇和农村对交通通讯服务的消费支出相差不是很大,如 2010 年上海市,城镇交通通讯消费占总消费支出的 17.6%,农村该数据则为 14.3%,又如江苏省南京市,其城镇消费支出占总消费的比重为 11.9%,农村的则为 11.4%,几无差别;相反,城市化程度不是很高的地方,其城镇和农村对交通通讯的消费支出相差则很大,城镇交通通讯消费支出占比远大于农村的该项数据,比如 2012—2013 年的宁波市,其城镇交通通讯支出占比分别为 20.3% 和 18.7%,而农村的则为 6.8% 和 7.6%,分别相差 13.5和 11.1 个百分点,又如台州市 2010—2012 年间,城镇数据分别高于农村7.4、4.5 和 4.3 个百分点;另外,农村在城市化进程中对交通通讯的消费支出有可能大于城镇对该项消费的支出,比如苏州市 2009 年城镇的交通通讯支出占比为 12.8%,而农村的占比则高于城镇 3.2 个百分点,为 16.0%,且 2009年后,苏州市的农村占比均高于城镇①。这说明城市化能扩大居民对交通通讯进而带动其他诸如咨询信息服务业等现代服务业的消费需求。

(三) 综合竞争力分析

首先,从人均工资来看,人均工资反映咨询及信息服务业的管理竞争力。一般而言,人均工资越高,从事该行业的人才越多,该行业的产出也就越多。图 4-14 数据显示,"十一五"以来,包括江苏在内的全国咨询及信息服务业平均工资呈逐年递增趋势,从 2006 年的 43 435 元②上升到 2014 年的 100 845元,而全国所有行业平均工资则只从 20 856 元上升到 56 360 元,可见该行业平均工资远远高于所有行业平均工资。就同行业比较,江苏省的咨询及信息服务业平均工资较长三角其他省市增长速度较快,2013 年位居第一位,说明江苏省的咨询及信息服务业在逐年发展,也比其他行业更具有竞争力,发展潜能较大。2009 年以来,江苏省咨询及信息服务业从业人员平均工资基本高于全国平均水平,但是低于上海市。以 2014 年为例,江浙沪三省市该行业的平均工资分别为 102 341 元、84 983 元和 102 881 元,浙江省远低于上海市与江

---

① 数据由各市《统计年鉴》相关数据整理得到。
② 数据为电信和其他信息传输服务业、计算机服务业和软件业三类的平均工资。

苏省水平。因此,在人员平均工资的比较上,上海市在长三角地区处于领先地位,而这与上海作为长三角经济中心城市的实际情况相吻合。

其次,从人均固定资产投资额来看,一般而言,在某一行业刚兴起不久阶段,人均固定资产投资额越大,该行业的边际产出也就越多。从总量规模来看,2005—2014年间,长三角经济区"两省一市"的咨询及信息服务业固定资产投资总额高于全国投资额,在2014年高达2 319.28亿元①,但除江苏省外,长三角其他省市在2011年均出现了负增长,如表4-13所示。

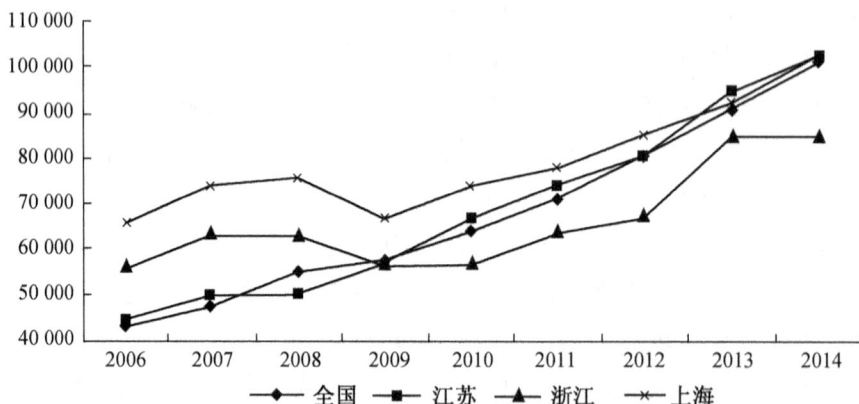

图4-14 2006—2014年长三角地区信息服务业平均工资(单位:元)

表4-13 长三角地区咨询及信息服务业人均固定资产投资表 单位:元,%

年份	江苏		浙江		上海		全国	
	人均投资额	增长率	人均投资额	增长率	人均投资额	增长率	人均投资额	增长率
2005	176.7	27.03	339.5	10.00	407.7	26.81	163.0	1.94
2006	180.0	1.86	341.2	0.50	674.9	65.53	197.9	21.42
2007	193.7	7.61	446.9	31.00	604.6	−10.42	211.7	6.98
2008	265.1	36.87	485.5	8.62	842.3	39.32	264.9	25.14
2009	434.9	64.05	583.2	20.13	1067.9	26.78	346.6	30.81

----

① 由于有关统计部门没有对商务服务业下的咨询业进行细分统计,统计年鉴上并没有直接反映咨询业的相关数据,因此我们在比较咨询及信息服务业的固定资产投资额时采用电信和其他信息传输服务业、计算机服务业、软件业和商务服务业的总投资额进行计算。

年份	江苏		浙江		上海		全国	
	人均投资额	增长率	人均投资额	增长率	人均投资额	增长率	人均投资额	增长率
2010	532.7	22.48	605.1	3.76	671.8	−37.09	383.8	10.75
2011	721.7	35.48	541.2	−10.56	520.9	−22.46	412.5	7.45
2012	1209.0	67.53	694.0	28.24	1147.1	120.22	545.9	32.36
2013	2093.7	73.17	986.5	42.14	1132.4	−1.29	659.8	20.86
2014	2630.6	25.64	1352.5	37.11	1222.8	7.98	882.8	33.80

数据来源:由《中国统计年鉴》《江苏省统计年鉴》《浙江省统计年鉴》和《上海市统计年鉴》整理计算而得。

最后,人均规模而言,在咨询及信息服务业人均固定资产投资额的平均增长速度方面,长三角地区各省市分别为32.83%、17.09%和20.88%,只有浙江省略低于全国17.54%的增长率;人均投资额方面,2008年以前江苏省的咨询及信息服务业的人均固定资产投资额低于全国人均投资额,在长江三角洲地区也低于其他省市。而2008年以后,江苏省人均投资额远高于其他地区,以2012年和2013年两年的数据为例,江苏省约是浙江省的两倍,其人均投资额分别是1209.0元和2093.7元。数据还显示,除江苏省外,2011年长三角经济区其他省市该行业的固定资产投资总额和人均投资额都比往年小,这是因为2010年全国投资过热,政府出台相关政策以抑制各地狂热的投资需求,导致2011年的数据出现反常,而江苏省35.48%的增长率,说明江苏省咨询及信息服务业的投资在全国范围内相对领先。

三、江苏省咨询及信息服务业的发展瓶颈

通过比较江苏省与长三角各省市以及全国咨询及信息服务业的供给因素、需求因素和综合竞争力,我们对江苏省咨询及信息服务业存在的问题,做如下总结:

第一,江苏省的咨询及信息服务业贡献率低,相对较为薄弱。与全国相比,江苏省的地区GDP总量占全国GDP的10%左右,但是咨询及信息服务业的增加值总量占GDP的比重却低于同一年份的全国占比。与长三角其他省市相比,2009年之前江苏咨询及信息服务业的增加值总量介于浙江省与上海市之间,2009年后江苏省则成为长三角地区最高的省份,且江苏省的地区

生产总值最多,但其咨询及信息的增加值总量占 GDP 的比重却是最低的。这说明江苏省咨询及信息服务业对地区生产总值的贡献率较低。且由比较劳动生产率的分析可以看出,江苏省咨询及信息服务业的产业结构效益较低。

第二,咨询及信息服务业增长速度相对较快,但并没有形成发展以咨询与信息服务业为主的产业模式。主要表现在:没有充分利用江苏省地区优势。江苏省的高等教育在校生数高于全国绝大多数省份,具备科技和人才优势,但信息服务业并没有远远领先;劳动投入不足,从业心态不积极。江苏省咨询及信息服务业的从业人员占服务业总就业人数比重虽然逐年上升,但比重很低,最高的年份 2014 年也只有 9.28%,且江苏省从业人员占比明显低于浙江省和上海市,甚至 2013 年之前始终低于全国水平;资本投入相对较弱,江苏省2014 年咨询及信息服务业固定资产投资额占社会总投资额的比重相对较低,仅为 3.29%,落后于上海市 2.14 个百分点,资本投入相对不足。

第三,开拓能力不强。开拓能力体现该行业的扩张和竞争能力,体现为与外来区域同行业的竞争能力。这主要表现在江苏省咨询及信息服务业的平均工资有递减的趋势,以江苏 2010—2014 年的数据为例,其增长速度依次是17.1%、11.0%、8.9%、17.7%和 8.2%,平均工资的增长速度放缓,该行业的吸引力越来越弱,这将导致理性就业者从事其他朝阳产业,更加导致行业吸引力的减弱,形成"恶性循环"。其次,江苏省人均固定资产投资额后劲不足,虽然其人均投资额远高于全国水平,但是在平均增长速度方面偏低。

第四,消费环境良好,消费理念的基础相对夯实。相比全国,江苏省人口密度相对比较大,尤其像南京市这样的经济圈人口密度相当大。人口越集中,该区域居民对产品与服务的消费概率就越大,消费需求也就越大。江苏省的城市化水平远超全国,相对于其他省市来说,江苏省的城市化率已达较高水平。城市化水平越高,居民对咨询与信息服务业的消费也就越高。消费理念跟居民的受教育水平进而素质有关,江苏省高等教育在校生数占全国的比重相对较大,从这种意义上说,该地区居民的人均素质相对较高,认识和接受新事物的能力也相对较强,这些都是构成消费理念的基础,因而居民消费理念的基础是存在的,且相对夯实。

第五,消费结构不够合理,且消费能力支撑着消费量的扩大。江苏省GDP 总值占全国 10%左右,且江苏的人均 GDP 数值上也都是数倍于全国人均 GDP。不仅如此,江苏省城镇和农村居民的平均可支配收入数值与增速上均高于全国水平,因此,消费能力支撑着江苏省对咨询及信息服务业消费量的扩大。

综合而言,制约江苏省咨询及信息服务业发展的主要因素在于供给方面的原因,这是因为江苏省具备消费该项服务的环境与理念,即需求相对旺盛,但供给却相对不足。

四、发展长三角地区咨询及信息服务业的对策

通过分析江苏省咨询与信息服务业的现状和揭示所存在问题,我们认为,解决以上所存在的问题,发展长三角地区咨询与信息服务业,大体有以下几点思路可循:

第一,进行合理的产业和区域定位,充分利用区域资源,发展相关资源密集型的产业。就江苏省而言,在意识到长三角经济圈内江苏省咨询及信息服务业落后于其他两个省市后,江苏省应制定发展以咨询和信息服务业为代表的现代服务业的产业政策,给予政策层面上的重视和支持;应注意产业的互补,因此对城市进行合理的产业定位是很重要的,江苏省南京市的居民可支配收入相对较高,资本相对密集,且工业相对集中,因此宜定位于发展资本密集型的咨询及信息服务业,而地域广阔人口众多的城市比如徐州经济圈宜发展劳动密集型的咨询及信息制造业,一方面有利于扩大就业,另一方面作为服务业的基础产业,它有利于为发展咨询及信息服务业奠定坚实的实体基础。

第二,充分发挥科技和人才优势,鼓励发展以咨询及信息服务业为代表的现代服务业。从 2014 年全国各省创新指数排名来看,江苏省位居第二,可见江苏省科技创新能力位居全国前列,加上高等教育在校生数占全国的比重较高,高等教育的发展为江苏省提供了大量素质高的人才,因此,江苏竞争优势在于其拥有的高素质人才和创新力强的科学技术。但是,发展咨询与信息服务业,除具备存在的基础条件外,还必须有:政府发展咨询及信息服务业的相关鼓励政策,引导知识型和科技型人才从事咨询及信息服务业的就业导向;公司企业的人才挽留机制,制定合理的报酬激励制度以挽留高科技人才,将公司产业做强做大,打赢江苏品牌,打造中国品牌,打拼世界品牌;从业者先进合理的就业理念,应该认识到以咨询及信息服务业为代表的现代服务业具有很大的发展潜力,从业者应具有超前的眼光。

第三,继续加大咨询及信息服务业的投资力度。按照经济学原理,在资本/劳动投入比较低的情况下,增加资本的投入有利于产出的增加。虽然与全国相比,江苏省的劳动和资本投入均相对较高,但资本投入的增值率低于劳动

投入的增长率。因此,增加江苏省咨询及信息服务业的资本供给,将有利于咨询及信息服务业增加值总量的扩大。一方面政府应鼓励投资咨询及信息服务业,加大支持力度,并保持政策的连续性;另一方面,规划产业区域,形成产业集群,扩大产业规模。

第四,继续推进城市化的进程,发挥大城市以及工业城市向周边地带覆盖的扩张效应。经过分析我们得出这样一条规律:城市化进程将扩大对现代服务业的消费需求,最终使得城镇和农村对该类服务业的消费量趋同。这提示我们,城市化促进现代服务业的发展,而现代服务业的发展又将进一步推进城市化进程,因此形成现代服务业和城市化相互促进的良性互动关系,这应是政府政策的一条重要的战略选择。

第五,稳定和拓展消费者的消费理念,加强咨询及信息服务产品的意识营销。长三角地区居民素质普遍较高,消费理念相对稳固,对于现代服务产品的消费是一个良好的意识基础,政府和企业应继续稳固消费者的这一消费理念。但同时,应在原来的基础上拓展居民消费理念,加强咨询及信息服务业产品的意识营销,让人们更多地接触这类产品,更多地了解这类产品,更多地消费这类产品。

附　录　金融业竞争力及其绩效

导读:以后 WTO 时代为背景,我们运用统计和计量分析相结合的方法分析江苏省金融业发展的现状、问题及对策。通过分析,发现江苏省金融发展和经济增长具有正向的联动关系,两者互为因果关系。通过横向和纵向两方面的比较,研究显示:江苏省金融业主要存在金融发展结构不平衡、发展程度不深以及制度不完善等问题。针对这些问题,得出一些政策启示:首先,明确发展战略,明晰区域定位;其次,发挥政策效用,发展和谐金融;再次,加快金融改革,加强金融监管;最后,拓展市场业务,拓宽投资渠道。

一、江苏金融业发展概况

按照 WTO 与我国达成的金融开放协议,我国 2006 年 12 月 11 日起对外资金融机构的进入取消地域和业务限制,意味着更多的具有竞争优势的外资金融机构参与国内金融业务的竞争。而江苏省南京市在入世协议中是领先于我国其他省市的第二批开放城市,南京市的金融开放对江苏省其他地区具有辐射作用,因此可以认为江苏省金融开放走在我国的前列。那么作为入世协议开放相对较早的省份,江苏省金融业发展状况如何,竞争力在国内地位又怎样以及其中存在什么问题等?随着江苏经济的迅速发展,金融业也取得了很大的进展。金融机构的业务种类和服务领域不断扩展,从最初吸收储蓄,发放国有企业周转性流动资金贷款扩展到几乎所有的信贷、信托、租赁、证券、服务等全部金融业务。融资渠道进一步拓宽,融资方式更加灵活多样。

(一) 银行业

银行业在江苏金融业中处于主体地位,以 2006 年为例,江苏共有各类银行业金融机构 10 389 家(见表 4 - 14),其中国有商业银行 4 692 家,占江苏省银行类金融机构的 45.16%,邮政储蓄 2 382 家,占 22.93%,农村信用社 2 115 家,占 20.36%;银行类金融机构从业人员 14.92 万人,其中国有商业银行从业人数 8.58 万人,占江苏银行类金融机构从业人员的 57.52%;银行类金融机构资产总额达 28 654.2 亿元,其中国有商业银行资产总额 15 838.0 亿元,占江苏省银行类金融机构资产总额的 55.27%。

表 4 - 14　江苏省银行类金融机构情况

机构类别	机构个数(个)	从业人数(人)	资产总额(亿元)
一、国有商业银行	4 692	85 804	15 838.0
二、政策性银行	94	2 191	1 541.2
三、股份制商业银行	608	15 366	5 796.2
四、城市商业银行	477	8 683	2 008.4
五、城市信用社	2	45	10.2
六、农村信用社	2 115	23 617	1 881.9
七、财务公司	3	50	39.6
八、邮政储蓄	2 382	13 080	1 417.3
九、外资银行	16	338	121.5
合　计	10 389	149 174	28 654.2

注:① 银行类金融机构包括总部及其所有下属分支机构;② 外资银行机构包括 9 家分行、7 家代表处。数据来源:中国人民银行南京分行和江苏省银监局官方网站。

由于经济货币化程度的不断提高,银行货币信贷连年大幅增长。2006 年

江苏广义货币 M_2 余额为 29 024.09 亿元,比 2005 年增长 17.8%,狭义货币 M_1 余额为 11 018.20 亿元,同比增长 21.7%,货币流通量 M_0 余额为 3 501.85 亿元,同比增长 15.4%。人民币存贷款余额和当年新增额都仅次于广东和北京,位列全国第三。人民币存款余额为 25 860.47 亿元,占全国的 7.71%;年末全省金融机构人民币贷款余额 18 485.02 亿元,占全国的 7.75%。贷款余额占当年 GDP 的比例表现为逐步上升趋势,由 2000 年的 69.8% 上升到 2006 年的 85.18%。金融总量的快速增长,基本满足了经济发展对货币信贷的需要,有力支持了经济的健康发展。

(二) 证券业

截至 2006 年年末,江苏省共有法人证券公司 6 家,其中 2 家为创新类、4 家为规范类,如表 4 - 15 所示。东海证券还推出了全国首例对市政公共基础设施收益权进行资产证券化的创新金融产品。证券公司规模不断扩大,经营状况好转,资本实力增强。全省共有证券交易营业部 208 家,期货经纪公司营业部 25 家,证券投资咨询机构 3 家。证券公司注册资本总额达到 72.5 亿元,全年盈利 2.8 亿元,全省境内外上市公司达到 138 家,新增 21 家,其中境内上市公司共 99 家(比 2000 年增加了 37 家,总数位居全国第三位),上市公司通过发行新股、配股、增发,累计筹集社会资金近 600 亿元,2006 年全省共有 10 家公司在深圳中小板发行上市(目前江苏在深圳中小板的上市公司总数达 16 家,占中小板 102 家上市公司总数的 15.69%,融资额达 54 亿元),4 家上市公司再融资,共筹资 51.9 亿元(比 2005 年增加 35.24 亿元),其中通过发行股票筹集资金 26.25 亿元(比 2005 年增加 17.43 亿元),企业债券发行停滞,但凯诺科技发行可转债筹资 4.3 亿元,企业短期融资券市场规模快速扩大,省国信集团等 9 家企业发行短期融资券 102.5 亿元。2006 年全省证券经营机构股票交易量 11 612.86 亿元,期货经营机构代理交易量 17 053.62 亿元,分别增长 197.6% 和 73.6%。境内上市公司总股本 391.99 亿股,比 2005 年末增长 8.1%,市价总值 2 595.17 亿元,增长 50.1%。

表 4 - 15　江苏省证券业基本情况

项　目	数　量
总部设在辖内的证券公司数(家)	6
总部设在辖内的基金公司数(家)	0
总部设在辖内的期货公司数(家)	12

续　表

项　目	数　量
年末国内上市公司数(家)	99
当年国内股票(A 股)筹资(亿元)	51.9
当年发行 H 股筹资(亿元)	55.7
当年国内债券筹资(亿元)	106.8
其中:短期融资券筹资额(亿元)	102.5

(数据来源:江苏证监局和江苏省金融办公室官方网站)

(三) 保险业

江苏的保险市场近年来一直保持着健康发展的基本格局,增长速度较快。人均保费收入远高于全国水平。1999—2001 年 3 年间人均保费增长速度与全国人均水平增长速度基本上保持一致,2001 年以后增速明显高于全国水平,1999—2006 年间,江苏省人均保费增长了 3 倍多。

截至 2006 年年底,全省共有保险公司分支机构 39 家,其中财产险公司分支机构 18 家,寿险公司分支机构 21 家,当年全省新增 10 家省级保险公司,其中新增外资公司 6 家,均创历史之最,如表 4 - 16 所示。

表 4 - 16　江苏省保险业基本情况

项　目	数　量
总部设在辖内的保险公司数(家)	0
其中:财产险经营主体(家)	0
寿险经营主体(家)	0
保险公司分支机构(家)	39
其中:财产险公司分支机构(家)	18
寿险公司分支机构(家)	21
保费收入(中外资,亿元)	502.8
财产险保费收入(中外资,亿元)	120.4
人寿险保费收入(中外资,亿元)	382.4
各类赔款给付(中外资,亿元)	159.2
保险密度(元/人)	673.0
保险深度(%)	2.4

(资料来源:江苏省保监局官方网站)

2006 年全省保费收入 502.83 亿元,居全国首位,比 2005 年增长 15.0%。

其中,财产险收入 120.42 亿元,寿险收入 337.83 亿元,健康险和意外伤害险收入 44.58 亿元,分别增长 28.6%、9.5% 和 26.4%。江苏省保险保费收入自 2002 年以来,连续突破 200 亿元、300 亿元、400 亿元和 500 亿元的关口。2006 年全省保险金额 8.8 万亿元,为历年来最高,赔付额 159.17 亿元,比 2005 年增长 33.9%。其中财产险赔付 78.70 亿元,增长 47.7%;寿险赔付 64.36 亿元,增长 21.0%;健康险和意外伤害险赔付 16.11 亿元,增长 30.7%。有 16.0 万个企业、94.1 万个家庭、9 880.9 万人次获得保险保障,保险保障功能得到有效发挥。

江苏保险业发展取得了多项重大突破:一是农业保险试点扩大到 16 个乡镇,各级下放加大对农业保险的农民保费补贴力度;二是保险业参与新型农村合作医疗管理范围覆盖农村人口 1 077 万人,占全省农村居民的 28%;三是商业养老保险、健康保险为城乡居民提供有效保障,4 200 万人次受益;四是保险参与支持困难大学生完成学业,大学生信用保险助学贷款在全国率先开办。

(四)江苏省金融业发展的特点

第一,组织体系基本齐全,银行业占据主导地位。2006 年年末,江苏省共有国家政策性银行 3 家,国有商业银行 4 家,股份制商业银行 13 家,外资银行 16 家,城市商业银行 477 家,城市信用社 2 家,农村信用社县以上机构 2 115 家,信托投资公司 5 家,金融租赁公司 12 家,财务公司 3 家,法人证券公司 6 家,保险公司 39 家。

江苏金融业组织体系功能发挥:首先,银行业依然占据主导地位,2004 年年底全省共有各类银行业法人 216 家,银行业产业活动单位 9 804 家,分别占全省金融业的 30.2% 和 73.7%。尽管法人数占金融业比重并不是最高,但营业收入超 1 亿元的银行企业法人占全部银行企业法人数的比重达 69%,且其资产与主营业务收入占全部金融业的比重分别超过了 90% 和 70%,江苏金融业中银行业仍占据主导地位。其次,保险业加速发展。2004 年年末,全省共有保险业法人 227 家,保险业产业活动单位 3 030 家,分别占全省金融业的 31.7% 和 22.8%。保险业法人的资产与主营业务收入占全部金融业的比重分别为近 3.3% 和 26.4%。其中,江苏保险业 61.2% 的法人单位于 2002 年至 2004 年期间开业,迅速扩张的态势明显。2006 年年底,江苏省共有省级保险公司 39 家,其中,中资保险公司 29 家,外资保险公司 10 家。江苏全省省级保险公司数量仅次于北京、上海,居全国第三,保险分支机构总量居全国前列,但是,法人保险公司的稀缺,限制了江苏在保险新品种的开发和保险资金的运用。最后,证券业规模仍然较小。江苏 32 家证券业法人单位有产业活动单位 137 家,占全省金融业的比重分别仅为 4.5％和 1％。其中,在省外设立的产业活动单位为 42 家,占全部证券业产业活动单位的比重为 30.7％。而且证券业法人的资产与主营业务收入占全部金融业的比重都不到 1％。

第二,业务规模迅速扩张。一是存贷款总量迅速扩大。2006 年年末,全省人民币各项存款余额 25 860.47 亿元,人民币各项贷款余额 18 485.02 元,分别增长 17.5％和 20.1％,其中人民币存款余额位于广东和北京之后,居全国第三位。2006 年,江苏人民币存款小幅回落,外汇存款小幅增加,由于股市回暖形成对储蓄存款的分流作用,2006 年江苏金融机构人民币各项存款增长 17.5％,增速比 2005 年回落 3.3 个百分点,但随着企业盈利上升和贷款需求旺盛,企业存款和财政存款增加较多,分别比 2005 年多增 740.0 亿元和 139.2 亿元,反映企业和财政资金充裕。2006 年,全省金融机构人民币各项贷款增长 20.1％,增速比 2005 年高 5.9 个百分点。人民币贷款结构呈现以下特征:一是中长期贷款比重上升。全年中长期贷款新增额占全部贷款新增额的 53.2％,同比上升 17.4 个百分点。二是流动资金贷款票据化倾向显著减弱。由于二季度以来商业银行主动适应宏观调控要求,在控制信贷总量的基础上,调整根据融资业务,发展一般性短期贷款,有效满足实体经济基础流动资金需求,2006 年新增票据融资占流动资金贷款比重仅为 1.7％,同比下降 47.2 个百分点。三是先进制造精选现代服务业得到重点信贷支持。制造业贷款仍居各行业贷款之首,服务业贷款增长迅速,增速高于制造业贷款和全部贷款的总体增速。四是薄弱环节信贷机制创新有所突破,江苏省下岗失业人员小额担保贷款业务成功引入财政激励机制,贷款规模和受益面有效扩大,国家助学贷款和小额扶贫贷款业务规模稳步上升,全年累计发放下岗失业人员小额贷款 1.7 亿元、国家助学贷款 4.0 亿元、扶贫小额贷款 6.0 亿元。五是证券融资较快增长。2006 年年末,全省共有境内外上市公司 99 家,累计募集资金 214.4 亿元。六是保险业务稳步增长。2006 年全省实现保费收入 502.8 亿元,居全国第 3 位。

第三,服务功能日益增强。目前,商业银行和人民银行的多个系统的应用程度和技术水平居全国领先地位,银行卡网络功能全面提升,顺利实现全省银行卡联网通用,改善了银行卡的受理环境,降低了社会交易成本。各金融机构努力开发新品种、新业务,着力满足社会对金融服务的新需求,个人金融业务、表外业务和电话银行、网上银行业务、理财业务、企业财务顾问业务迅速崛起,中间业务推陈出新,银证、银保业务合作不断加强。

第四,金融改革步伐加快。城商行合并重组基本完成,农村信用社改革稳步推进。2006 年,全省地方法人金融机构改革进展顺利。江苏省内除南京市商业银行以外的 10 家城市商业银行合并组建江苏银行工作基本完成,2006 年 12 月 31 日,江苏银监局批复同意江苏银行开业。2006 年年末,江苏银行资本充足率 13.0%,不良贷款率 2.4%。农村金融机构改革稳步推进,产权制度和法人治理结构进一步完善。13 家县联社启动农村合作银行组建工作,其中 5 家顺利开业,另外 8 家已获银监会批准筹建。2006 年年末,全省已开业农村商业银行 9 家、农村合作银行 8 家。农村信用社改革资金支持方案稳步实施,年末全省共有 20 家农村金融机构通过中央银行专项票据兑付考核,兑付资金 13.9 亿元。

第五,金融产出稳步提高。江苏省金融机构资产质量不断提高,不良贷款余额和比例连年实现双降。截至 2006 年年末,全省主要银行业金融机构不良贷款余额为 728.26 亿元,比 2006 年年初下降 102.74 亿元,不良贷款率为 4.31%,比年初下降 1.57 个百分点,资产质量在全国名列前茅。2006 年,全省商业性金融机构本外币业务共实现利润 373.72 亿元,同比增长 27.47%,盈利能力稳步提高。

二、江苏省金融发展与经济增长的关系

考察江苏省金融发展和经济增长的关系,此节在因循国外经典理论的思想基础上,借鉴周立(2004)所提出的相关指标进行分析,将主要考察两个变量,即人均 GDP 和银行的金融相关率,其中人均 GDP 代表江苏省经济发展水平,银行的金融相关率代表江苏省的金融发展,其计算公式是人民币存贷款总余额除以地区生产总值。我们以 $PGDP$ 代表人均 GDP,以 $BFIR$ 代表银行的金融相关率,为了分析人均 GDP 对银行的金融相关率的弹性变化关系,我们将两者分别取对数,分别记为 $\ln PGDP$ 和 $\ln BFIR$。另外,2006 年以前的数据来自于 1997 年和 2000—2006 年各年的《江苏省统计年鉴》,而 2006 年的数据则来自于江苏省统计局公布的统计公报。在收集数据的过程中,我们发现以上年鉴缺省 1979 年的数据,而早些年份的年鉴比如 1982 年等则由于统计口径的不同而导致数据不一,因此,为了保持数据的口径统一,我们在分析中也去除 1979 年的数据。

(一)协整分析

在分析变量间的线性关系之前,必须首先检验变量是否存在平稳性,如果变量是平稳的,说明变量间存在长期稳定的均衡,可以建立线性关系;反之,如果不具有平稳性,则说明变量间无必然的线性关系,相应的模型回归是毫无意义的。为此,我们首先对 $LnPGDP$ 和 $LnBFIR$ 进行平稳性检验,结果如表4-17 所示。

表4-17 单位根检验结果

变量	模式(C,T,L)*	ADF 检验值	T 值	P.
$\ln PGDP$	(C,T,6)	−3.668 5	−4.339 3**	0.042 4
$\Delta\ln PGDP$	(C,T,6)	−3.596 9	−3.595 0***	0.049 8
$\ln BFIR$	(C,0,6)	−0.081 7	−2.635 5	0.940 9
$\Delta\ln BFIR$	(C,0,6)	−4.850 4	−2.991 9***	0.000 7

注:加"*"栏模式(C,T,L)中的C,T 和 L 分别表示添加常数项、趋势项以及滞后长度,滞后长度取施瓦兹信息准则默认值;加"**"表示 $\ln PGDP$ 在10%显著性水平下是平稳的;加"***"表示 $\Delta\ln PGDP$ 和 $\Delta\ln BFIR$ 分别在5%和1%显著性水平下是平稳的。

表4-17 显示, $\ln PGDP$ 序列是平稳的,而 $\ln BFIR$ 则是非平稳序列。为了检验两个序列之间是否存在协整关系,我们对两序列均进行一阶差分再进行单位根检验后,发现 $\Delta\ln PGDP$ 和 $\Delta\ln BFIR$ 分别在5%和1%显著性水平下平稳,即两序列均是一阶单整的,说明两序列存在可以进行协整分析。为此,我们建立 $\ln PGDP$ 和 $\ln BFIR$ 的协整方程如下:

$$\ln PGDP = C + \beta\ln BFIR + \mu$$

上式中 C 和 β 分别为待估计系数, μ 为随机扰动项,符合白噪音过程。运用最小二乘法,我们对模型进行估计,结果如下:

$$\ln PGDP = 4.13 + 2.96\ln BFIR$$

$$t = \quad (11.99) \quad (12.28)$$

$$P = \quad 0.00 \quad\quad 0.00$$

$$R^2 = 0.85, F = 150.85, P = 0.00$$

通过估计,我们发现,回归拟合优度为0.85,说明人均 GDP 和银行的金融相关率之间存在着高度的正向相关; T 统计值和 F 统计值比较大,相应的概率较小,在1%显著性水平下均通过检验,说明模型回归是合理的;同时待估计参数 β 值为2.96,表示银行的金融相关率上升1%,人均 GDP 将上升2.96%,也就是说,人均 GDP 对金融相关率的弹性为2.96。

在经济现实中,具有强相关性的变量间往往在模型回归上不具有合理性,因此对模型进行估计后,必须对模型进行协整检验。对于二元回归方程,计量上通常采用回归残差的协整检验,即对模型回归后所形成的残差进行 ADF 检验,以检验是否存在单位根,若存在单位根,则表明残差不平稳,从而模型估计不合理;相反若不存在单位根,则表明变量间不仅存在长期均衡的稳定关系,而且其模型回归也是合理的。将方程所形成的残差 $RESID$ 进行检验,结果如表 4-18 所示。

表 4-18　协整检验结果

变量	模式$(C,T,L)^*$	ADF 检验值	1%水平	5%水平	10%水平**	$P.$
$RESID$	$(C,0,6)$	-2.7332	-3.7241	-2.9862	-2.6326	0.0827

注:加"$*$"栏模式(C,T,L)中的 C、T 和 L 分别表示添加常数项、趋势项以及滞后长度,滞后长度取施瓦兹信息准则默认值;加"$**$"表示 $RESID$ 在 10%显著性水平下是平稳的。

表 4-18 显示,协整方程的残差在 10%水平下拒绝存在一个单位根的原假设,表明残差序列是平稳的,两序列存在协整关系。虽然确定了人均 GDP 和银行的金融相关率之间存在长期的均衡稳定关系,但是对于两者之间是否存在短期的因果关系,还需要进行进一步的检验,通常采用格栏杰因果检验法,检验的判断值一般为相伴概率,若相伴概率足够小,则可拒绝原假设,说明两者之间存在因果关系,具体检验结果如表 4-19 所示。

表 4-19　格栏杰检验

原假设	F 统计量	相伴概率
$\ln BFIR$ 不是 $\ln PGDP$ 的格栏杰因	10.2801	0.0009
$\ln PGDP$ 不是 $\ln BFIR$ 的格栏杰因	6.89138	0.0053

检验发现,接受 $\ln BFIR$ 不是 $\ln PGDP$ 格栏杰因的原假设的概率只有 0.0009,表明 $\ln BFIR$ 是 $\ln PGDP$ 的格栏杰因;同理,接受 $\ln PGDP$ 不是 $\ln BFIR$ 格栏杰因的原假设的概率也比较小,只有 0.0053,同样可以拒绝原假设,表明 $\ln PGDP$ 是 $\ln BFIR$ 的格栏杰因。因此,银行的金融相关率和人均 GDP 两者之间互为因果关系。

(二) 误差修正模型(ECM)

对于非平稳的序列,我们在进行协整分析后,必须进一步构建误差修正模型(ECM)以分析非均衡过程所生成的数据在偏离长期均衡后将以多大的调整力度回到均衡状态,即以数据的动态非均衡过程来逼近长期均衡过程。在上述协整方程的基础上,我们生成残差序列 $RESID$,并令 ECM 为 $RESID$ 的 $t-1$ 期序列,建立误差修正模型如下:

$$\Delta\ln PGDP = C + \beta\Delta\ln BFIR + \alpha ECM + \varepsilon$$

上式中,$\Delta\ln PGDP$ 和 $\Delta\ln BFIR$ 分别是 $\ln PGDP$ 和 $\ln BFIR$ 的差分序列,C、β 和 α 分别是待估计参数,ε 为随机扰动项,符合白噪音过程,进行估计,结果如下:

$$\Delta\ln PGDP = 0.18 - 0.47\Delta\ln BFIR + 0.01ECM$$
$$t = (13.26) \quad (-4.10) \quad (0.47)$$
$$P = 0.0000 \quad 0.0004 \quad 0.6523$$
$$R^2 = 0.45, F = 9.30, P = 0.0011$$

在上面的误差修正模型中,差分项反映了短期波动的影响。人均 GDP 的短期变动可以分为两部分:一部分是短期金融相关率波动的影响;一部分是人均 GDP 偏离长期均衡的影响。误差修正项 ECM 系数的大小反映了对偏离长期均衡的调整力度,在上式估计结果中,ECM 的大小为 0.01,表明当短期波动偏离长期均衡时,将以向量(0.01)的调整力度将非均衡拉回到均衡状态。

(三) 小结

通过分析江苏省金融发展和经济增长的关系,我们可以发现:第一,江苏省金融发展与经济增长之间存在正向联动关系,而且根据检验,两者互为因果关系,表明江苏省飞速发展的经济水平带来了金融的深化,同时金融深化又推动了经济的飞速发展,表现为良性循环关系;第二,从变化弹性上而言,江苏省金融每增加 1%,将推动人均 GDP 增长 2.96%,表明金融发展对经济增长的贡献力度比较大,这为政府大力发展金融业提供了理论支持;第三,计量分析还显示,江苏省金融发展水平比较稳定,在短期波动偏离长期均衡时,各种内外生因素将以向量(0.01)的调整力度将非均衡拉回到均衡状态,避免了剧烈的波动。

三、江苏金融业发展水平与全国及部分省市的比较分析

江苏省金融业发展水平的研究跨度既表现为时间性,又表现为空间性,因此为比较全面地定位江苏省金融业发展水平,我们选定了经济发展水平较高和金融深化程度较深的北京、天津、上海和浙江四个省市,从银行业、保险业和证券业三方面进行相关指标的比较,另外以全国金融业平均发展水平的有关指标作为基本标准来分析江苏省金融业的发展程度。

（一）银行业发展水平的比较

由于我国融资结构以间接融资为主,金融相关比率(FIR)可以存贷款为主的金融资产与GDP的比率,因此,我们用金融相关比率来作为银行业发展水平的比较指标。江苏与全国以及北京、天津、上海、浙江的对比情况见表4-20。

表4-20 江苏与全国及有关省市金融相关比率的比较

地区	1978	1980	1985	1990	1995	2000	2001	2002	2003	2004	2005	2006
江苏	0.67	0.76	0.88	1.04	0.93	1.77	1.82	2.00	2.26	2.14	2.14	2.14
北京	1.55	1.84	2.58	2.84	3.31	6.31	6.38	7.66	8.10	7.99	6.50	6.73
天津	1.37	1.42	1.66	2.01	1.86	2.53	2.57	2.70	3.33	3.17	2.95	2.83
上海	1.45	1.58	1.22	1.95	2.21	3.02	3.39	4.55	4.88	4.69	4.39	4.38
浙江	0.66	0.70	0.84	1.08	0.84	2.11	2.27	2.55	2.96	2.92	2.86	2.92
全国	0.92	0.98	1.13	1.41	1.37	2.49	2.63	2.87	3.13	3.24	2.78	2.80

注:考虑到相关数据的可获得性,① 1978—1995 年使用的是国有金融相关比率($SOFIR$),而 1999—2006 年使用的则是全部金融相关比率($TFIR$)来进行比较;② 对于江苏省,1978—1995 年的金融相关率使用的是人民币存贷款余额,2000—2006 使用的是本外币存贷款余额。数据来源于全国及各省市统计局统计信息网。

虽然在表4-20中我们对2000年以前的金融相关率是用人民币存贷款余额进行计算的,但是考虑到该时段内江苏省外资金融机构数量较少,因此可以认为以该数据计算的金融相关率具有一定的代表性。1978年以来,江苏省银行业的发展水平总体呈上升趋势,金融相关率从1978年的0.67快速增长到2003年的2.26,达到历史最大值;2003年之后,金融相关率略有下降,为2.14,此后两年的金融相关率保持在该数据左右,变化不大;在与其他省市的数据比较中,江苏省银行业金融相关率低于北京、上海、天津和浙江,表明与这些省市相比,江苏省银行业发展水平有待提高,增长潜力较大;另外数据还表明,江苏省银行业发展水平也低于全国平均水平。

图4-15显示的是江苏省银行业与全国及部分发达省市银行业发展水平的比较关系,从图中可以看出,与全国及部分省市相比,江苏省银行业发展水平还存在一定的差距,其中差距最大的是北京市,其次是上海市,这与这两市在我国金融业的地位是不可分开的,而天津和浙江与全国平均发展水平相差无几,江苏省则一直低于全国平均水平。但与全国银行的金融发展不同的是,2004年以来,全国及这些省市的金融相关率呈下降趋势,且整体波动幅度较大,而江苏省则表现为缓慢增长,表明与全国相比,江苏省银行业发展比较稳

定,进一步佐证了第二节计量分析的结论。

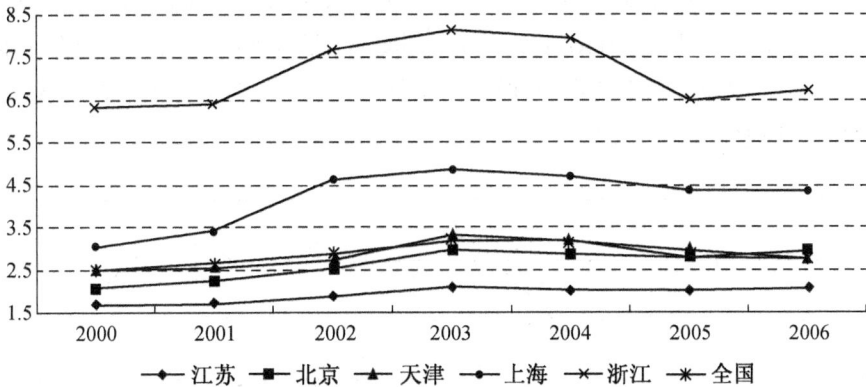

图 4 - 15　江苏与全国及部分省市的银行业发展水平比较图

(二) 保险业与证券市场发展水平的比较

我们选择和地区各年度保费实现收入与 GDP 的比率作为保险业的盈利能力指标,并以此代表保险业的整体发展水平。同时,由于我国证券市场是以股票市场为主,所以用股票筹资额与 GDP 的比率作为证券市场的发展水平量度指标。对比结果如表 4 - 21 所示。

表 4 - 21　江苏与其他省市保险、证券业发展水平的比较

指　标	地区	1999	2000	2001	2002	2003	2004	2005	2006
全国各地区保险业发展指标(＝年度保费收入/GDP)	江苏	1.53	1.54	1.86	2.67	3.08	2.70	2.39	2.33
	北京	3.98	3.55	4.95	7.06	7.71	6.51	7.30	5.33
	天津	2.14	2.43	2.70	3.17	3.08	2.76	2.47	2.42
	上海	2.10	2.80	3.64	4.43	4.64	4.12	3.65	3.95
	浙江	1.50	1.79	2.30	2.70	2.77	2.59	2.34	2.32
	全国	1.71	1.79	2.17	2.50	3.31	3.16	2.70	2.69
股市发展指标(＝股票筹资额/GDP)	江苏	0.63	1.03	0.45	0.51	0.39	0.14	0.48	0.12
	全国	1.15	2.35	1.29	0.91	1.16	1.11	1.03	2.67

注:以上单位均为％。资料来源:各省市统计局统计信息网。

从表 4 - 21 的比较中我们可以发现:第一,江苏省保险业发展水平逐年提高,发展指标值从 1999 年的 1.53％上升到 2003 年的 3.08％,上升速度相对较快,特别是 2001 年至 2003 年的 3 年中保险业发展速度尤其加快,分别为 20.8％、43.5％和 15.4％,2003 年以后,保险业发展速度则表现为逐年下降,

下降速度分别为 12.3％、11.5％和 2.5％；第二,除个别年份外,全国及部分省市的保险业发展水平也大体反映了江苏省所表现出的变化情况,即 1999—2003 年表现为上升,之后则逐年下降。但是,江苏省保险业发展水平低于北京、上海、天津和全国平均水平,而之于浙江省,江苏省则具有相对领先优势,如图 4-16 所示。

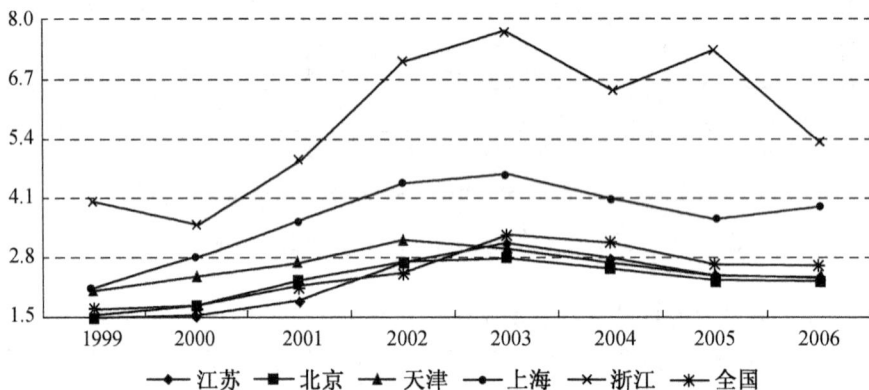

图 4-16 江苏与全国及各地区的保险业发展水平比较图

证券业发展则表现为较大的波动性,股市筹资额占地区生产总值的比率在 2000 年达到最大,为 1.03％,之后则大幅下滑,直到 2004 年的 0.14％,中间出现小幅反弹,但力度微弱,2005 年则出现较大的回升,达到 0.48％,但之后又下降到 0.12％,因此,江苏省的股市融资占地区生产总值的比率波动较大。总体而言,江苏省的证券市场发展深度呈下降趋势。与全国比较,江苏省股市融资也表现出较大的差距,如图 4-17 所示。

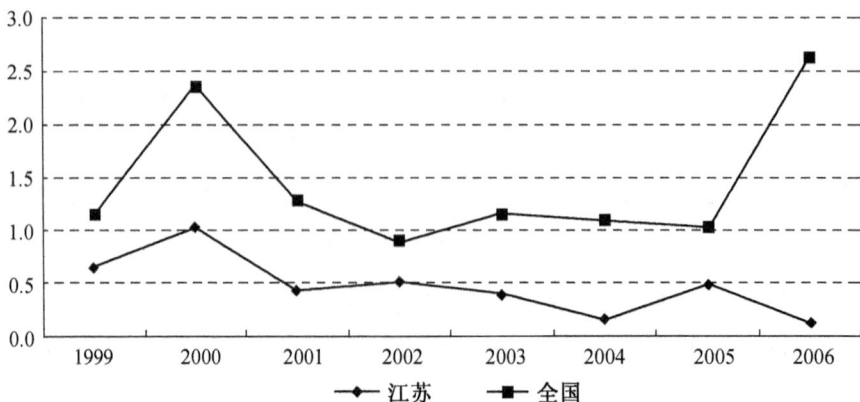

图 4-17 江苏与全国证券市场发展水平比较图

另外，2004年，江苏省证券业发展与全国表现出正向变化关系，之后，两者的变化关系则表现为反向，这一现象表明在发展证券业的过程中，江苏省表现出了自己的特色，也表明金融政策具有一定的独立性。

（三）比较结果

通过以下对江苏省银行业、保险业、证券业和全国及北京、天津、上海、浙江等省市的比较，我们发现江苏的整体金融发展水平处于比较低的位置，从比较图中可以更直观地看出江苏金融业的发展低于全国平均水平。虽然从上述指标来看这些年来江苏金融发展水平也在不断提高，但相对于江苏经济的发展之间的实际缺口越来越大，这与江苏经济大省的地位极不相符，有碍江苏经济的发展。

四、江苏金融业发展中存在的主要问题

总体而言，江苏省金融业发展水平与经济增长之间存在着正向的联动关系，金融总量与经济总量基本相匹配，金融业的发展推动了经济的增长；江苏省金融业发展也相对稳定，避免了大幅的波动，从而金融系统风险相对较小，为江苏经济的平稳健康发展奠定了坚实的后盾；金融改革步伐逐步加快，2006年及以前进行了多项金融改革，包括银行开业、农村信用社改革等方面，同时加快了对外资银行的引进速度，这些改革促进了江苏金融业的良性发展；银行业技术创新程度较高，商业银行和人民银行的多个系统的应用程度和技术水平居全国领先地位，服务功能逐步加强，提升了江苏银行业的竞争力；较之于银行业和证券业，江苏保险业发展速度较快，保险机构新增数量居全国之最，保费收入总量增长速度也居全国前列。虽然在总体规模上具有相对优势，但是更应看到，在发展过程中，江苏省金融业仍然存在以下几个方面的问题。

（一）金融发展结构不平衡

第一，金融组织体系不协调。主要表现在两个方面：首先，银行业仍然占据主导地位，银行业资产和主营业务收入仍在金融业中占绝对比重，2004年年底全省共有各类银行业法人216家，银行业产业活动单位9 804家，分别占全省金融业的30.2%和73.7%。尽管法人数占金融业比重并不是最高，但营业收入超1亿元的银行企业法人占全部银行企业法人数的比重达69%，且其资产与主营业务收入占全部金融业的比重分别超过了90%和70%，相对而言，证券、保险业规模则偏小，信托、租赁业发展缓慢。其次，从银行业内部看，国有商业银行占主导地位，地方性金融机构资产规模偏小。① 2006年江苏

共有各类银行业金融机构 10 389 家,其中国有商业银行 4 692 家,占江苏省银行类金融机构的 45.16%,比重排第一位,而排第二、三位的邮政储蓄、农村信用社则分别只占 22.93%和 20.36%,机构数总量排最后三位的为外资银行、财务公司和城市信用社,分别只有 16 家、3 家和 2 家;② 银行类金融机构从业人员 14.92 万人,其中国有商业银行从业人数 8.58 万人,占江苏银行类金融机构从业人员的 57.52%,而外资银行、财务公司则分别只有 338 人和 50 人,分别占 2.26%和 0.34%;③ 银行类金融机构资产总额达 28 654.2 亿元,其中国有商业银行资产总额 15 838.0 亿元,占江苏省银行类金融机构资产总额的 55.27%。

第二,社会融资结构不协调。江苏省社会融资结构仍以间接融资为主,直接融资为辅,直接融资占主导地位的局面没有改变,表现出极大的不平衡性,并且不平衡程度高于全国水平,这将导致风险过度集中于银行系统。江苏省非金融机构融资结构数据显示,2000—2006 年非金融机构的主要融资渠道为向银行贷款,其次为股票市场融资,而发行债券融资则极为有限,但 2005 年和 2006 年两年债券融资比例则大幅上升,有与股票融资相抗衡之势。其中,贷款融资比例均在 90%以上,最高的年份达到 98.3%,远远高于全国 85%的平均水平;而股市融资最高的只有 10%,平均比例在 3%左右,债券融资比例平均则只有 1.64%,表现出江苏省融资结构的极不平衡性。此外,江苏省金融业发展不平衡还表现在:① 区域性金融机构发展不协调,城市金融机构网点多,县域金融机构网点日渐缩小;城市金融竞争过于激烈,而农村金融供给不足。② 金融供给机构不协调,银行对大企业、大集团授信过于集中,而中小企业融资比较困难。中小企业上市融资虽已有所突破,但发行债券进行融资步履维艰。这些所表现出的结构性问题极为不和谐,将弱化江苏省金融功能、降低金融效率和抑制金融发展。

(二)金融发展程度不深

金融发展程度,也即金融深化程度,体现为金融发展与经济增长的关联度,在此节中用金融资产规模与经济总规模的比值即金融相关率来表示。金融相关率越高,金融深化程度则越深;反之则反。与全国及部分省市比较发现,江苏省金融相关率处于全国较低水平,表明金融增长幅度并没有表现出与经济增长幅度的趋同性,金融发展仍然可以对经济增长发挥更大的推动作用。

第一,金融相关率偏低。具体体现在:① 银行业存贷款总额占地区生产总值的比率不仅低于北京、上海、天津和浙江等发达省市,而且还低于全国平均发展水平,2000—2006 年的 7 年中,江苏省该比率平均只有 2.04,低于全国平均值 2.66,更低于北京、天津和上海的 7.1、2.87 和 4.19,表明江苏省虽然在存贷款总规模上处于全国领先水平,但对于生产总值的平均水平则落后于全国其他部分省市;② 保费收入占地区生产总值的比率除高于浙江外,均低于北京、天津和上海,而且也低于全国平均发展水平,该数据也表明江苏省保险业发展程度较浅,仍具有很大的发展潜力;③ 股票市场融资额规模小,占生产总值的比率低于全国平均发展水平,表明江苏省仍没有形成股市融资氛围,仍没有真正利用股票融资工具。

第二,金融业增加值偏低,增加值对 GDP 的贡献度有待提高。在表 4－22 中,江苏省金融业增加值每年分别增长 1.1%、4.4%、6.3%、12.3% 和 27.2%,增长速度逐年加快,增长率呈上升趋势;但与经济增长相比,除 2005 年外金融业增加值则表现出一定的差距,江苏省经济增长率分别为 10.6%、12.2%、17.3%、20.6% 和 22.0%,2000—2004 年的 5 年中,金融业增加值增长率低于 GDP 增长率 8 个百分点左右;从金融业增加值占比和增量占比上看,金融业增加值在 GDP 中比重极小,表明金融业增加值对 GDP 的贡献力度较弱,仍有待提高。

虽然从总量规模上,江苏省金融业在全国范围内处于相对领先地位,但是当将金融业发展与经济增长进行比较时,我们发现江苏省金融业不仅没有体现出较深的发展程度,而且金融深化程度处于全国平均水平以下。

表 4－22　2000—2005 年江苏省金融业增加值情况

年份	金融业增加值(亿元)	GDP(亿元)	金融业增加值增量(亿元)	GDP 增量(亿元)	金融业增加值占比(%)	增量占比(%)
2000	349.49	8 553.69	19.24	855.87	4.1	2.2
2001	353.41	9 456.84	3.92	903.15	3.7	0.4
2002	368.86	10 606.85	15.45	1 150.01	3.5	1.3
2003	392.11	12 442.87	23.25	1 836.02	3.2	1.3
2004	440.50	15 003.60	48.39	2 560.73	2.9	1.9
2005	562.42	18 305.66	121.92	3 302.06	3.1	3.7

数据来源:《江苏统计年鉴(2006)》。

(三) 金融发展制度仍需完善

按照新制度经济学的理论,在决定经济增长的各要素中,制度是决定经济增长极为重要的要素之一;制度已不再是传统意义上的经济增长的外生因素,而应将其视为内生因素;完善的制度通过路径依赖机制决定经济的增长。但是,在考察江苏省金融业发展的各项制度中,我们发现存在以下几个方面的问题:

第一,金融生态环境并不完善。具体表现在:① 金融机构的公司治理中仍然存在产权约束不健全、内部控制机制及手段处于低水平状态的问题,这些问题有可能产生严重的道德风险,从而阻碍金融主体健康成长;② 信用担保机构发展能力较弱、担保能力有限,使得企业有可能产生故意造假以骗取银行贷款、逃废债务的行为,同时中介机构参与造假致使公信力较低,而监管机构在打击失信行为时则表现出地方保护主义,这将严重制约地方信贷投入的增长;③ 社会信用体系建设尚不完善,难以为金融监管提供必要的数据支持和制度保障。

第二,金融微观主体监管制度不完善。具体表现在:① 部分地方小法人金融机构法人治理机构仍不够健全,管理方式比较粗放,历史包袱仍然较重,资本充足率水平不高,资本补充机制未真正建立,潜在一定的操作风险和流动性风险;② 地方性非银行金融机构违规经营、恶性竞争严重,存在影响银行稳定的因素;③ 寿险业务中分红理财产品承诺的收益率过高,由于投资渠道狭窄和资金损失风险较大,隐藏着较大的集中兑付的流动性风险;④ 金融创新力度不断加大与"游戏规则"的缺位并存,银、证、保交叉性金融工具和金融业务中的风险尚不能得到有效监管。

第三,市场化建设缺乏制度创新。主要表现为金融业对外开放程度较低。江苏省南京市是金融业开放相对比较早的城市,但是这一优势似乎并没有得到有效利用,在引进外资金融机构方面仍缺乏力度。2006 年,江苏省外资银行只有 16 家,其中 9 家分行,7 家代表处,这与江苏省经济开放程度不相称,也与江苏省银行业规模、效益水平在全国的地位不相称。同时,对外业务合作、技术合作、战略合作也有待进一步推进和深入。

五、江苏金融业发展的对策建议

在发展江苏金融的过程中,应以市场为导向,发挥各金融主体的各种潜能,以各尽其能,各守其位。第一,明确发展战略,明晰区域定位。尽快把江苏银行、南京商业银行、华泰证券等培育成为全国性的金融机构,使南京成为资金调度中心;积极引进境内外金融机构到江苏设立分支机构、地区总部或职能总部;组建中小银行,从制度上解决中小企业贷款难的问题;大力发展证券公司、投资银行,发挥它们在企业上市、兼并收购、资产重组、项目融资等方面功能;顺应产业布局规律,金融分支机构、网点要适度向"四沿"产业带倾斜。

第二,发挥政策效用,发展和谐金融。在"弱势金融"建设方面,要充分认识到金融业的企业性质,"扶贫式"金融是难于可持续的,因此,政府要充分发挥公共财政的导向作用,引导各类金融机构加大对弱势领域的投入和支持。一是发挥银行的功能和作用。政府设立专项资金,对银行向弱势对象发放的贷款进行奖励、贴息或补贴,同时,充分发挥政策性银行在"弱势金融"体系中的重要作用。二是大力发展保险机构和业务。全面实施养老保险、医疗保险等社会保险;大力发展农业保险、社会治安保险等政策性保险;积极拓展商业性保险;研究探索互助保险、合作保险等。三是创新微小金融机构。规范和引导民间金融,积极发展只贷不存的贷款公司、小额信贷组织和社区银行等多种微小金融机构。四是构建弱势贷款体系。全面建立助学贷款体系,积极发展扶贫、就业等小额贷款。

第三,加快金融改革,加强金融监管。重构农村金融体系,加快建立和完善政策性金融、商业性金融、合作金融和其他金融组织多层次、广覆盖、可持续发展的农村金融体系。一是发展适合新农村特点的金融组织。允许产业资本和民间资本到农村地区新设银行,在县(市)、乡(镇)设立村镇银行,在乡(镇)、行政村设立信用合作组织等金融机构。二是深化农村金融机构改革。继续深化农村信用社改革,加快组建江苏农村银行步伐;加快邮政储蓄银行改革,促进邮储资金回流农村。三是拓展农村金融服务。积极发展适合农业特点的金融业务和农村小额担保业务。四是积极发展农产品期货。发挥农产品期货市场价格发现、套期保值、资源配置等经济功能,建立农业生产风险规避机制。五是加快中小商业银行改革重组步伐,支持有条件的城市商业银行联合重组和跨区域发展。江苏银行和徽商银行是城商行联合重组和跨区域发展的成功案例。六是严控信贷资金入世,加强对银行信贷资金用途的后续监管,严禁信贷资金进入股市,以防范风险。

第四,拓展市场业务,拓宽投资渠道。随着经济的发展,经济发展对金融服务的要求日渐多样化。金融机构应适应这种变化,改变过去相对单一的服务方式、手段和渠道,把金融创新作为提高金融服务水平和促进自身发展壮大的重要途径。江苏金融监管机构应在借鉴国外先进经验的基础上,立足本省省情,在注意防范风险的同时,积极鼓励金融创新,特别是鼓励发展投资者需要的金融工具、金融服务、融资方式及金融衍生品等方面的创新。在加快金融业电子化和网络化建设的同时，尽快推进期权、货币互换等衍生工具完善衍生市场，充分利用银行的网络技术优势，大力发展支付结算、银行卡、银行承兑汇单、多用信用证、保函、投资理财和代收代付等各类型中间业务及产品。从数量和质量两个方面改善居民投资渠道，增强金融商品和服务的效用，提高金融机构的运作效率。

第一节　新型城镇化的增长绩效

导读:新常态下,新型城镇化不仅是我国内需的潜力所在,也是区域经济增长的动力之源。本研究在理论分析的基础之上,多角度、全方位地揭示了新型城镇化促进经济发展的路径,并通过江苏省面板数据展开实证分析,结论显示:第一,人口城镇化通过提高转移人口的消费能力,促进了经济总量增长;通过促进劳动力要素的自由流动,优化了产业结构;通过提高社会福利待遇与人均资源占有量,提升了人均可支配收入水平。第二,土地城镇化促进了投资与产业结构的调整,但由于增速失调与土地实际利用率低,使得其影响经济总量与结构的净效益为负;不过土地城镇化仍然可以通过促进农民工资性收入、财产租赁性收入与转移性收入来提高社会人均可支配收入。第三,产业城镇化通过要素集聚与扩散效应,推动了社会经济总量增长、结构优化以及个人可支配收入增加。

改革开放以来,中国经济发展取得了巨大成就,体现在 GDP 年均增长率超过 9%,但是,在这一过程中,也面临着因过度投资导致的产能过剩、片面追求规模导致的资源浪费与环境破坏等经济发展难题。且这些难题在人口、土地等红利的逐渐消失的情况下变得尤为严峻,类似的困境同样体现在江苏经济发展的形势中。突破这一困境,应在新常态下,培育江苏经济增长新动力,打造江苏经济的升级版,努力实现更有质量、更有效益、更可持续的发展模式,以率先实现小康、率先实现现代化的伟大目标。作为 21 世纪人类社会发展最主要的动力之一,新型城镇化更加有利于劳动力要素的优化,更加注重人口城镇化、土地城镇化的协调,更加关注新型城镇化与产业化的融合发展,因此新型城镇化将为江苏经济增长带来"新亮点"和"新动力"。

一、新型城镇化与经济增长:一个简要的文献回顾

在已有的研究文献中,学者主要从城镇化影响经济增长的路径方面展开了理论与实证研究。就理论而言,存在"消费投资说"和"要素集聚说"。

一方面,主张"消费投资说"的学者认为:城镇化主要通过提高人们的消费、政府的投资来促进经济增长。例如,王国刚(2010)认为,城镇化加大消费性投资、建设投资,深化体制机制创新,加快了经济方式转变,促进了经济增长。李子联等(2015)认为,新型城镇化的推进将带来投资需求增加、消费需求增加、制度改革红利释放,最终提高经济发展水平。具体来说,雷潇雨(2014)等通过实证研究发现城镇化水平能够促进城市消费率提高,进而促进经济增长,而过快的城镇化发展速度则起反作用。赵永平等(2014)认为,在全国和东部范围内,新型城镇化对经济增长存在促进作用;在中西部地区,新型城镇化推动经济发展的主要途径是消费与投资,而产业结升级对经济发展的影响为负。王平等(2015)认为,在欠发达地区新型城镇化的投资效应明显,而在发达城市的消费效应则更加显著。

另一方面,主张"要素集聚说"的学者认为:城镇化作用于经济增长的机制主要有要素积聚效应、规模经济效应,以及城市新需求集中推动的创新效应等(Fujita et al.,2000;陈良文等,2007)。例如,沈坤荣等(2007)认为,城市化通过各种要素的积累与产业结构升级,间接作用于经济增长。姚世谋等(2014)认为,城市(镇)就是一个巨大"磁场",由于规模效益、市场效益的存在能够吸引人才、资本、技术等向城市(镇)集聚,产生集聚效应,促进先进科技文化发展,推动经济增长。李程骅(2015)认为,除了消费和投资需求,新型城镇化过程中的人口集聚、生产要素优化、三次产业联动等带来的创新要素集聚,将营造创新驱动新机制,推动经济转型发展。此外,叶晓东等(2015)认为,新型城镇化通过解放农村闲置劳动力、释放储蓄、推动技术进步等方式影响经济增长路径、增长率和经济稳定性。

从实证研究方法来说,主要包括:第一,关于新型城镇化水平的度量。传统城镇化时代,大部分学者通过单一指标法度量新型城镇化水平(张明斗,2013;熊曦等,2015);新型城镇化提出后,多数学者采用综合评价指标体系。

例如,薛俊菲等(2010)在城市化内涵基础之上,建立了人口、经济、空间城市化的综合评价指标体系。熊湘辉等(2015)通过因此分析与主成分分析,对相关指标进行自相关检验,构建产业、人口、空间三个方面的新型城镇化指标体系。其他学者在此基础上,重新构建了人口、经济、空间、环境为主的新型城镇化综合评价体系。丁浩等(2016)通过专家访谈法,确定新型城镇化评价指标体系,运用熵值法进行指标赋权,测算新型城镇化与经济发展的耦合协调度。

第二,实证检验的方法不同。韩燕等(2012)基于省级面板数据,通过 F 检验,建立可变系数模型,经过实证分析,认为城市化水平与区域经济增长间存在显著正相关且在不同区域间其促进作用差距较大。喻开志等(2014)通过因子分析法将城镇化综合指标分为四个因子,然后通过建立固体效应模型分析各因子对经济增长的影响。孙叶飞等(2016)通过主成分分析测算新型城镇化水平,构建空间自回归模型、空间效应分解模型和面板门槛模型,从实证方面详细检验了新型城镇化与产业结构对经济的影响。李晋(2016)通过因子分析法测算新型城镇化水平,利用误差修正模型分析河南省新型城镇化对经济增长的效应,认为城镇化对经济增长的推动强度要明显超过经济增长对城镇化的带动程度。

从实证检验结果看,大部分学者认为城镇化推动经济增长。例如,吴福象等(2008)通过长三角16个城市的面板数据,实证分析得出城镇化推动经济增长的结论。更进一步地,孙志毅等(2014)利用我国 1978—2012 年的时间序列数据,得出教育投入、新型城镇化建设对经济增长均有推动作用,且新型城镇化与经济增长互为双向因果关系。王平等(2015)认为,城镇化与经济增长是一种循环累积因果效应关系,新型城镇化对我国经济增长的影响显著,且显著性在不断加强。部分学者通过建立城市经济框架,分析个体截面数据,认为城镇化率与人均 GDP 显著相关,相关系数达到 0.85;并且常住人口城镇化率每推进 1%,人均实际收入增长约 2.25%(Henderson,2003;孙文凯,2011)。此外,何立春(2015)认为,新型城镇化与战略性新兴产业结合形成的产城融合更能释放经济发展潜能。

综合来看,学者关于"新型城镇化对经济增长存在促进作用"这一话题已基本达成共识,诸多学者为城镇化与经济发展的理论研究做出了贡献,这些研究为我们的理论与实证分析提供了开阔的视野与基础,具有重要的启示意义。不同于已有研究的是:首先,研究综合了"消费投资说"和"要素集聚说",更加全面地揭示了新型城镇化对经济增长的影响机理。其次,关于新型城镇化水平的度量问题。单一指标用地区城镇常住人口占比作为衡量,虽然可以紧扣城镇化的本质,但新型城镇化内涵的复杂性决定了单一指标具有局限性。而综合评价体系虽然可以比较全面地衡量城镇化,能从整体上研究城镇化与经济增长的关系,但评价体系内的指标繁杂,不具有针对性。因此,决定采取多个单一指标,分别讨论其经济增长绩效。最后,关于新型城镇化对经济增长的影响,多数学者或以地区生产总值或以人均 GDP 来度量经济发展水平。实际上,经济的度量也是复杂的,至少可以从经济总量、经济结构、国民收入的角度来衡量。

基于以上分析,该研究将在新型城镇化的框架内,主要通过人口城镇化、土地城镇化、产业城镇化分别从消费、投资、要素集聚的角度分析城镇化对经济增长的影响,其中,又从经济的总量、结构、国民收入对经济进行多角度的衡量。并在理论分析的基础之上,以江苏地级市的面板数据为样本进行实证检验,确保结论的稳健性与科学性,以期充分发挥江苏省作为国家新型城镇化重要试点的作用,为其他地区提供可借鉴的现实案例。

二、新型城镇化的内涵及其影响经济增长的路径

(一)新型城镇化的概念

根据国家新型城镇化规划中的有关描述,可将新型城镇化理解为以人为本、以体制为保障、以城市群为主体、以环境保护为前提,是一条四化同步、布局优化、生态文明、文化传承的中国特色城镇化道路。新型城镇化的内涵丰富:首先,新型城镇化的核心是人的城镇化,不仅仅指人口的转移,更要求转移人口市民化,完成农民到市民的实质转变,在服务城市的同时享受与原市民无差别的社会待遇,如此才能促进人自由而全面的发展。其次,新型城镇化与工业化、信息化和农业现代化同步发展。农业现代化是发展的基础,工业化是发展的引擎,信息化是发展的创新力,而新型城镇化是发展的载体,承载着工业化和信息化的发展空间,对促进农业现代化发展亦具有不可替代的作用。最后,新型城镇化还是一条集约高效、创新驱动、环境友好、产城一体、城乡一体的可持续发展道路。

(二)新型城镇化与传统城镇化的区别

新型城镇化与传统城镇化的区别包括但不限于以下几点:第一,核心的转变——以人为本。传统的城镇化片面追求城市规模扩张与城市人口比例的增加,而新型城镇化则以人的城镇化为核心,注重提升城市宜居程度,公共服务

能力,更加强调人的"无差别对待",关注"人自由而全面的发展"。针对旧的城镇化中"工作在城市而保障在农村"的现象,新型城镇化提出要逐步实现教育、医疗、培训、社会保障等公共服务向常住人口全覆盖,使得农村人口愿意到城市去,并且能够在城市生存、扎根。第二,"土地征收制度"的转变。传统城镇化时期,农民在土地出让中常处于"被同意"的状态,缺乏话语权,实际所得明显少于应得补偿。出于"政绩"考虑,地方政府往往片面追求城市规模扩大,导致"土地城镇化"明显快于"人口城镇化"。而新型城镇化保证农民在征地过程中的谈判地位,征地后最大限度地提高农民在土地增值收益中的分配比例。同时,设立长效机制,通过但不限于货币补偿、就业培训、入股、社保等安置方式,来解决农民失地后的保障问题。第三,产业政策的调整。传统城镇化尽管也关注产业化,然而其关注重点在于各个产业的盈利能力,忽略了城市的产业结构是否合理、对环境的污染是否可治理。而新型城镇化则更加注重产业结构升级,以提高新型城镇化质量,再以高质量的城镇化推进产业结构进一步优化,实现"产城融合"。在产业转移与升级的过程中,充分发挥生产要素在空间的集聚与扩散效应,带动落后地区发展,拓展农民就业空间,使得农民就近就业、就地就业成为可能。

(三) 新型城镇化影响经济增长的路径分析

新型城镇化被称为拉动经济增长引擎的原因在于:新型城镇化可以促进消费与投资,并为经济活动提供生产要素。通过提高社会人均可支配收入,增强农民消费意愿,进而促进消费;由人口聚集与城镇土地扩大又引致了生活性服务需求、生产性服务需求,进一步促进投资;此外,新型城镇化对经济增长的推动作用还表现在通过增加生产要素供给,发挥产业集聚效应。具体来说,主要包括以下三条影响路径:

路径一:人口城镇化对经济增长的影响。

人口城镇化是指农村人口持续向城市转移和集聚的过程[1],这与"城市化"进程是相似的。此外,人口城镇化还包括城镇范围扩大而带来的人口增加。总人口中城镇人口比重是衡量城镇化水平的重要指标,许多学者认为人口城镇化可以作为城镇化水平的主要代表指标。人口城镇化对江苏经济的影

---

[1]　人口城镇化不仅包括人口转移,还包括城镇范围扩张带来的人口增加,该研究讨论的主要是人口转移带来的人口城镇化问题,因为该部分人口难以获得城镇户口与公平待遇。

响主要包括:首先,流出的人口在经济发达地区的工资更加高,能分享到的待遇和福利资源也更加好,即"人均的收入"①更高(樊纲,1995);相对而言,由于人口的流出,相对欠发达地区的剩余人口在当地能够获得的"人均的收入"也会因为分子的变小而增加,即增加了迁出区的人均资源占有量,因此人口城镇化使得人均实际可支配收入增加。其次,通过接收农村"剩余劳动力",发达地区可以以更低的劳动要素成本进行经济生产活动,劳动力要素的集聚推动地区产业快速发展,有利于产业结构升级。而相对欠发达地区由于人口的流出,也便于规模化经营。最后,由于消费环境的改变,城镇居民消费的"示范作用",使得转移人口的消费意愿大幅提高;兼之,实际工资的上涨导致个人可支配收入的提高,使得转移人口的支付能力得到提升,所以人口城镇化推动了生活性服务需求,促进了人民的消费,进而对经济总量的提高产生巨大推动力。基于以上分析,提出以下假设:

假设1:人口城镇化通过人均收入的增加,使得消费能力增强,促进消费,进一步推动了地区国民生产总值的提高。

假设2:人口城镇化通过劳动力要素的流动,使得发达地区产业发展更快,落后地区更容易实现规模化经营,即人口城镇化有利于经济结构优化。

假设3:人口城镇化通过更有效的资源"分配",使得人均可支配收入增加。

路径二:土地城镇化对经济增长的影响。

土地城镇化主要指的是在城镇化进程中,原有的农业用地转变为城市建设用地的过程。土地城镇化是城镇化的一个组成部分,在这一过程中,土地的自然属性向社会属性转变。土地兼具资源、资产和资本"三位一体"的属性,该研究主要从资源的角度,分析土地作为生产要素供给对江苏经济的影响:首先,随着土地城镇化的推进,必然带来城市规模的扩张与公共基础设施的需求,政府需要提供更多的公共服务供给,完善教育、医疗、就业培训、保障性住房等制度,这些都会扩大生产性服务需求,加大政府投资、引致社会投资,进而推动经济总量的发展。其次,利用土地公有制特点,政府对土地的供给直接实施宏观调控,对土地实施差别化管理制度。土地差别化供给的优势在于可以满足不同地区间的"个性化"需求,各市政府可以通过招标、合理出让土地使用权等方式来增加地方财政收入。在地方财政收入增长的同时,地方财政支出

---

① 包括货币收入;非货币收入,如环境、资源、各方面待遇等。

也随之增加,因此人们的转移性收入提高,人均可支配收入随之提高。最后,作为城市产业发展的载体,土地在规模不断扩张的过程中,也为产业转移提供了便利,为产业结构调整与优化提供了可能;作为生产要素,土地城镇化也有利于优化生产要素配置、加强产业联动、细化社会分工。因此,土地城镇化也有利于经济结构的优化。基于以上分析,提出以下假设:

假设 4:随着城市规模扩张,公共服务设施需求增加,这必然导致政府加大投资。从而进一步促进地区国民生产总值提高,即土地城镇化对 GDP 的增长有促进作用。

假设 5:土地城镇化有利于调整生产要素的配置,加速产业的转移,优化城镇的产业结构,因此对经济结构优化也有正向促进作用。

假设 6:通过增加地方政府财政收入、财政支出,土地城镇化增加了市民的转移性收入,进而增加了人均可支配收入。

路径三:产业城镇化对经济增长的影响。

产业城镇化是指由于产业结构非农化而引起的生产要素从农村向城市的流动和集中,包括产业的空间转移和产业结构升级。产业城镇化以产业转移、结构升级为基础,以产城联动为特征,以产城融合为发展目标。产业城镇化对江苏经济的影响表现为:首先,在产业转移过程中,相对欠发达地区承接劳动密集型、资本密集型企业的转移,会促使大量的资本与技术要素向欠发达地区流动,产生要素的集聚现象,并通过发挥规模效应与乘数效应,最终促进欠发达地区的经济总量增长。其次,产业城镇化具有选择效应:部分粗放型、资源浪费型企业会逐渐退出市场,而集约、高科技、高附加值型的产业必然会因良好的政策支持得以发展。伴随着产业转移,发达地区更多纳入技术密集型企业,劳动力更多地向第三产业转移,使得产业结构升级,生产效率提高,促进发达地区经济结构升级、经济总量提高。最后,在产业转移与升级的过程中,必然对地区的劳动力、土地与资本等要素产生新需求,地区"剩余劳动力"与"闲暇土地"都将投入生产,在其他条件不变时,地区生产总值上升,工资水平上涨,社会人均可支配收入增加。基于以上分析,提出以下假设:

假设 7:产业城镇化通过产业转移促进落后地区经济发展,提高社会就业水平,进而提高了社会整体的经济生产总值。

假设 8:产业城镇化推动了发达地区第三产业发展,加速了落后地区第二产业进程,对经济结构的促进作用明显。

假设 9:产业城镇化的发导致个人可支配收入增加。

三、变量设置与数据描述

(一) 变量设置与相关数据

根据以上分析,设置被解释变量:地区生产总值(GDP)、产业结构指数(STRU)、人均可支配收入(PCDI);主要解释变量:人口城镇化(PURB)、土地城镇化(LURB)、产业城镇化(IURB);经济类控制变量:消费水平(CONS)、投资水平(INVE)、社会从业人数(LABOR);第三产业产值占比(TIOS)、外商投资水平(AFDI)、科技水平(TECH)、金融集聚度(FIN);工资水平(WAGE)、税收水平(TAX);政策类控制变量(DVOT)。具体指标的取值方法见表5-1。

表 5-1　变量设置与经济意义

变量	变量含义	变量取值
GDP	地区生产总值	以当年价格计算的地区生产总值(亿元)
STRU	产业结构指数	$\sum_{i=1}^{3} i \times gdp_i$,其中 gdp_i 表示第 i 产业产值占比
PCDI	人均可支配收入	城镇居民与农村居民人均可支配收入的加权平均值
PURB	人口城镇化	城镇常住人口占总人口的比重
LURB	土地城镇化	城市建设用地面积占城市建设用地与耕地总面积的比重
IURB	产业城镇化	就业人口非农化率和地区生产总值非农化率的几何平均数
CONS	消费水平	社会消费品零售总额(亿元)
INVE	投资水平	社会固定资产投资总额(亿元)
LABOR	社会从业人数	全社会就业总人数(万人)
TIOS	第三产业占比	第三产业产值占地区生产总值的比重
AFDI	外商投资水平	实际外商投资总额(亿元)
TECH	科技水平	每万人专利授权数(件)
FIN	金融集聚度	X/Y,X、Y 分别表示各市和江苏省金融机构贷款余额占比
WAGE	工资水平	城镇单位从业人员平均工资(元)
TAX	税收水平	财政总收入中的税收收入(亿元)
DVOT	政策类控制变量	2013 年前取值为 0,2013 年及以后取值为 1

以上变量中,以地区生产总值、产业结构指数、人均可支配收入分别表示经济的总量、结构和收入水平。从人口城镇化、土地城镇化、产业城镇化三个角度分别对城镇化水平进行描述,既克服了单一指标不够全面的缺陷,也避免

了综合指标不具有针对性的劣势,并且便于从不同的角度分析新型城镇化对经济增长的影响,使结论更具稳健性。控制变量主要包括经济控制变量与政策类控制变量,根据国家政策的发布,2013 年明确要求坚持走中国特色新型城镇化道路,将新型城镇化上升到国家战略的高度,故确定政策类控制变量 DVOT,2013 年前取值为 0,2013 年后取值为 1。

从数据上看,江苏全省 13 个市地区生产总值均排入全国前 100,是全国唯一所有省辖市均进入全国前百强市的省份;江苏省地区生产总值 76 086 亿元,在全国省份中排名第二,仅次于广东。产业结构中,江苏于 2014 年二三产业占比持平,并于 2016 年,第三产业产值占比超过 50%,到达 50.5%。个人可支配收入一项,江苏仅次于直辖市上海、北京、天津以及浙江省份,排名第五。

关于城镇化,江苏于 2006 年常住人口城镇化率已超过 50%,2016 年更是达到了 67.7%,以年均超过 1.4% 的速度增长,领先于十九大公布的全国城镇化率年均增长 1.2%。江苏常住人口城镇化率将于 2017 年达到 69%,提前完成国家新型城镇化综合试点的目标;近年内将超过 70%,跨越 Northam 所说的城市化快速发展阶段,进入"诺瑟姆曲线"的第三阶段——城市化发展后期,达到发达国家的标准。此外,江苏的土地城镇化率不高,但其增长速度较快,远超江苏人口城镇化率的增长速度。全国经济增长极中,长三角地区位居首位,而江苏处于长三角腹地,因而产业发展迅速,全省产业城镇化率达到 88%,在全国处于领先地位。

(二) 江苏新型城镇化对经济增长影响的初步分析

根据 2006—2016 年江苏省的各城镇化率与经济总量、经济结构、人均收入水平的时间序列,经回归可得到图 5-1 所示的变量关系。从图 5-1(a)、图 5-1(b)、图 5-1(c)可知,人口城镇化对经济总量、经济结构、人均可支配收入的影响都为正,回归系数分别为 3 218.5、0.009、1 339.4,且可决系数分别为 0.966 8、0.947 7、0.952 9,回归结果均显著[①],表明江苏人口城镇化率每增长 1 个单位,地区生产总值增加 32.2 亿元,经济结构指数值增长 0.009,人均可支配收入增加 13.4 元,初步说明了人口城镇化对经济增长的推动作用明显;同理,土地城镇化对经济总量、经济结构、人均可支配收入的影响均为正,回归系数分别为 14 527、0.041、6 074.7,可决系数分别为 0.991 9、0.977 1、0.987 2,

---

① 因文中图片篇幅所限,具体回归结果未标明,备索。

数据表明土地城镇化对经济增长的促进作用显著;最后,产业城镇化对经济增长的影响系数也都为正,可决系数均超过 0.937 9。由此可知,以江苏省 2006—2016 年的时间序列为样本,经过简单回归,验证了新型城镇化对经济增长存在正向促进作用。

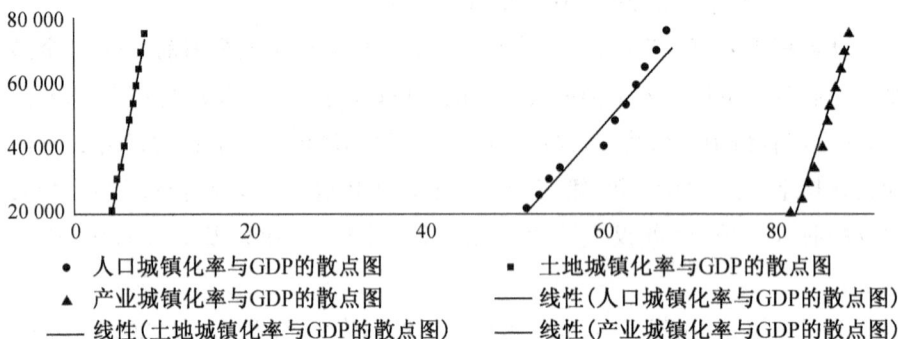

● 人口城镇化率与GDP的散点图　　■ 土地城镇化率与GDP的散点图
▲ 产业城镇化率与GDP的散点图　　—— 线性(人口城镇化率与GDP的散点图)
—— 线性(土地城镇化率与GDP的散点图)　　—— 线性(产业城镇化率与GDP的散点图)

图 5 - 1(a)　城镇化与经济总量的关系

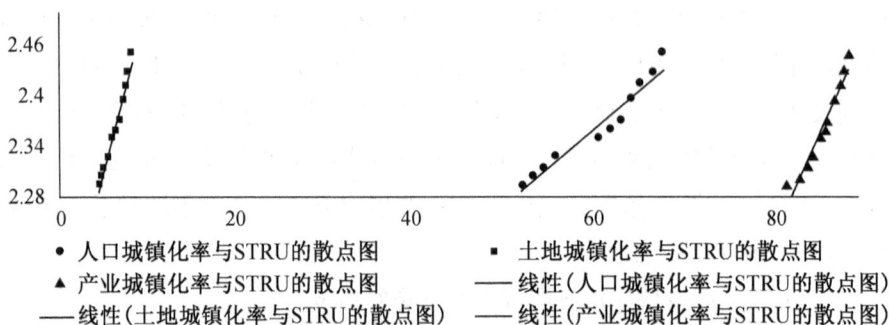

● 人口城镇化率与STRU的散点图　　■ 土地城镇化率与STRU的散点图
▲ 产业城镇化率与STRU的散点图　　—— 线性(人口城镇化率与STRU的散点图)
—— 线性(土地城镇化率与STRU的散点图)　　—— 线性(产业城镇化率与STRU的散点图)

图 5 - 1(b)　城镇化与经济结构的关系

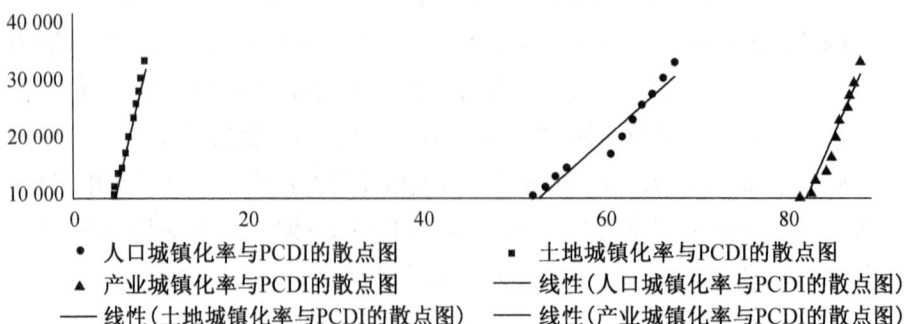

● 人口城镇化率与PCDI的散点图　　■ 土地城镇化率与PCDI的散点图
▲ 产业城镇化率与PCDI的散点图　　—— 线性(人口城镇化率与PCDI的散点图)
—— 线性(土地城镇化率与PCDI的散点图)　　—— 线性(产业城镇化率与PCDI的散点图)

图 5 - 1(c)　城镇化与收入水平的关系

四、实证检验与结果解释

基于数据科学性、完整性与可获得性,以 2006—2016 年江苏 13 个地级市相关数据为观测指标,数据主要来源于:《江苏统计年鉴》《中国城市统计年鉴》《长江三角洲及港澳特别行政区统计年鉴》。实证部分的研究思路是:通过单位根检验,判定数据的平稳性以避免出现伪回归。如果原序列平稳,可以经过 Hausman 检验判定模型形式,再进行面板数据回归;如果原序列不平稳但是序列同阶单整,可以通过协整检验判定不平稳的原序列之间的线性组合是否存在长期稳定关系,即是否存在协整关系,如果存在则可对序列进行面板模型回归。

以下将从新型城镇化的三个角度,分别通过实证检验分析其对经济的总量效应、结构效应和收入效应,以期从多角度、全方面解析新型城镇化的增长绩效问题。总体模型设置如下:

$$LNGDP_{it} = f(URB_{it}, ECON_{it}, D_{it}) + \alpha_i$$

$$STRU_{it} = f(URB_{it}, ECON_{it}, D_{it}) + \beta_i$$

$$PCDI_{it} = f(URB_{it}, ECON_{it}, D_{it}) + \gamma_i$$

(一) 新型城镇化的经济总量效应分析

我国的 GDP 数值一般为一阶单整或二阶单整数列,取对数可使数据变平稳,具有缩小量级、克服数据异方差等优点,并且取对数后单整阶数可能降低,方便与其他变化率数据进行比较与回归。因此,对被解释变量与相关控制变量取对数,具体模型设置如下:

$$LNGDP_{it} = PURB_{it} + LN(CONS_{it}) + LN(INVE_{it}) + LN(LABOR_{it}) + DVOT_{it} + \alpha_i$$

$$LNGDP_{it} = LURB_{it} + LN(CONS_{it}) + LN(INVE_{it}) + LN(LABOR_{it}) + DVOT_{it} + \alpha_i$$

$$LNGDP_{it} = IURB_{it} + LN(CONS_{it}) + LN(INVE_{it}) + LN(LABOR_{it}) + DVOT_{it} + \alpha_i$$

单位根检验主要分为两类,相同根下:LLC、Breintung、Hadri,不同根下:ADF、PP 检验,共六种方法。其中,除了 Hardi 检验外,其他方法的原假设均为:数据存在单位根,即原序列不稳定。表 5-2 为方程(1)单位根检验结果。

表 5 - 2　方程(1)相关指标的单位根检验

变量	LLC	Breitung	IPS	PP	是否平稳
$LN(GDP)$	$-13.881\,2^{***}$ $(I,0)$		$-5.749\,70^{***}$ $(I,0)$	146.634^{***} $(I,0)$	平稳
$PURB$	$-4.525\,21^{***}$ $(N,0)$			$79.244\,4^{***}$ $(N,0)$	平稳
$LURB$	$-6.931\,83^{***}$ $(I,T,0)$	$-0.959\,11$ $(I,T,0)$	$-1.489\,26^{*}$ $(I,T,0)$	$46.912\,6^{***}$ $(I,T,0)$	平稳
$IURB$	$-9.778\,92^{***}$ $(I,0)$		$-4.014\,84^{***}$ $(I,0)$	$95.568\,7^{***}$ $(I,0)$	平稳
$LN(INVE)$	$-9.574\,57^{***}$ $(I,0)$		$-2.184\,20^{**}$ $(I,0)$	$83.480\,2^{***}$ $(I,0)$	平稳
$LN(CONS)$	$-30.882\,2^{***}$ $(I,0)$		$-16.269\,0^{***}$ $(I,0)$	207.670^{***} $(I,0)$	平稳
$LN(LABOR)$	$-9.020\,12^{***}$ $(I,0)$		$-3.888\,19^{***}$ $(I,0)$	$65.336\,2^{***}$ $(I,0)$	平稳

注：***、**、* 分别表示在 1%、5%、10% 的水平下显著；括号中 I 和 T 分别表示单位检验时含有截距项、趋势项；N 表示不含有截距项或趋势项；数字表示差分阶数。

由表 5 - 2 可知，原序列均平稳，可能存在线性关系，经过 Hausman 检验，判定具体的模型影响方式，并进行面板回归，回归结果见表 5 - 3。由模型回归结果可知，主要解释变量人口城镇化率对经济总量的影响为正且能通过5% 水平下的 t 值检验，相对而言，人口城镇化对经济增长的推动力最大，人口城镇化每增长 1%，经济总量增加 1.32%，这表明以人口转移为核心的城镇化确实能促进我国经济总量的增长，这一结论与我们在理论分析中所得出的结论一致，假设 1 成立。但是，土地城镇化对经济总量增速的影响为负且通过了显著性检验。由表可知，经济总量对土地城镇化率变动的敏感程度即弹性系数为 -0.63，表明土地城镇化率每增加 1%，经济增长率便会降低 0.63%，说明土地扩张主导的城镇化不仅不能促进经济增长，还会拉低经济增速。之所以出现这一现象，主要原因可能是："土地城镇化"显著快于"人口城镇化"，导致城市部分建设用地的使用粗放低效。部分城市过分追求城市规模扩大，新城区、开发区和工业园区占地过大，但土地真实利用率过低；2006—2016 年来，土地城镇化率相对增长 80.4%，而人口城镇化率相对增长 30.4%，这种不平衡的现象也导致了新建成区人口密度偏低，土地作为生产要素的潜力未能充分挖掘。与此同时，由土地扩张带来的环境污染与治理成本问题也可能导致经济增速放缓,故假设 4 不成立。

表 5 - 3　新型城镇化的经济总量效应回归结果

变量	模型 1	模型 2	模型 3
C	2.250 5*** (13.185 1)	2.419 0*** (12.605 8)	2.516 2*** (11.859 0)
$PURB$	1.319 7** (9.376 3)		
$LURB$		−0.633 2*** (−3.886 1)	
$IURB$			0.740 6*** (2.810 3)
$LN(CONS)$	0.633 2*** (20.688 0)	0.737 1*** (21.096 0)	0.690 6*** (20.694 4)
$LN(INVE)$	0.130 0*** (7.242 9)	0.165 7*** (8.263 7)	0.177 5*** (8.676 8)
$LN(LABOR)$	−0.060 4* (−1.709 4)	−0.112 3*** (−2.888 7)	−0.207 0*** (−4.686 6)
$DVOT$	−0.035 4*** (−4.533 5)	−0.026 4*** (−3.025 2)	−0.035 2*** (−3.809 2)
Hausman	FEM	FEM	FEM
R-squared	0.998 8	0.998 4	0.998 2
Adjust R-squared	0.998 6	0.998 2	0.998 0

注:*** 、** 、* 分别表示在 1%、5%、10%的水平下显著;括号内的数字表示 t 值;FEM 表示固定效应模型。

　　与此不同的是,江苏产业城镇化对经济增长的影响为正并能通过 1% 水平的显著性检验,产业城镇化率每增长 1%,经济总量上涨 0.74%,该实证检验结果证实:江苏产业城镇化通过要素的集聚与扩散效应,推动产业转移与升级,提高生产效率,促进经济增长,所以假设 7 成立。以上是江苏新型城镇化对经济总量影响的实证结果分析,总体来说,新型城镇化的经济总量效应仍然为正。

　　此外,消费与投资对经济增长总量的影响为正且均显著,但从系数上看,消费每增加 1%,经济总量至少增长 0.63%,投资每增加 1%,经济总量至多增加 0.18%,这也说明了仅靠投资推动经济增长的时代已经过去,现阶段消费才是推动经济增长的主要动力。而劳动力增长与政策效应对经济总量的影响为负且系数均较小,可能是"结构性减速"①影响,故未能真实有效地反应劳动力与政策效应对经济总量变化的影响。

（二）新型城镇化的经济结构效应分析

采用产业结构指数表示经济结构(蓝庆新等,2013),主要变量不变,加入控制变量 TIOS、AFDI、TECH、FIN。由模型 1 单位根检验,新型城镇化指标数据均平稳,以此为基础,简便起见,只采用相同根下 LLC 检验,不同根下 ADF 检验对数据平稳性进行判定,结果如表 5-4 所示。

表 5-4　方程(2)相关指标的单位根检验

变量	STRU	TIOS	LN(AFDI)	LN(TECH)	LN(FIN)
LLC	−4.805 73***	−5.760 10***	−6.464 56***	−6.864 04***	−3.423 61***
	(I,T,0)	(I,T,0)	(I,0)	(I,0)	(N,0)
ADF	38.698 0*	38.804 0*	48.469 6***	38.968 5**	47.224 0***
	(I,T,0)	(I,T,0)	(I,0)	(I,0)	(N,0)

注释:***、**、*分别表示在1%、5%、10%的水平下显著;括号中 I 和 T 分别表示单位检验时含有截距项、趋势项;N 表示不含有截距项或趋势项;数字表示差分阶数。

由表 5-4 可知,所有变量均平稳,可直接进行回归分析,不需通过协整检验,经过 Hausman 检验判定模型影响方式,回归结果如表 5-5 所示。由模型回归结果可知:首先,人口城镇化率每增加 10%,产业结构系数值增加 0.032个单位,人口的市民化或者说劳动力要素的流动推动了发达地区产业发展,促进了落后地区规模化经营。根据产业结构系数的计算公式,江苏省产业结构系数已达到 2.45,产业结构系数取值范围为 1~3,假设常住人口城镇化率从67.7%,增长到 100%,则产业结构系数将因此达到 2.55,这足以说明人口城镇化对于经济结构优化的重要性,假设 2 成立。

表 5-5　新型城镇化的经济结构效应回归结果

变量	模型 4	模型 5	模型 6
C	1.786 3***	1.870 5***	1.641 1***
	(121.830 0)	(146.175 8)	(53.647 5)
PURB	0.319 2***		
	(11.895 5)		

① 第二产业生产效率总体高于第三产业,产业结构升级导致"结构性减速"。

变量	模型 4	模型 5	模型 6
LURB		−0.253 6*** (−6.564 5)	
IURB			0.366 4*** (10.484 0)
TIOS	0.843 7*** (33.527 9)	1.092 4*** (29.564 3)	0.844 9*** (23.820 0)
LN(AFDI)	0.006 9*** (4.443 0)	0.009 7*** (5.408 6)	0.007 4*** (3.751 1)
LN(TECH)	−0.003 1*** (−2.635 4)	0.006 2*** (5.844 8)	0.007 5*** (5.166 5)
LN(FIN)	0.023 1** (2.604 1)	0.038 2*** (4.371 9)	0.048 8*** (6.298 2)
DVOT	0.003 1* (1.790 8)	0.007 5*** (3.914 7)	0.010 7*** (4.360 7)
Hausman	FEM	FEM	REM
R-squared	0.997 2	0.996 9	0.974 8
Adjust R-squared	0.996 8	0.996 4	0.973 7
F-statistic	2 447.253	2 231.995	877.857 4
Prob(F-statistic)	0.000 0	0.000 0	0.000 0

注释：***、**、*分别表示在 1%、5%、10%的水平下显著；括号内的数字表示 t 值；FEM 表示固定效应模型；REM 表示随机效应模型。

其次，无独有偶，土地城镇化对于经济结构的影响也为负且结果显著，其原因可能是：一方面，近 30 年来我国经济增速过快必然导致经济质量问题，加上江苏"土地城镇化"与"人口城镇化"之间增速的严重失衡也会导致经济结构性问题，所以尽管城市规模在扩大，但土地城镇化对经济结构的影响却为负；另一方面，从数据样本选择看，2006—2016 年间，江苏城市空间的扩张是基于土地已基本由农业用地转化为工业用地，而在城市扩张过程中，新的城市建设用地可能以生产制造业、建筑业为主，第三产业并未有效入驻，故以产业结构系数公式计算，经济结构并未得到优化，假设 5 不成立。最后，产业城镇化每增加 10%，产业结构系数便提高 0.037 个单位，江苏省产业城镇化率已高达88%，并以年均 0.5%的速度增长。未来 20 年间，江苏产业城镇化的经济结构效应仍然显著但提升空间不大，假设 8 成立。以上便是江苏新型城镇化的经济结构效应分析,整体而言,新型城镇化对经济结构的影响为正。

此外,第三产业产值占比、实际外商投资、科技水平、金融集聚度对经济结构的影响基本均为正数且至少在 5% 的水平下显著。新型城镇化政策对江苏经济结构的影响也为正,不过影响系数较小。值得一提的是,第三产业产值占比增加对经济结构的影响系数达到了 0.84、1.09、0.84,并且均通过显著性检验,这与我们的认知是一致的,说明未来想要继续优化经济结构,那么增加第三产业占比,继续推动流通部门与各服务部门发展是有益的。

(三) 新型城镇化的经济收入效应分析

本部分采用人均可支配收入作为被解释变量,由于各统计年鉴并未直接给出该指标,故通过城镇、农村人均可支配收入加权进行度量。主要解释变量部分仍沿用新型城镇化的三个指标,并引用新的经济变量:工资与税收。简便起见,本部分亦采用相同根下 LLC 检验,不同根下 ADF 检验对数据平稳性进行判定,结果如 5-6 所示。

表 5-6 方程(3)相关指标的单位根检验

变量	$PCDI$	$WAGE$	$LN(TAX)$	$LN(LABOR)$
LLC	-18.1811^{***} $(I,T,0)$	-2.8989^{***} $(I,T,0)$	-13.3240^{***} $(I,0)$	-9.0201^{***} $(I,0)$
ADF	108.506^{***} $(I,T,0)$	36.9830^{*} $(I,T,0)$	84.7484^{***} $(I,0)$	57.7134^{***} $(I,0)$

注释:***、**、* 分别表示在1%、5%、10%的水平下显著;括号中 I 和 T 分别表示单位检验时含有截距项、趋势项;N 表示不含有截距项或趋势项;数字表示差分阶数。

由表 5-6 可知,所有变量在两种方法下,均拒绝原假设(存在单位根),选择备择假设,说明原序列不存在单位根,即原序列均平稳,经过 Hausman 检验确定模型影响方式后,回归结果如表 5-7 所示。由回归结果可知,第一,人口城镇化的收入效应为正且在 1% 的水平下显著,人口城镇化率每增长 1%,江苏人均可支配收入增加 239.15 元。说明通过人口转移,转移人口与农村剩余人口均可获得更高的"人均的收入",促进生活水平提高,增加社会福利,故假设 3 成立。

表 5-7　新型城镇化的收入效应回归结果

变量	模型 7	模型 8	模型 9
C	−34 377.48 *** (−8.797 1)	−11 205.58 *** (−3.422 7)	−43 591.33 *** (−12.066 7)
PURB	23 915.23 *** (7.765 4)		
LURB		37 302.58 *** (14.012 5)	
IURB			32 880.41 *** (11.952 3)
WAGE	0.570 8 *** (36.887 6)	0.507 3 *** (35.726 8)	0.579 1 *** (39.064 3)
LN(TAX)	−4 511.494 *** (−10.057 1)	−2 185.778 *** (−9.070 0)	−3 479.994 *** (−11.499 5)
LN(LABOR)	6 756.229 *** (9.650 2)	2 946.590 *** (4.877 1)	4 940.368 *** (8.479 0)
DVOT	203.166 1 (0.662 0)	700.299 6 *** (2.678 4)	616.927 2 *** (2.041 8)
Hausman	REM	REM	REM
R-squared	0.968 5	0.983 4	0.972 6
Adjust R-squared	0.967 4	0.982 8	0.971 6
F-statistic	843.782 4	1 623.328	971.727 8
Prob(F-statistic)	0.000 0	0.000 0	0.000 0

注释：***、**、* 分别表示在 1%、5%、10% 的水平下显著；括号内的数字表示 t 值；FEM 表示固定效应模型；REM 表示随机效应模型。

　　第二，土地城镇化的收入效应也为正且在 1% 的水平下显著，土地城镇化率每增长 1%，人均可支配收入增加 373.02 元，为城镇化推动人均收入增长的最大动力。与模型 1、2 不同的是，尽管土地城镇化对经济增速与结构的影响为负，但在城市规模扩张过程中，仍然会对"剩余劳动力"与"闲置土地"产生需求，因此，农民通过"进城"工作、出让农村土地使用权以及政府转移支付增加了工资性收入、财产租赁性收入和转移性收入（李子联，2014），进而推动了人均可支配收入的增长，故假设 6 成立。值得注意的是，尽管土地城镇化的收入效应为正，但是其对经济总量增速与经济结构影响均为负，表明以土地用途转变为核心的发展模式存在诸多问题，是不可持续的，应更注重土地的节约集约使用、环境保护、生态文明,否则未来仍将出现"先发展、后治理"的难题。第三,产业城镇化对人均可支配收入的影响为正且效果显著,江苏产业城镇化每增长1％,人均可支配收入增长328.8元。实证结果说明产业城镇化通过产业转移与结构升级,一方面使得劳动力、土地、资本等生产要素自由流动,流向收益回报更高的地区;另一方面通过要素集聚与扩散作用,带动地区经济发展,提高了就业水平与社会生产率,进而促进工资水平的提高。在其他条件不变的情况下,人均可支配收入增加,假设9成立。以上便是江苏新型城镇化的收入效应分析,从城镇化的各个角度来看,城镇化对人均可支配收入影响均为正。

此外,工资、税收、社会就业人数与国家政策对江苏人均可支配收入也均存在显著影响。分别从人口、土地、产业城镇化的角度看,人均工资每增长100元,人均可支配收入便增长57元、60元、58元;税收每增加1％,人均可支配收入便减少45元、22元、35元;而新型城镇化这一国家政策的实施,分别使人均可支配收入增加203元、700元、617元。从这些数据中可以看出,提高社会工资水平,适当减少税收和落实新型城镇化政策将提高江苏人均可支配收入,推动社会发展,增强社会幸福感。

五、结论与启示

新型城镇化建设主要从人口城镇化、土地城镇化、产业城镇化分别推动了消费增长、投资扩张与生产要素集聚,最终促进了经济总量增长、结构优化、人均可支配收入增加。结合机理分析与实证研究,得出以下几点结论:

第一,人口城镇化过程中,因为消费环境的改变与支付能力的提升,使得农村转移人口消费的有效需求增加,进而促进了经济总量;劳动力要素的自由流动也有利于城镇生产、农村规模化经营、产业结构优化;同时,流出人口在经济发达地区工资高、待遇好,个人可支配收入高,"留守"农民也因为人均资源占有量提高导致收入增加。第二,土地城镇化过程中,一方面,土地用途的转变带来公共投资需求,促进经济增长;通过生产要素的优化配置可以促进产业结构调整与优化,进而推动经济结构优化。另一方面,由于建设用地低效使用以及"土地城镇化"与"人口城镇化"增速的失调,导致了新建的开发区与工业园区人口密度低,生产能力差,产业集聚度低,经济结构不合理等情况。二者合力之下,由于投资促进经济增长、要素配置推动经济结构优化的两条路径强度较低,最终使得土地城镇化对经济总量与结构的影响为负数。此外,更重要的是,从国民最关心的收入效应看,农民通过"进城"工作、出让农村土地使用权以及政府转移支付,增加了工资性收入、财产租赁性收入和转移性收入,进而推动了人均可支配收入的增长。第三,产业城镇化过程中,通过要素的集聚与扩散效应,推进产业转移与结构升级,提高生产效率,促进经济增长,进一步提高社会工资水平。同时,随着生产要素在区域内的自由流动,劳动力会流向工资水平较高的地区与产业,这也会提高社会工资水平,使得人均可支配收入增加。

与人口城镇化不同的是,尽管土地城镇化对经济总量与结构的影响系数相对较小,但是江苏总体土地城镇化率不足10%,其发展空间巨大。并且人口可以通过户籍变更成为市民,同样可以以相同方式变为农民,但土地的用途一旦从耕地变为城市建设用地,便很难转变了,因为再次改变土地用途的成本非常高。这对我们的启示是:新型城镇化建设应时刻以质量为第一考虑,以经济结构优化为前提,以提高人均可支配收入为核心,如此,才可能为江苏经济增长提供"新动力",才能既好又快地推动经济全面发展,才能为江苏实现"两个率先"提供保障。

第二节 新型城镇化与区域协调发展

导读:该研究在新型城镇化背景下,探讨区域间协调发展的路径机制。首先,从理论上分析新型城镇化对于区域间协调发展可能存在的路径机制。其次,通过实证分析,从人口城镇化、产业城镇化、土地城镇化三个角度分别分析新型城镇化对于区域间协调发展的影响。最终,得出结论:第一,总体而言,人口、产业和土地城镇化对于区域间协调发展均具有正面促进作用,证明了该种正相关关系的稳健性;第二,土地城镇化之于协调发展的影响最大,人口城镇化的影响最小,并且从该研究来看,其影响力差距较大,也从侧面说明了人口城镇化的发展滞后于土地城镇化,这种失衡对于区域协调发展是不利的;第三,经济市场化程度与协调发展呈正相关关系,说明了我国近年来的市场化政策的正确性与有效性;第四,外资水平提高则会降低区域协调发展度,这对盲目追求引入外资的地区政策提出了警示。

一、引言

随着"共同发展"向"协调发展"战略的转变以及诸多区域协调发展政策实施,江苏区域的经济社会发展变得越发协调,既体现在区域内部系统的逐渐完善上,又体现在区域之间差距的不断缩小上。尽管江苏总体发展良好,但是区域间的结构失衡与发展失衡均问题严重,区域间协调发展程度不高,将阻碍"新常态"增长动力的发展,影响到小康社会的构建。2016 年 8 月 24 号,国家发改委根据十三五规划有关部署,印发《关于促进区域协调发展的指导意见》,指出要统筹四大板块发展,优化经济结构,促进区域协调发展。意见指出要发挥发达地区的优势,带动落后地区更好更快发展,充分激发发展潜力,有序承接产业转移,充分发挥人口吸纳与产业集聚作用,积极推进城镇化,以此提高区域间协调发展程度。

从现有的关于区域协调发展研究来看,大多数文献探讨区域协调发展问题时,主要关注其内涵、指标体系和影响因素等。首先,从内涵来看,多数文献指出区域协调发展既是一种包含区域间和区域内的全面协调发展,又是一种人和自然、经济和社会、制度和要素可持续的协调发展(魏后凯和高春亮,2011;范恒山,2011;苗洁和吴海峰,2014)。更深层次地,徐康宁(2014)将区域协调发展的内涵抽象为:在既定的条件和环境下,各地区的发展机会趋于均等,总体上处于发展同步和利益共享的相对协调状态。其次,从指标体系来看,已有文献对区域协调发展指标体系的研究多集中于某个地区或地区之间经济、人口、社会、资源和环境等几个系统之间协调发展度的测定(王欣菲,2009;徐盈之和吴海明,2010;张燕和魏后凯,2012)。就江苏指标体系的构建而言,刘兴远和储东涛(2014)从经济协调发展、城乡协调发展、社会协调发展、生活水平协调和资源环境协调等层面,构建了一个由 5 个子系统共 20 个指标组成的区域协调发展评价指标集,较为有效地测算了江苏区域协调发展的程度。最后,从影响因素来看,已有的大多数文献均认为产业的梯度转移是实现区域协调发展的必由之路(张少军和刘志彪,2009;张辽,2013;樊士德和姜德波,2014);还有文献指出适合不同区域的差别化的土地政策,能够改进和提升土地政策调控区域发展的能力,促进区域发展协调(刘新卫和谢海霞,2010;杨刚强等,2012);另有文献指出劳动力迁移提升了劳动力迁出区的人均资源占有量,因此劳动力迁移可能是一个兼顾公平与效率的区域协调发展政策选择(范剑勇等,2010)。此外,徐现祥和李郁(2005)考察了地方市场分割或市场一体化对区域间经济协调发展的影响,徐盈之和吴海明(2010)则在环境约束下考察了我国各地区协调发展水平的综合效率及影响因素,其他学者则研究了人力资本、FDI、基础设施和中央财政支出等因素对区域协调发展的影响(徐康宁和韩剑,2005;Roberta et al.,2013;Belton et al.,2009)。

现有的关于区域协调发展的文章,大多关注于区域协调发展的含义,协调度的测定,以及其影响因素的说明。尽管有的文献间接地指出,新型城镇化内含的产业、土地、劳动力等要素对区域协调发展产生了重要影响,但却仍然没有将其纳入到将新型城镇化的研究框架中进行系统分析。而涉及新型城镇化与区域协调发展关系的文献,主要从是在分析区域协调发展的影响因素时提及,并未系统地分析新型城镇化对区域间协调发展的机理,实证研究更无涉及。不仅如此,在已知的关于江苏区域协调发展的研究中,虽然文章较多地分析了苏南、苏中、苏北三大区域之间的协调发展,但是对江苏十三个市域之间的协调发展状况关注较少。因此,该研究拟在新型城镇化的背景下,从三个不同的角度(人口城镇化、产业城镇化、土地城镇化),去分析新型城镇化影响江苏区域之间协调发展的路径,并做出相应的实证分析。

二、新型城镇化对区域间协调发展的路径分析

新型城镇化的含义目前尚无定论,其首次提出是在党的十八大,2012年中央经济工作会议首次提出"新型城镇化"的说法,这与传统的"城镇化"有显著差异:不再片面追求城市规模的扩张,不是简单追求城市人口比例增加,更多的是强调人本原则,公共服务均等化,产城融合与城乡一体化。故此认为,虽然新型城镇化尚无统一定义,但至少主要包括了人口城镇化、产业城镇化、土地城镇化三个方面。区域间协调发展内含于区域协调发展之中,党在十六届六中全会中提出,要统筹区域发展,并且要协调发展。而协调发展的内涵极其丰富,协调是一个整体的概念,是综合性的协调,其核心是缩小区域间发展的差距。我们认为区域间协调发展至少包含以下几个方面:经济协调发展、社会协调发展、资源环境协调发展和科技文化协调发展。新型城镇化影响区域间协调发展的传导路径见图5-2。

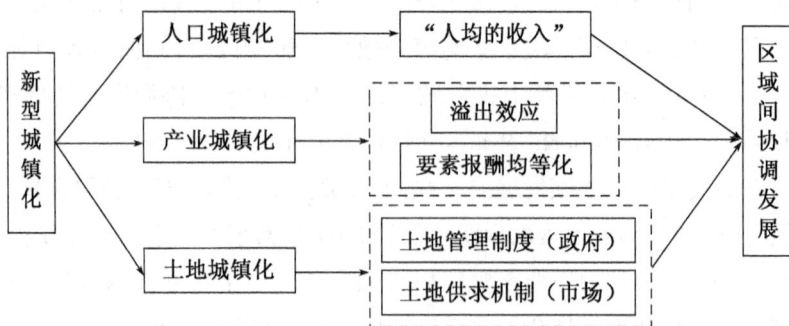

图 5-2　新型城镇化影响区域间协调发展的路径

（一）人口城镇化及其对区域间协调发展的影响路径

人口城镇化是指农村人口持续向城市转移和集聚的过程，这与所谓的"城市化"进程是相似的。总人口中城镇人口比重逐渐上升是衡量城镇化水平的重要指标，甚至许多学者认为人口城镇化可以作为城镇化水平的主要代表指标。人口城镇化本质上就是劳动力要素的流动，即劳动力由农村向城镇集中和转移的过程。在江苏区域范围内，人口城镇化就是劳动力要素从相对欠发达地区流向经济发达地区。人口城镇化对于区域间协调发展的路径：第一，对于劳动力流出地区而言，流出的人口在经济发达地区的工资更加高，能分享到的待遇和福利资源也更加好，即"人均的收入"[①]（樊纲，1995）更高；相对而言，由于人口的流出，相对欠发达地区的剩余人口在当地能够获得的"人均的收入"也会因为分子的变小而增加，即增加了迁出区的人均资源占有量。显然，这对于缩小区域间的差距是有利的。第二，对于劳动力流入地而言，通过接收欠发达地区的剩余劳动力，可以以更低的劳动要素成本来进行规模生产。但是，因为劳动力供给的增加导致竞争加剧，对发达地区劳动力市场产生冲击，特别是对当地教育程度一般或者较低的劳动力而言，影响较大。由于劳动力供给增加，导致当地劳动力要素的价格降低，使得部分人群的工资水平下降（刘学军和赵耀辉，2009）。同时，由于分子的增大，可能使得发达地区常住居民的"人均的收入"增长速度放缓。由以上分析，人口城镇化通过劳动力要素的流动，使得落后地区的"人均的收入"增长速度增加，而发达地区"人均的收入"增长速度相对放缓，最终导致区域间的差距缩小，有利于区域间协调发展。

---

① 包括货币收入；非货币收入，如环境、资源、各方面待遇等。

（二）产业城镇化及其对区域间协调发展的影响路径

产业城镇化是指由于产业结构非农化而引起的生产要素由农村向城市流动和集中，包括产业的空间转移和产业结构升级。产业转移内在地包含了劳动力、资本和技术等生产要素的转移。在产业转移方面，更多的技术密集型产业会向发达地区转移，由于空间的有限性和环境承载力，便会出现一些劳动密集型产业、资本密集型产业逐渐向欠发达地区转移。产业城镇化对江苏区域间协调的影响表现为：首先，由于产业城镇化导致的相对落后产业由发达地区向欠发达地区的转移，会促使大量的资本与技术要素向欠发达地区流动，产生要素集聚效应；由此引发的技术外溢在相对落后地区发挥乘数效应，一方面促进相对落后地区的产业升级，另一方面带动欠发达地区的经济发展，实现区域间协调发展。其次，在区域间不存在明显的要素流动障碍时，产业的转移会导致生产要素的自由流动，进而实现要素报酬均等化，加速人均收入水平及其增长率收敛。在要素边际收益递减以及其他新古典增长理论假定下，考虑经济收敛问题，在生产要素小规模转移时直接发生收敛，在生产要素较大规模转移时，经济会呈先发散后收敛的形态，促进区域间的协调发展（沈坤荣，2006）。因此，产业城镇化可以通过发达地区的溢出效应促进区域间协调发展；同时由于产业转移带来的要素自由流动，最终会实现要素报酬均等化，进而缩小发达地区与相对落后地区的差距。

（三）土地城镇化及其对区域间协调发展的影响路径

土地城镇化主要指的是在城镇化进程中，原有的农业用地转变为城市建设用地的过程。土地城镇化是城镇化的一个组成部分，在这一过程中，土地的自然属性向社会属性转变。土地兼具资源、资产和资本"三位一体"的属性，本研究主要从土地作为要素供给的角度分析其对区域间协调发展的影响（杨刚强等，2010）：第一，利用土地公有制特点，政府对土地的供给实施直接宏观调控，对土地实施差别化管理制度。土地差别化供给的优势在于可以满足不同地区间的"个性化"需求，政府可以按照国家主体功能区的定位和发展方向，对优化开发、重点开发、限制开发和禁止开发区域进行管控，因地制宜确定各类土地使用规模，有效促进区域间的社会发展和环境资源协调。还可以根据各地区发展的形势，具体制定不同的土地税费，使得土地收益差异化，弥补落后地区财政状况，增强区域间土地利用的协调性。第二，政府可以从营造良好的市场环境，构建合理的土地要素供给市场机制，从而间接调控土地要素。通过营造良好的外部环境，如合理的土地政策，降低土地供给的随意性和人为主观性,完善土地市场的资源配置机制,更加准确地反应市场供求关系、土地资源的使用成本,充分保障市场对土地资源的供给、需求的双向调节。不仅如此,通过直接和间接的土地供给政策,还可以有效调控土地的使用指标和布局,从而影响产业结构布局,促进产业结构合理化,最终实现区域间的协调发展。

三、区域协调发展水平的测度

(一) 构建江苏区域协调发展的综合指数

根据众多学者对区域协调发展的衡量指标,考虑指标设计的全面性、科学性与可行性原则,结合数据的可得性,本研究拟从以下四个方面构建江苏区域协调发展综合指标:经济、社会、环境和科技,共 13 个指标。具体指标设计见表 5-8。

表 5-8　江苏区域协调发展评价指标体系

目标层	因素层	指标层
区域协调发展 水平 A_0	经济子系统 A_1	人均 GDP(元)A_{11}
		城镇居民人均可支配收入(元)A_{12}
		人均财政收入(元)A_{13}
		第三产业产值占 GDP 的比重(%)A_{14}
	社会子系统 A_2	人口自然增长率(‰)A_{21}
		恩格尔系数(%)A_{22}
		城乡收入比(以农为 1)A_{23}
	资源环境子系统 A_3	城镇生活污水处理率(%)A_{31}
		工业二氧化硫去除率(%)A_{32}
		城市人均公园绿地面积(m²)A_{33}
	科技文化子系统 A_4	六岁以上人均受教育年限(年)A_{41}
		每万人专利授权数(件)A_{42}
		科学教育支出占财政支出的比例(%)A_{43}

(二) 数据来源及说明

本部分数据主要来源于:《江苏统计年鉴》《中国城市统计年鉴》《长江和珠江三角洲及港澳特别行政区统计年鉴》以及江苏各个城市的统计年鉴,以 2006—2015 年间,江苏 13 个市的数据为观测指标。以下是相关指标的说明:

① 人均 GDP 以地区常住人口计算。

② 恩格尔系数取城镇恩格尔系数与农村恩格尔系数的均值。

③ 六岁以上人均受教育年限的计算公式为: $\dfrac{\sum W_i K_i}{\text{抽样调查的总人数}}$。

其中，W_i 为 i 第种被调查人口的累积受教育年限；当被调查人的受教育程度为小学、普通中学和普通高等学校的时候，W_i 分别为 6、10.5 和 16 年。K_i 为被调查人群中，第 i 种受教育程度的人数。注：因为江苏省内各市只统计普通中学人数（包含初中和高中），故当被调查人受教育程度为普通中学时，取 9 年和 12 年的平均值，即 10.5 年。

④ 部分数据缺失，如 2015 年工业二氧化硫去除量，以前两年数据的均值代替；个别统计数据明显有误，予以剔除。

（三）区域协调发展水平的测度方法与模型

① 考虑到指标的量纲与单位不用，在进行区域协调度计算前，对所选指标进行同向化处理，采用极值法对数据进行标准化处理。正向相关指标的处理：$X'_{ij} = \dfrac{X_{ij} - m_j}{M_j - m_j}$；负相关指标的处理：$X'_{ij} = \dfrac{M_j - X_{ij}}{M_j - m_j}$；如此处理之后，不论是哪种指标，均与区域协调成正相关关系。其中，X_{ij} 表示原始数据矩阵，M_j 表示第 i 个被评价区域第 j 项指标的最大值，m_j 表示第 i 个被评价区域第 j 项指标的最小值，X'_{ij} 表示经过同向化处理后第 i 个被评价区域第 j 项指标的数据。

② 采用线性加权法度量每一个被评价区域中，每一个子系统的发展指数 $Y_i^k = \sum_{i=1}^{m} X'_{ij} W_j$，其中 i 为被评价区域；k 为子系统，$k=1,2,3,4$；m 是子系统中的指标数，$m=3$ 或 4；W_j 是第 j 个指标的权重。权重的测定方法主要包括主观赋权法（如层次分析法 AHP）、客观赋权法（如因子分析法、熵值法等），为了避免主观性，采用改进的熵值法，具体步骤参照徐盈之等（2010）。

③ 第 i 个被评价区域内各子系统的区域发展协调度 $C_{it} = \left\{ \dfrac{\prod_{k=1}^{4} Y_i^k}{(1/4 \sum_{k=1}^{4} Y_i^k)^4} \right\}^k$，式中，$k$ 为调节系数，研究取 2。

（四）结果与简要分析

依据上式，根据 2006—2015 年江苏十三市的数据计算，得到 10 年间十三市的区域协调发展水平。由表 5-9 可知，江苏区域从 2006—2015 年间，各区域协调发展水平大体上是上升的，但是上升的过程中有明显的波动，为了便于观察，给出了苏南、苏中、苏北的三大区域协调发展程度折线图进行说明，如图 5-3 所示。图中实线表示全省的区域协调度。由图可知：第一，苏南地区的区域协调度高于苏中地区，高于苏北地区；主要原因在于苏南的经济、社会、科技水平依次高于苏中和苏北，而苏南的产业转移与结构升级也惠及苏中和苏北地区,造成资本、技术要素流动的同时,恶化了苏中、苏北地区的环境子系统协调发展。第二,从图中看到,2008 年和 2014 年明显出现了两个拐点,2008 年出现拐点的原因是外部环境的恶化,即金融危机的出现导致出口的降低,经济发展受到负面影响较大,最终降低了区域协调发展程度。而 2014 年的拐点出现更值得反思,对外贸易乏力,内需疲软,人民币贬值,"热钱"流出,环境污染严重,四万亿计划负面影响亦开始显现,多方面原因(主要是经济)导致了 2014 年江苏区域协调度的骤然下降。

表 5 - 9　2006—2015 年江苏区域协调发展水平的测度值

地区	2006	2007	2008	2009	2010	2011	2012	2013	2014	2015
南京	0.607 9	0.728 3	0.687 7	0.814 8	0.817 8	0.877 5	0.860 9	0.846 2	0.829 6	0.840 8
无锡	0.260 1	0.356 6	0.305 5	0.448 4	0.825 2	0.907 6	0.997 7	0.936 1	0.731 0	0.800 7
常州	0.245 0	0.299 7	0.314 1	0.451 6	0.546 9	0.648 2	0.781 0	0.827 9	0.769 8	0.808 1
苏州	0.170 7	0.272 1	0.416 2	0.760 4	0.873 9	0.988 6	0.990 9	0.981 6	0.791 5	0.798 3
镇江	0.284 5	0.355 1	0.334 3	0.484 2	0.596 6	0.664 6	0.671 3	0.674 3	0.719 5	0.769 3
苏南	0.313 6	0.402 3	0.411 6	0.591 9	0.732 1	0.817 3	0.860 3	0.853 8	0.768 1	0.803 4
南通	0.147 4	0.281 6	0.256 7	0.431 2	0.623 5	0.767 0	0.819 1	0.689 9	0.430 2	0.661 7
扬州	0.101 5	0.129 3	0.118 6	0.166 4	0.206 6	0.316 6	0.415 5	0.521 3	0.513 6	0.565 7
泰州	0.117 9	0.073 5	0.230 6	0.239 6	0.279 2	0.334 0	0.432 1	0.446 6	0.393 3	0.533 4
苏中	0.122 2	0.161 5	0.202 0	0.279 1	0.369 8	0.472 5	0.555 6	0.552 6	0.445 7	0.586 9
徐州	0.214 6	0.156 5	0.120 9	0.132 3	0.172 0	0.217 8	0.330 3	0.325 5	0.251 9	0.236 4
连云港	0.250 5	0.242 3	0.102 9	0.130 5	0.157 7	0.171 4	0.367 2	0.320 2	0.346 3	0.271 4
淮安	0.140 3	0.126 1	0.170 6	0.177 4	0.427 2	0.359 1	0.376 3	0.404 8	0.484 7	0.453 5
盐城	0.127 7	0.133 4	0.094 1	0.100 0	0.143 3	0.232 1	0.252 6	0.221 7	0.139 0	0.246 6
宿迁	0.000 0	0.012 6	0.025 8	0.075 4	0.151 3	0.183 3	0.315 7	0.361 9	0.297 4	0.224 9
苏北	0.146 6	0.134 2	0.102 9	0.123 1	0.210 3	0.232 8	0.328 4	0.326 8	0.303 8	0.286 6

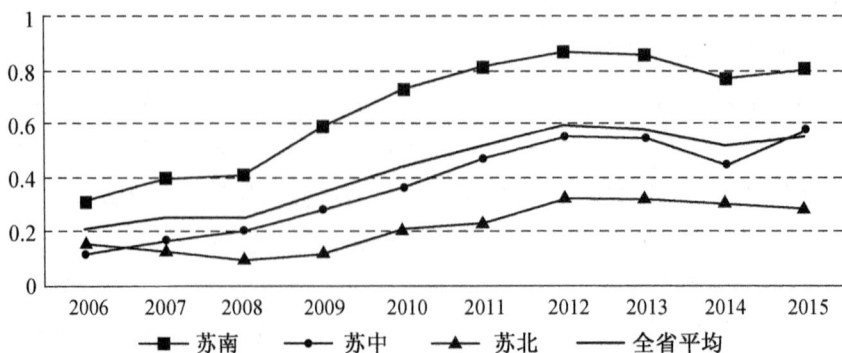

图 5 - 3　2006—2015 年江苏省三大区域间协调度的动态变化

四、计量检验

(一) 指标的选取与说明

该研究选取的新型城镇化指标包括：人口城镇化率(UOP)、产业城镇化率(UOI)和土地城镇化率(UOL)。人口城镇化率用城镇人口占总人口的比重表示；产业城镇化率用就业人口非农化率和地区 GDP 增加值非农化率的几何平均数衡量；土地城镇化率用城市建设用地面积占城市建设用地面积与耕地面积之和的比重表示。拟选取的控制变量包括：经济市场化程度($DOEM$)、外资水平($FIOF$)。市场化程度采用非国有企业产值占地区总产值的比重，考虑到不论是非国有企业还是国有企业产值数据的不可得性，采用私营企业从业人数占地区从业总人数的比重表示；外资水平的衡量最佳指标是实际利用外资额(或 FDI 的数量)，采用固定资产投资来源中外资所占的比重来衡量(徐盈之和吴海明，2010)。模型设定如下：

$$C_{it} = \alpha_i + \beta_1 UOP_{it} + \beta_2 DOEM_{it} + \beta_3 FIOF_{it} + \mu_{it}$$

$$C_{it} = \alpha_i + \beta_1 UOI_{it} + \beta_2 DOEM_{it} + \beta_3 FIOF_{it} + \mu_{it}$$

$$C_{it} = \alpha_i + \beta_1 UOL_{it} + \beta_2 DOEM_{it} + \beta_3 FIOF_{it} + \mu_{it}$$

$i = 1, 2, \cdots, 13$，分别代表江苏十三个市；t 表示年份，该研究选取的时间为2006—2015 年。

(二) 相关检验

为了避免出现伪回归，需要对面板数据进行单位根检验，以验证数据的平稳性。运用 LLC、ADF、PP 方法进行检验后，得到表 5-10 所示的检验结果。由上可知，数据的原序列不平稳，容易导致伪回归，需要检验在长期变量之间是否存在稳定关系。如果多个非平稳变量的线性组合可以达到平稳，则说明变量间存在协整关系。统计量之间存在一阶单整，即为同阶单整，满足进行协整检验的条件。采用的协整检验方法为 Kao 检验(基于 Engle-Granger)，检验结果见表 5-11。

表 5-10　总样本的单位根检验

变　量	取　值	经济意义	平均值	中位数	最大值	最小值
RC	刑事案件立案数	刑事犯罪率	4.786 2	4.687 4	12.471 3	0.859 9
$RGDP$	国内生产总值增长率	经济增长	11.509 3	11.600 0	17.100 0	5.600 0
RUR	城乡居民人均收入比	收入差距	2.777 6	2.835 6	4.025 7	1.870 6

变　量	取　值	经济意义	平均值	中位数	最大值	最小值
TI	泰尔指数		0.049 8	0.056 1	0.102 4	0.008 5
RUB	城镇人口/总人口	城镇化水平	0.397 9	0.334 2	0.897 3	0.177 9
RUE	城镇登记失业率	失业率	3.559 3	3.800 0	4.900 0	0.600 0
RRT	农村劳动力转移率	迁移人口就业	0.558 7	0.390 5	34.624 2	−21.544 1
RL	劳动力增长率	劳动要素	2.549 1	2.195 0	45.790 0	−28.790 0
RK	资本形成额增长率	物质资本	16.229 5	15.971 7	48.396 2	−15.206 3
RH	高校毕业生增长率	人力资本	16.314 9	13.140 0	185.260 0	−58.550 0
RT	专利授权量增长率	技术创新	27.030 0	24.741 0	150.352 9	−36.266 6

注：***、**、*分别表示在1%、5%、10%的显著水平下拒绝原假设(此处为存在单位根)，接受备择假设，即变量的一阶差分序列不存在单位根，为平稳序列；括号内为检验 P 值。

表 5−11　总样本的协整性检验

变量系统	T 统计量	P 值	结　论
C_{it}、UOP_{it}	−3.314 6***	0.000 8	存在协整关系
C_{it}、UOI_{it}	−2.212 9**	0.013 5	存在协整关系
C_{it}、UOL_{it}	−2.233 6***	0.009 7	存在协整关系
C_{it}、$DOEM_{it}$、$FIOF_{it}$	−2.951 7***	0.001 6	存在协整关系
C_{it}、$DOEM_{it}$、UOP_{it}、$FIOF_{it}$	−3.073 4***	0.000 2	存在协整关系
C_{it}、$DOEM_{it}$、UOI_{it}、$FIOF_{it}$	−3.302 5***	0.000 5	存在协整关系
C_{it}、$DOEM_{it}$、UOL_{it}、$FIOF_{it}$	−2.947 7***	0.001 6	存在协整关系

注：Kao 检验原假设为各变量之间不存在协整关系。**、***分别表示在 5%、1%的显著水平下，拒绝原假设，接受备择假设，故变量间在长期存在协整关系。

（三）模型估计

由上分析可知，可以进行面板数据分析。现假设 H_0：μ_{it} 与解释变量不相关(即随机影响模型)，通过随机影响模型的豪斯曼检验发现，$P_1=0.046\ 7$，$P_2=0.094\ 5$，$P_3=0.000\ 1$，均小于显著性水平 0.1，拒绝原假设，故采用固定影响模型。其结果如表 5−12 所示。

表 5 - 12　固定效应模型的估计

变　量	方程(1)	方程(2)	方程(3)
C	-0.2027 (0.0949)	-0.6503 (0.1684)	0.0491 (0.4936)
UOP_{it}	0.0094*** (0.0002)		
UOI_{it}		0.0105* (0.0709)	
UOL_{it}			0.0257*** (0.0005)
$DOEM_{it}$	0.5368*** (0.0078)	0.8372*** (0.0000)	0.6766*** (0.0003)
$FIOF_{it}$	-0.0218*** (0.0000)	-0.0225*** (0.0000)	-0.0165*** (0.0003)
R-squared	0.8746	0.8628	0.8731
Adjusted R-squared	0.8581	0.8447	0.8564
F-statistic	53.0202	47.7885	52.2905
Prob(F-statistic)	0.0000	0.0000	0.0000

注：*、*** 分别表示统计量在 10%、1%的水平下显著。

因此,可以得到模型的回归结果为:

$$C_{it} = -0.2027 + 0.0094UOP_{it} + 0.5368DOEM_{it} - 0.0218FIOF_{it}$$

$$C_{it} = -0.6503 + 0.0105UOI_{it} + 0.8372DOEM_{it} - 0.0225FIOF_{it}$$

$$C_{it} = -0.0491 + 0.0257UOL_{it} + 0.6766DOEM_{it} - 0.0165FIOF_{it}$$

由表 5 - 12 可知:各个模型的可决系数分别为 0.8746、0.8628 和 0.8731,说明三个模型的拟合优度都较好;F 值分别为 53.0202、47.7885,52.2905,并且都通过了 1%水平的显著性检验,这说明了三个模型总体上都是显著的。下面根据结果逐一分析各变量对区域间协调发展的影响:

第一,人口城镇化率作为我们最常用的城镇化度量指标,每增加 1%,能促进区域间协调发展度上升 0.0094 个单位,亦说明了人口城镇化通过"人均的收入"影响区域协调发展的可行性。在该研究中,其对区域协调发展的影响力最小,这可能与我国人口城镇化率相对较高导致的,说明继续推进人口城镇化有助于区域间协调发展,但从长远来看,其影响潜力较大。

第二,产业城镇化与区域间协调发展呈正相关,其影响系数为 0.0105,说明了产业城镇化率每增加 1 个单位,区域协调发展度增加 0.0105 个单位,这与我们之前分析的产业城镇化促进了区域间协调发展的分析是一致的,说明了产业城镇化通过溢出效应与要素报酬均等化增加了区域间协调发展程度。

第三,土地城镇化对于区域间协调发展度的影响系数为 0.025 7,表明增加 1 单位土地城镇化率,将促进区域协调发展度增加 0.025 7 个单位,验证了土地城镇化可以通过土地管理制度与土地市场供求来增加区域间协调发展度。土地城镇化是城镇化三个指标中影响区域间协调发展最大的因素,这可能是我国土地城镇化率水平低所决定的,在未来一段时间,土地城镇化的推进将显著地促进区域间协调发展。

第四,作为控制变量的经济市场化程度对于区域间协调发展的影响为正,系数分别为 0.536 8、0.837 2、0.676 6,说明市场化对于区域协调发展的影响力较大,可见我国近年来"市场化政策"的正确性与重要性。

第五,另一个控制变量外资水平与区域间协调发展呈现负相关关系,影响系数为 -0.021 8,-0.022 5,-0.016 5,从三种模型的结果看,其影响是一致的,可见其一般性,这与我们之前的设想是不同的。至于为何呈现负相关关系,该研究认为可以从外资的投向或质量的角度来考虑。由于资本的逐利性,外资大多投向于那些效益高、回报快的产业,而这些产业大多对环境影响较大,故而其对江苏区域的协调度有较小的负影响。其次也可能是由于江苏地区属于相对经济较发达地区,经济、技术水平相对较高,而投资于江苏的外资质量大多不高,少有的高质量外资也未能充分发挥其资本与技术的溢出效应。因此,外资水平并未对江苏地区的区域协调发展做出贡献。

五、结论与启示

所研究的重点在于新型城镇化对于区域间协调发展的影响,由以上分析可知,新型城镇化分别通过人口、产业和土地三个方面影响区域间协调发展,并且通过实证分析可知,其影响都显著为正,说明了新型城镇化对区域间协调发展影响为正,并且该结论具有稳健性。具体来看,土地城镇化对于区域间协调发展的影响最大,表明在短期内,推进土地城镇化建设对于促进区域间协调发展具有显著作用;其次,影响较大的是产业城镇化,表明进一步推进各地区产业结构优化与升级,发挥发达地区的溢出效应与带动作用,有利于促进协调发展,构建和谐社会;虽然人口城镇化对于区域间协调发展的影响为正,但其促进作用最小,从侧面说明了人口城镇化的发展滞后于土地城镇化,这种"失衡"对于区域间协调发展是不利的;经济市场化程度与协调发展呈正相关关系,说明了我国近年来的市场化改革的正确性;外资水平提高则会降低区域协调发展度,这与以往我们对外资的研究结果是不同的,究其原因,很可能是因为资本追逐利益的本质,逐渐投向于那些回报快、污染高的行业,这对区域间协调发展显然是不利的,这也为地方政府盲目引入外资敲响了警钟。

　　启示如下:第一,通过改革与完善户籍制度,解决江苏发达地区外来人口的工资、住房与教育问题,在合理范围内,让外来人员享受到更高的"人均的收入"。还可以通过相关政策,比如取消部分落后县区的划分,或者大力投资与开发落后地区,进行城镇化建设,以此促进区域间的协调发展。第二,政府应出台有关土地规定,规范土地管理制度,同时营造良好的市场环境,形成合理的土地要素供给市场机制,充分发挥土地城镇化在区域间协调发展方面的巨大潜力。第三,大力推进产业转移与产业结构升级,充分发挥发展较好、较快地区的溢出效应与带动作用,以拉动相对落后地区的发展,促进区域间协调发展。第四,大力推进市场化程度,进一步发挥市场在资源配置中的决定性作用,推动经济更好、更快发展,以此带动区域间协调发展。第五,减少低质量的外资引进,提高外资引入门槛,降低不良外资对江苏地区协调发展的负面影响。

第三节　新型城镇化与城乡协调发展

　　导读:该研究首先从新型城镇化所包含的人口迁移、产业转型、要素集聚和环境保护四个维度,从理论分析了其促进城乡协调发展的传导机制;其次运用面板数据模型,以1995—2015年江苏省十三市的城乡发展状况为例,对新型城镇化与城乡协调发展的关系进行了实证分析。研究结果显示:提高城乡居民收入水平、促进城乡产业结构优化调整及深化绿色发展理念等对城乡协调发展具有重要的促进作用;但是,城镇人口比重的增加以及城乡固定资产投资额差异度的减少却没有为城乡发展差距的缩小带来有效地促进作用,江苏省"重城市、轻农村"的倾向性发展状况依然存在。

一、引言

从党的十六大"统筹城乡经济社会发展"的目标要求,到十八大"推动城乡发展一体化"的战略任务,再到十八届三中全会对"健全城乡发展一体化体制机制"的明确部署,都共同反映了消除城乡严重失衡状态以实现城乡协调发展,在我国全面推行四个建设中的重要地位,这也进一步说明新型城镇化建设在这一过程中发挥着突出作用。

在城镇化发展过程中,面对城镇规模的持续扩张,农村拆迁征地现象普遍。由于我国土地制度不健全,拆迁补偿规则缺乏法律规范,因而存在着诸如:拆迁程序不透明、补偿金到位不及时等问题,农民在丧失宅基地的同时也没有获得城镇住房,重新安居出现问题,社会矛盾累积。同时,即便部分农村人口已经迁移至城镇,但更多的只是地理位置上的空间移动。农民工作为向城镇迁移的主要群体,由于户籍制度的限制,在迁移至城镇后并未获得与城镇居民同等的待遇,教育、医疗、社会保障等多方面均存在明显差异。据统计资料显示,2014 年,仅有五分之一的农民工参加了城镇职工养老保险和医疗保险;2015 年,被拖欠工资的农民工比重再次提高,达 1%,人均被拖欠工资 9 788 元,与 2014 年相比增长 2.9%。由此可以看出,农民工权益保障水平依然不足,城乡发展失衡依然严重,低质量的城镇化发展亟待改进。

新型城镇化的提出则是对我国城镇化升级发展的新认识,它不再简单的强调城镇人口规模的扩大、城镇面积的增加,而是在"乡"转"城"过程中,更加注重生活质量、产业转型、要素集聚、生态保护等多角度全方位的变化。在此背景下,不仅要把城市和农村归一,促进二者的共同发展,而且更要在建设规划、制度保障、资源配置等方面推动城市和农村的协调发展。毫无疑问,新型城镇化带来的户籍制度改革、土地制度改革等一系列的调整,为实现城乡协调发展提供了新的思路,因而,对二者的促进机制进行定性定量的研究,具有重要的理论意义和应用价值。

伴随我国城镇化步伐的不断加快,关于新型城镇化的理论研究及城乡协调发展的实践分析也日趋丰富。通过对已有成果的梳理发现,对于新型城镇化的研究,目前主要集中于其基本内涵、意义、动力机制以及优化路径等方面。单卓然和黄亚平(2013)认为所谓新型城镇化,是对缩小收入差距、提高社会保障福利等相关民生问题的强调,对可持续发展观的强调,对发展质量的强调,同时分别从管理体制、经济发展、社会保障和城市建设四个方面对新型城镇化的内涵进行了详细的阐述。张许颖和黄匡时(2014)在对城镇化政策理念系统梳理的基础上,认为新型城镇化的基本内涵体现在城镇人口数量增加、素质提高、生活方式改善、公共服务体系完善、就业稳定、居住体面等六个方面,并对城镇化的政策框架进行了剖析。张占斌(2013)就新型城镇化的发展意义进行了详细分析,提出新型城镇化建设是带领国家经济稳步向前的"火车头",是助力我国经济跻身世界强国的"王牌引擎",因而要高度重视、优化发展。陈明星、陆大道和张华(2009)通过对我国 1981—2006 年城镇化数据进行多元回归分析发现,城镇化发展受市场、行政、外向、内源等合力共同影响。丁波和李雪萍(2014)在对四川藏区城镇化现状进行详细评估后,突出强调人口城镇化及工业城镇化的推进,提出将发展特色藏区经济作为其新型城镇化发展的动力。杨发祥和茹婧(2014)认为新型城镇化健康稳定的发展是由政府、市场和农民等力量共同推动的。刘嘉汉和罗蓉(2011)通过对比新旧城镇化发展历程,并结合实践过程中发现的诸如城乡分离等问题,提出新型城镇化建设要把"发展权"作为关键所在,并指出农民可持续生计得以实现的五种发展路径。倪鹏飞(2013)也指出城镇化对我国社会经济发展具有重要意义,探索新型城镇化发展模式要把"人口城镇化"作为发展的核心内容,将新型工业化、农业产业化以及集成信息化等作为动力支撑,努力构建城乡一体化。

对城乡协调发展的研究更多的是对其内涵的解读、指标测评体系的构建、制约因素的挖掘以及优化方向的把控等。姜太碧(2005)认为城乡协调发展的内涵包括户籍制度等相关制度的协调,也包括土地等要素的协调,更包括产业关系等关系的协调。黎苑楚等(2010)提出城乡协调发展的主要内涵首先是要认同城乡发展的不平衡,其次以突破二元结构限制、达到城乡居民同步均等发展为目标,进而发挥政府引导和市场推进的合力作用。吴殿廷等(2007)基于城乡协调发展的内涵,从效率与公平两个方面构建了综合评价模型,测度了我国各省 1995—2005 年间的城乡协调发展状况,并对未来情形进行了预期。张新亚等(2012)从效率、质量、结构及能力四个方面建立了指数评估体系,对苏州市的一体化水平进行了测评。刘凯等(2015)以山东济南市为例,在构建城乡协调度的综合评级体系基础上,分析了制约城乡协调发展的因素,包括城乡制度的差别化、经济社会协调度的不同步化、工业反哺农业的低效率化等。陈明星(2011)提出促进城乡协调发展的前提是做好城乡改革的布局规划,尽量消除农村改革对制度变迁的依赖,积极推动资源的合理配置,保护农民的法定权益,加快落实城乡体制的创新。同样,王卫星(2011)认为面对目前城乡差距持续扩大的现状,务必要深化综合改革,加大农村投入、加强农户权益保护、破除二元化体制的同时稳步推进城镇化。陈肖飞等(2016)指出新型城镇化与城乡协调发展之间具有共性,分析二者共同存在的诸如人口流动、资源配置、产业布局等问题具有重要意义。

从现有的研究来看,尽管已有文献指出统筹城乡协调发展,需要因地制宜走特色的新型城镇化道路,同时,这也为新型城镇化道路的建设提供了新的思想和方法,但依旧没有将其纳入到新型城镇化的研究框架内进行系统地分析,对于两者关系的研究,更多的是从意义、可行性等角度进行的理论分析,而对于两者之间的促进机制分析,成果相当有限。此外,在技术处理方面,学者们基本上使用的是因子分析法来构建指标测度体系,但存在着指标选取以及权重赋值更具主观因素的问题,而基于面板数据的实证研究少之又少,并且关于江苏省十三市城乡协调发展状况的研究更是缺乏。以江苏省为例进行研究,有助于解决当前江苏省城乡发展不协调问题,同时,江苏省作为我国经济发展的"第一集团军",对于其他省域也具有借鉴意义。因而此项研究以江苏省为例,基于面板数据模型对新型城镇化促进城乡协调发展的传导机制进行了相关研究。

二、新型城镇化影响城乡协调发展的机制分析

传统城镇化发展集中资源优先建设城镇,关注对城镇人口及城镇面积"量"的积累,而新型城镇化更加强调"质"的保障。具体而言,它是在科学发展观的指导下,在尊重国情和汲取经验的基础上,坚持把人民利益放在首要位置,统筹人口、要素、产业、环境等多元同步发展。因而,新型城镇化所包含的多样化内容也从不同方面给城乡协调发展带来了促进优势,其促进机制图如图5-4所示。

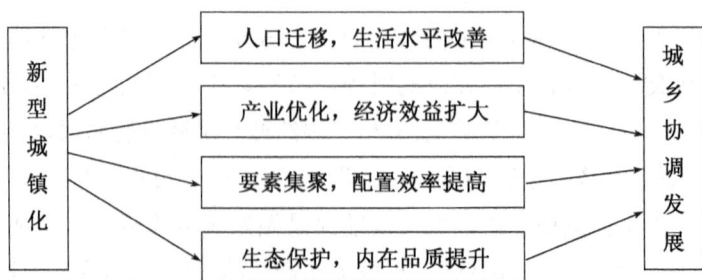

图5-4 新型城镇化对城乡协调发展的促进机制图

首先,新型城镇化吸引了人口大规模迁移,居民生活水平有效改善。1983年,赫伯尔提出人口迁移是由迁出地的推动力以及迁入地的吸引力合力作用

的。事实上,只要城乡之间存在着收入差距,农村剩余劳动力就会获得一种"拉力",加之工业化进程的加快、城市服务业的发展以及新兴产业的创新,为城镇带来了更加丰富的就业岗位,给农村劳动力为获得更高报酬而迁移至城市带来更多可能性。进城务工人员随着收入水平的提高,周围消费环境的改善,其消费能力以及消费欲望也会增加,生活水平随之改善。对于留守农村的居民来说,一方面,存在着城市"反哺"农村的情况,进城务工人员在获得较高报酬,满足自己城市基本生活需求的同时,一定会把部分剩余收入回流至农村,改善农村留守家人的生活。另一方面,新型城镇化加速了农业现代化的发展,在降低第一产业从业人口比重的同时,也改善了农村的生产生活状况,农民就地就可以享受"城市化"的劳动条件,获得"城市化"的工资收入,据江苏省统计局公布的检测调查资料显示,2015年全省农民工超过半数选择"家门口"就业。对于城镇居民来说,大规模人口迁移势必会带来城市居民就业竞争压力的增加,因而在一定程度上会降低城镇居民的人均收入水平。综上所述,在城市居民人均可支配收入相对减少,农村居民人均纯收入相对增加的共同作用下,城乡居民的收入差距必将逐步缩小,城乡发展协调度将会得到有效提升。

其次,新型城镇化推进了产业结构优化,经济运行效益明显扩大。传统城镇化所推崇的优先发展重工业的政策方针,在实现重工业赶超性发展的同时,也引发了诸如消耗大、产出少、效益低、污染重、二三产业依然滞后等问题,反而制约了城镇化发展。反观现行的新型城镇化发展模式,它积极引导各地区走新型工业化道路,通过突出原有优势产业与扶持新兴产业,整合了现有资源,优化了产业布局,从而增强了区域竞争实力。同时,新型城镇化更加重视第三产业的发展,通过政策支持,鼓励金融保险、电子商务、物流管理等为城乡经济发展贡献更多的能量。对于第一产业,新型城镇化要求转变发展方式,用先进的技术手段大力推进农业现代化进程,提高产量的同时也增加了抵抗未知风险的能力,不仅改变了农业经济现状,促进了农民持续增收,而且给城镇发展供给了更多劳动力。因而,通过技术创新能力的提高,新型城镇化对于产业结构进行了有效调整,实现了各个产业在城乡间的互动与升级,有力地缩小了城乡间的经济效益差距,加快了城乡间的协调发展。

再次,新型城镇化助力了要素集聚,资源配置效率显著提高。一方面,它能通过一系列的户籍制度改革,逐渐放宽新市民落户条件,很大程度上消除了进城务工人员对于进城后基本生活需求能否得到满足的顾虑,因而更加促进了人口要素的集聚以及人口资源的合理布局。另一方面,新型城镇化通过对农村产权制度改革,强化了农民的相关权益,在增加农村居民财产收入的同时,促进了农村土地资源的流转以及配置效率的提高。此外,伴随城镇建设逐步深化,居民收入水平不断提高,对于公共服务的需求也会日益增加。新型城镇化的推进,使得政府收支更加透明化,资金运行更加效率化,通过以常住人口居住证为依据为流动人口提供医疗卫生、子女教育、安居住房、职业培训等基本保障,全力推进城乡间的水、电、交通等基础设施全接轨。显然,公共资源配置的扩大化和均等化定会进一步提高居民的生活质量,缩小城乡间公共服务投入的现实差距,促进社会的公平。由此可以看出,在新型城镇化的持续快速发展过程中,诸如人力、物力、财力等要素集聚不断增强,资源统筹配置效率明显提高,进而城乡经济水平差别化发展得到有效改善,城乡协调发展得以促进。

最后,新型城镇化重视生态保护,城乡建设内在品质提升。在过去的社会建设过程中,一方面,城镇高能耗、高污染的病态型工业发展方式,使得噪音污染、水体污染和大气污染等相关污染的程度不断加深。另一方面,农村为加速增收,逐渐抛弃了传统有机农业生产方式,大规模使用高残留的化学品等,污染影响更加深远。因而,雾霾等天气接连来袭,黄色预警密集发布……"采菊东篱下,悠然见南山"的场景只能出现诗句里,低质量的城乡建设对于未来可持续发展毫无意义,显然,城乡差距无法得到有效修复,反而扩大。然而,在新型城镇化发展过程中,十分注重绿色城市创建。严格控制城乡建设项目的资源消耗量,鼓励发展循环经济,努力推广新能源应用,珍惜自然资源,提升环境质量,创建"生态村、宜居城"。此外,新型城镇化建设同时强调文化产业的多样化发展,注重城乡人文气息的有意识营造。城市文化管理体制不断完善,并且不断将城市文化事业向周边区域辐射,城镇居民的文化底蕴更加深厚的同时,农村居民也获得了更加广泛的接收文化教育的渠道,传统文化得到传承和弘扬,陈规陋习也得以有效遏制。总之,城乡居民综合素质显著提高且差距不断缩小,环保意识增强,绿色消费观念强化,人与自然和谐相处,城乡建设内在品质自然提升,城乡发展因而更加同步协调。

三、变量设置与数据描述

(一) 变量设置

1. 被解释变量:城乡地区生产总值差异度

正如我们用国内生产总值(GDP)来衡量一个国家的综合发展状况一样,

本书选取城镇地区生产总值和农村地区生产总值来分别代表城镇和农村的发展水平,因本书所研究的对象是城乡发展协调情况,所以对数据进行了如下处理:

$$城乡地区生产总值差异度 = \left| \frac{城镇地区生产总值}{农村地区生产总值} - 1 \right|$$

$$= \left| \frac{城镇人均可支配收入 \times 城镇人口}{农村人均可支配收入 \times 农村人口} - 1 \right|$$

将城乡地区生产总值比与1进行比较,为简化对比过程,将比值与1做差后取绝对值。城乡地区生产总值差异度越大,表明城乡发展越不协调,反之亦然。值得说明的是,下文的部分解释变量也做了同样的处理。

2. 解释变量

由理论分析可知,城镇化对于城乡协调发展的促进是多因素合力作用的结果,故而本书分别从人口协调度、生活水平协调度、要素集聚协调度、产业结构协调度以及生态环境协调度等方面选取相关变量进行检验。

本书选取城镇化率,即城镇常住人口在该地区常住总人口中的占比,作为人口向城镇集聚程度的衡量指标,反映城乡社会结构的变化,记作 UR;选取城乡人均可支配收入差异度来反映城乡居民的日常生活水平,记作 DI,城乡人均可支配收入比越接近于1,城乡居民的贫富差距越小,城乡发展越协调;选取二三产业产值差异度来衡量城乡产业结构的优化程度,记作 IO,伴随产业结构的深化调整,第三产业产值增加,二三产业产值比则会减小,故二三产业产值差异度在 $0 \sim 1$ 范围内,比值越大结构越合理,发展越协调;选取城乡固定资产投资额差异度表示城乡基础设施投资力度的差异,记作 FAI,差异度越小,资源配置越合理,发展越协调;选取建成区绿化覆盖率来度量绿色发展水平,记作 GC,生态宜居程度越高,发展越协调。综上所述,变量选择见表5-13。

表 5-13　变量的定义

变　量	定　义	符号
城乡地区生产总值差异度	城乡地区生产总值比与1做差,取绝对值	Y
城镇化率	城镇常住人口/该地区常住总人口	UR
城乡人均可支配收入差异度	城乡人均可支配收入比与1做差,取绝对值	DI
二三产业产值差异度	二三产业产值比与1做差,取绝对值	IO
城乡固定资产投资额差异度	城乡固定资产投资比与1做差,取绝对值	FAI
建成区绿化覆盖率	建成区绿化覆盖面积/建成区总面积	GC

（二）数据描述

本书采用 1995—2015 年江苏省市级面板数据进行实证分析，数据来源为国家统计局官方网站、1995—2015 年间的《江苏统计年鉴》、十三个地级市的统计年鉴以及各市每年公布的国民经济和社会发展公告等。其中，部分数据是整理计算后得出的结果。此外，对于个别年份缺失的数据，本书采用相邻年份值插值法进行了估计。

从图 5-5 的散点图可以直观看出，不考虑其他变量的条件下，各个城市的城乡地区生产总值差异度与该城市城镇化率之间是存在一定的线性拟合关系的，但是城镇化率对于城乡地区生产总值差异度的影响具体是正向还是负向，城市之间出现了差异，并且可以看出，不同时期，影响的方向也略有不同。从城市的空间地理分布来看，苏南五市，伴随城镇化率的增加，城乡之间地区生产总值的差异度是不断提高的，并且，除了无锡市和南京市最近五年出现下降趋势，其余城市的城乡发展协调情况并未有改善迹象，反而持续恶化；苏中三市[1]除了南通市之外，扬州市和泰州市的城镇化发展已显示出对其城乡协调发展的明显促进效用，特别是泰州市，城乡差距一直在缩小，并且近于最优状态；苏北五市[2]虽然总体上也呈现出正向关系，但是，斜率要远低于苏南五市，换言之，城镇化水平的逐渐提高，虽然没有给这五个城市的城乡协调发展带来有效的促进作用，但是，其制约效应也没有苏南如此显著，并且，淮安、盐城、连云港三市的城乡差距目前也出现了逐渐缩小的转变。从散点图的横坐标可以看出，苏南作为我国经济最发达的区域之一，总体而言其城镇化水平要高于苏北及苏中部分城市，但是，其城乡发展水平并没有苏北和苏中协调。

从各个城市城乡地区生产总值差异度与该城市城镇化率之间的变动趋势来看，镇江、徐州、淮安、盐城和宿迁等城市呈现"U型"曲线，而无锡、南京、扬州及连云港等城市呈现"倒 U 型"曲线，拐点基本出现在 2008 年附近，即便如苏州市、常州市等协调差异度持续上升的城市，在 2008 年之后，其城乡协调发展差异度也较之前有明显提高。这表明，2008 年金融危机确实给城乡发展带来了不同程度的冲击，城乡经济水平出现了不同程度的降低，从而导致部分城市的城乡差距略有缩小；此外，政府在修复危机的过程中，部分城市更侧重于城镇建设拉动经济总实力的提升，对城镇的政策性倾斜力度更大，资源配置更

---

① 苏中三市包括：南通市、扬州市、泰州市。
② 苏北五市包括：徐州市、淮安市、盐城市、连云港市、宿迁市。

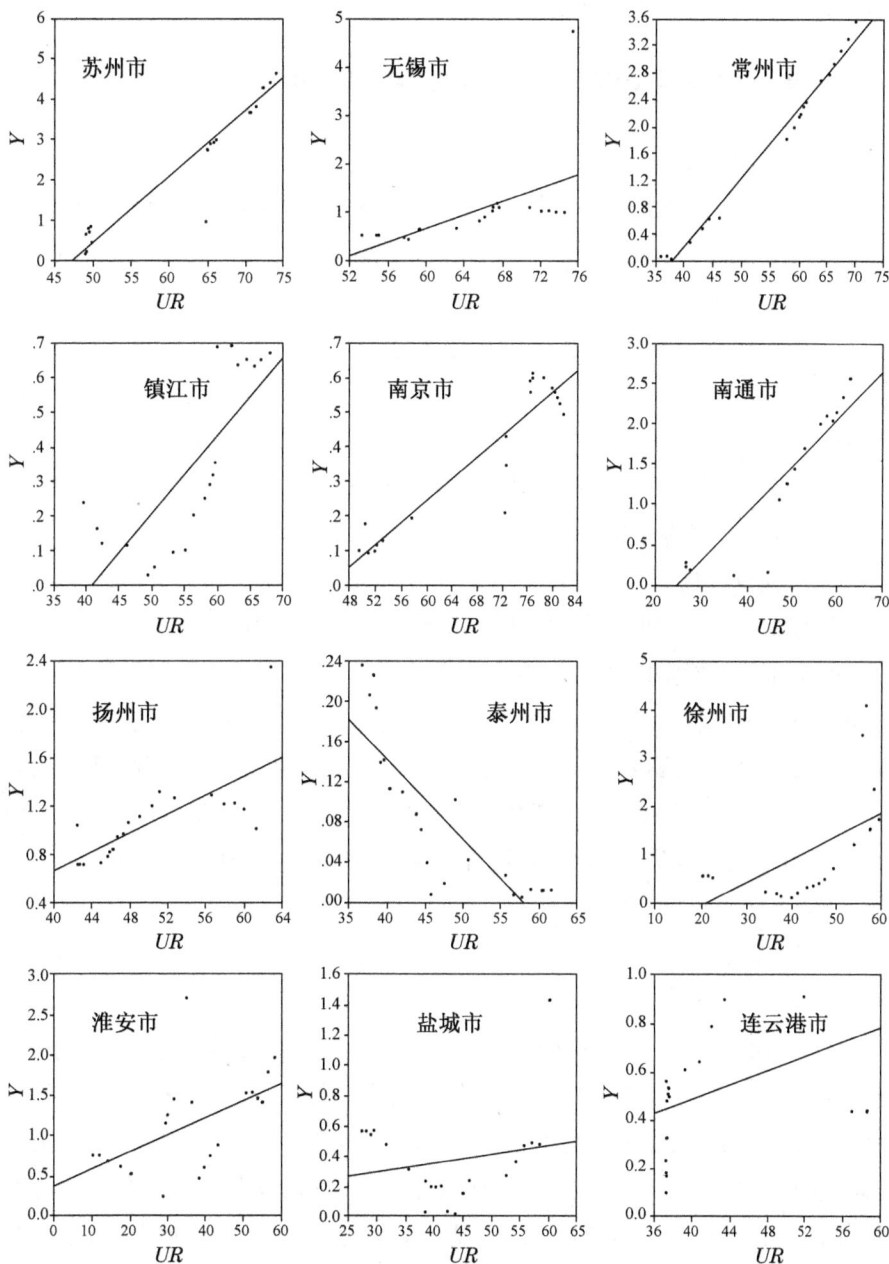

注：宿迁市的差异度直线为一条近似水平线，出于排版考虑，未予展示，备索。

图5-5　江苏省十三市城乡地区生产总值差异度变化散点图

丰富,而在一定程度上忽略了农村经济的发展,因此使得部分城市的城乡地区生产总值差异度出现扩大现象。

四、新型城镇化影响城乡协调发展的实证检验

(一)模型建立

为有效分析城镇化率对于城乡协调发展的具体影响,本书基于上述理论推理以及变量选择,构建了如下的回归模型进行研究:

$$Y_{it} = \beta_0 + \beta_1 UR_{it} + \beta_2 DI_{it} + \beta_3 IO_{it} + \beta_4 AI_{it} + \beta_5 GC_{it} + \mu_{it}$$

其中,Y 表示城乡地区生产总值差异度;UR、DI、IO、FAI、GC 分别表示城镇化率、城乡人均可支配收入差异度、二三产业产值差异度、城乡固定资产投资额差异度及建成区绿化覆盖率;β_0 为常数项,β_1、β_2、β_3、β_4、β_5 分别代表各个解释变量的系数;μ_{it} 为随机扰动项。模型中的 i 代表江苏省 13 个地级市,$i=1,2,\cdots,13$;t 代表年份,$t=1995,1996,\cdots,2015$。

(二)实证检验

为了确保统计结果的有效,首先对于本书所需回归的数据进行单位根检验。目前,面板数据的单位根检验主要有 Levin, Lin & Chu 检验(LLC)、ADF-Fisher Chi 检验(ADF)、PP-Fisher 检验(PP)等方法。为了弥补每一种方法可能存在的缺陷,本书采用了上述的三种方法同时进行检验,结果如表 5-14 所示。三种方法基本上都没有通过 T、UR、DI、IO、FAI、GC 存在单位根的假设,说明数据序列不平稳,因而对它们的一阶差分序列进行单位根检验。由表 5-14 可知,各个指标的一阶差分序列的统计量均小于显著水平的临界值,故 Δy、ΔUR、ΔDI、ΔIO、ΔFAI、ΔGC 均为一阶单整变量,符合协整检验的要求。

为了验证新型城镇化对于城乡协调发展是否具有长期均衡稳定关系,本书进而采用 Johansen 协整检验法对数据进行了协整检验,如表 5-15 所示。从结果可以看出,当原假设为不存在,至多存在 1 个、2 个、3 个、4 个协整关系时,相应的概率均小于 0.05,即拒绝此类假设。当原假设至多存在 5 个协整关系时,P 值为 0.056 5,通过 5% 的显著水平检验,表示接受原假设,说明新型城镇化与城乡协调发展之间存在着长期均衡稳定关系。

表 5 - 14　面板单位根检验结果

变量	LLC 检验		ADF-Fisher Chi 检验		PP-Fisher 检验	
	统计量	P 值	统计量	P 值	统计量	P 值
y	0.591 3	0.722 8	15.562 3	0.946 2	13.988 2	0.973 2
UR	0.778 2	0.781 8	8.612 8	0.999 5	8.687 6	0.999 4
DI	2.263 3	0.988 2	20.163 2	0.783 8	15.977 8	0.936 7
IO	1.586 2	0.943 6	13.582 4	0.978 1	15.643 2	0.944 4
FAI	−2.054 5**	0.020 0	32.953 1	0.163 5	28.917 9	0.314 8
GC	−2.144 2**	0.016 0	11.743 5	0.992 5	10.421 7	0.997 1
Δy	−8.456 8***	0.000 0	104.457 0***	0.000 0	104.138 0***	0.000 0
ΔUR	−10.787 8***	0.000 0	106.445 0***	0.000 0	109.118 0***	0.000 0
ΔDI	−11.325 6***	0.000 0	141.718 0***	0.000 0	251.764 0***	0.000 0
ΔIO	−8.802 1***	0.000 0	113.977 0***	0.000 0	117.896 0***	0.000 0
ΔFAI	−12.132 7***	0.000 0	159.884 0***	0.000 0	225.759 0***	0.000 0
ΔGC	−8.930 9***	0.000 0	120.923 0***	0.000 0	122.869 0***	0.000 0

注：Δ 代表一阶差分项，*** 、** 分别表示在 1%、5%显著水平下通过检验。

表 5 - 15　Johansen 协整检验结果

Hypothesized No. of CE(s)	Fisher Stat. (from trace test)	P 值	Fisher Stat. (from max-eigen test)	P 值
0	754.5	0.000 0	389.2	0.000 0
至多 1 个	452.3	0.000 0	284.7	0.000 0
至多 2 个	225.5	0.000 0	130.3	0.000 0
至多 3 个	129.7	0.000 0	95.04	0.000 0
至多 4 个	66.29	0.000 0	56.03	0.000 6
至多 5 个	38.32	0.056 5	38.32	0.056 5

由表 5 - 16 可以看出，统计检验值为 12.701 2，P 值小于显著性水平 0.05，则拒绝原假设，即把模型设定为固定效应模型。

表 5 - 16　Hausman 检验结果

Test Summary	Chi-Sq. Statistic	Chi-Sq. d. f.	P 值
Cross-section random	12.701 2	5	0.026 3

(三) 结果分析

新型城镇化对于城乡协调发展具有明显影响,$R^2 = 0.75$,拟合程度较高,且从表 5-17 的回归结果可以看出,各项指标均在 1‰ 显著水平下具有显著性,但是各个指标对于城乡协调发展的影响方向及贡献度出现差异。

表 5-17   回归结果

变量	系数	标准差	T 值	P 值
UR	0.077 0	0.007 9	9.729 7	0.000 0
DI	0.898 2	0.177 4	5.061 6	0.000 0
IO	−0.621 2	0.233 3	−2.663 3	0.008 2
FAI	−0.080 5	0.040 7	−1.978 4	0.049 0
GC	−0.069 6	0.014 5	−4.792 4	0.000 0
C	−0.771 7	0.307 5	−2.509 1	0.012 7

R-squared:0.751 0   F:45.242 6   DW:0.433 4   P 值:0.000 0

从实证检验结果来看:第一,城镇化率与城乡协调发展差异度之间出现了正向关系,也就是说,随着城镇人口比重的不断增加,城镇化率的不断提高,城乡协调发展差异度出现了逐渐增大趋势。这表明,仅仅依靠增加城镇新市民的数量对于城乡协调发展的促进作用并非想象中那么理想,两者中的传导显然存在着一定的障碍。究其原因,从上文散点图可知,江苏省各城市的城镇化率对其城乡协调发展的影响方向及程度并非一致,2008 年的金融危机给各个城市城乡发展带来的冲击程度也各不相同,有的城市城镇经济发展受挫更严重,因而呈现了城乡协调发展差异度下降的情况;而有的城市更注重城镇经济对于城市总经济的带动作用,因而出现对农村优化建设忽略的情况,城乡协调发展差异度进一步拉大。整体来说,江苏省城乡建设更加侧重城镇的优化,而忽视农村发展的局面仍未得到有效扭转,因而,要高度重视发展理念的转变,把新农村建设放在社会发展更加突出的位置。

第二,城乡人均可支配收入差异度的弹性系数是 0.898 2,这表示城乡人均可支配收入差异度每增加 1 个单位,城乡协调发展差异度将会增加 0.898 2 个单位,城乡人均可支配收入差距的减小确实能够带来城乡发展的更加协调。因而,未来的新型城镇化建设,依旧要特别关注城乡居民收入水平的协调发展。

第三,二三产业产值差异度的弹性系数为 −0.621 2,这说明第三产业的迅速发展,确实为城乡生产总值差异度的降低起到了重要作用。从总体数据来看,二三产业产值比均在 0～1 之间,第三产业产值的扩大,二三产业产值差异度会因此增加,二三产业产值差异度每增加1个单位,城乡协调发展差异度将会减少0.621 2个单位。产业结构的优化,有力地缩小了城乡间经济效益的差距,加快了城乡协调发展。因而,在之后的建设过程中,依然要积极加快产业结构的优化转型,加大技术创新能力的拓展,因地制宜制定不同的发展战略,促进社会经济结构的整体升级。

第四,城乡固定资产投资额差异度的弹性系数值是-0.080 5,换言之,城乡固定资产投资额差异度每降低1个单位,城乡地区生产总值差异度会增加0.080 5个单位。这显示出江苏省在整个城镇化建设过程中,"重城市、轻农村"现象依然存在且未得到有效改善,因而,新型城镇化今后的发展,更应关注农村地区投融资环境的改善,提高财政供给农村公共基础设施建设的力度,推动城乡资源配置均等化。

第五,建成区绿化覆盖率的弹性系数为-0.069 6,表明新型城镇化所提出的加大绿化面积、改善生态环境的建设要求,不仅改善了居民的生活工作环境,也带来了城乡地区发展差异度的降低。因而,要继续深化绿色发展理念,走可持续发展道路。

本书使用1995—2015年21年间的统计数据,对新兴城镇化对于城乡协调发展的促进机制进行了实证检验,实证结果显示,在新型城乡建设过程中,"重城轻农"的发展状况依然存在。但是,据《农村绿皮书:中国农村经济形势分析与预测》公布的统计资料显示,国家对于农村地区的投资力度正在持续大幅度提升,截至2015年,用于"三农"问题的投资预算已经连续5年超过50%。由于政策存在着一定的滞后效应,因而今后随着新型城镇化的继续推进,可以选取不断更新的数据做更深入的对比研究。

五、结语

以1995—2015年江苏省十三市的城乡发展状况为例,对新型城镇化与城乡协调发展的关系进行分析,此项研究发现:第一,提高城乡居民收入水平、促进城乡产业结构优化调整及深化绿色发展理念等确实对城乡协调发展具有重要促进作用;第二,江苏省城镇人口比重的增加对于城乡协调发展的促进作用,没有想象中理想,两者中的传导存在着一定的障碍;第三,城乡固定资产投资额差异度的减少也没有为城乡发展差距的缩小带来促进作用,江苏省"重城市、轻农村"的倾向性发展状况依然存在,城乡资源的均等化配置有待于进一步推动。基于此,对新型城镇化下城乡的协调发展有如下启示:

首先，重视理念转变，助力城乡规划合理化。在未来的城乡发展规划中，一定要改变先城市、后农村、重城市、轻农村的发展理念，按照先做城乡协调发展规划，后续城镇发展总规划的大体思路，在提高城镇建设综合水平的基础上，加大对农村的"反哺"程度，加强政策的帮扶力度，从而实现发展差距的有效缩小。

其次，创新制度改革，保障城乡发展均等化。一方面，创新土地制度改革，以维护农民利益最大化为宗旨，保护农民对所拥有土地的合法权益，明确土地征用及流转规则，提高补偿标准。另一方面，要尽快落实各地区具体的户籍改革方案，根据地区发展的实际情况，放宽农村居民落户城市的准入条件，消灭因户籍限制而产生的各种不平等的待遇，提高城乡户籍管理一体化程度；同时，重视户籍改革后相关配套政策的实施，健全医疗、教育、养老等相关权益保障制度，扩大参保人群和投保力度，努力促进公共服务的城乡均等化发展。

再次，优化产业集聚，推进城乡产业一体化。一方面，城镇发展要不断加大科技投入量，充分利用原有优势，优化传统产业，同时，要积极挖掘第三产业的发展潜力，增强城镇的综合竞争力以及对于周边地区的辐射带动力。另一方面，农村在接受城镇支持的同时，要全力提高农业生产的技术水平与资源利用效率，深化农民技能培训，加快农业现代化建设步伐，实现城乡间各产业的互动升级。

最后，维护生态环境，促进城乡建设绿色化。城乡发展绝对不能以环境牺牲为代价，节约生态资源、保护自然环境，是新型城镇化建设的所必须遵循的规则，是城乡协调发展的重要保障。因而，城乡建设要从严整治高污染企业，杜绝任意排放现象；要强化对已污染地区的彻底性治理，促进资源的持续利用；要加大政府的投资力度，大力推行清洁能源的使用，从而共同助力城乡居民生活质量的同步提高。

第四节　新型城镇化影响协调发展的路径与对策 *

导读：促进区域协调发展的本质在于缩小地区之间的发展差距

---

* 此节主要观点摘自于作者的阶段性研究成果"李子联，崔苧心，谈镇：'新型城镇化与区域协调发展：机理、问题与路径'，《中共中央党校学报》，2018 年第 1 期，第 122～128 页。"

及其域内居民之间的收入差距,而新型城镇化因其更加注重生产要素的优化配置、更加注重人口城镇化与土地城镇化的协调发展、更加注重城镇化与工业化和现代化的同步推进,而"恰好"为农民增收和地区增产带来了发展机遇。因此,新型城镇化的推进是促进区域协调发展的重要举措。这其中,应通过升级产业结构、发展第三产业和培植特色产业来发挥产业城镇化的支撑作用,应通过缩减土地财政、加大实用投资和改革土地制度来发挥土地城镇化的保障作用,应通过促进人口市民化、深化户籍制度改革和增加公共福利支出来发挥人口城镇化的主导作用。

协调发展是我国新常态下经济增长的重要理念之一。自区域协调发展战略实施以来,我国经济社会发展越来越为协调,既体现在区域内部系统的逐渐完善上,又体现在区域之间差距的不断缩小上。尽管如此,区域失调、结构失衡和发展失均的问题依然存在,且在构建"新常态"增长动力和全面建成小康社会的新形势下变得尤为严峻。而在"十三五"建设中进一步促进我国区域协调发展战略的实施,则应充分发挥新型城镇化的引领作用。这是因为:区别于传统的城镇化,新型城镇化是一种更加注重生产要素的优化配置、更加注重人口城镇化与土地城镇化的协调发展、更加注重城镇化与工业化和现代化同步推进的城镇化。因此,新型城镇化能够解决我国现代化进程中产业布局、人员居住和城镇环境等重大而迫切的现实问题,而这无疑能够促进包括农村在内的村镇一体与大中小城市的全域协调发展,进而实现农村区域内部的全面转型以及城镇与农村区域之间的相互促进和全面协调。以此为背景,此项研究以江苏省为例拟揭示新型城镇化促进江苏省区域协调发展的传导机制,并就此探讨其中存在的问题与对策。

一、区域协调发展的研究范式

由于新型城镇化是一个相对较新的概念,因此在已有的研究文献中,有关其与区域协调发展之间关系的研究相对较少,而侧重于区域协调发展的研究则极为丰富。从这些研究来看,大多数文献探讨该问题时主要关注于区域协调发展的内涵、指标体系和影响因素等。

从内涵来看,已有文献对"区域协调发展"中的关键词进行了拆解,并依据其研究侧重的不同而做出了富有差异性的解释。例如,一些文献侧重于对"区域"进行分析,指出区域协调发展既应理解为是区域间的协调发展,又应理解为是城乡间的协调发展,更应理解为是区域内的协调发展;另有文献则侧重于对"协调发展"进行分析,指出区域协调发展不仅要考虑经济发展水平的差异,还要考虑享受公共服务方面的差异,诸如社会保障、住房、教育、医疗和生态环境等指标;更多的文献则对上述关键词进行了综合理解,指出区域协调发展既是一种包含区域间和区域内的全面协调发展,又是一种人和自然、经济和社会、制度和要素可持续的协调发展。相对而言,综合性的理解更能有效地抓住区域协调发展的本质。就以上理解,区域协调发展的内涵可以抽象为:在既定的条件和环境下,各地区的发展机会趋于均等,发展利益趋于一致,总体上处于发展同步和利益共享的相对协调状态。

从指标体系来看,已有文献对区域协调发展指标体系的研究多集中于某个地区或地区之间经济、人口、社会、资源和环境等几个系统之间协调发展度的测定。如有文献从现代化的经济水平与经济结构、科技进步与人口素质、社会发展与居民物质生活、生态环境与自然资源 4 个方面,精选了 16 个综合指标和相对指标,构建了反映全国区域经济协调发展的指标体系,并对各省份进行了综合测定和聚类分析。相类似地,有文献将区域协调发展系统划分为人口、资源、环境与经济 4 个功能子系统,而各功能子系统又共包含了 12 个具体的衡量指标;也有文献采用社会经济大系统的"四分法",从经济、科技文化、社会和生态环境 4 个子系统出发选取若干指标构成衡量各地区协调发展水平的指标体系;而有文献则将区域协调发展的综合指数分为四个层次,分别包括目标层、准则层、子准则层和具体指标层,并对各层次的指标进行了进一步地细分和测度;另有文献结合江苏经济社会的发展特征,从经济协调发展、城乡协调发展、社会协调发展、生活水平协调和资源环境协调等层面,构建了一个由 5 个子系统共 20 个指标组成的区域协调发展评价指标集,较为有效地测算了江苏区域协调发展的程度。

从影响因素来看,已有文献从不同角度探讨了相关因素对区域协调发展的影响,而这些因素,依据文献关注的多寡可以被主要概括为三个方面:第一是产业转移或产业政策。已有的大多数文献均认为产业的梯度转移是实现区域协调发展的必由之路,这是因为产业由发达地区向欠发达地区的转移,会促使大量资本、技术和知识等要素向欠发达地区转移,并引致转入技术在欠发达地区产生乘数倍增效应或技术外溢效应,因而能够直接或间接地促进欠发达地区产业结构调整与优化,进而带动欠发达地区的快速发展,实现区域协调发展。第二是土地要素或土地政策。适合不同区域的差别化的土地政策,能够改进和提升土地政策调控区域发展的能力,并进而增强区域发展活力和促进区域发展协调。第三是劳动要素或劳动力迁移。劳动力迁移提升了劳动力迁出区(如中西部地区)的人均资源占有量,这有利于缩小地区间的收入差距,因而能够促进区域的协调发展,因此劳动力迁移可能是一个兼顾公平与效率的区域协调发展政策选择。除此之外,有学者考察了地方市场分割或市场一体化对区域经济协调发展的影响,并发现随着长江三角洲城市经济协调会的成立和运行,地方市场分割对区域协调发展的阻碍作用已经下降了近50%;另有学者则在环境约束下考察了我国各地区协调发展水平的综合效率及影响因素,指出在环境约束下我国各地区协调发展水平的综合效率普遍低下;其他学者则研究了人力资本、FDI、基础设施和中央财政支出等因素对区域协调发展的影响。

综合来看,已有关于区域协调发展的研究仅仅关注于其内涵解释、指标体系构建和影响因素探析等方面的话题,而对于新型城镇化与区域协调发展关系的研究则极少涉及。尽管在影响因素的考察中,已有文献已经间接地指出新型城镇化所内含的产业、土地要素和劳动要素等维度对区域协调发展产生了重要的影响,但却仍然没有将其纳入到新型城镇化的研究框架内进行系统地分析。而直接研究新型城镇化与区域协调发展两者之间关系的文献,则更多地从新型城镇化引领区域协调发展的重要性、必要性和可行性等角度进行了定性分析,而对于两者之间的机理阐释则几无涉及。凡此种种,均为此项研究在新型城镇化框架内,从不同区域维度分析人口城镇化、土地城镇化和产业城镇化中的各内生变量促进区域协调发展提供了较大的研究空间。

二、新型城镇化影响区域协调发展的机理

从上述所总结的内涵来看,区域协调发展可以概括为各地区间一种融洽、互补、和谐的状态,是一种发展机会趋于均等、发展利益共同享有的相对协调的状态。总体而言,新型城镇化推进对于区域协调发展的促进作用在于:一方面,新型城镇化能够通过调整生产要素的流动方向与社会资源的配置方式来实现内需的扩大和经济发展方式的转变,有助于全面建成富强、民主、文明、和谐的小康社会,因而是促进区域协调发展的重要手段。另一方面,新型城镇化也是改变当前社会二元经济结构失衡的重要途径,是区域协调发展过程中缩小城乡差距和地区差距的关键手段。从理论上来看,新型城镇化的本质在于

推进产业城镇化、土地城镇化和人口城镇化。就产业发展和优化而言,新型城镇化的推进使其更加有效地实现相关产业在区域内和区域间的转移和升级,这一过程毫无疑问地带来了社会差距的缩小,进而促进了区域内和区域间的协调发展。而户籍制度和土地制度在新型城镇化背景下的改革和调整,则能够有效地缩小城乡居民之间的收入差距并改善农村的居住环境,进而促进城乡间的协调发展。总之,促进区域协调发展的本质在于缩小居民和地区之间的收入差距,而新型城镇化"恰好"为农民增收和地区增产带来了制度机遇。因此,新型城镇化的推进是扩大内需和增加就业的巨大潜力,也是调整经济结构、促进区域协调发展的关键。具体而言,新型城镇化中的产业城镇化、土地城镇化和人口城镇化促进不同区域之间协调发展的机理如图5-6所示。

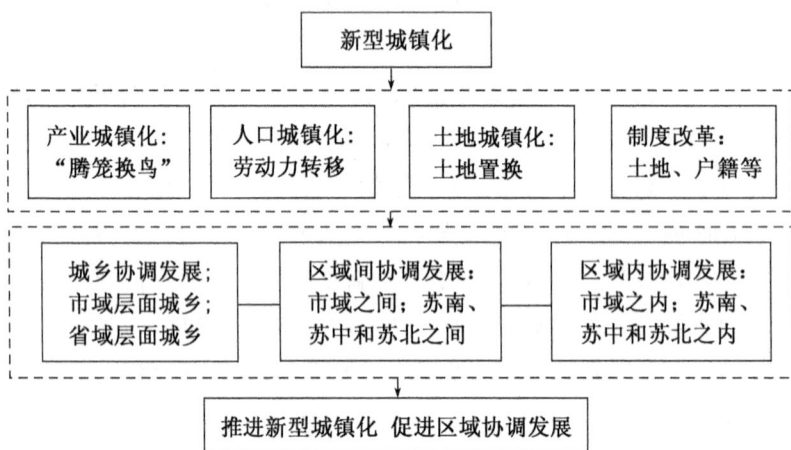

图5-6 新型城镇化促进区域协调发展的传导机制

　　首先,产业城镇化是促进区域协调发展的依托。产业结构的演进构架起了城镇化与区域协调发展的桥梁。随着新型城镇化的推进,非农产业要素将在城镇空间不断聚集和发展,这为产业的纵深发展提供了有效的空间载体。同时,产业城镇化"腾笼换鸟"过程中承接的"旧企业"和形成的"新企业"则不断地为城镇提供了物质基础与就业机会,而产业结构的优化升级则为经济发展增添了新的活力,两者都有效地促进了地区经济增长。总之,产业结构的合理调整在以城市为载体的同时,又进一步促进了城市之间的协调发展。就江苏的经济现实而言,城镇化落后于工业化和经济发展水平是产业结构失衡的根本原因,只有加速城镇化才能从根本上促进地区产业的发展,使经济结构更为合理。在这一过程中,通过发挥地区的比较优势,形成各具特色的产业形式和行业结构,以新型城镇化引领经济的全面协调发展,是促进城镇化与工业化相融合,并最终实现以产业为支撑、以人文为本位的区域协调发展的根本之路。具体来看,苏南和苏北地区产业的转移与承接是产业发展最为简单和便捷的方式,这不仅有利于苏南地区落后产业"包袱"的摆脱,更有利于苏北地区通过产业承接来实现产业结构的提升和城镇化水平的提高,因此,新型城镇化进程中产业在地区间的梯次转移和承接是缩小区域差距和实现均衡发展的重要途径。不仅如此,新型城镇化还促进了地区间产业的分工与重组,加速了现代新兴产业在优势地区的集聚,而专业分工和产业集聚则提高了复杂技术水平和自主创新能力,有利于促进区域的快速发展与协同集聚。

其次,土地城镇化是促进区域协调发展的保障。土地作为一种特殊的稀缺生产要素,是构成不同产业的物质基础,是新型城镇化的空间载体。土地也是农民获得收入和社会保障的主要来源,因此,对土地供给方式和数量的调控是促进公平与发展的关键。合理有效的土地政策有助于解决土地市场的失灵问题,有助于防止土地闲置的浪费现象,有助于最终实现土地的合理利用和公平配置,因而能够促进区域经济的集约、绿色和持续增长。在新型城镇化进程中,应根据不同地区的资源禀赋,对土地要素配置的结构和效率进行有效改革,以促进区域经济的分工协作与协调发展。随着新一轮农村土地制度改革和户籍制度改革的深入推进,各级区域应进一步解放农村土地对农民的束缚,以实现城乡发展的统筹化和一体化。另外,对于城镇化过程中出现的农村土地不合理配置和低效率利用而导致的"城中村""空心村"和"耕地抛荒"等问题,政府应就大量农村土地制度改革进行总体设计和宏观指导,以协调建设用地和原有土地所有者的权益,让更多人特别是农村居民更为公平地分享到新型城镇化的改革红利,并最终促进土地资源的合理高效利用和促进区域间的协调健康发展。

最后,人口城镇化是促进区域协调发展的核心。所有居民不受户口、收入和社会地位等因素的限制,都能够分享到基本的公共服务和均等的生活质量所带来的便利,既是人口城镇化的核心要义,又是区域协调发展的内涵延伸。对于人口问题来说,城乡人口的结构变化不仅反映着社会经济变动的结果,也反过来进一步影响着社会经济的协调发展。从机理来看,新型城镇化并不等同于农村人口简单地流入城镇,而是使流入人口在成为城市生产者的同时能够切实分享到城市现代化的便利,并最终实现转移农民的收入增长以及城乡居民的共同富裕,从而增强区域可持续发展的能力。因此,人口城镇化着重解决的是人口流动、人员居住和人员增收等重大而迫切的现实问题，是促进区域要素转型、居民增收和缩小城乡居民收入差距的新型城镇化，对于促进城乡协调发展、人口与社会的协调发展都具有重要的现实意义。以江苏省促进城乡协调发展中新型城镇化所发挥的作用为例，江苏绝大多数的城镇户籍管制政策均已逐步放开，户籍门槛的不断降低将给更多的农村居民以进入城市落户和就业的机会。值得一提的是，《江苏省城镇体系规划 2015—2030》指出至2030 年江苏的城镇化率将达到 80% 左右，预计将有 1 000 万以上的农村人口转为城镇居民，这无疑能够有效地促进这部分居民收入水平的提高，从而不断缩小城乡居民的收入差距。在发挥新型城镇化对区域协调发展的促进作用的过程中，对于大城市而言，应进一步增加其包容度，使新进入人口真正融入城镇，最终实现人口的常住化；对于中小城镇而言，由于其人口饱和度较低，因此通过发挥其区域优势能够引进大量较低层次的流动人口，以减轻大城市的人口负担。就中国的现实而言，大部分省市的城乡二元户籍制度均已不断放松，且正朝着有利于人口自由流动的方向发展，这将逐步实现人的安居乐业与城乡和谐，将进一步完善区域协调发展的总布局。

三、新型城镇化背景下区域协调发展面临的问题

(一) 产业城镇化中影响区域协调发展的因素

首先，工业化导致收入分配差距拉大加剧了区域间的不协调。随着工业化的启动，诸如比较劳动生产率、就业机会的结构性变化等因素都会拉大城乡之间的收入差距，进而使城乡间发展失衡。这主要是因为，工业化的发展需要大量的资本和技术投入，具有资本和技术禀赋的"精英群体"往往更能够及时捕捉到政策所带来的有利信息，并凭借有效的市场激励机制，以较快的速度进行资本投资并完成财富的大量积累而成为社会的高收入阶层。相反，社会对人口众多的非技术劳动者则"青睐"不够而需求较少，这将导致其获取财富的机会较少而收入降低，其与高收入阶层的收入差距由此而拉大。另外，在产业城镇化进程中，制度上存在着系统性的城市偏向政策，如城市偏向的金融制度和社会保障制度等。这些都将进一步拉大城乡居民的收入差距。以江苏省为例，农业劳动生产率仅相当于工业的 1/4 左右，随着工业产值的增加即随着工业化的发展，江苏省城乡居民可支配收入差距呈现出扩大的趋势，如图 5-7所示。

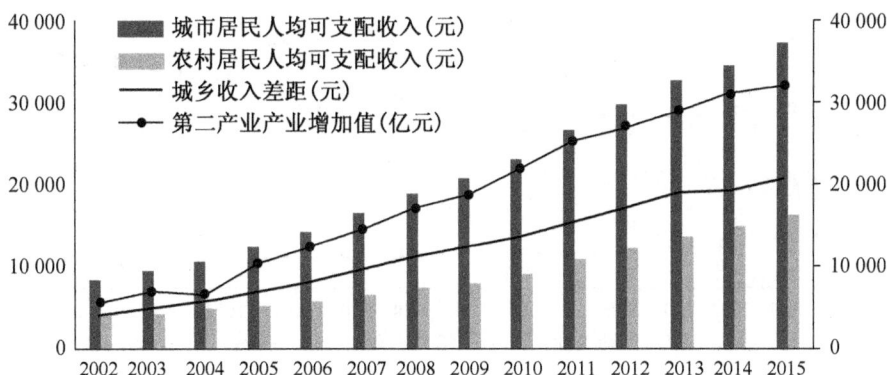

数据来源：根据 2016 年《江苏统计年鉴》的相关资料整理计算而得。

图 5 - 7　2002—2015 年江苏省城乡收入差距与工业化的互动关系

其次，第三产业发展相对滞后影响了区域协调发展。在工业化对区域协调发展的推动作用已经呈现出减弱趋势的情形下，第三产业或服务业将逐渐起主导作用。工业的发展需要以自然资源的投入为物质基础，同时也容易带来环境的污染和恶化。我国粗放型的工业化发展历程表明，无论是资源的耗费，还是环境的破坏，这一模式都不具有可持续性。尽管这一过程能够在短期内促进经济增长，但这种立足于资源和价格优势的发展战略已经不再适应于如今的工业化。随着环境成本的内化和生产效率的提高，人们对城市服务设施的需求以及生产现代化的需要都将推动第三产业的发展。这是因为第三产业的发展能够赋予城市新的活力，能够为新型城镇化的进一步发展带来新的动力。但从全国层面来看，尽管自 2013 年开始，第三产业增加值在国内生产总值中的比重已经超越第二产业成为主导产业，但与发达经济体相比，这一占比仍然相对较低，且与城镇化的发展相偏离。之所以出现这一服务业发展相对滞后的现象，主要是因为土地的粗放利用抬高了服务业发展成本。此外，城市追求"视觉形象"的发展模式降低了城市的包容性，同时高档现代化的服务业则在一定程度上打压了传统服务业和就业岗位。因此可以认为，尽管第三产业应当在促进新型城镇化进而实现区域协调发展中发挥更为重要的作用，但其滞后性则无疑影响了区域的协调发展。图 5 - 8 揭示了江苏省产业占比情况，可以看出，发展的重要来源依旧是第二产业，基本占到 50% 左右，而第三产业发展虽呈递增趋势但相对缓慢。

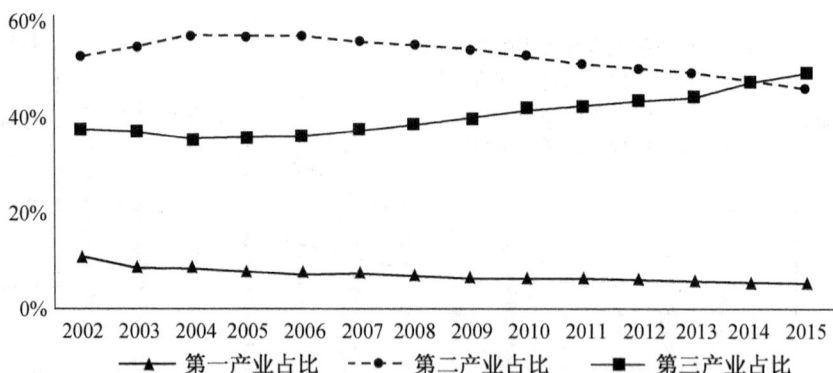

数据来源:根据 2016 年《江苏统计年鉴》的相关资料整理计算而得。

图 5-8   2002—2015 年江苏省产业结构的动态演变

最后,城镇化总体滞后于工业化和经济社会发展水平阻碍了区域间的协调。之所以出现城镇化滞后于工业化和经济发展程度的现象,主要是由受限的人口流动和粗放的发展模式所造成的。一方面,在江苏的大部分县市,工业发展相对发达,但城镇化与工业化发展则不协调,大量进城职工受户籍限制"离土不离乡",并没有真正融入城市的生活,这就导致了城镇化的滞后,工业的发展对城镇化的带动效应较弱。另一方面,较为传统的产业技术结构也是造成城镇化滞后于工业化的主要原因。虽然工业产值增速很快,但产业技术水平却相对落后,这在一定程度上削弱了城市吸引人才的动力,从而弱化了产业的人口集聚效应。总之,城镇化滞后于工业化和经济社会发展的现象阻碍了土地规模的进一步展开,延缓了工业的现代化进程,加剧了区域发展的不平衡。

根据最常用的 IU 和 NU 两个指标来分析江苏省的城镇化和工业化之间的关系,IU 指劳动力工业化率与城镇化率的比值,NU 指劳动力非农化率与城镇化率的比值。其中,劳动力非农业化率指第二产业劳动力数量占三种产业总劳动力数量的比值,而劳动力非农化率为二三产业劳动力数量占总劳动力数量的比值。若 IU 比较接近 0.5,NU 比较接近 1.2,则城镇化与工业化发展水平较为协调。而通过表 5-18 数据可知,IU 明显大于 0.5,NU 明显大于 1.2,这说明大量劳动力聚集在农村导致城镇缺乏劳动力,江苏省存在着明显的城镇化滞后于工业化发展的现象。

表5－18 江苏省城镇化与工业化协调指数

年 份	劳动力工业化率(%)	劳动力非农转化率(%)	城镇化率(%)	IU	NU
2001	31.0000	58.7001	42.6000	0.7277	1.3779
2002	32.4999	60.9999	44.7000	0.7271	1.3647
2003	34.4000	64.1000	46.8000	0.7350	1.3697
2004	36.0001	66.8002	48.2000	0.7469	1.3859
2005	37.1999	69.0999	50.5000	0.7366	1.3683
2006	38.4001	71.4000	51.9000	0.7399	1.3757
2007	39.7000	73.7001	53.2000	0.7462	1.3853
2008	40.2001	74.9000	54.3000	0.7403	1.3794
2009	41.1000	76.3000	55.6000	0.7392	1.3723
2010	42.0000	77.7000	60.6000	0.6931	1.2822
2011	42.4000	78.5000	61.9000	0.6850	1.2682
2012	42.7000	79.2000	63.0000	0.6778	1.2571
2013	42.8999	79.9000	64.1000	0.6693	1.2465
2014	43.0001	80.7000	65.2000	0.6595	1.2377
2015	43.0001	81.6001	66.3000	0.6486	1.2308
2016	42.9999	82.3000	67.4000	0.6380	1.2211

数据来源：根据2017年《江苏省统计年鉴》相关资料整理计算而得。

(二) 土地城镇化中影响区域协调发展的因素

首先，区域协调发展进程中，政府资金过度依赖于土地财政。在江苏城镇化进程中，农村集体土地的低价征用，为工业化积累和城镇基础设施供给提供了雄厚的财政支持。客观地说，土地财政是江苏工业化、市场化和城市化进程中的特殊产物，对于特定时期国民经济的发展有着不可忽视的推动作用，具有一定的合理性和必然性。但是，土地财政并不具有可持续性和借鉴价值，特别是在房地产开发已经面临发展瓶颈的新形势下，地方政府如果继续依靠土地红利来支撑基础设施建设和公共财政支出，则必将出现资金来源受限和资金保障不足的问题。此外，土地财政的存在使得大多数企业纷纷投资房地产行业，严重影响了经济结构的转型升级。在巨大利益驱动下，土地财政还往往促使政府形成急功近利的行为，只注重当前经济增长而忽视了可持续增长动力的构建。不仅如此，高房价"本身"就已经是新型城镇化面临的主要障碍，地方县市将发展思路依旧定位于土地财政会进一步推高房价，从而导致部分房地产商"一夜暴富"的同时,普通民众则"不敢买房"和"买不起房",使得社会贫富差距进一步加剧。总之,过度依赖土地会导致土地使用效率的下降以及土地供应不足等问题,使得土地城镇化在快速推进之后面临发展后劲不足的现象,不利于城乡协调发展的推进。

其次,区域协调发展进程中,只追求现代化的视觉形象建筑。新型城镇化并不等同于城市的现代化,如果一味追求高标准、追求现代化,则必将进一步拉大城乡发展差距,并将进一步抬高农民进城的门槛,这与新型城镇化的发展理念背道而驰。这一现象具体体现在发展现实中则是,政府往往会通过打造视觉形象来提高房地产发展环境的价值基础,以期继续通过"卖地"来获得最高的土地出让利益。但是,这一模式所带来的"大型生态公园""大马路"等基础建筑则提高了城市运行的成本,使得农民进城的门槛被逐渐抬高,而城市的包容性则与此同时被不断降低。不仅如此,如果所有城镇都向欧美看齐,盲目照搬照抄发达国家城市建设的模式,且城镇中的"有识之士"和精英阶层也崇尚欧美发展模式,那么江苏的城市就成了"千城一面"的现代化城市形态。《江苏省新型城镇化和城乡发展一体化规划2014—2020年》指出追求现代化视觉形象建筑所带来的问题集中体现在城市定位趋同、城市群内部功能互补性不强以及集群效应不高等特征上。其中,城乡建设定位趋同带来的城市个性不够鲜明,使得一些地区在推进新型城镇化建设的过程中存在着不同程度的破坏现象,使得城乡发展中的一些自然环境、古街区以及古村落等都遭受到了一定程度的毁损,导致新型城镇化进程中形成了资源和环境不协调的局面。

最后,区域协调发展过程中,人口城镇化滞后于土地城镇化的发展。"速成"的城镇化模式,也即土地城镇化明显快于人口城镇化的模式,因其带来了城市土地利用效率的低下以及经济发展模式的粗放而制约着区域经济的协调发展。其主要成因在于:其一,二元土地制度和二元户籍制度的限定扭曲了城镇化的发展,但从根本上来看这主要是由于较低的工业用地价格推动了土地城镇化,而较高的住宅用地价格抑制了人口的城镇化;其二,工业化进程的加快带来了城市建设用地的大规模扩张,但对人口城镇化所发挥的"吸纳效应"则相对有限;其三,地方政府对土地财政的依赖使其财政收支与城镇化发展存在反向变化关系,而后者又进一步加剧了人口城镇化与土地城镇化的失衡;其四,户籍管制是人口城镇化发展缓慢的主要原因,而政策的放松和制度的改革则能促进城镇化的协调发展(李子联,2013)。不仅如此,过度开发不可再生的土地资源会导致经济发展的后劲不足,从而导致经济的不可持续发展。人口城镇化的本质是人口规模的扩张,而土地城镇化的本质是空间规模的扩张。因此,用江苏省城镇人口占比增长率数据(L)和城镇建成区面积增长率数据(T)来分析两者间的协调度具有一应的意义。由表5-19可以看出,两者比值除2010年外都小于1,这说明江苏省存在着人口城镇化滞后于土地城镇化的现象。综合而言,上述由政府过度干预所带来的资源配置方式扭曲了劳动力要素、土地要素和资本的相对价格,阻碍了社会公平。这种局势若得不到有效控制,则将会给人们的生活质量造成很大的负面影响,进而给社会的发展带来不和谐的因素,不利于经济社会的稳定。不仅如此,过度开发不可再生的土地资源会导致经济发展后劲不足,以导致经济不可持续发展。

表5-19 江苏省人口城镇化与土地城镇化协调度分析

时　间	L	T	L/T	协调度情况
2001	0.026 5	0.120 6	0.219 7	人口城镇化滞后于土地城镇化
2002	0.049 3	0.251 9	0.195 7	人口城镇化滞后于土地城镇化
2003	0.047 0	0.093 2	0.504 0	人口城镇化滞后于土地城镇化
2004	0.029 9	0.062 7	0.477 2	人口城镇化滞后于土地城镇化
2005	0.047 7	0.055 8	0.855 2	人口城镇化滞后于土地城镇化
2006	0.027 7	0.085 9	0.322 6	人口城镇化滞后于土地城镇化
2007	0.025 0	0.050 7	0.494 3	人口城镇化滞后于土地城镇化
2008	0.020 7	0.070 2	0.294 7	人口城镇化滞后于土地城镇化
2009	0.023 9	0.048 9	0.489 3	人口城镇化滞后于土地城镇化
2010	0.089 9	0.073 8	1.219 2	土地城镇化滞后于人口城镇化
2011	0.021 5	0.086 1	0.249 3	人口城镇化滞后于土地城镇化
2012	0.017 8	0.028 9	0.615 9	人口城镇化滞后于土地城镇化
2013	0.017 5	0.042 3	0.413 1	人口城镇化滞后于土地城镇化
2014	0.017 2	0.055 2	0.311 0	人口城镇化滞后于土地城镇化
2015	0.019 9	0.042 1	0.472 7	人口城镇化滞后于土地城镇化
2016	0.018 0	0.026 3	0.684 4	人口城镇化滞后于土地城镇化

数据来源:根据2001—2017年《江苏统计年鉴》的相关资料整理计算而得。

(三) 人口城镇化中影响区域协调发展的因素

首先,"二元"城市结构问题制约了区域的协调发展。城镇化使得传统的城乡二元结构正逐渐转化为城镇户籍居民与流动人口的"新二元"分割与对立。这是因为,在城镇完成了职业转换的农民工并未彻底改变其原有身份,体现在其并未完全享受到医疗、养老、教育等方面的社会福利上。同时,在农村人口进入城市的过程中会与原城市市民发生矛盾,如进城农民会被排除在城镇福利之外,会遭遇城市居民的社会歧视和排斥等问题,这都使得进城务工者在城市缺乏归属感,并易丧失工作积极性。因此,这一"新二元"城市结构阻碍了农村生产要素的流动。从根本上来说,城市二元结构是城乡二元结构在城市的进一步延伸。其实,流动人口在对居住地尽了义务后,也应获得相应的权利。但是,在城镇化进程中,发达城镇总是偏好引进精英人才,排斥中低端人口,并忽视其对城市的贡献。这大大阻碍了不同群体间福利的共同增进,降低了区域发展利益的综合协调。

其次,户籍制度问题约束了区域的协调发展。户籍从计划而来,作为历史的产物,这种制度虽然能满足工业发展的"理想预期",但却逐渐演变成了制约当下城镇发展的最大限制性因素。这不仅造成和加剧了城乡二元分化问题,也制约了城镇化的进一步发展。目前,城镇户籍主要是通过代际继承获得而非根据个人能力,而户籍背后是公民权利的体现,这种公民等级差别体现了权利与义务的不对等。更为严重的是,户籍制度会导致资源的不合理配置。在市场经济条件下,因户籍制度的存在而导致的同工不同酬的现象违背了劳动力价值规律。对于农村户口的劳动者来说,他们并不能公平地享受多劳多得的待遇。总之,城乡有别的户籍制度是导致"滞后城镇化""半城镇化"等问题的主要原因。此外,就户籍制度对地区发展差距的影响来看,尽管深化户籍改革和促进人口流动势必造成地区差距的进一步扩大,但若主动考虑人口流动的趋势,使经济发达的大城市提高人口的承受能力和经济的集聚规模,并增强城市公共服务的融资能力,扩大城市公共福利的覆盖面,优化城市的空间布局及提高城市的规划效率,而使中小城镇避免盲目"摊大饼"式的城市空间拓展,防止上马与城市定位不相符合的建设项目,并积极打造具有地方特色的城市品牌,以走"小而精"的中小城镇发展道路,则能在深化户籍改革的同时从根本上缩小地区差距。

最后,地方政府财政压力过大限制了区域的协调发展。随着新型城镇化的推进,地方政府在扩大职责的同时,也伴随出现了愈发严重的财政危机。这是因为:城镇基础设施的建设、中小企业的引进、新农村规划和建设都需要雄厚的资金支持,而农民进城以后所需的各种福利待遇所带来的公共成本也需由政府来"买单"。但是相对而言,地方政府的财政支持较为薄弱,而在"自上而下"的转移支付制度中,转移支付层层下拨由于缺乏规范性和透明性,往往会发生中间政府从中截留以缓解本级财政压力的现象。此外,分税制尽管规定了中央政府的财政收入,但却并没有明确省级以下地方政府税收的划分,而这则加重了乡、县层级政府的财政压力。因此,在新型城镇化推进的过程中,地方债务率将会随着城镇化率的提高而上升。而地方财政资金的缺乏是市政基础设施改善和公共服务水平提高的直接制约因素,债务率的上升必将影响全域协调发展的进一步推进。

四、新型城镇化促进江苏区域协调发展对策建议

(一)江苏省产业城镇化促进区域协调发展的对策建议

第一,通过产业的转移与承接来抵消工业化带来的收入差距扩大问题。由追求发展结果的均等转向追求发展机会的均等。以苏南苏北为例,苏南苏北因其资源禀赋、经济技术水平的差异,其主导产业也有很大不同,但其所具有的互补性使得实施产业联动具备一定的客观基础。对于苏南较发达地区来说,原有的比较优势会不断发生变化,原有产业面临升级或淘汰,这就要求苏南地区不仅需要创新拉动还需把部分劳动密集型产业转移出去,即经济能量在中心凝聚的同时要求有广阔的外围。这个外围是由经济联系的紧密程度界定的。而苏北地区的土地、劳动力资源都较为丰富,能够接受苏南产业的转移。苏北地区以较低的成本承接产业转移也为自身带来了优势。产业转移能够带动承接地区的技术水平、劳动生产率等方面的提高以推动传统产业的优化升级,从而有助于该地区新的主导产业的形成,进而带动整个经济的发展。江苏省不断加大对南北产业联动的政策支持力度,使江苏南北的交通运输、经济发展等越来越紧密,实现产业转移方与承接方的"双赢",形成苏南、苏北间互利协调关系。

第二,通过充分发挥第三产业来应对工业化动力不足问题。当前,城镇化的发展与第三产业有着越发密切的关系。第三产业发展越迅速,其城市建成区面积以及各方面建设速度也就越快。结合江苏省目前情况来看,第三产业对城镇化的作用未能充分发挥,大力发展第三产业是必要之举。而发展第三产业的重心应放在生产性服务业上,同时加快新兴服务业的发展。新兴服务业处于现代产业链、价值链高端环节,是获取竞争优势的制高点,可促进江苏省技术进步,但这需要政府的大力支持,凭借合理地规制来消除政策性歧视,逐步放开生产性服务业投入约束。此外,不可冲击传统服务业发展,江苏居民人均收入的较快增长为提升传统服务业提供了广阔空间,促进传统服务业的

发展能够大量吸收从农村转移出来的劳动力。同时通过培训已在服务行业从业的人员，支持其向更高的层次发展，进而促进技术服务业的发展。总之，第三产业能够促进农民增收，使城镇体系更加完备，促进江苏省各地区发展利益和发展机会的协调。

第三，以突显地方特色、适合江苏发展的战略导向带动区域协调发展。发展需要立足于本地的实际情况，突出地方特色，一味追求高技术、新产业往往会造成投资效率低下和资源的严重浪费。而依托特色产业的城镇化不仅能促进区域经济的协调发展，还能促进人口的就地城镇化。在大量城市务工人员出现回流的情况下，依托本地产业及资源的新型城镇化能够推动当地人口从事非农产业，真正主导城镇化的过程。以连云港为例，一个立足本地实际情况并发挥其比较优势的主导产业能够带动相关产业和整体经济的发展。连云港可以充分发挥依海的优势，抓住沿海开发的契机，重点发展其沿海产业，建设沿海产业带。当地政府从长远发展出发，避免短期行为，积极寻求与大集团、大企业的合作来统筹大型能源项目的布局。凭借其大型矿石码头、深水航道等优势建设石油储备基地、大型钢铁基地。

（二）江苏省土地城镇化促进区域协调发展的对策建议

第一，减少政府参与土地买卖，完善土地财政方向。政府参与土地的买卖直接导致房价和土地价格的上涨，最终使政府的行为逐渐被土地"绑架"。因此，政府要从土地中退出，做好城市规划方面的本职工作，而对于土地的征收和卖出，只是起到市场裁判和监管的作用。在征地过程中，充分遵循市场价格规律，征收和补偿应完全市场化。在土地征用的市场体制下，农村集体土地进入一级市场，村集体与用地者直接进行交易，征地成本的提高才能从根本上缓解低价出让工业用地的情况。此外，需要完善政府的绩效考核制度。在经济发展数量指标的巨大压力下，为保持政绩，政府往往会忽视积累大量财政风险，只顾保持短期政绩。因此，对于地方官员的政绩需要进行公正、全面、客观的评价以改变其治理理念。在考核指标上应加大对可持续发展指标的重视，而非紧紧盯住经济增长率，最终改变地方政府依赖土地的观念，营造出和谐的经济社会环境。

第二，加大实用建筑投资，避免城市的"贵族化"倾向。在需求方面，更多的关注普通百姓的需要，以为普通市民提供便捷、舒适的城镇生活为目的取代"人造景观"的虚设建筑。避免豪华别墅积压过剩而普通住房严重短缺的问题，相应地，加大对城市消费性设施投资，提高土地的实用性。切实做到增加底层群众所需要的基础设施建设,增强城市的包容性,加快人口的城镇化。同时,科学规划城市面貌,根据各个城镇和乡村的独有特色和优势合理利用土地,避免千篇一律的城市面貌。例如,苏南地区耕地面积较少,其适合发展专业大户和家庭农场。而苏北和苏中地区耕地面积相对较多且大量劳动力外出务工,因此适合规模化程度较高的农业经营主体的发展。在推进土地改革的同时,要着重保护江南乡村风貌,传承聚落文化,在推动新型城镇化的同时留下青山绿水。

第三,改革现有制度,协调人口与土地关系。现行的土地制、财税制、户籍制等都是影响人口城镇化滞后于土地城镇化的外在因素。这需要中央对现有制度进行适当的改革,从二元土地制度入手,推动农村集体土地流转改革。在推进土地买卖市场化的同时引入土地增值税和财产税来充实地方税。土地市场改革的期间也需要大量的人力资本,通过人力和知识储备提高劳动力的边际收益,扭转土地与人口的不协调。此外,合理引导人口流动,对于大城市进行一定的限制,规划发展小城镇,这样能够有效协调人口城镇化与土地城镇化的问题。可以充分利用公共服务的吸引作用将过于密集的人口引导至中小城镇,以此促进人口在地区上的合理分布,既能缓解大城市的"城市病",也能使小城镇吸引人才的进入与回流,为当地的发展积累人力资本。

(三)江苏省人口城镇化促进区域协调发展的对策建议

第一,深化二元制度改革,创新制度发展。推动区域协调发展需要积极推进进城务工人员的市民化,进城人员的市民化是改变其边缘化地位,防止弱势群体聚集而导致城市贫民扩张的根本途径。一个城市人才的更新不能仅仅看重高端人才的更新,也需要中低收入人口为城市带来活力。例如,新生代的农民工已在城镇居住,比较了解城市,能较容易地适应并融入城市生活,而且相较于老一代农民工,他们受教育程度更高,能力更强。因此,推进新生代农民工市民化有着较低的成本,操作性也较强。对于进城定居和就业的人口来说,他们所需要的是与其工资收入、受教育能力相适应的生活和就业环境。区域协调发展过程中,既要看到进城人口市民化的"成本",更要看到流入人口对当地的贡献。因此,要降低农民进城落户的门槛,增加城市的包容性,减少形象工程的建设,注重解决城镇居民就业和生活条件的改善。总之,促进地区间人口的自由流动是区域协调发展的重要途径。

第二,逐步完善公共服务设施,创新户籍制度改革。单单的户籍制度阻碍的只是农民获得市民身份的权利,已经不会阻止农民进城。户籍制度承载着过多的社会功能,其改革的难度并不在于户籍本身,而在于与户籍紧密相连的社会福利。现阶段并不能让所有进城者都享有与城镇居民相同的待遇。因此,在推进城镇化的过程中最重要的是社会保障制度的逐步完善,逐步建立全覆盖的保障体系和服务设施,实现基本公共服务的均等化,通过福利共生来防止区域发展差距的扩大。此外,对于大城市而言,根据有无户籍"一刀切"的福利划分方式太过绝对,没有充分考虑流动人口的分层以及不同人群对当地经济贡献的差别。所以,"门槛式"的一次性获得所有权益可以过渡到"阶梯式、渐进式"的获益方式。通过建立量化指标来综合资源的分配,在分配过程中兼顾效率与公平。

第三,多元化财政来源,完善土地财政代偿机制。寻找替代土地财政的长期融资机制是在土地财政不可持续背景下的必然选择。新的资金来源使土地财政得到控制,是解决地方政府财政压力过大的根本途径,也能减缓城镇土地面积的无序扩张,使土地城镇化与人口城镇化之间的关系得到协调。首先,新型城镇化的支出项目大多为公共品,其具有沉淀成本高、盈利能力弱等方面的特征,这就决定了商业性金融与建设资金间不匹配。而政策性金融可以成为地方融资的先导力量,满足巨大的资金需要。这也需要国家政策的支持,促进相关银行或金融机构提供融资需要。其次,市政债券等融资债券为城镇的建设融资提供了新渠道。相比"土地财政",市政债券更加透明、规范,也更符合市场化的需要。政府债券发行过程中,也要明确债券用途、偿债来源等事项,以保持债券规模与经济发展水平相适应。最后,优化政府间的财政来源以保证各级政府的财政收入。地方政府财权与事权的分离是造成其巨大债务的客观原因。这就需要各级政府科学配置其财政收入,优化政府间的财政分配。

附 录 新型城镇化与农民增收:中国的例证 *

导读:新型城镇化所带来的农地制度、户籍制度和支农政策的调整极有可能为农民增收带来机遇。在机理分析和实证研究的基础上,结论发现城镇化进程的加快几无疑义地促进了农民收入的增长,

---

　* 此节主要内容来源于作者的阶段性研究成果"李子联:'新型城镇化与农民增收:一个制度分析的视角',《经济评论》,2014 年第 3 期,第 16～25 页"。

而其相应制度调整的"增收效应"则表现在：第一，农地使用权期限的延长由于其所带来的"收益保障效应"和"成本分摊效应"而促进了农民增收，但效应的发挥应以土地流转机制的完善为前提；第二，城乡分割的长期存在使得户籍放松政策难以发挥"增收效应"，后续政策应进一步加大户籍改革的力度；第三，财政金融支农政策通过对经营环境改善和人力资本积累的投入，促进了农民收入的长期增长；第四，相较于"东中西差异"而言，城镇化促进农民增收的"南北差异"更为明显，且南方农村具有较强的"增收效应"。

新型城镇化成为经济增长新亮点的前提在于它能够带来与此切实相关的农村居民收入水平的提高，因为后者对于消费的扩大和经济的增长无疑都是十分重要的。那么，城镇化的推进是否能够促进农民的增收？这一话题的提出也是因为考虑到，一种人口城镇化与土地城镇化更为协调的新型城镇化模式极有可能带来农地制度、户籍制度和财政金融政策等制度方面的调整，同样的，这些由城镇化推进的制度变迁是否为农民增收带来了机遇？以农民增收为话题但又不同于已有的大部分研究，我们将从制度调整的视角，对城镇化与农民增收的关系进行机理分析和实证研究。

一、农民增收的影响因素

已有文献从农民文化知识的提高[1]、农业技术进步的促进[2]以及农村直接投资的引进[3]等角度对农民增收缓慢的解释及其提升路径做了较多的研究。但对于城镇化与农民增收的关系，已有的文献则相对较少直接涉及，更多的是从农村剩余劳动力转移的角度进行了分析，并等同于认为农村剩余劳动力的转移促进了城镇化的发展，如经典理论认为将农村剩余劳动力从传统的农业部门释放出来，转移到现代城镇工业部门是缩小各经济部门劳动生产率

---

[1] 薛誉华："试析我国农民收入现状及增收措施"，《数量经济技术经济研究》，2002年第7期，第37～40页。

[2] 黄祖辉，钱峰燕："技术进步对我国农民收入的影响及对策分析"，《中国农村经济》，2003年第12期，第11～17页。

[3] 李长英："向农村直接投资和农民增收问题"，《南开学报》，2004年第3期，第51～56页。

和生活水平差异的关键①。自此之后,国内外大部分学者在二元经济分析框架下,对农村剩余劳动力转移与农民增收的关系进行了大量的实证研究,并都得出农村剩余劳动力转移促进了农民收入水平提高的结论。例如,有学者通过实证检验发现,农村劳动力转移对提高农业生产率、转化农业结构及直接或间接提高外出务工户家庭收入水平,缓解城乡居民收入差距的扩大化具有积极的作用②。这些研究对农村剩余劳动力与农民增收关系的分析间接地反映了城镇化在农民增收中的重要作用;但很多文献将农村剩余劳动力转移等同于城镇化的观点表述与方法处理,则明显有失偏颇,这是因为农村剩余劳动力转移只是城镇化进程中的一种表现,还存在与城镇化相关的其他经济变量和制度变量难以涵盖在这一框架内。

　　一个有意思的现象是,将城镇化区别于农村剩余劳动力转移,并设置重要变量来直接分析其与农民增收关系的研究看似繁多,实则相对较少。已有的相关研究也主要侧重在实证检验上,如有学者利用向量自回归模型分析了城镇化发展与农民收入增加之间的动态相关性,认为加速推进城镇化进程是持续增加农民收入的根本路径选择,并且应采取长期政策而非短期政策③;也有学者利用动态计量经济学建模方法,揭示了城镇化、工业化和农民收入之间具有长期的协整关系,并且发现城镇化和工业化是农民增收的重要途径,城镇化

---

① Lewis W. A. , 1954, "Economic Development with Unlimited Supplies of Labor", *The Manchester School of Economic and Social Studies*, 22(1): 139～191. ; Jorgenson D. , 1961, "The Development of a Dual Economy", *Economic Journal*, 71(282): 309～334. ; Todaro M. P. , 1969, "Model of Labor Migration and Urban Unemployment in less Developed Countries", *American Economic Review*, 59(1): 138～148.

② 李实:"我国农村劳动力流动与收入增长和分配",《中国社会科学》,1999 年第 2 期,第 16 ～ 33 页;Stark O. , 1991, "The Migration of Labor", Cambridge: Basil Blackwell. ;Rozelle S. , Taylor J. E. and Alan B. , 1999, "Migration, Remittances, and Agricultural Productivity in China", *American Economic Review*, 89 (2): 287 ～ 291. ; Taylor J. E. , Rozelle S. , and Alan B. , 2003, "Migration and Incomes in Source Communities: A New Economics of Migration Perspective from China", *Economic Development and Cultural Change*, 52(1): 75～101;都阳,朴之水:"迁移与减贫-来自农户调查的经验证据",《人口研究》,2003 年第 4 期,第 56～62 页;马忠东,张为民,梁在,崔红艳:"劳动力流动:中国农村收入增长的新因素",《人口研究》,2004 年第 3 期,第 2～10 页;柳建平,张永丽:"劳动力流动对贫困地区农村经济的影响",《中国农村观察》,2009 年第 3 期,第 63～96 页。

③ 宋元梁,肖卫东:"中国城镇化发展与农民收入增长关系的动态计量经济分析",《数量经济技术经济研究》,2005 年第 9 期,第 30～39 页。

政策的长期效应更为显著①；此外，另有学者利用省际面板数据对城镇化、财政支农与农民收入增加之间的关系进行了实证分析，发现城镇化和财政支农对农民的增收具有明显的促进作用，且城镇化的增收效应从长期来看要大于财政支农，但这一效应存在地区差异性的特征②。可见，虽然从实证上来说，城镇化加快是促进农民增收的重要途径；但这一简单的数量关系并不能有效地揭示城镇化促进农民增收的内在机理，因而其对于城镇化进程中农民增收这一目标的达成也就缺乏有效的针对性。

从制度的角度来揭示城镇化发展失衡并进而解释农民增收缓慢的原因或许更具有理论价值和现实意义，这是因为地方利益驱动、土地制度缺陷与户籍管制并存是导致我国城镇化发展失衡的主要原因③，而这一过程又极有可能带来了我国农民增收缓慢的现状。例如，在一些研究中，有学者通过剖析影响农民收入增长的农村生产经营体制、农村土地产权制度、乡政府管理体制、市场制度及财税制度等因素，发现构建农民收入增长的长效机制需从制度建设入手④；也有学者从金融支农政策的角度分析农民增收缓慢的原因，指出受农村生产模式制约和农村金融体系效率低下的影响，农业贷款对农民增收的贡献度正在逐渐下降⑤；此外，另有学者从财政支农结构的角度分析了其对农民收入的影响，结论显示就长期而言，农村生产支出和农林水利气象支出是影响农民纯收入的最重要因素，而农业科技三项费用支出并未像众多学者通常认为的那样是促进农民增收效率最高的因素⑥。值得一提的是，这些研究并未将上述制度因素纳入城镇化研究的范畴，而我们认为这极有可能是城镇化影

---

① 李美洲，韩兆洲："城镇化和工业化对农民增收的影响机制"，《财贸研究》，2007年第2期，第25～31页。

② 马远，龚新蜀："城镇化、财政支农与农民收入增加的关系"，《城市问题》，2010年第5期，第60～66页。

③ 陶然，曹广忠："空间城镇化、人口城镇化的不匹配与政策组合应对"，《改革》，2008年第10期，第83～88页；蔡继明，程世勇："中国的城市化——从空间到人口"，《当代财经》，2011年第2期，第78～83页。

④ 唐伦慧："从制度建设入手构建农民增收的长效机制"，《财贸经济》，2005年第6期，第82～87页。

⑤ 中国人民银行武汉分行课题组："关于金融支持湖北农民增收问题的调查与思考"，《金融研究》，2005年第7期，第150～162页；温涛，冉光和，熊德平："中国金融发展与农民收入增长"，《经济研究》，2005年第9期，第30～43页。

⑥ 王敏，潘勇辉："财政农业投入与农民纯收入关系研究"，《农业经济问题》，2007年第5期，第99～105页。

响农民增收极其重要的中介变量。

综合来看,已有关于城镇化与农民增收关系的研究可能存在以下两点值得进一步探讨的地方:第一,大部分研究侧重于分析城镇化"本身"对农民增收的影响,而忽视了城镇化"背后"相关经济制度因素的作用,从而使这些研究往往缺乏逻辑之源;第二,大部分研究侧重于分析城镇化与农民增收的简单数量关系,而对其中内在影响机制的揭示则有所忽略,因此这一研究的理论基础值得深化思考。基于此,我们认为一种更加注重人口城镇化与土地城镇化协调发展的新型城镇化模式,必将在农地制度、户籍制度和财政金融制度的调整中给农民增收带来新的机遇,而同时分析城镇化"本身"及城镇化"背后"相关经济制度因素对农民收入的影响机制,并在此基础上运用省际面板数据检验这些变量之间的关系,可能是此节区别于现有研究的主要工作所在。

二、新型城镇化背景下制度调整影响农民增收的机理

总体而言,新型城镇化的加速推进能够为农民增收带来重要的机遇,不仅是因为它有利于农业生产率的提高,更重要的是因为它有利于农民收入结构的改善[①]。比如农民从农村向城镇的转移不仅可以使其获得工资性收入,还可以使其通过土地出让获取财产性收入。不过,这一目标的达成应以相应农地制度和户籍制度的调整与完善为前提。从理论上来说,新型城镇化的推进必然对农地流转机制和户籍管制政策提出了调整与完善的要求,这是因为改变人口城镇化滞后于土地城镇化发展现状的新型城镇化模式,不仅应增强农地对农民的收益保障以使其"敢于"迁移,更应放松户籍管制以使农民"可以"迁移。不仅如此,人口城镇化的加快必将使农业从业人员逐渐减少,而劳动投入的减少则将有可能进一步降低农业产出,这与新型城镇化建设的宗旨显然是相悖的。改变这一可能出现的窘境应以农业生产率的提高为前提,而财政金融政策支持力度的加大对于促进农业的规模化经营极为重要。按照这一逻辑,新型城镇化极有可能通过农地制度、户籍制度和财政金融政策等制度方面的调整来促进农民的增收。其传导过程见图 5-9。

---

① 袁怀宇:《在城镇化加速推进中促进农民增收》,《人民日报》,2012 年 5 月 30 日第 007 版。

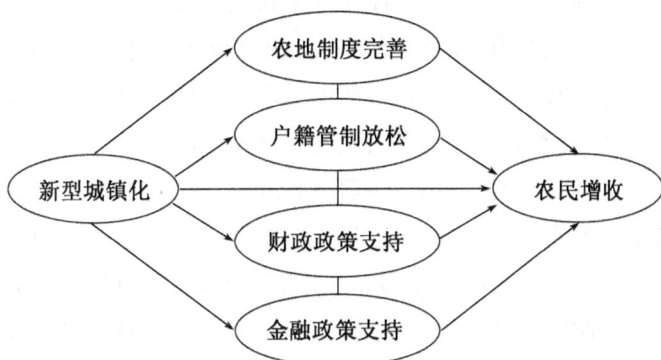

图 5-9　新型城镇化影响农民增收的传导机制图

首先,农地制度的完善是促进人口城镇化与土地城镇化协调发展的制度基础之一,而其对农民增收的影响主要体现在农地制度为农民带来了收益性和保障性。从收益性的角度来说,农地使用权期限的延长不仅可以使农民在土地耕种中获取更长久的经营性收入,还可以使其在对土地进行转包、转租的过程中获取更多的财产租赁性收入。不过,后者的实现应以法律保障为基础完善土地使用权的自由流转。这一机制完善所带来的更重要的收益在于:农民能够在完善的流转市场中按市场价格进行土地转让,以此在满足城市建设用地需求的过程中获取高额的土地收益,而地方政府低价征收农村集体土地的现象也能得到较大的改观[①]。从保障性的角度来看,农地使用权期限的延长及农地流转机制的完善弥补了农村社会保障力度的不足,从而使农民形成了较强的收入预期。这一机制一方面带来了农村居民消费水平的提高,另一方面也坚定了农民从农村向城市转移的信心,因为即便农民在城市中难以获得工作,农村土地所带来的收益也能为其带来基本的生存保障。这一转移为其带来了相较于土地经营更高的工资性收入,同时反过来又促进了人口城镇化与土地城镇化的协调发展。因此,农地制度完善所表征的使用权期限的延长和流转机制的完善能够在提高"留居农民"经营性收入的同时,进一步促进"转移农民"财产性收入的增加。基于此,我们提出:

假说 1:新型城镇化所带来的农地使用权期限的延长和流转机制的完善能够多层面地促进农民增收,两者之间具有同向的变化关系。

---

① 王国生:"增加农民收入问题讨论综述",《经济理论与经济管理》,2005 年第 4 期,第 71～75 页。

其次,户籍管制至少从两个方面抑制了农民收入水平的提高。第一,户籍管制将城市和农村的人为分割限制了人口和劳动力的自由流动,阻碍了生产要素的合理配置,降低了经济投入的产出和效益,阻碍了农村剩余劳动力自农村向城镇的转移,使农业生产难以实现规模化经营,同时劳动生产率也难以得到有效提高,这将使得"留居农民"经营性收入的提高受到制约①。第二,户籍管制不仅带来了城乡户籍的分割,还带来了城乡居民"身份"和"地位"的划分,使得剩余劳动力自农村向城市转移后难以获得与城镇居民同等的社会待遇。这一由二元户籍制度所带来的"社会歧视",一方面使"转移农民"在同等就业平台下难以获得稳定的工作,从而使其工资性收入受"隐性失业"的影响难以有效提高②;另一方面则使"转移农民"的子女在获得与城镇居民同等的教育机会时,必须缴纳额外的"择校费"或是其他支出,这无疑增加了"转移农民"的生活成本,降低了其净收入水平。这一人为的歧视现象同样出现在医疗、生育以及其他保障性支出中。因此,户籍管制在增加了"转移农民"生活成本的同时,也阻碍了农民经营性收入和工资性收入水平的提高,而一项旨在放松户籍管制的政策从理论上来说能够促进农民的增收。我们假定:

假说2:二元户籍制度阻碍了农民收入水平的提高,而新型城镇化推进所带来的户籍管制政策的放松则能够促进农民的增收,两者具有正向的变化关系。

最后,财政金融政策支农力度的加大能够预防人口城镇化所带来的农业投入减少和农业产出下降这一窘境的出现,其对农民增收的影响也就主要体现在其对规模化经营和人力资本积累两个方面的扶持上。从对规模化经营的扶持来看,财政金融政策支农力度的加大能够为"留居农民"购置机械、农具和其他预付资本提供必要的资金支持,进而为土地的规模化经营提供技术要件,这一扶持不仅能够弥补人口城镇化所带来的劳动要素投入的不足,还能更好地促进劳均资本的深化进而提高农业生产率,从而大幅度地提高"留居农民"的经营性收入。不过,土地的规模化经营具有地区差异性,其受地区的地形地

---

① 姜国祥:"农民收入增幅持续下降的制度性原因分析",《华东师范大学学报(社会科学版)》,2004年第1期,第85~91页。

② 黄祖辉,王敏:"农民收入问题:基于结构和制度层面的探讨",《中国人口科学》,2002年第4期,第16~22页;孙继辉:"增加农民收入的新思路",《管理世界》,2004年第4期,第147~152页;蔡昉,王德文:"经济增长成分变化与农民收入源泉",《管理世界》,2005年第5期,第77~83页。

貌影响较大。即是说,土地的规模化易于在地势平坦且耕地面积较广的北方实行,而南方山地和丘陵地带则难以实现土地的规模化经营,因此,对于这些地区而言,财政金融政策应倾向于对农民人力资本积累的扶持。从对人力资本积累的扶持来看,财政金融的支农政策应更加注重农民经营技术的提高,以使农民在具备规模化经营"硬件"的基础上,更好地发挥"软件"的提升效应。一种可能的做法是:政府在投入相应资助资金的基础上,鼓励农民参加农机操作培训、种植技术和养殖技术培训以及进城务工培训等各种能够提高其技术水平的培训。而这一旨在提高其人力资本水平的政策支持无疑能够促进其经营性收入和工资性收入的增加。同样地,我们也假定:

假说3:新型城镇化所带来的财政金融政策支农力度的加大能够促进农民收入的增加,两者之间具有正向的变化关系。

假说4:新型城镇化对农民增收的影响具有差异性特征,相较于南方而言,北方农民的收入具有更高的增长速度。

假说4的提出在于考虑到农地具有地区差异性的特征,因此,新型城镇化在影响农民增收时应将这一变量纳入传导机制的分析过程中。如有学者发现户籍制度的"松紧程度"在沿海地区和东部地区具有更大的灵活性,因此不仅可以用不同地区的城镇化水平来"隐喻"它们的户籍制度的"松紧程度",还能将此用来"隐喻"不同地区的政策效应①。不过,我们认为,地区的南北差异性可能比东中西差异更好地解释各地区城镇化与农民增收的关系,因为相对于东中西地区而言,地形地貌和耕地面积在南北地区中表现出更为明显的差异性特征,而后者对于解释农地制度和户籍制度对农民增收的影响可能更为重要。

三、新型城镇化影响农民增收的相关变量及事实描述

所设置的变量除了农民增收程度和城镇化水平外,还设置了制度变量和经济变量,其中,制度变量包括农地使用权制度、户籍放松政策和财政金融政策,经济变量则主要包括工业化程度、开放程度和耕地面积。另外,为了能够区别城镇化影响农民增收的地区差异,我们不仅按地区发达程度设置了东中西差异虚拟变量,还按照地貌形状和耕地面积的不同设置了"南北差异"这一

---

① 赵玉亮,邓宏图:"制度与贫困:以中国农村贫困的制度成因为例",《经济科学》,2009年第1期,第17~29页。

虚拟变量。在实证中,农民增收程度为被解释变量,城镇化水平及相应的制度变量为主要解释变量,经济变量为控制变量。比较具体地,上述所设置的变量及其经济意义见表5-20。

表5-20 变量设置及其经济意义

变量	经济意义	变量取值	单位
RAI	农民增收程度	农村居民人均纯收入的增长率	%
RUG	人口城镇化	城镇人口与总人口占比	%
SUJ	空间城镇化或土地城镇化	城市建成区面积	万平方公里
IPL	农地使用权制度	农地使用的剩余年限	年
IRS	户籍放松政策	政策制定或制度改革取值为1,否则为0	无
DNS	南北差异	北方省市取值为1,南方省市取值为0	无
DEW	东中西差异	东、中和西部省市分别取值为1、0和-1	无
RTLA	金融支农力度	农业贷款与总贷款规模的占比	%
EFAE	财政支农力度	支农支出与财政支出总额的占比	%
RIG	工业化程度	工业增加值与国内生产总值的占比	%
RTG	开放程度	净出口总额与国内生产总值的占比	%
RSL	耕地面积	耕地面积增长变化率	%

对于上述相关变量的设置及取值,我们做如下两点说明:第一,农地使用权制度能够衡量农村剩余劳动力从农地使用中获得的收益保障。一般而言,农民承包使用农地的期限越长,其从土地收益中获得的保障也就越强。从这一逻辑出发,已有文献尝试使用农地承包的剩余期限来衡量农地使用权制度[①]。借鉴这一方法,我们也以全国各省市农地使用期限的剩余年数来进行衡量,其数值的设定则主要来自中央的三个规定:第一个规定是1983年1月1日中央第二个一号文件《当前农村经济政策的若干问题》,指出"土地承包期一般应在15年以上,生产周期长和开发性的项目,如果树、林木、荒山、荒地等,承包期应该更长一些";第二个规定是1999年1月1日开始实施的《中华

---

① Kung J. K. and S. Liu, 1996, "Property Rights and Land Tenure Organization in Rural China: An Empirical Study of Institutions and Institutional Change in Transitional Economies", Mimeo, Social Sciences Division, Hong Kong University of Sciences and Technology;田传浩,贾生华:"农地制度、地权稳定性与农地使用权市场发育",《经济研究》,2001年第1期,第112~119页;陈志刚,曲福田:"农地产权制度变迁的绩效分析",《中国农村观察》,2003年第1期,第2~11页。

人民共和国土地管理法》，该法第十四条规定土地承包使用期限为 30 年；第三个规定则是 2003 年 3 月 1 日开始实施的《中华人民共和国农村土地承包法》，该法第二十条也规定耕地承包期限为 30 年。根据这些规定，我们以颁布相关规定的年份开始计算，后续年份的使用期限则依次递减，如 1983 年取值为 15，1984 年则取值为 14；但 1999 年和 2003 年则重新取值为 30，其他年份的取值依此类推。

第二，对于户籍制度，已有的研究主要设置虚拟变量并运用微观调查数据来进行度量，对具有本地或城镇户口的居民取数值 1，而其他居民则取数值 0，或取值与此相反[①]。但对于从宏观层面来分析农民增收来说，这一方法由于其样本容量狭小显然难以得到有效运用。基于此，孙文凯等（2011）对 1998—2006 年期间各省相关户籍改革的政策、法规和文件进行了整理，并以户籍管制政策的放松来度量户籍制度的变化[②]。借鉴这一处理方法，我们也对全国各省市的户籍改革政策进行了梳理，并对发生户籍改革（主要包括中央和地方的重要会议、政策法规和重要文件等）的年份取数值为 1，而无户籍改革的年份则取值为 0。根据这一取值，户籍管制的放松将有可能促进农村剩余劳动力向城镇的转移，从而进一步促进其工资性收入的增加。

以上述所设置的变量为基础，我们挖掘了省际面板数据来考察变量之间的关系。考虑到吉林省 2001—2005 年的部分数据缺省，同时福建、河北、陕西和四川四个省的相关数据自 2000 年以后才具有统一性和连贯性，因此，我们根据截面个体可获得数据的样本长度挖掘了全国除吉林省以外的 30 个省市的平衡数据用以研究变量之间的关系。所有数据均来自于《新中国六十年统计资料汇编》和 2009—2012 年各省市的统计年鉴，全国各省市户籍放松政策则根据中华人民共和国中央人民政府网等网站的相关资料整理而得。

对于所获得的数据，我们就全国各省市农民收入水平和城镇化水平所反映的信息做如下描述：首先，从全国各省市农民收入的平均值来看，东部沿海发达省市如上海、北京、天津、浙江和江苏均具有较高的收入水平（见图 5 - 10），而中

---

① 陆益龙："户口还起作用吗——户籍制度与社会分层和流动"，《中国社会科学》，2008 年第 1 期，第 149～164 页；汪汇，陈钊，陆铭："户籍、社会分割与信任：来自上海的经验研究"，《世界经济》，2009 年第 10 期，第 81～96 页；陈钊，徐彤，刘晓峰："户籍身份、示范效应与居民幸福感"，《世界经济》，2012 年第 4 期，第 79～101 页。

② 孙文凯，白重恩，谢沛初："户籍制度改革对中国农村劳动力流动的影响"，《经济研究》，2011 年第 1 期，第 28～41 页。

西部地区农民的收入水平则相对较低,如收入水平最高和最低的省市分别为上海市和贵州省,两者数值分别为 9 668 元和 2 377 元,悬殊 7 291 元,这与我们现实所观察到的现象基本一致。从各省市农民收入的变化情况来看,增长速度相对较快的省市依次为辽宁、内蒙古、黑龙江、西藏和安徽等中西部省市,其中最高的省市辽宁省能达到年均 11.78% 的增长水平;而东部省市如广东、河北和福建等省市的农民收入增长速度则相对较慢,如广东省年均增长速度为 8.29%,表明中西部地区农民收入水平具有较大的提升空间,而东部省市农民的收入增长则相对乏力。

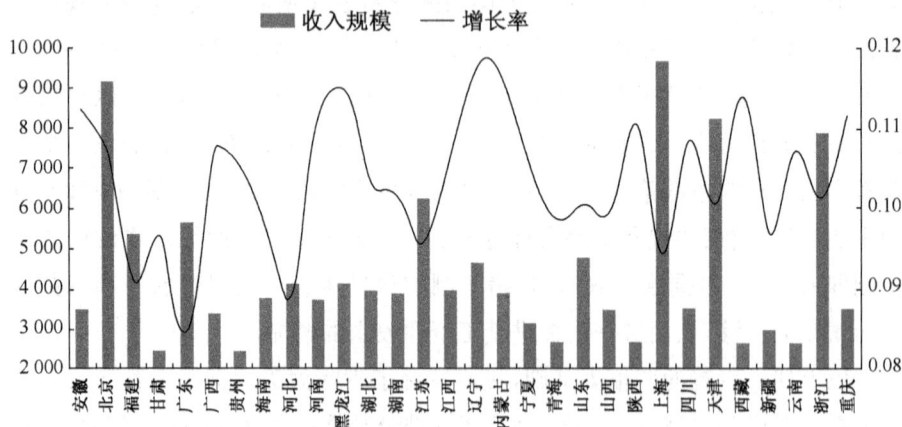

数据来源:根据《新中国六十年统计资料汇编》和 2009—2012 年各省市统计年鉴的相关资料计算而得。

图 5 - 10　2000—2011 年各省市农村居民年均收入比较

其次,从各省市人口城镇化与空间城镇化的协调发展来看,样本范围内大部分省市的人口城镇化均普遍滞后于土地城镇化的发展(以发展协调度来衡量),如图 5 - 11 所示。从地区结构来看,这一现象具有一定的差异性,表现在:沿海发达省市往往具有较低的发展协调度值,与内陆欠发达省市相比,这些地区城镇化发展失衡的现象更为严重。数据显示:沿海发达省市如福建、浙江、广东、山东、北京、上海和天津等省市除极个别年份外,其他年份出现人口城镇化滞后于土地城镇化的现象;而其他内陆欠发达省市如甘肃、贵州、河北、河南、陕西和西藏等省则常能出现土地城镇化相对滞后的现象。对这一地区差异的合理性解释是:沿海发达省市较高的工业化水平对土地资源具有较高的需求,同时其人口密度的饱和对拟迁入城市的流动人口具有较高的进入门槛,因此这些地区城镇土地的急剧扩张并不能带来新增城市人口的大规模增加,而内陆欠发达省市则与此正好相反,从而使城镇化发展协调出现地区差异的特征。不过,这一特征并不具有绝对性,如:相对较为发达的江苏省,其在一些年份也出现似欠发达省市一样的人口城镇化快于土地城镇化的现象;而欠发达的江西省,其人口城镇化滞后于土地城镇化的现象则相对较为严重,与沿海发达省市的特征较为相似。

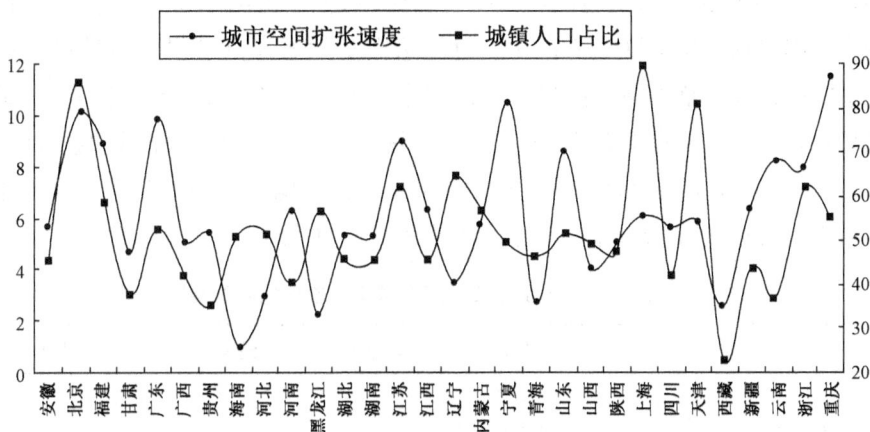

数据来源:根据《新中国六十年统计资料汇编》和2009—2012年各省市统计年鉴的相关资料计算而得。

图5-11　2000—2011年各省市城镇化发展水平比较

综合来看,东中西农民收入水平与城镇化发展程度的地区结构差异并不能直观地反映在样本范围内的统计数据上,其数量关系应通过进一步的计量检验来得到验证。但可以直观观测的是:各省市城镇人口占比及城市空间扩张速度逐渐上升的同时,农民人均纯收入的绝对规模及相对增长速度也具有上升的趋势,表明至少从统计上来说,两者之间具有同向的变化关系,各省市城镇化进程促进了农民的增收,这一关系是否能在实证研究中得到验证?

四、实证检验及结果解释

实证部分的思路是:以 Hausman 检验结果为依据,构建以农民增收程度为被解释变量,以经济变量为控制变量、以城镇化变量及制度变量为主要解释变量的随机效应模型分析经济制度对农民增收水平的影响。另外,为能更好地反映城镇化及相应制度调整对农民增收所带来的综合效应,我们在模型中还设置了城镇化变量与相应制度变量的交叉项,模型如下:

$$RAI_{it} = f(Urban_{it}, Cross_{it}, Inst_{it}, Econ_{it}) + \mu_t$$

其中，μ 是残差项，符合白噪音过程；城镇化变量 $Urban$ 包括 RUG 和 SUJ，同时设置人口城镇化和空间城镇化变量的目的一方面在于揭示新型城镇化的特征在于实现人口与空间城镇化的协调发展，另一方面则在于分别考察这两个变量对农民增收的影响；交叉变量 $Cross$ 包括 $RUG * IPL$ 和 $RUG * IRS$，制度变量包括 IPL、IRS、DNS、DEW、$RTLA$ 和 $RFAE$，经济变量或控制变量则包括 RIG、RTG 和 RSL。这一模型的设置及其结果的可信度应以变量之间存在协整关系为前提。对模型进行 Kao 检验和 Pedroni 检验后，结果显示除 Pedroni 检验中的 rho 统计值不能通过显著性检验外，其他统计值均在 1% 水平下显著，可以认为变量之间存在长期稳定的协整关系。运用相关软件进行估计后，实证检验所得结果如表 5 - 21 所示。

表 5 - 21　新型城镇化及相关制度变量影响农民增收的检验结果

变 量		模型 1	模型 2	模型 3	模型 4
城镇化变量 (Urban)	RUG	0.133 2 (8.419 6)			
	SUJ		0.068 4 (2.103 2)		
交叉变量 (Cross)	RUG * IPL			0.003 6 (6.871 7)	
	RUG * IRS				−0.020 7 (−2.303 5)
制度变量 (Inst)	IPL	0.000 9 (2.505 8)	0.000 6 (1.768 9)		0.000 7 (1.896 9)
	IRS	−0.023 1 (−5.818 2)	−0.019 4 (−4.471 3)	−0.017 6 (−4.371 8)	
	DNS	−0.013 0 (−3.180 6)	−0.008 6 (−1.941 8)	−0.011 8 (−2.809 0)	−0.008 3 (−1.826 8)
	DEW	0.003 3 (0.993 3)	0.006 1 (1.740 0)	0.000 1 (0.039 3)	0.008 1 (2.322 8)
	RTLA	0.225 9 (3.861 0)	0.010 6 (0.181 8)	0.155 3 (2.694 4)	0.006 7 (0.111 9)
	RFAE	0.366 2 (6.419 3)	0.402 7 (6.451 6)	0.377 8 (6.550 8)	0.378 2 (5.945 3)

变　量		模型 1	模型 2	模型 3	模型 4
经济变量 （Econ）	RIG	0.098 6 (4.267 9)	0.146 2 (5.700 6)	0.087 1 (4.040 2)	0.157 1 (6.344 9)
	RTG	−0.055 9 (−3.231 3)	−0.090 1 (−4.769 1)	−0.053 0 (−3.083 0)	−0.078 3 (−4.084 2)
	RSL	0.099 0 (2.086 9)	0.087 4 (1.675 5)	0.129 1 (2.654 8)	0.107 2 (1.998 8)
拟合优度		0.317 9	0.178 2	0.267 2	0.133 9
调整后的拟合优度		0.298 7	0.155 0	0.248 9	0.112 3
回归标准差		0.033 9	0.037 2	0.035 1	0.038 1
残差平方和		0.367 7	0.443 0	0.395 0	0.466 8
D.W.值		2.218 7	1.985 4	2.100 6	1.951 3

从回归系数来看，各主要解释变量与农民增收的数量关系及其经济效应体现在：第一，从总体上来说，城镇化进程的加快能够有效地促进农民收入水平的提高。模型 1 和模型 2 的检验结果分别显示：城镇人口占比的提高和城市建设用地规模的扩张与农民增收均具有正向的变化关系，表明人口城镇化和空间城镇化的推进均能促进农民的增收。与我们先验性的观点一致：人口城镇化之所以能够促进农民收入水平的提高，主要是因为农村剩余劳动力自农村向城市的转移一方面引致进而促进了"转移农民"的城镇就业，从而为其带来了高于经营性收入的工资性收入；另一方面则带来了"转移农民"对"留居农民"收入汇款的增加，从而增加了"留居农民"的收入水平，这一依托于传统血缘关系发展起来的"先富补助后富"的模式普遍存在于中国的农村中。空间城镇化或土地城镇化之所以带来农民收入水平的提高，则是因为城市空间的扩张极大地刺激了其对建设用地的需求，在补偿机制完善的情况下处于城郊的农民则能在土地使用权转让、转租或土地参股的过程中获取一部分的财产性收入；不仅如此，土地的减少迫使农民从土地中解放出来，以从事制造业、建筑业和商业等非农产业的生产活动，这无疑能使其获得高于农业生产的收入。因此，从城镇化"本身"来看，其进程的加快能够几无异义地促进农民的增收。

第二，在农地制度中，农地使用权期限的延长能够促进农民收入水平的提高，模型 1、模型 2 和模型 4 的检验结果均有效地验证了这一结论。进一步地，将农地使用权制度纳入城镇化范畴中考察其综合效应后，模型 3 中的交叉项变量与农民增收也具有正向的变化关系，表明城镇化所带来的农地使用权制度的调整促进了农民增收,假说 1 得到验证。除了上述机理分析中所提出的农地使用在完善的流转机制下能为农民带来财产租赁性收入外,它还可以增加农民的传统性经营收入。这一由耕地经营所带来的收入增加体现在上述所有模型之中,即变量 RSL 与农民增收具有正向的变化关系。其机理在于:由于农地使用期限延长,农民可以在所承包的土地上进行更为长远的生产规划,从而能够使农业投入的固定成本得到更有效地摊销。以田地"整合成片"用以养殖为例:在田地具有较长使用期限的情况下,生产大户能在二次承包的土地中进行较大的农业投入,如破垅聚田、深挖蓄水和养殖场建造等,因为这些工程所带来的固定成本能够长期地摊销在承包期限内;而在短期承包期限内,生产大户的一次性投入则难以在短期内回收,因而也就没有进行田地规模化经营的利益激励。因此,农地使用权期限的延长对于促进农民增收具有十分重要的制度意义。应当说,农地使用权期限延长所带来的收入增加普遍地存在于中国农村的山地、林地和果园的生产经营之中。

第三,户籍放松政策的实施并未按常理所预期地促进了农民收入水平的提高,其与农民增收具有反向的变化关系,如模型 1、模型 2 和模型 3 所示。同时,在将其纳入城镇化范畴进行综合考察后,模型 4 显示其与城镇化的交叉项也与农民增收也具有反向的变化关系,表明城镇化所带来的户籍管制政策的放松并不能有效促进农民增收,假说 3 不成立。之所以出现这一"逆事实"的现象,极有可能是因为:虽然我国陆续出台了各种旨在放松户籍管制以使人口和劳动实现自由流动和合理配置的政策法规,但其所设置的"城镇进入门槛"依然较高,大量的农村剩余劳动力依然难以达到获取城镇户口的条件,因而城乡户籍隔离所造成的农民"隐性失业"也依然存在,农民增收并未因此而提高。以表 5-22 所示的我国 2000—2011 年主要实施的户籍放松政策为例,农民获取城镇户口的一个主要条件在于其在城镇须拥有合法的固定住所、固定职业或生活来源,而这一条件对于大部分处于低收入阶层的农民而言显然是苛刻的,因而从这一角度来说该政策对农民并不具有明显的激励效应。应当侧重的是,城镇化并不是户籍放松政策的目的,其目的在于促进农民的增收;但这一政策效果不明显所带来的城乡户籍隔离依然导致了"社会歧视"的存在,而后者正如上述机理分析中所得出的带来了农民工资性收入的减少和城市生活成本的增加,这都制约了农民收入水平的提高。

表 5－22　2000—2011 年中国户籍管制放松进程一览

年份	重要文件或会议	改革要点
2000	关于促进小城镇健康发展的若干意见	凡在县级市区、县级人民政府驻地镇及县以下小城镇有合法固定住所、固定职业或生活来源的农民，均可根据本人意愿转为城镇户口，并在子女入学、参军、就业等方面享受与城镇居民同等待遇，不得实行歧视性策
2001	关于推进小城镇户籍管理制度改革的意见	取消"农转非"指标；把蓝印户口、地方城镇居民户口、自理口粮户口等，统一登记为城镇常住户口；符合条件自愿办理城镇常住户口的，可保留其承包的土地经营权
2009	中央经济工作会议	把解决符合条件的农业转移人口逐步在城镇就业和落户作为推进城镇化的重要任务
2010	关于 2010 年深化经济体制改革重点工作意见的通知	深化户籍制度改革，加快落实放宽中小城市、小城镇特别是县城和中心镇落户条件的政策；进一步完善暂住人口登记制度，逐步在全国范围内实行居住证制度
2011	关于积极稳妥推进户籍管理制度改革的通知	分类明确户口迁移政策；放开地级市户籍，清理造成暂住人口学习、工作、生活不便的有关政策措施

数据来源：根据中华人民共和国中央人民政府网（http://www.gov.cn）相关资料整理而得。

第四，财政金融支农力度的加大能够有效地促进农民收入的增长。模型检验结果显示：财政的农业支出以及金融的农业贷款与农民增收均具有正向的变化关系，表明农业支出占比和农业贷款占比的提高均能促进农民收入水平的提高，假说 3 成立。财政金融的支农政策除了通过促进农业的规模化经营和人力资本积累这些渠道来影响农民收入水平外，还通过对水利、防护林以及公路等基础设施的建设改善农业生产的经营环境，从而为农民经营性收入的提高提供"硬件"基础。不仅如此，财政的支农支出还能在减少农民相关税费的基础上，进一步有效地为部分低收入农民提供必要的生存保障，从而使其获得了一定的转移性收入。不过，从长远来看，这一直接提高农民转移性收入的支农政策并不具有"造血"功能，因而它既不能可持续地促进农民增收，同时又将给政府带来较大的财政压力，而一种旨在提高农民知识技术和工作技能的支农政策则能长久地促进其收入的增长。

第五，在影响农民增收的地区差异变量中，南北差异比东中西差异对农民收入的影响较为明显，表明农地的地形特征对于农民收入的影响较为重要，农民增收依托于土地经营的来源较为有限。这一结论的得出来自于模型中南方农民比北方农民的收入具有更高增长速度的估计结果。这一现象的出现是因为北方农民具有面积更广和地形更平坦的耕地，其能在农业耕作中获得稍高于基本生活开支但又低于进城务工工资的经营性收入，因此，大部分"安于现状"和"安土重迁"的农民将被"锁定"在农业经营中；与此不同的是，南方农民不具有北方农民所拥有的土地平坦和广袤的优势，其在农业耕作中只能获得极其有限的经营性收入，这部分收入如此之少以至于它不能应对相对较大的生活支出，而进城务工则成了南方农民突破条件约束以改变生活现状的主要出路，这一行为反倒使其获得了高于北方农民收入水平的工资性收入，从而出现了南北地区差异与农民增收具有反向变化关系的统计现象，假说4不成立。对于东中西地区差异的农民增收效应而言，检验结果得出了与现实极为一致的结论，即东部、中部和西部地区农民的增长速度出现了依次递减的状况，但这一结论并不能通过上述所有模型的显著性检验。

五、小结

新型城镇化更加注重人口城镇化与空间城镇化的协调发展，而其所带来的农地制度、户籍制度和支农政策的调整则极有可能为农民增收带来机遇。我们的结论显示：第一，农地使用权期限的延长由于其所带来的"收益保障效应"和"成本分摊效应"而显著地促进了农民的增收，但效应的发挥应以土地流转机制的完善为前提。农地使用权期限的延长一方面为农民提供了更长久的收益保障，从而坚定了其向城市转移以获取工资性收入的信心；另一方面则使农民可以在土地上进行更为长远的生产规划，从而能够使农业一次性投入所带来的固定成本得到更有效地摊销，两者都促进了农民收入水平的提高。但农地使用权期限延长所带来的"增收效应"应以土地流转机制的完善为前提，这是因为后者能够有效地整合农村土地以使其实现规模化经营，这对于城镇化的推进及农民增收具有重要的意义。

第二，城乡分割的长期存在使得户籍放松政策难以发挥"增收效应"，后续政策应进一步加大户籍改革的力度。户籍管制政策的放松之所以并未似常理所预期的带来了明显的"增收效应"，一方面是因为现有户籍改革的力度相对较小，其为农村剩余劳动力所设置的"城镇进入门槛"依然较高，农民"隐性失业"依然存在，因而收入水平难以提高；另一方面则更重要的是因为城乡分割的长期存在使得固有的"社会歧视"观念根深蒂固，农村剩余劳动力向城市转移后在教育、医疗和就业等方面难以享受对等待遇，而后者则带来了农民工资性收入的减少和城市生活成本的增加。因此,加大户籍改革的力度具有十分重要的现实意义。

第三,财政金融支农政策通过对经营环境改善和人力资本积累的投入,促进了农民收入的长期增长。财政金融支农政策对水利、防护林以及公路等基础设施的投入有效地改善了农业生产的经营环境,从而为农民经营性收入的提高提供了"硬件"基础;而旨在提高农民知识水平、生产技术和工作技能的支农政策则能有效地促进农民人力资本的积累,从而为农民收入的增长构建了长效机制。因此,发挥财政金融支农政策的"增收效应",应更加注重支农投入的"造血"功能,应进一步加大对农民工作技能和知识技术的培训,以使农民增收的内生驱动力得到有效的发挥。

第四,相较于"东中西差异"而言,城镇化促进农民增收的"南北差异"更为明显,且南方农村具有较强的"增收效应"。农地地形特征对农民收入的影响较为重要,农民增收依托于土地经营的来源较为有限。南方农村之所以具有较强的"增收效应",是因为南方农民不具有北方农民所拥有的土地平坦和广袤的优势,其在农业耕作中只能获得极其有限的经营性收入,这部分收入如此之少以至于它不能应对相对较大的生活支出,而进城务工则成了南方农民突破条件约束以改变生活现状的主要出路,这一行为使其获得了高于北方农民收入水平的工资性收入。这一结论的启示在于:促进农民增收应更加注重新型城镇化的南北地区差异。

参考文献

[1] Atje R. , and Jovanic. Stock Market and Development[J]. European Economic Review, 1993, 37: 622~640.

[2] Bahmani-Oskoee M. , J. Alse. Export Growth and Economic Growth: An Application of Cointegration and Error-Correction Modeling[J]. Journal of Development Areas, 1993, 27: 535~542.

[3] Balassa B. Export and Economic Growth: Further Evidence[J]. Journal of Development Economics, 1978, 5: 181~189.

[4] Balassa B. Exports Policy Choices and Economic Growth in Developing Countries after the 1973 Oil Shocks[J]. Journal of Development Economics, 1985, 18: 23~35.

[5] Barro R. J. Inequality and Growth in a Panel of Countries[J]. Journal of Economic Growth, 2000, 5: 5~32.

[6] Belton F. , Li H. , Zhao M. Human Capital, Economic Growth, and Regional Inequality in China[J]. Journal of Development Economics, 2010, 92(2): 215~231.

[7] Belton M. F. Symposium on Chinese Macroeconomic, Monetary and Financial Policies: Editor's Introduction[J]. China Economic Review, 2009, 20(2): 141.

[8] Belton M. F. , Mary-Franoise R. Symposium: Is China's development sustainable?[J]. China Economic Review, 2009, 20(3): 453~454.

[9] Clemens M. , J. Williamson. Why did the Tariff Growth Correlation Reverse after 1950?[J]. Journal of Development Growth, 2004, 9: 5~46.

[10] Coe D. , Helpman, E. International R&D Spillovers[J]. European Economic Review, 1995, 39, 859~887.

[11] Coelho J. C. , Aguiar P. , Pinto L. , et al. A Systems Approach for the

Estimation of the Effects of Land Consolidation Projects（lcps）：A Model and Its Application[J]. Agriculture Systems，2001，68：179～195.

[12] Daniel B.，Martin，M. An Estimated New Keynes Policy Model for Australia[J]. The Economic Record，2008，84：1～16.

[13] Feder G. On Export and Economic Growth[J]. Journal of Development Economics，1982，12：59～73.

[14] Fouad Abou-Stait. Are Exports the Engine of Economic Growth? An Application of Cointegration and Causality Analysis for Egypt，1977—2003[J]. Economic Research Working Paper，2005，76：1～21.

[15] Fujita M.，Krugman P. Venables A. The Spatial Economy[J]. Cambridge：MIT Press. 2000.

[16] Griliches Z.，Ariel P.，Bronwyn H. H. The Value of Patents as Indicators of Inventive Activity[J]. NBER （National Bureau of Economic Research） Working Paper，1986，2083：1～30.

[17] Grosman G.，E. Helpman. Comparative Advantage and Long-Run Growth[J]. American Economic Review，1990，80：796～815.

[18] Herderson J V. Urbanization and Economic Development[J]. Annals of Economic and Finance，2003，4(2)：275～341.

[19] Imad A. Moosa. Is the Export-Led Growth Hypothesis Valid for Australia[J]. Applied Economics，1999，31：903～906.

[20] Jorgenson D. The Development of a Dual Economy[J]. Economic Journal，1961，71(282)：309～334.

[21] Kaldor N. Capitalism and Industrial Development：Some Lessons from Britain's Experience[J]. in Kaldor，N.，"Further Essays on Applied Economics"，Holmes & Meler Publishers，Inc，1978.

[22] Khalifa Al-Youssif Y. Exports and Growth：Some Empirical Evidence from the Arab Gulf States[J]. Applied Economics，1997，29：693～697.

[23] Kung J. K.，S. Liu. Property Rights and Land Tenure Organization in Rural China：An Empirical Study of Institutions and Institutional Change in Transitional Economies[J]. Mimeo，Social Sciences Division，

Hong Kong University of Sciences and Technology, 1996.

[24] Kuznets S. National Income and Industrial Structure[J]. Econometrical, 2003, (2): 277~308.

[25] Kwan and Cotsomities. Economic Growth and the Expanding Export Sector: China 1952—1985[J]. International Economic Journal, 1990, 5: 105~116.

[26] Lewis W. A. Economic Development with Unlimited Supplies of Labor[J]. The Manchester School of Economic and Social Studies, 1954, 22(1): 139~191.

[27] Miranda D., Crecente R. M., Alvarez F. Land Consolidation in Inland Rural Galicia, N. W. Spain, since 1950: An Example of the Formulation and Use of Questions, Criteria and Indicators for Evaluation of Rural Development Policies[J]. Land Use Policy, 2006, 23: 511~520.

[28] Muhammed N. Islam. Export Expansion and Economic Growth: Testing for Co-integration and Causality[J]. Applied Economics, 1998, 30: 415~425.

[29] Murinde V. Emerging Stock Markets: A Survey of Leading Issues, Discussion Paper Series in Financial and Banking Economics[M]. Cardiff Business School, 1994.

[30] Nemet G. F., Johnson E. Do Important Inventions Benefit from Knowledge Originating in other Technological Domains?[J]. Research Policy, 2012, 41 (1): 190~200.

[31] Ram R. Exports and Economic Growth: Some Additional Evidence[J]. Economic Development and Cultural Change, 1985, 33: 415~425.

[32] Robert K. G., Ross L. Finance and Growth: Schumpeter Might Be Right[J]. Quarterly Journal of Economics, 1993, 108: 717~738.

[33] Roberta B., Adam C. Regional Disparities and Economic Growth in Russia: New Growth Patterns and Catching up[J]. Economic Change & Restructuring, 2007, 40(1-2): 91~135.

[34] Roberta R., Alessia A., Marco S. China's Outward FDI: An

Industry-Level Analysis of Host-Country Determinants[J]. Frontiers of Economics in China, 2013, 8(3): 309~336.

[35] Rozelle S., Taylor J. E., Alan B. Migration, Remittances, and Agricultural Productivity in China[J]. American Economic Review, 1999, 89(2): 287~291.

[36] Stark O. The Migration of Labor[M]. Cambridge: Basil Blackwell, 1991.

[37] Subhash C. S., Dharmendra D. Causal Analyses between Export and Economic Growth in Developing Countries[J]. Applied Economics, 1994, 26: 1145~1157.

[38] Subrata G., Chris M., Utku U. Export, Export Composition and Growth: Co-integration and Causality Evidence for Malaysia[J]. Applied Economics, 1997, 22: 213~223.

[39] Taylor J. E., Rozelle S., Alan B. Migration and Incomes in Source Communities: A New Economics of Migration Perspective from China[J]. Economic Development and Cultural Change, 2003, 52(1): 75~101.

[40] Teame G., Richard G., Subhash C. S. Export, Investment, Efficiency and Economic Growth in LDC: An Empirical Investigation[J]. Applied economics, 2001, 33: 689~700.

[41] Todaro M. P. Model of Labor Migration and Urban Unemployment in less Developed Countries[J]. American Economic Review, 1969, 59(1): 138~148.

[42] Wei Shangjin, Yi Wu. Globalization and Inequality: Evidence from within China[J]. NBER working paper, 2001, 8611.

[43] White E. M, Morzillo A. T., Alig R. J. Past and Projected Rural Land Conversion in the US at State, Rregional and National Levels[J]. Landscape Urban Plan, 2009, 89 (1/2): 37~48.

[44] Yeaple Stephen R. Foreign Direct Investment, and the Structure of U. S. trade[J]. Journal of the European Economic Association, 2006, 4: 602 - 611.

[45] Yoshikawa H., S. Miyagawa. Changes of Industrial Structure and

Post-war Economic Growth in Japan[J]. Rieti Discussion Paper，2009，09－J－024.

[46] 白世春.与经济同步发展的江苏金融业.中国金融[J].1998(4):26～28.

[47] 包宗顺,徐志明,高珊,周春芳.农村土地流转的区域差异与影响因素——以江苏省为例.中国农村经济[J].2009(4):23～31.

[48] 薄文广,安虎森,李杰.主体功能区与区域协调发展:促进亦或冒进.中国人口·资源与环境[J].2011(5):121～128.

[49] 蔡昉,王德文.经济增长成分变化与农民收入源泉.管理世界[J].2005(5):77～83.

[50] 蔡继明,程世勇.中国的城市化——从空间到人口.当代财经[J].2011(2):78～83.

[51] 曹宇.中国房地产发展历程.企业技术开发[J].2014(11):110～111.

[52] 曾繁华,侯晓东.包容性创新驱动武汉经济发展指标构建与实证分析.科技进步与对策[J].2016(5):45～50.

[53] 曾光.中国城镇居民消费支出结构研究——基于2010年省际截面数据的因子分析.暨南学报(哲学社会科学版)[J].2012(9):70～78+162.

[54] 常浩娟,王永静.产业结构变动对我国经济增长影响的实证分析.科技管理研究[J].2014(7):110～114.

[55] 陈百明.农村社区更新理念、模式及其立法.自然资源学报[J].2000(2):101～106.

[56] 陈百明.土地资源学概论[M].中国环境科学出版社,1999.

[57] 陈波.不同收入层级城镇居民消费结构及需求变化趋势——基于AIDS模型的研究.社会科学研究[J].2013(4):14～20.

[58] 陈恩,王方方,扶涛.企业生产率与我国对外直接投资相关性研究——基于省际动态面板模型的实证分析.经济问题[J].2012(1):58～63.

[59] 陈凯华,余江,高霞.中国高技术产业创新与发展的规模增长关联诊断——兼论产业创新系统规模因子的构建与应用.数量经济技术经济研究[J].2012(12):38～52.

[60] 陈良文,杨开忠.集聚与分散:新经济地理学模型与城市内部空间结构、外部规模经济效益整合研究.经济学(季刊)[J].2007(7):53～70.

[61] 陈美球,吴次芳.论乡村城镇化与农村居民点用地整理.经济地理[J].1999(6):97～98.

[62] 陈明星,陆大道,张华.中国城市化水平的综合测度及其动力因子分析.地理学报[J].2009(4):387～398.

[63] 陈明星."十二五"时期统筹推进城乡一体化的路径思考.城市发展研究[J].2011(2):37～41.

[64] 陈强,余伟.英国创新驱动发展的路径与特征分析.中国科技论坛[J].2013(12):148～154.

[65] 陈肖飞,姚士谋,张落成.新型城镇化背景下中国城乡统筹的理论与实践问题.地理科学[J].2016(2):188～195.

[66] 陈宇,赖小琼.产业结构变迁对经济增长的影响研究.福建师范大学学报(哲学社会科学版)[J].2013(1):20～27.

[67] 陈宇学.创新驱动发展战略[M].新华出版社,2014.

[68] 陈元志,谭文柱.创新驱动发展战略的理论与实践[M].人民出版社,2014.

[69] 陈钊,徐彤,刘晓峰.户籍身份、示范效应与居民幸福感.世界经济[J].2012(4):79～101.

[70] 陈志刚,曲福田.农地产权制度变迁的绩效分析.中国农村观察[J].2003(1):2～11.

[71] 成思危.自主创新与中国现代化.央视国际新华网,http://news.xinhuanet.com.

[72] 程永宏.改革以来全国总体基尼系数的演变及其城乡分解.中国社会科学[J].2007(4):45～61.

[73] 程郁,陈雪.创新驱动的经济增长——高新区全要素生产率增长的分解.中国软科学[J].2013(11):26～39.

[74] 褚保全,杨颖,吴川.产业结构调整对江苏省经济增长的影响分析.中国农村观察[J].2002(2):45～51.

[75] 崔玉泉,王儒智,孙建安.产业结构变动对经济增长的影响.中国管理科学[J].2000(3):53～56.

[76] 达摩达尔·古扎拉蒂.计量经济学[M].中国人民大学出版社,2011.

[77] 单卓然,黄亚平."新型城镇化"概念内涵、目标内容、规划策略及认知误区解析.城市规划学刊[J].2013(2):16～22.

[78] 党耀国,刘思峰,王英,陈可嘉.江苏省第一产业内部结构调整的数学模型与策略分析.农业系统科学与综合研究[J].2002(4):241～244＋248.

[79] 丁波,李雪萍.新型城镇化背景下四川藏区城镇化动力机制研究.党政研究[J].2014(1):25～28.

[80] 丁浩,余志林,王家明.新型城镇化与经济发展的时空偶尔协调研究.统计与决策[J].2016(11):122～125.

[81] 都阳,朴之水.迁移与减贫——来自农户调查的经验证据.人口研究[J].2003(4):56～62.

[82] 杜传忠,曹艳乔.中国经济增长方式的实证分析.经济科学[J].2010(2):29～41.

[83] 杜文星,黄贤金.区域农户农地流转意愿差异及其驱动力研究.资源科学[J].2005(6):90～94.

[84] 段姗,蒋泰维,张洁音,王镓利.区域企业技术创新发展评价研究——浙江省、11个设区市及各行业企业技术创新评价指标体系分析.中国软科学[J].2014(5):85～96.

[85] 樊芳,刘艳芳,张扬,侯贺平.广西农村居民点整理的现实潜力测算研究.经济地理[J].2012(4):119～123.

[86] 樊福卓.安徽与江苏工业结构调整升级比较分析.华东经济管理[J].2012(3):21～25.

[87] 樊纲.既要扩大"分子",也要缩小"分母"——关于要素流动中缩小"人均收入"差距的思考.中国投资与建设[J].1995(6):16～18.

[88] 樊士德,姜德波.劳动力流动、产业专业与区域协调发展——基于文献研究的视角.产业经济研究[J].2014(4):103～107.

[89] 范柏乃,段忠贤,江蕾.中国自主创新政策:演进、效应与优化.中国科技论坛[J].2013(9):5～12.

[90] 范恒山.我国促进区域协调发展的理论与实践.经济社会体制比较[J].2011(6):1～2.

[91] 范红忠.有效需求规模假说、研发投入与国家自主创新能力.经济研究[J].2007(3):33～44.

[92] 范剑勇,高人元,张雁.空间效率与区域协调发展战略选择.世界经济[J].2010(2):104～119.

[93] 范剑勇,谢强强.地区间产业分布的本地市场效应及其对区域协调发展的启示.经济研究[J].2010(4):107～133.

[94] 冯之浚,方新.适应新常态强化新动力.科学学研究[J].2015(1):1～3.

[95] 冯志峰.供给侧结构性改革的理论逻辑与实践逻辑.经济问题[J].2016
　　(2):12～17.

[96] 甘丹丽.科技创新与新型城镇化协同发展对策研究.科技进步与对策
　　[J].2014(6):41～45.

[97] 干春晖,郑若谷,余典范.中国产业结构变迁对经济增长和波动的影响.
　　经济研究[J].2011(5):4～16.

[98] 高铁梅.计量经济分析方法与建模——EVIEWS应用与实例[M].清华
　　大学出版社,2006.

[99] 高铁梅,等.我国宏观经济计量模型及政策模拟分析.中国软科学[J].
　　2000(8):114～120.

[100] 高新民,安筱鹏.现代服务业:特征、趋势和策略[M].浙江大学出版社,
　　2010.

[101] 格林.经济计量分析[M].第2版,中译本.中国社会科学出版社,1998.

[102] 古利平,张宗益.中国制造业的产业发展和创新模式.科学学研究[J].
　　2006(2):202～206.

[103] 谷晓坤,陈百明,代兵.经济发达区农村居民点整理驱动力与模式以浙
　　江省嵊州市为例.自然资源学报[J].2007(5):701～706.

[104] 谷晓坤,卢新海,陈百明.大城市郊区农村居民点整理效果分析——基
　　于典型案例的比较研究.自然资源学报[J].2010(10):1649～1657.

[105] 顾萍,汪涛.江苏对外直接投资结构演变及影响因素分析.世界地理研
　　究[J].2012(4):115～123.

[106] 韩燕,聂华林.我国城市化水平与区域经济增长差异实证研究.城市问
　　题[J].2012(4):22～26.

[107] 韩兆洲.区域经济协调发展统计测度研究[J].厦门大学博士学位论文,
　　2000.

[108] 郝寿义.区域经济学原理[M].上海人民出版社,2007.

[109] 何立春.新型城镇化、战略性新兴产业与经济发展.财经问题研究[J].
　　2015(5):48～52.

[110] 何英彬,陈佑启,杨鹏,许新国,余强毅.农村居民点土地整理及其对耕
　　地的影响.农业工程学报[J].2009(7):312～316.

[111] 洪银兴.关于创新驱动和协同创新的若干重要概念.经济理论与经济管
　　理[J].2013(5):5～12.

[112] 洪银兴.论创新驱动经济发展战略.经济学家[J].2013(1):5～11.

[113] 洪银兴.向创新型经济转型.南京社会科学[J].2009(11):1～5.

[114] 胡婷婷,文道贵.发达国家创新驱动发展比较研究.科学管理研究[J].2013(2):1～4.

[115] 华民.中国经济高增长并未结束.人民论坛.2014(2):59～61.

[116] 黄富国.城市与区域城乡居民点规模和结构的调整.城市发展研究[J].1998(6):39～41.

[117] 黄桂田.中国制造业生产要素相对比例变化及经济影响[M].北京大学出版社,2012.

[118] 黄庆华,周志波,刘晗.长江经济带产业结构演变及政策取向.经济理论与经济管理[J].2014(6):92～101.

[119] 黄伟.江苏培育878个工业新增长点.新华日报[N].2015-03-25(006).

[120] 黄祖辉,钱峰燕.技术进步对我国农民收入的影响及对策分析.中国农村经济[J].2003(12):11～17.

[121] 黄祖辉,王敏.农民收入问题:基于结构和制度层面的探讨.中国人口科学[J].2002(4):16～22.

[122] 纪小美,付业勤.江苏省县域产业结构的时空演变及影响因素分析.山东农业大学学报(自然科学版)[J].2017(1):139～145.

[123] 贾怀勤.数据、模型与决策[M].对外经济贸易大学出版社,2004.

[124] 贾康.供给侧改革的核心内涵是解放生产力.中国经济周刊[J].2015-12-21:78～79.

[125] 贾康.以供给侧结构性改革引领升级版新常态.金融时报[J].2016-01-15(002).

[126] 贾妮莎,雷宏振.对外直接投资与劳动收入份额——来自我国微观企业的经验证据.国际经贸探索[J].2017(9):86～98.

[127] 贾小玫,焦阳.我国农村居民消费结构变化趋势及影响因素的实证分析.消费经济[J].2016(2):29～34.

[128] 贾晓峰.江苏第一产业结构的历史演变及对策.审计与经济研究[J].1998(3):52～56.

[129] 简晓彬,沈正平.江苏经济增长的动力因素分析.华东经济管理[J].2006(12):4～8.

[130] 江静,刘志彪.提升江苏企业自主创新能力对策研究.南京社会科学[J].2007(9):134～141.

[131] 江苏省哲学社会科学联合会.江苏经济增长新动力源的多视角观察.群众[J].2006(9):23～24.

[132] 姜广辉,张凤荣,孔祥斌.北京山区农村居民点整理用地转换方向模拟.农业工程学报[J].2009(2):214～221.

[133] 姜国祥.农民收入增幅持续下降的制度性原因分析.华东师范大学学报(社会科学版)[J].2004(1):85～91.

[134] 姜太碧.统筹城乡协调发展的内涵和动力.农村经济[J].2005(6):13～15.

[135] 金其铭.我国农村聚落地理研究历史及近今趋向.地理学报[J].1988(4):311～317.

[136] 金霞,祝海岩.宏观经济计量模型体系的实证分析及应用.经济与管理[J].2006(1):54～58.

[137] 库兹涅茨.各国的经济增长[M].商务印书馆,1956.

[138] 蓝庆新,陈超凡.新型城镇化推动产业结构升级了吗?财经研究[J].2013(12):57～71.

[139] 雷蒙德·W.戈德史密斯.金融结构与发展[M].中国社会科学出版社,1993.

[140] 雷潇雨,龚六堂.城镇化对于居民消费率的影响:理论模型与实证分析.经济研究[J].2014(6):44～57.

[141] 黎峰.中国自主创新能力影响因素的实证分析:1990—2004.世界经济与政治论坛[J].2006(5):32～37.

[142] 黎苑楚,徐东,赵一鸣.统筹城乡发展的新内涵.科技进步与对策[J].2010(10):23～25.

[143] 李宝会,胡萍.新常态新增长点新引擎.中国统计[J].2015(2):11～12.

[144] 李宝会.新常态下江苏经济新增长点培育.唯实[J].2015(4):55～58.

[145] 李朝鲜.理论与量化——现代服务业发展研究[M].中国经济出版社,2006.

[146] 李程骅.新常态下新型城镇化促进经济增长的新认识.中共浙江省委党校学报[J].2015(2):5～10.

[147] 李怀建.研发投入、产品质量升级与经济增长——基于调整的质量提高

模型的研究.南京大学博士毕业论文,2014.

[148] 李江帆.中国第三产业发展研究[M].人民出版社,2005.

[149] 李晋.基于误差修正模型的河南省新型城镇化与经济增长关系研究.河南大学学报(社会科学版)[J].2016(6):29～33.

[150] 李军.进出口对经济增长贡献度的测算理论分析.数量经济技术经济研究[J].2008(9):77～86.

[151] 李美洲,韩兆洲.城镇化和工业化对农民增收的影响机制.财贸研究[J].2007(2):25～31.

[152] 李木祥,钟子明,冯宗茂.中国金融结构与经济发展[M].中国金融出版社,2004:237～244.

[153] 李实.我国农村劳动力流动与收入增长和分配.中国社会科学[J].1999(2):16～33.

[154] 李伟庆,聂献忠.产业升级与自主创新:机理分析与实证研究.科学学研究[J].2015(7):1008～1016.

[155] 李武.X11与联立方程组模型在宏观经济月度预测中的应用.数理统计与管理[J].2003(4):59～63.

[156] 李宪文,张军连,郑伟元,等.中国城镇化过程中村庄土地整理潜力估算.农业工程学报[J].2004(4):276～279.

[157] 李晓敏,李春梅.东道国制度质量对我国对外直接投资的影响——基于"一带一路"沿线国家的实证研究.东南学术[J].2017(2):119～126.

[158] 李扬.新一轮经济结构调整与转型.和讯网2012年财经年会(http://news.hexun.com/2012/caijingnh/),2013-01-19.

[159] 李阳,臧新,薛漫天.经济资源、文化制度与对外直接投资的区位选择——基于江苏省面板数据的实证研究.国际贸易问题[J].2013(4):148～157.

[160] 李占风,杨华.产业结构演变对我国经济增长的作用分析.统计与决策[J].2007(19):100～101.

[161] 李长英.向农村直接投资和农民增收问题.南开学报[J].2004(3):51～56.

[162] 李子联,崔苧心,谈镇.新型城镇化与区域协调发展:机理、问题与路径.中共中央党校学报[J].2018(1):122～128.

[163] 李子联,华桂宏.新常态下的中国经济增长.经济学家[J].2015(6):

14～21.

[164] 李子联,朱江丽.中国的收入分配与贸易模式——机理与证据.金融研究[J].2013(10):114～127.

[165] 李子联,祖强.出口与增长:以江苏为例的机理和协整分析.首都经济贸易大学学报[J].2009(6):84～91.

[166] 李子联.江苏省土地整理与农民增收实证研究.经济地理[J].2012(11):120～125.

[167] 李子联.人口城镇化滞后于土地城镇化之谜.中国人口·资源与环境[J].2013(11):94～101.

[168] 李子联.新型城镇化与农民增收——一个制度分析的视角.经济评论[J].2014(3):16～25.

[169] 李子联.中国收入分配格局:从结构失衡到合理有序.中南财经政法大学学报[J].2015(3):34～41.

[170] 李子奈,潘文卿.计量经济学(第二版)[M].高等教育出版社,2005:176～215.

[171] 林毅夫,李永军.出口与中国的经济增长:需求导向的分析.北京大学中国经济研究中心,http://ccer.pku.edu.cn,2002-01～15.

[172] 刘保珺.我国产业结构演变与经济增长成因的实证分析.经济与管理研究[J].2007(2):57～60.

[173] 刘超,夏晓华.产业结构差异对区域经济增长的影响.学习与探索[J].2010(11):131～133.

[174] 刘焕,胡春萍,张攀.省级政府实施创新驱动发展战略监测评估——一个分析框架.科技进步与对策[J].2015(8):128～132.

[175] 刘惠敏.城镇居民消费结构演变的聚类分析与灰色预测.统计与决策[J].2009(3):93～95.

[176] 刘嘉汉,罗蓉.以发展权为核心的新型城镇化道路研究.经济学家[J].2011(5):82～88.

[177] 刘凯,任建兰,王成新.新型城镇化背景下的城乡协调发展研究——以山东省济南市为例.江苏农业科学[J].2015(7):464～478.

[178] 刘荣明.现代服务业统计指标体系及调查方法研究[M].上海交通大学出版社,2006.

[179] 刘世锦.进入新常态下的中国经济.中国发展观察[J].2014 年专号:

17－18.

[180] 刘薇.入境旅游与江苏经济增长关系研究.金陵科技学院学报(社会科学版)[J].2017(1):20～24.

[181] 刘伟,蔡志洲.我国产业结构变动趋势及对经济增长的影响.经济纵横[J].2008(1):64～70.

[182] 刘伟,苏剑."新常态"下的中国宏观调控.经济科学[J].2014(4):5～13.

[183] 刘先球.新经济增长点的选择基准及测定指标.统计与决策[J].1997(7):8～9.

[184] 刘晓红.后危机时代江苏农村居民消费结构模型研究.商业时代[J].2011(20):137～138.

[185] 刘新卫,谢海霞.关于构建区域土地政策体系的初步思考.国土资源[J].2008(8):40～44.

[186] 刘兴远,储东涛.江苏区域协调发展的进程测度与路径再探.唯实[J].2014(9):54.

[187] 刘兴远.新常态下推动江苏经济发展迈上新台阶.唯实[J].2015(1):18～22.

[188] 刘学军,赵耀辉.劳动力流动对城市劳动力市场的影响.经济学季刊[J].2009(2):694.

[189] 刘志彪.重新认识江苏第三产业发展"滞后".新华日报[N].2011-01-25,B07。

[190] 柳建平,张永丽.劳动力流动对贫困地区农村经济的影响.中国农村观察[J].2009(3):63～96.

[191] 卢宁,李国平,刘光岭.中国自主创新与区域经济增长——基于1998—2007年省际面板数据的实证研究.数量经济技术经济研究[J].2010(1):3～18.

[192] 鲁奇,张超阳.河南省产业结构演进和经济增长关系的实证分析.中国人口·资源与环境[J].2008(1):111～115.

[193] 鲁桐.论跨国企业海外投资的成功之道.世界经济与政治[J].2007(3):72～76+6.

[194] 鲁桐.我国企业"走出去的战略选择".当代世界[J].2007(8):50～52.

[195] 陆铭,陈钊,万广华.因患寡,而患不均——中国的收入差距、投资、教育

和增长的相互影响.经济研究[J].2005(12):4~15.

[196] 陆益龙.户口还起作用吗——户籍制度与社会分层和流动.中国社会科学[J].2008(1):149~164.

[197] 罗纳德·I.麦金农.经济发展中的货币与资本[M].上海三联书店出版社,1988:76~133.

[198] 罗伟,葛顺奇.我国对外直接投资区位分布及其决定因素——基于水平型投资的研究.经济学(季刊)[J].2013(4):1443~1464.

[199] 罗余才.中国宏观经济计量模型及其应用.数量经济技术经济研究[J].2000(7):34~36.

[200] 吕炜.美国产业结构演变的动因与机制——基于面板数据的实证分析.经济学动态[J].2010(8):131~135.

[201] 马付拴,田宗星.汇率异常波动下国有企业海外投资效率分析.商业经济研究[J].2016(23):160~161.

[202] 马英才.我国城乡居民消费与经济增长的灰色关联分析.社会科学辑刊[J].2013(2):115~119.

[203] 马远,龚新蜀.城镇化、财政支农与农民收入增加的关系.城市问题[J].2010(5):60~66.

[204] 马忠东,张为民,梁在,崔红艳.劳动力流动:中国农村收入增长的新因素.人口研究[J].2004(3):2~10.

[205] 迈克尔·波特.国家竞争优势[M].中信出版社,2007.

[206] 毛泽盛,王红棉.江苏省战略性新兴产业发展的金融支持分析.科技与经济[J].2012(1):82~85.

[207] 茅锐,徐建炜.人口转型、消费结构差异和产业发展.人口研究[J].2014(3):89~103.

[208] 梅倩倩,武新乾,田萍.我国农村居民消费与经济增长区域差异性的实证分析.数理统计与管理[J].2015(3):392~400.

[209] 米传民,刘思峰,杨菊.江苏省科技投入与经济增长的灰色关联研究.科学学与科学技术管理,2004(1):34~36.

[210] 苗洁,吴海峰.中国区域协调发展研究综述.开发研究[J].2014(6):1~4.

[211] 倪鹏飞.新型城镇化的基本模式、具体路径与推进政策.江海学刊[J].2013(1):87~94.

[212] 牛鸿蕾.江苏产业结构与经济增长的动态关系研究—基于灰色关联模型.技术经济与管理研究[J].2010(6):31～34.

[213] 欧阳小迅.宏观经济政策的定量分析——论计量经济学在宏观经济政策分析中的使用.财经理论与实践[J].2000(2):103～107.

[214] 裴小革.论创新驱动——马克思主义政治经济学的分析视角.经济研究[J].2016(6):17～29.

[215] 裴长洪,荆林波.中国服务业开放与发展:特点与区域分析[M].经济管理出版社,2009.

[216] 秦长海,裴毅正.宁夏宏观经济发展预测模型的建立与应用.资源科学[J].2006(4):201～205.

[217] 曲智,杨碧琴."一带一路"沿线国家的制度质量对我国对外直接投资的影响.经济与管理研究[J].2017(11):15～21.

[218] 任盈盈,刘思峰.江苏省产业结构演化影响因素的灰色关联分析.商业研究[J].2006(7):48～51.

[219] 若英."新常态"对中国经济发展意味着什么?.红旗文稿[J].2014(19):39.

[220] 上海财经大学课题组,徐国祥.上海"创新驱动,转型发展"评价指标体系研究.科学发展[J].2014(5):5～16.

[221] 邵培樟.实施创新驱动发展战略的专利制度回应.知识产权[J].2014(3):85～89.

[222] 申静.知识型服务业的服务创新[M].北京图书馆出版社,2006.

[223] 沈程翔.中国出口导向型经济增长的实证分析:1977－1998.世界经济[J].1999(12):26～30.

[224] 沈坤荣,蒋锐.中国城市化对经济增长影响机制的实证研究.统计研究[J].2007(6):9～15.

[225] 沈坤荣,李剑.中国贸易发展与经济增长影响机制的经验研究.经济研究[J].2003(5):32～56.

[226] 沈坤荣,滕永乐."结构性"减速下的中国经济增长.经济学家[J].2013(8):29～38.

[227] 沈坤荣,虞剑文,李子联.发展战略性新兴产业提升江苏经济发展内生动力.江苏社会科学[J].2011(1):238～246.

[228] 沈坤荣.大规模劳动力转移下的经济收敛性分析.中国社会科学[J].

2006(5):49~50.

[229] 沈坤荣.中国经济增速趋缓的成因与对策.学术月刊[J].2013(6):95~100.

[230] 沈坤荣.中国经济增长绩效分析.经济理论与经济管理[J].1998(1):30~35.

[231] 盛世豪,朱家良.产业结构演变模式与专业化竞争优势—兼论粤苏浙三省产业结构演变特点.浙江社会科学[J].2003(3):47~51.

[232] 石传玉,王亚菲,王可.我国对外贸易与经济增长关系的实证分析.南开经济研究[J].2003(1):53~55.

[233] 石诗源,张小林.江苏农村居民点用地现状分析与整理潜力测算.中国土地科学[J].2009(9):52~58.

[234] 宋林飞.主动把握、适应经济发展新常态.南京农业大学学报(社会科学版)[J].2015(1):1~7.

[235] 宋伟,陈百明,姜广辉.中国农村居民点整理潜力研究综述.经济地理[J].2010(11):1871~1877.

[236] 宋伟,张凤荣,孔祥斌,等.自然经济限制性下天津市农村居民点整理潜力估算.自然资源学报[J].2006(6):888~898.

[237] 宋元梁,肖卫东.中国城镇化发展与农民收入增长关系的动态计量经济分析.数量经济技术经济研究[J].2005(9):30~39.

[238] 苏朝晖,吴晓晓.研发投入、科技成果对经济增长的影响——基于2003—2012年省际面板数据的实证研究.华侨大学学报(哲学社会科学版)[J].2014(4):97~107.

[239] 孙继辉.增加农民收入的新思路.管理世界[J].2004(4):147~152.

[240] 孙文凯,白重恩,谢沛初.户籍制度改革对中国农村劳动力流动的影响.经济研究[J].2011(1):28~41.

[241] 孙文凯.城市化与经济增长关系分析.经济理论与经济管理[J].2011(4):33~40.

[242] 孙文莉,伍晓光,杨大鹏.粘性机制下汇率对出口价格的传递效应——跨国公司的视角.财贸经济[J].2011(3):48~53.

[243] 孙叶飞,夏青,周敏.新型城镇化发展与产业结构变迁的经济增长效应.数量经济技术经济研究[J].2016(11):23~40.

[244] 孙兆刚.创新驱动战略与金融创新协同发展机理研究.科技进步与对策

[J].2015(12):30～34.

[245] 孙志毅,陈儒.教育投入、经济增长与新型城镇化建设研究.改革与战略[J].2014(11):112～115.

[246] 谈儒勇.中国金融发展和经济增长关系的实证研究.经济研究[J].1999(10).

[247] 唐伦慧.从制度建设入手构建农民增收的长效机制.财贸经济[J].2005(6):82～87.

[248] 陶然,曹广忠.空间城镇化、人口城镇化的不匹配与政策组合应对.改革[J].2008(10):83～88.

[249] 田传浩,贾生华.农地制度、地权稳定性与农地使用权市场发育.经济研究[J].2001(1):112～119.

[250] 田红,刘兆德,陈素青.山东省产业结构变动对区域经济增长贡献的演变.经济地理[J].2009(1):49～53.

[251] 田巍,余淼杰.企业生产率和企业"走出去"对外直接投资:基于企业层面数据的实证研究.经济学(季刊)[J].2012(2):383～408.

[252] 万绪才,李刚,张安.区域旅游业国际竞争力定量评价理论与实践研究——江苏省各地市实例分析.经济地理[J].2001(3):355～358.

[253] 汪汇,陈钊,陆铭.户籍、社会分割与信任:来自上海的经验研究.世界经济[J].2009(10):第81～96.

[254] 汪同三,沈利生.中国社会科学院数量经济与技术经济研究所经济模型集[M].社会科学文献出版社,2001:1～56.

[255] 王国刚.城镇化.中国经济发展方式转变的重心所在.经济研究[J].2010(12):70～81.

[256] 王国生.增加农民收入问题讨论综述.经济理论与经济管理[J].2005(4):71～75.

[257] 王海慧.企业自主创新融资现状及金融对策——以527家江苏工业景气调查企业为例.调查研究[J].2007(24):67～68.

[258] 王兰英,杨帆.创新驱动发展战略与中国的未来城镇化建设.中国人口·资源与环境[J].2014(9):163～169.

[259] 王丽娟.提升江苏中小企业的自主创新能力.华东经济管理[J].2007(9):5～17.

[260] 王敏,潘勇辉.财政农业投入与农民纯收入关系研究.农业经济问题

[J].2007(5):99～105.

[261] 王平,王琴梅.新型城镇化的经济增长效应及其传导路径.新疆大学学报(哲学・人文社会科学版)[J].2015(6):1～8.

[262] 王书杰.中国企业海外直接投资的绩效研究.中共中央党校博士毕业论文,2016.

[263] 王伟光.自主创新、产业发展与公共政策——基于政府作用的一种视角[M].经济管理出版社,2006:43.

[264] 王卫星.我国城乡统筹协调发展的进展与对策.华中师范大学学报(人文社会科学版)[J].2011(1):9～14.

[265] 王肖曼,李子联.江苏创新驱动发展战略的实施及其绩效.中共南京市委党校学报[J].2017(6):54～63.

[266] 王小锡.论道德的经济价值.中国社会科学[J].2011(4):55～66.

[267] 王欣菲.基于复杂系统理论的区域协调发展研究.河北工业大学博士学位论文,2009.

[268] 王阳.中国对欧盟直接投资的贸易效应研究.武汉大学博士学位论文,2016.

[269] 王迎英,曹荣林.产业结构变动对经济增长贡献的时空差异研究——以江苏省为例.地域研究与开发[J].2010(3):19～24.

[270] 魏后凯,高春亮.新时期区域协调发展的内涵和机制.福建论坛・人文社会科学版[J].2011(10):147～152.

[271] 魏后凯,高春亮.中国区域协调发展态势与政策调整思路.河南社会科学[J].2012(1):73～74.

[272] 魏杰,汪浩.推动创新驱动型经济增长的政策建议.经济纵横[J].2016(5):1～6.

[273] 温涛,冉光和,熊德平.中国金融发展与农民收入增长.经济研究[J].2005(9):30～43.

[274] 吴殿廷,王丽华,戎鑫,王金岩,姜晔.我国各地区城乡协调发展的初步评价及预测.中国软科学[J].2007(10):111～135.

[275] 吴福象,刘志彪.城市化群落驱动经济增长的机制研究.经济研究[J].2008(11):126～136.

[276] 吴先满,骆祖春.论江苏民生驱动战略.新华日报[N].2015-09-22(015).

[277] 吴振宇,沈利生.对外贸易对中国经济增长的影响机制研究.发展研究[J].2008(10):6~13.

[278] 习近平.谋求持久发展 共筑亚太梦想——在亚太经合组织工商领导人峰会开幕式上的演讲.人民网,2014-11-09.

[279] 肖立.沿海欠发达地区产业结构高度化综合评价——以江苏省沿海地区为例.税务与经济[J].2011(2):26~31.

[280] 熊曦,张闻,魏敏,等.新型城镇化、工业化对区域经济增长的关系研究.农业经济[J].2016(6):89~91.

[281] 熊湘辉,徐璋勇.中国新型城镇化进程中的金融支持影响研究.数量经济技术经济研究[J].2015(6):73~89.

[282] 徐从才.江苏经济发展方式转变与创新经济发展:回顾与展望.产业经济研究[J].2012(3):1~8.

[283] 徐冬青.提升自主创新能力与区域经济发展——以江苏为例.南京社会科学[J].2007(11):133~139.

[284] 徐康宁,韩剑.中国区域经济的"资源诅咒"效应:地区差距的另一种解释.经济学家[J].2005(6):96~101.

[285] 徐康宁.区域协调发展的新内涵与新思路.江海学刊[J].2014(2):72~77.

[286] 徐文舸.关于我国产业发展与转型的思考——基于对外直接投资的视角.上海市人民政府发展研究中心.华人企业走向国际化对外贸易、直接投资和国际化管理——第十二届"上发中心—上外贸"上海贸易中心建设论坛论文集.2012:15.

[287] 徐现祥,李郇.市场一体化与区域协调发展.经济研究[J].2005(12):57~67.

[288] 徐盈之,吴海明.环境约束下区域协调发展水平综合效率的实证研究.中国工业经济[J].2010(8):35.

[289] 徐盈之,吴海明.江苏省社会协调度的动态特征分析:2000—2007.统计与决策[J].2010(12):84~85.

[290] 许庆瑞,吴志岩,陈力田.转型经济中企业自主创新能力演化路径及驱动因素分析.管理世界[J].2013(4):121~134+188.

[291] 薛白.基于产业结构优化的经济增长方式转变—作用机理及其测度.管理科学[J].2009(5):112~120.

[292] 薛俊菲,陈雯,张蕾.中国市域综合城市化水平测度与空间格局研究.经济地理[J].2010(12):2005～2011.

[293] 薛誉华.试析我国农民收入现状及增收措施.数量经济技术经济研究[J].2002(7):37～40.

[294] 严兵,张禹,李雪飞.中国企业对外直接投资的生产率效应——基于江苏省企业数据的检验.南开经济研究[J].2016(4):85～98.

[295] 阎大颖.制度距离、国际经验与我国企业海外并购的成败问题研究.南开经济研究[J].2011(5):75～97.

[296] 杨发祥,茹婧.新型城镇化的动力机制及其协调策略.山东社会科学[J].2014(1):56～62.

[297] 杨刚强,张建清,江洪.差别化土地政策促进区域协调发展的机制与对策研究.中国软科学[J].2012(10):185～192.

[298] 杨光,吕兴家.城市化进程与房地产业发展关系探究——基于江苏省区域经济分析.中国外资[J].2012(4):236～237.

[299] 杨华基,李鸿阶.世界各国(地区)加快自主创新政策及其借鉴意义.福建论坛·人文社会科学版[J].2007(10):10～13.

[300] 杨庆媛,张占录.大城市郊区农村居民点整理的目标和模式研究——以北京顺义区为例.中国软科学[J].2003(6):115～119.

[301] 杨仪青.区域协调发展视角下我国新型城镇化建设路径探析.现代经济探讨[J].2015(5):35～39.

[302] 姚世谋,张平宇,余成,等.中国新型城镇化理论与实践问题.地理科学[J].2014(6):641～647.

[303] 叶晓东,杜金岷.新型城镇化与经济增长——基于技术进步角度的分析.科技管理研究[J].2015(5):185～189.

[304] 叶艳妹,吴次芳.我国农村居民点用地整理的潜力、运作模式与政策选择.农业经济问题[J].1998(10):75～79.

[305] 叶依广,陈海明,武松明.江苏省产业结构对地区经济增长影响的实证分析.南京农业大学学报(社会科学版)[J].2002(2):11～16.

[306] 尹继东.外贸对经济增长的贡献:中国经济增长奇迹的需求解析.数量经济技术经济研究[J].2007(10):81～90.

[307] 俞剑,方福前.中国城乡居民消费结构升级对经济增长的影响.中国人民大学学报[J].2015(5):68～78.

[308] 喻开志,黄楚蘅,喻继银.城镇化对中国经济增长的影响效应分析.财经
科学[J].2014(7):52～59.

[309] 袁怀宇.在城镇化加速推进中促进农民增收.人民日报[N].2012－05－
30(007).

[310] 张春博,丁堃,曲昭,刘则渊.基于文献计量的我国创新驱动研究述评.
科技进步与对策[J].2015(9):152～160.

[311] 张二震,阎鸿飞.江苏构建和谐社会的三大经济发展目标.现代经济探
讨[J].2005(8):59～61.

[312] 张辉,汪洋,刘智勇.新经济增长点的选择与评价.统计与决策[J].2002
(10):6～7.

[313] 张军,金煜.中国的金融深化和生产率关系的再检验:1978—2001.经济
研究[J].2005(11).

[314] 张军红,徐长玉.陕西资源型城市新经济增长点的选择与培育研究——
以延安市为例.延安大学学报(社会科学版)[J].2011(4):67～71.

[315] 张辽.要素流动、产业转移和区域经济发展[J].华中科技大学博士学位
论文,2013.

[316] 张明斗.城市化水平与经济增长的内生性研究.宏观经济研究[J].2013
(10):87～93.

[317] 张平."结构性"减速下的中国宏观政策和制度机制选择.经济学动态
[J].2012(10):3～9.

[318] 张少军,刘志彪.全球价值链模式的产业转移.中国工业经济[J].2009
(11):5～9.

[319] 张卫东.数据见证辉煌[M].中国统计出版社,2009.

[320] 张新亚,杨忠伟,袁中金.苏州市城乡一体化测评指标体系研究.城市发
展研究[J].2012(5):12～15.

[321] 张许颖,黄匡时.以人为核心的新型城镇化的基本内涵、主要指标和政
策框架.中国人口·资源与环境[J].2014(11):280～283.

[322] 张燕,魏后凯.中国区域协调发展的 U 型转变及稳定性分析.江海学刊
[J].2012(2):79～82.

[323] 张远征.江苏经济增长动力因素解析.统计科学与实践[J].2013(6):
20～22.

[324] 张占斌.新型城镇化的战略意义和改革难题.国家行政学院学报[J].

2013(1):48~54.

[325] 张正峰,赵伟.农村居民点整理潜力内涵与评价指标体系.经济地理[J].2007(1):137~140.

[326] 赵金丽,张落成.长三角地区制造业格局演变与优势变化.中国人口.资源与环境[J].2013(S2):143~146.

[327] 赵军.徐州统计年鉴[M].中国统计出版社,2011.

[328] 赵青,张华容.政治风险对我国企业对外直接投资的影响研究.山西财经大学学报[J].2016(7):1~13.

[329] 赵彦云,甄峰.我国区域自主创新和网络创新能力评价与分析.中国人民大学学报[J].2007(4):59~65.

[330] 赵永平,徐盈之.新型城镇化的经济增长效应:时空分异与传导路径分析.商业经济与管理[J].2014(8):48~56.

[331] 赵玉亮,邓宏图.制度与贫困:以中国农村贫困的制度成因为例.经济科学[J].2009(1):17~29.

[332] 赵哲远,戴韫卓,沈志勤,等.农村居民点土地合理利用初步研究——以浙江省部分县市为例.中国农村经济[J].1998(5):68~73.

[333] 赵志耘.创新驱动发展:从需求端走向供给端.中国软科学[J].2014(8):1~5.

[334] 郑曦.提升福建省自主创新能力的政策选择.财会研究[J].2007(12):8~10.

[335] 郑霄鹏.中国企业技术寻求型OFDI战略与绩效研究[J].南开大学博士学位论文,2014.

[336] 中国人民银行武汉分行课题组.关于金融支持湖北农民增收问题的调查与思考.金融研究[J].2005(7):150~162.

[337] 周辉.消费结构、产业结构与经济增长——基于上海市的实证研究.中南财经政法大学学报[J].2012(2):27~31.

[338] 周立.中国各地区金融发展与经济增长(1978—2000)[M].清华大学出版社,2004:37~53.

[339] 周璐.江苏省城镇居民消费结构演变分析——基于ELES模型的实证研究.经济研究导刊[J].2010(14):45~48.

[340] 周毅,罗英.以新型城镇化引领区域协调发展.光明日报[J].2013-01-06(007).

[341] 朱惠莉. 中国居民消费结构波动周期实证研究:1979—2014. 东南学术 [J]. 2016(1):137~143.

[342] 朱剑红. 劳动年龄人口首次下降. 人民日报[N]. 2013-01-19.

[343] 朱江丽,李子联. 户籍改革、人口流动与地区差距. 经济学(季刊)[J]. 2016(2):797~816.

图书在版编目(CIP)数据

高质发展的动力解构：以江苏为例 / 李子联，崔苧心
著. 一 南京：南京大学出版社，2018.10
ISBN 978 - 7 - 305 - 21068 - 6

Ⅰ.①高… Ⅱ.①李… ②崔… Ⅲ.①区域经济发展
—研究—江苏 Ⅳ.①F127.53

中国版本图书馆 CIP 数据核字(2018)第 234262 号

出版发行　南京大学出版社
社　　址　南京市汉口路 22 号　　　　邮　编　210093
出 版 人　金鑫荣

书　　名　高质发展的动力解构——以江苏为例
作　　者　李子联　崔苧心
责任编辑　李素梅　武　坦　　　　编辑热线　025 - 83592315

照　　排　南京南琳图文制作有限公司
印　　刷　虎彩印艺股份有限公司
开　　本　718×1000　1/16　印张 19.875　字数 355 千
版　　次　2018 年 10 月第 1 版　2018 年 10 月第 1 次印刷
ISBN 978 - 7 - 305 - 21068 - 6
定　　价　68.00 元

网址：http://www.njupco.com
官方微博：http://weibo.com/njupco
微信服务号：njupyuexue
销售咨询热线：(025) 83594756